국제금융

오정훈

傳英社

머 리 말

국제금융론은 경제학 중에서도 매우 폭넓은 분야이다. 이것을 충분히 이해하기 위해서는, 금융의 이론, 거시경제학의 응용과 개방경제로의 확장, 환율정책의 역사와 현상 그리고 통화체계의 기능과 역사 등에 대해 알 필요가 있다.

근래에 특히 외국의 대학원 과정에서 국제금융론(international finance)은 국제거시경제학(international macroeconomics) 또는 국제화폐경제학(international monetary economics) 등의 과목명으로 개설되어 있다. 그러나 결국 국제금융론은 거시경제학의 응용분야의 하나라고 말할 수 있다.

본 서는 학부상급생 · 대학원 초년생을 대상으로 하고 있지만, 최근 국제금융론의 발전에 관심이 있는 국제금융관계자, 일반연구자에게도 유용한 참고서가 되리라 믿는다. 학부학생의 수준에서는 일정부분 어려운 논의가 포함되어 있지만, 그것은 최근의 국제금융분야에서 연구가 급속히 진전되고 있는 통화위기, 통화통합, 국제정책협조 그리고 새로운 개방거시경제학(New Open Economy Macroeconomics : NOEM) 등의 분석을 본 서의 중요한 부분으로 다루고 있기 때문이다.

무엇보다도 본 서는 기초적인 이론의 철저한 이해와 그것으로부터 유도되는 결론을 소화함으로써 현실의 다양한 국제금융문제의 현상을 스스로 풀 수 있는 능력을 갖추도록 하는 데 주안점을 두었다. 이 점에 있어서 통상의 교과서와는 상당히 다르다고 생각한다. 미흡한 부분이나 잘못된 부분에 대해서는 독자 여러분의 질책을 받아들여 계속 수정 · 보완해 나갈 것을 약속드린다.

본 서는 고려대학교의 특별연구비에 의해 조성되었으며, 출판에 있어 다대한 노력을 아끼지 않은 박영사의 박노일 차장님과 우석진 차장님, 부적절한 표현을 지적해 주신 조성일 박사, 원고정리와 교정에 힘써 준 유능한 대학원생 임성연 군, 모든 분들께 깊은 감사를 드린다.

끝으로 오랜 시간 많은 조언과 격려를 보내주고 도와준 가족에게 감사드린다.

2007. 2.

著 者 씀

차 례

제 1 장

국제수지

1. 국제수지통계
2. 국제수지통계의 분석의 기초

국제금융에 있어 해외송금, 수출이나 수입 등의 무역거래, 외국증권의 구입을 비롯한 자본거래 등과 연계된 해외 자금의 수취와 지불이 일상적으로 발생한다. 이와 같은 자금의 흐름을 정확히 파악한다는 것은 경제나 통화의 문제를 고려할 때 필요불가결하며, 이러한 국내외의 자금의 흐름을 기록한 것이 국제수지통계다.

1. 국제수지통계

자국과 외국 사이에는 다양한 거래가 이루어진다. 예를 들면 수출, 수입, 서비스무역, 이자나 배당의 수취나 지불, 증여, 민간의 자본이동, 정부의 자본이동 등이 있다. 이와 같이 일정기간에 발생한 한 나라의 거주자에 의한 비거주자와의 거래를 체계적으로 정리한 것이 국제수지통계이다. 한국을 포함하여 각국의 국제수지통계는 세계 공통의 IMF기준(IMF국제수지통계 매뉴얼(manual)이라고도 함)을 바탕으로 4개의 원칙에 의해 작성된다. 4개의 원칙이란, 일정기간에 있어 ① 거주자와 비거주자의 거래를, ② 소유권이전의 시점에서, ③ 시장가격으로, ④ 복식계상에 의해 기록하는 것이다. 이를 다시 설명하면,

① 거주자는 자국의 경제영역, 즉 정치적으로 지배권이 미치는 영역 내에 1년 이상 경제활동의 근거를 두고 있는 개인이나 법인을 말한다. 비거주자는 이와 반대로, 외국의 경제영역에 본거지를 갖고 있는 개인이나 법인이다.

② 이것은 거래가 발생한 시점에서 계상된다는 의미에서 「발생주의 원칙」이라 한다. 예를 들어, 재화는 소유권이 이전한 시점, 서비스는 서비스가 제공된 시점, 금융거래에 있어서는 채권 · 채무가 발생한 시점에서 통계에 계상된다.

③ 거래의 평가기준으로서 거래당사자간에서 합의한 시장가격을 이용한다. 또 잔고통계에 계상되는 금융자산·부채의 평가는 통계작성시점(통상적으로 연말)에 있어서 시장가격이 이용된다. 이 기준에 따라 통계가 작성되면 양 국가에 있어서 '수취'와 '지불', 또는 '자산'과 '부채'가 동액 계상되는 것이 되며 전 세계의 통계를 합계하면 '수취'와 '지불', '자산'과 '부채'는 서로 일치하게 된다.

④ 모든 거래는 기업의 부기와 마찬가지로 대변과 차변의 복식부기이 원칙에 따른다. 이것은 하나의 거래는 반드시 대변과 차변 양변에 동시에 기록됨을 의미한다. 자산의 감소와 부채의 증가를 대변에, 자산의 증가와 부채의 감소를 차변에 기록한다. 국제수지통계와 기업회계의 차이점은 국제수지통계는 좌측에 대변, 우측에 차변을 기록하는 반면, 기업회계에서는 좌측에 차변, 우측에 대변을 기록한다. 또 하나의 차이는 국제수지통계에서는 차변을 음(−)의 부호로 표시하는 점이 다르다.

[표 1-1]은 국제수지항목의 체계에 따라 어떤 거래가 대변·차변에 기장되

[표 1-1] 국제거래의 항목별 대차기장방법

대 변	차 변
재화의 수출(FOB표시)	재화의 수입(FOB표시)
서비스수출	서비스수입
소득의 수취	소득의 지불
경상이전수취	경상이전지출
직접투자(자산의 감소)	직접투자(자산의 증가)
직접투자(부채의 증가)	직접투자(부채의 감소)
증권투자(자산의 감소)	증권투자(자산의 증가)
증권투자(부채의 증가)	증권투자(부채의 감소)
기타투자(자산의 감소)	기타투자(자산의 증가)
기타투자(부채의 증가)	기타투자(부채의 감소)
자본이전(수취)	자본이전(지불)
기타자산(처분)	기타자산(취득)
준비자산의 감소	준비자산의 증가
오차누락	오차누락

는지를 보여주고 있다. 상품이나 서비스수출은 국내로부터의 자산의 매각이며, 실물자산의 감소로서 대변에 기장되고, 수출이나 서비스의 대금은 금융자산의 증가 또는 금융부채의 감소로서 차변에 기장된다. 상품이나 서비스의 수입은 국내에서의 자산의 구입이며, 실물자산의 증가로서 차변에 기장되고, 그 대금은 금융자산의 감소 또는 부채의 증가로서 대변에 기장된다.

또, 노동이나 자본의 제공의 대가인 소득이나 정부의 원조 등 경상이전수지도 기장된다. 외국의 주식, 채권, 공장, 토지 등 국제적인 매매도 국제수지통계로 파악된다. 가령, 한국의 기업이 미국에 공장용지를 구입하면, 해외에서의 실물자산의 증가로서 차변에 기장되고, 자금의 지불은 금융자산의 감소 또는 금융부채의 증가로서 대변에 기록된다. 해외기업이 한국의 기업을 매수하면, 기업의 매각은 국내자산의 감소로서 대변에 기장된다. 매수의 대금이 가령 한국의 은행이 있는 해외에 입금되면, 기타 자산의 증가로서 차변에 기장된다.

국제수지통계는 본래 대변과 차변의 합계가 이론적으로는 0이 되어야 하지만, 실제로 오차가 생긴다. 이것은 대차 각각의 항목이 다른 원자료가 함께 작성되는 경우가 주된 원인이며, [표 1-1]의 마지막 항목인 오차누락은 대변과 차변의 합계의 불일치를 조정하기 위한 항목이다. 이제 구체적인 거래가 어떻게 기장되는지를 보자. 이하, 거래시점의 환율을 $1=1,000원으로 한다.

(1) 수출거래

한국의 기업이 해외에 자동차 100대를 수출하는 경우 국제수지통계에서는 다음과 같이 기장된다. 자동차 100대의 가격을 100만불로 하면, 수출은 실물자산의 감소이므로, 대변에 100만불을 환산한 10억원을 기장한다. 그 대금이 한국의 은행이 가지고 있는 해외 예금구좌에 100만불이 입금되기 때문에, 그 시가상당인 10억원이, 해외에서의 금융자산의 증가로 기타투자 항목에 기록된다. 국제수지통계에서는 차변에 음(−)의 부호를 붙인다([표 1-2]).

[표 1-2] 수출거래의 기록

대 변	차 변
수출 10억원	기타투자 −10억원

(2) 수입거래

국내기업이 200만불의 섬유제품을 수입하고, 해당기업이 한국의 은행을 경유하여 송금을 할 경우, 한국의 은행의 달러 구좌에서 200만불이 빠지게 된다. 이 경우, 수입에 따른 국내의 실물자산이 증가하기 때문에, 차변에 시가 20억원이 기장되고, 대변에는 국내은행의 해외에서의 은행예금의 감소, 즉 금융자산의 감소로서, 기타투자의 대변에 시가환산의 20억원이 기장되는 것이다. 이 경우에도 차변에 (−)가 붙는다([표 1-3]).

[표 1-3] 수입거래의 기록

대 변	차 변
기타투자 20억원	수입 −20억원

(3) 국제증권투자

한국의 투자가가 미국의 국채를 1,000만불(100억원)구입하고, 그 대금을 한국의 은행을 경유하여 지불하는 경우, 증권의 구입은 비거주자로부터의 자산의 구입이므로, 금융자산의 증가로서 차변에 100억원이 기록된다. 대금 100억 원은 금융자산의 감소로서 기타투자의 대변에 기장된다([표 1-4]).

[표 1-4] 국제증권투자의 기록

대 변	차 변
기타투자 100억원	증권투자 −100억원

(4) 직접투자

해외기업 A회사가 한국의 국내기업 B회사를 매수하여, 직접투자 1,000억원이 행해졌다고 하자. 국내기업 B회사의 매각은 자산의 매각, 즉 자산의 감소이며, 직접투자의 대변에 기장된다. 동시에 직접투자대금으로 매수한 기업으로부터 해외에 있는 한국의 은행구좌로 1,000억원 상당의 달러가 입금되면, 금융자산의 증가로 기타투자의 차변에 1,000억원이 기록된다([표 1-5]).

[표 1-5] 직접투자의 기록

대 변	차 변
직접투자 1,000억원	기타투자 -1,000억원

이상에서처럼 항목마다 기록한 후, 최종적으로는 국제수지총괄표로 정리된다. 총괄표는 큰 항목으로 경상수지, 자본수지, 준비자산증감, 그리고 오차누락으로 이루어진다([표 1-6]).

[표 1-6] 국제수지표

Ⅰ. 경상수지

1. 상품수지
   (수출, 수입)
2. 서비스수지
   운수(수입, 지급)
   여행(수입, 지급)
   기타서비스*(수입, 지급)
   *보험, 통신, 특허권 등 사용료, 사업, 정부, 기타
3. 소득수지
   급료 및 임금(수입, 지급)
   투자소득(수입, 지급)
4. 경상이전수지(수입, 지급)

Ⅱ. 자본수지

1. 투자수지
   직접투자(해외직접투자, 외국인직접투자)
   증권투자(자산, 부채)
   기타투자(자산, 부채)
2. 기타자본수지(수입, 지급)

Ⅲ. 준비자산증(-)감

Ⅳ. 오차 및 누락

2. 국제수지통계 분석의 기초

국제수지통계의 중요한 구성항목을 설명하기에 앞서, 우선 이들 항목의 관계를 정리해 보자. 국제수지통계는 '복식계상방식' (double entry bookkeeping)으로 작성되기 때문에,

경상수지 + 자본수지 + 준비자산 증감 + 오차누락 = 0 (1.1)

이라는 관계식이 성립한다. 여기에서 (1.1)식을 변형하면

경상수지 + 오차누락 = − 자본수지 − 준비자산 증감 (1.2)

가 된다. 그런데 경상수지에 대해서는 양(+)의 계수의 경우를 흑자, 음(−)의 계수의 경우를 적자라 부른다. 자본수지에서 (+)계수를 유입(순유입이 (+)라면 유입초과), (−)의 계수를 유출(순유입이 (−)라면 유출초과)이라 부른다. 예를 들어 경상수지가 100억불의 흑자라면 자본수지가 100억불의 유출초가 된다. 또 준비자산의 항목에 대해서는 (+)의 계수의 경우는 감소, (−)계수의 경우는 증가로, 통상의 개념과는 반대로 부른다. 그렇다면, 위의 (1.2)식은

경상흑자 + 오차누락 = 자본 유출초과 + 준비자산증가 (1.3)

이 된다. 결국 이 식은 오차누락을 0이라 하면 사후적으로는 경상수지의 흑자에 해당되는 액수의 자본이 해외로 유출되든가, 준비자산의 증가가 되는 것을 나타낸다. 더욱이, 이 자본 유출초과와 준비자산의 증가의 합이 대외채권과 대외채무의 차액인 대외순자산의 증가와 같게 된다. 이것은 한 나라 경제의 건전성이나 취약성을 평가하는 지표로서도 이용된다. 여기에서 잠시 대외순자산에 대해 간략히 언급한다.

대외순자산(부채)의 움직임은 기본적으로 경상수지의 움직임에 대응한다.

(i) 경상수지의 흑자 = 자본수지의 유출 또는 준비자산의 증가 → 대외순자산 잔고의 증가(부채의 감소)

(ii) 경상수지의 적자 = 자본수지의 유입 또는 준비자산의 감소 → 대외순자산 잔고의 감소(부채의 증가)

한마디로, 경상수지 흑자가 계속된다는 것은 매년 순자산잔고가 증가하고 있다는 것과 같은 의미이다. 위의 (1.3)식은 다음과 같이 쓸 수 있다.

$$\text{경상적자} + \text{오차누락} = \text{자본 유입초과} + \text{준비자산 감소} \tag{1.3$'$}$$

이상 국제수지통계의 주요 구성항목을 관계식으로 나타내면

- 경상수지＝상품수지＋서비스수지＋소득수지＋경상이전수지
- 자본수지＝투자수지(직접투자＋증권투자＋기타투자)＋기타자본수지
- 경상수지＋자본수지＋준비자산 증감＋오차누락＝0
- 경상흑자＋(오차누락)＝자본 유출초과＋준비자산 증가≒대외순자산의 증가

가 된다. 이제 국제수지통계의 중요한 구성항목에 대해 알아보자.

(1) 상품수지(무역수지)

우선 경상수지 중 가장 중요한 항목인 상품수지(무역수지)[1]를 보자. 무역수지란 수출금액에서 수입금액을 뺀 것이다. 수출금액의 변동은 수출수량의 변동과 수출가격의 변동, 수입금액의 변동은 수입수량의 변동과 수입가격의 변동에 의존한다. 무역수지의 변동을 이해하기 위해서는 수출입수량과 가격의 변동을 보면 된다.

우선, 수출입수량은 소득요인과 가격요인에 의해 변동한다. 수출수량에 있어 소득요인은 해외경기이다. 한 나라의 수출의 주요상대국의 경기가 확대되어 생산, 소득이 증가하면 수출수량이 증가한다. 가격요인은 그 나라의 수출가격과 해외가격과의 상대가격이다.

그 나라의 수출품이 상대적으로 비싸다면 수출은 감소한다. 이 상대가격은 환율이나 내외의 물가변동에 의해 움직인다. 예를 들어, 한 나라의 수출의 세계수입에 대한 소득탄력성이 0.8이고 상대가격의 탄력성이 −0.5일 경우, 세계전체의 성장률이 1% 높아지면 그 나라의 수출수량은 0.8% 증가하고 상대가격이 1%상승하면 수출수량은 0.5% 감소한다. 수입수량의 경우, 소득요인은 그 나라의 경기에 의존한다. 경기가 확대되어 생산, 소득이 증가하면 수입수량은 증가

1) 이하, 상품수지와 무역수지를 혼용하여 쓰기로 한다.

한다. 가격요인은 수입가격과 국내물가와의 상대가격이다. 수입품의 가격이 상대적으로 하락하면 수입이 증가하고, 이 상대가격은 환율의 변동이나 내외물가의 변동에 의해 움직인다. 예를 들어, 그 나라의 수입에 대한 GDP에 대한 소득탄력성이 2.8, 상대가격의 탄력성이 −0.3인 경우, 그 나라의 성장률이 1%상승하면 수입수량은 2.8%증가하고, 상대가격이 1%상승하면 수입수량은 0.3%감소한다.

다음으로 수출입가격을 보자. 수출가격은 그 나라의 물가나 환율에 의해 움직이며, 수입가격은 해외의 물가나 환율에 의해 움직인다. 수출입 관계에 있어 중요한 두 가지 포인트 중 하나는 환율과의 관계이다. 예를 들어 자국통화, 원의 가치가 하락하고 있다고 하자. 이 때, 수출업자는 '원표시 가격을 유지하고 달러표시(외화) 가격을 인하할 것인지' 아니면 '달러표시(외화) 가격을 유지하고 원표시 가격을 인상할 것인지'의 선택을 해야 한다. 어쨌든, '원표시 수출가격은 상승'하고, '달러표시 수출가격은 하락'한다. 환율의 변화율과 원표시 수출가격의 변화율의 비(比)를 전가율이라 한다. 이 전가율이 어느 정도 인가는 수출품의 경쟁력 등에 의해 다르기 때문에 일괄적으로 얘기할 수 없다. 한편, 수입가격은 국제시장에서 달러표시로 가격이 결정되는 것으로 볼 수 있기 때문에 '달러표시 수입가격은 불변', '원표시 수입가격은 상승'한다. 결국 전가율은 100%이다.

이 때, 원표시로 수출입가격 모두 상승하지만 그 상승률은 수입가격의 경우가 크게 된다. 수출가격의 전가율은 100% 이하가 되는데 반해, 수입가격의 전가율은 100%이기 때문이다. 그러므로 수출입수량에 환율의 효과가 미치지 않는 단기에서는 수출금액의 증가보다 수입금액의 증가가 크게 되기 때문에, 무역수지 흑자는 감소한다. 이처럼 자국통화 원의 가치하락이 단기적으로는 무역수지(경상수지)를 악화시키는 현상을 가리켜 'J−커브(curve) 효과'라 부른다.

자국통화 원의 가치가 상승하는 경우 역의 결과가 된다. 원표시 수출입가격은 모두 하락하지만, 수입가격의 하락율이 수출가격의 하락율보다 크기 때문에 이번에는 흑자가 증가하게 된다.

또 하나의 포인트는 석유가격의 움직임으로서, 수입가격전체에 미치는 영향은 적지 않다. 석유가격이 상승하면, 당연히 수입금액은 증가하고, 무역흑자는 감소하게 된다.

(2) 경상수지

이제 경상수지를 두 개의 관계식으로부터 설명해 보자.

- 경상수지＝국내총저축(S)－국내총투자(I) (1.4)
- 경상수지＝총국민가처분소득($Y-T$)－내수($C+I+G$) (1.5)

  단, C는 소비, I는 투자, G는 정부지출

우선 (1.4)식의 경우, 경상수지는 한나라의 저축 · 투자행동을 반영한다. 이 때문에 경상수지의 동향을 분석하는데 있어, 국내의 저축 · 투자의 움직임이 어떻게 반영되고 있는지를 이해하는 것이 중요하다. (1.4)식은 경상수지가 흑자인 경우, 국내의 저축이 투자를 상회하는 상황에 있고, 경상흑자의 확대 내지 경상적자의 축소는, 국내투자에 대해 국내저축이 상대적으로 증가하고 있음을 나타낸다. 또한, 경상수지를 변화시키려는 어떤 정책 대응(가령, 환율의 변경, 수입할당, 관세 등)도 국내의 저축 · 투자행동에 영향을 미친다는 것을 의미한다. 이제 민간저축과 민간투자를 각각 S_p, I_p, 정부저축과 정부투자를 S_g, I_g라 하면 (1.4)의 관계식은 다음과 같이 변형할 수 있다.

$$
\begin{aligned}
\text{경상수지} &= S-I \\
&= (S_p+S_g)-(I_p+I_g) \\
&= (S_p-I_p)+(S_g-I_g) \qquad (1.4)'
\end{aligned}
$$

(1.4)′의 관계식은 가령 정부부문의 적자($S_g<I_g$)가 민간부문의 저축초과분($S_p>I_p$)으로 충당되지 않는 경우에는 경상수지는 적자로 나타남을 의미한다. 가령, 미국의 경우 과거 재정적자와 경상적자라는 쌍둥이 적자가 문제가 되었으나 현재 정부부문은 흑자로 돌아서고 있음에도 불구하고 경상수지가 계속 대폭적인 적자가 발생하는 것은 현재는 정부부문의 흑자를 크게 상회하는 민간부문의 과잉소비, 즉 (－)의 저축이 존재한다는 것을 위의 식으로부터 이해할 수 있을 것이다.

국제수지와 국내경제의 관계에 대해서는 총국민 가처분 소득이 내수와 경상수지의 합으로 나타나는 (1.5)식을 보자. 한 나라의 경상수지의 흑자확대 또는 적자축소는 내수(absorption)의 감소를 통해 달성된다. 또는 내수의 증가 이

상으로 국민 소득이 증가하는 경우에 달성됨을 알 수 있다. 가령 후자의 예에서 해외의 경기확대에 의해 수출이 증가하고 국내 생산이 증가하는 경우나, 규제완화를 포함하는 구조개혁의 실시에 의해 사회전체의 생산성을 높이는 것으로 국민 소득이 증가하는 경우를 생각할 수 있다. 따라서 위의 (1.4)식은 저축 · 투자 밸런스 접근, (1.5)식은 내수 접근(absorption approach)이라 부른다.

(1.4)식의 입장에서 보면, 한 나라의 경상수지 흑자, 적자는 민간의 저축률이나 정부의 재정적자 등 구조적인 요인을 반영하는 것이라는 결론이 유도되는 경우가 많다. 극단적으로 말하면, 경상수지는 해당국의 저축과 투자의 동향으로 결정된다는 것이다.[2] 마찬가지로 (1.5)식의 입장에서 보면 경상수지는 해당국의 국민소득과 내수에 의해 좌우된다는 관점이 강조된다.

이상의 논의로부터 유의해야 할 점은 (1.4)식, (1.5)식은 본래 항등식이며 각 변수간의 관계를 정의한 것이고, 각 경제주체의 행동을 나타내는 것은 아니라는 것이다. 이 때문에 이 항등식을 균등식으로서 경상수지의 동향을 이해하는 것은 가능하지만, 그것으로부터 정확히 경제 실태를 분석할 수 있다는 의미는 아니다. 가령, (1.4)식에서는 환율의 변동, 무역에 관한 규제의 완화, 세제의 변경, 해외경제의 변동 등이 경상수지에 직접 영향을 미치고, 그것이 저축 · 투자 동향에 충분히 영향을 미칠 수 있다는 것이다.

(1.5)식에서도 해외의 경기확대나 자국통화의 가치 하락에 의해 해당국의 수출이 증가하고, 경상수지의 흑자가 확대하면서 국민소득이 증대할 수도 있다. 더욱이 국민소득의 증대는 내수의 확대 → 수입의 증가라는 경로를 통해 경상수지의 흑자를 축소시킬 수 있음도 예상할 수 있다. 경제 동향의 조사나 경제정책을 결정하는 데 있어서는 이러한 상호의존관계를 염두에 두면서 작업을 진행하는 것이 중요하다.

(3) 자본수지

다음으로 자본수지의 움직임을 포함하여 국내경제와 국제수지통계의 관계를 정리해 보자. 논의를 간단하게 하기 위해 오차누락항목을 제외하면 다음식이 성립한다.

2) 본 장의 보론을 참조할 것.

경상수지 = 자본수지 + 준비자산 증감 (1.6)

앞서 언급했듯이 대외순자산의 증가는 경상수지의 흑자에 대응한다.

경상수지 = 대외순자산의 증감 (1.7)

식 (1.6), (1.7) 및 (1.4)식으로부터 아래의 (1.8)식이 성립한다.

국내총저축 − 국내총투자 = 경상수지
= 자본수지 + 준비자산 증감
= 대외순자산(부채)의 증감 (1.8)

(1.8)식으로부터 분명한 것은 국내저축이 국내투자를 상회하는 경우, 경상수지는 흑자가 되고, 자본수지의 유출 또는 준비자산의 증가라는 형태로 해당국의 대외순자산이 증가하는 것이다. 결국 자본수지는 해당국이 부(wealth)를 축적하는 하나의 경로를 나타내고 있다.

구체적으로 (1.8)식에서 저축 = 투자 + 대외순자산의 증감이 된다. 결국 한 국가의 부의 축적은 국내에서의 유형자본형성과 해외순자산의 증가에 의해 결정된다. 한 국가의 부의 잔고는 비금융자산과 금융자산으로 구성되지만 국내부문의 금융자산과 금융부채는 상쇄되기 때문에 국내의 순(net)비금융 자산에 대외순자산(대외금융자산잔고 − 대외금융부채잔고)을 더한 것이 국부의 순(net)잔고가 된다.

한편, 경상수지가 0인 경우에는 자본수지의 움직임에 관계없이 대외순자산의 증감에는 영향을 미치지 않는다. 이것은 한 국가의 대외순자산은 경상수지의 흑자의 축적에 의해 증가하는 것이며, 아무리 금융거래를 활발하게 행하더라도 해당국의 부의 축적에는 직접 연결되지 않는다는 것을 보여준다.

이상 경상수지 → 자본수지의 움직임을 포착한 것이지만, 경상수지와 자본수지는 표리의 관계에 있기 때문에 자본수지의 내역을 분석하는 것으로부터 역으로 어느 한 상태의 경상수지의 지속가능성(sustainability)을 분석하는 것도 중요하다. 이 경우에는 우선, 자금흐름의 결정요인에 대해 검토하는 것이 적절할 것이다. 이 결정요인은 주로 내외의 자산의 투자수익률이나 리스크에 영향을 미치는 여러 요인과 관계되며 구체적으로 환율의 예상된 변동, 이자율, 직접투자나 기타투자의 수익성, 조세부담 등을 들 수 있다.

자본수지의 동향이 경상수지에 어떤 영향을 미치는가를 검토할 경우 저축=투자 상태를 출발점으로 시작하는 것이 좋다. 만일 자본의 생산성에 의해 생기는 국내투자의 증가가 국내저축의 증가로 메워지지 않으면 금리는 상승경향을 타게 될 것이다. 국내저축을 상회하는 투자의 초과분은 경상수지의 적자에 반영되고, 그 적자분은 해외의 금리에 비해 상대적으로 상승한 국내금리가 '유인'이 되어 해외로부터의 자본유입에 의해 충당된다는 것이 일반적인 시나리오다.

이 경우, 해외로부터의 자발적인 자본유입이 어느 정도 규모로서 어느 정도의 기간 동안 계속되는지에 따라 경상수지의 적자의 규모도 좌우된다. 결국 경상수지 적자를 크게 상회하는 자본유입이 생기고, 이것이 해당국의 은행신용, 통화 공급의 증대로 연결되면 내수의 확대 → 수입의 증대를 통해 경상수지 적자를 확대시킨다.

이러한 자본유입이 직접투자, 증권투자, 대부·예금 등 중 어떤 형태인지, 대부 등의 경우는 단기인지 중장기인지, 또 어떤 통화에 의해 이루어지는가에 따라서 경상수지의 지속가능성에 미치는 영향의 정도는 달라진다.

(4) 준비자산증감

우리나라의 준비자산은 한국은행이 국제유동성확보를 목적으로 보유하고 있는 외환보유액을 말한다. 준비자산은 국제수지 불균형을 직접 보전하거나 외환시장개입으로 자국통화가 환율에 영향을 미치도록 하여 간접적으로 불균형을 조정하기 위해 사용할 수 있는 대외자산이다. 준비자산에는 금, 외화, SDR (Special Drawing Rights, 특별 인출권), IMF reserve position(IMF로부터 자유로이 인출할 수 있는 금액)이 포함된다. 증가는 음(−), 감소는 양(+)으로 표기된다.

준비자산의 증감요인으로는 외화자산을 증권·예금 등으로 운용하는 것에 따르는 운용수입 외에, 외환시장에서 외환평형기금채권을 이용한 평형조작이 있다. 가령, 급격한 원화가치상승이 있을 경우 환율안정을 위해 외화를 매입하고 원화를 매각하는 개입을 할 경우 외화보유고는 증가하게 된다. 이러한 외한시장에 있어서 통화당국의 개입은 경상수지의 흑자에 따른 대외순자산의 증가라는 관점에서 직접적인 관계가 있다.

이것은 경상수지흑자에 맞춘 해외로의 자본유출을 민간부문의 자유로운 투자행동에 의한 것이 아니라 공적부문의 시장개입에 의해 실현되는 것이다. 이러한 대응은 해당국에 있어서 자국통화의 가치상승을 억제하여 경상수지흑자를 감소시킨다는 환율의 자동적인 국제수지 조정메커니즘의 기능을 저해하기 때문에 시장메커니즘을 중시하는 IMF등에서는 기본적으로 회의적인 견해를 보이고 있다.

그러나 급격한 환율의 변동은 각국의 경제활동에 타격을 줄 가능성이 높기 때문에 외환시장개입은 주요국에서도 용인되고 있다. 최근 준비자산에 대한 관심이 매우 높아지고 있지만, 준비자산에 대한 관심이 높아진 것은 새로운 것은 아니다. 준비자산에 대한 연구는 이제까지 국제금융시스템의 동요나 변화, 국제금융시장의 혼란의 시기에 이루어져 왔다. 즉, 1960년대 중반의 브레튼우즈 체제의 동요의 시기에는 브레튼우즈 체제를 유지하려는 관점으로부터 바람직한 외화보유고는 어떻게 결정되고, 현실의 외화보유고는 적절한 수준인지에 대해 연구가 진행됐다.

그 후, 1970년대 전반의 브레튼우즈 체제나 스미소니안(Smithsonian) 체제의 붕괴, 1980년대 초의 남미국가들을 중심으로 하는 누적채무문제를 발단으로 한 국제금융시장의 혼란, 나아가 90년대 아시아 통화위기를 비롯한 각국에서의 위기의 빈발 등, 국제금융환경의 변화에 따라 바람직한 준비자산의 수준이 어떤 영향을 받는지에 대해 연구가 이루어져 왔다. 이러한 연구 중 특히 신흥시장(emerging market)국가[3)]에 초점을 맞추어 이들 나라의 외화보유고가 어떻게 결정되는지를 고찰해 보자.

1990년대 들어선 이후 세계의 외화보유고는 급속도로 증가하였으며, 그 중에서도 특히, 아시아 통화위기 이후, 아시아 신흥시장(emerging market)국가들의 외화보유고는 급증하고 있다. 2003년 말 시점에서는 중국, 대만, 한국, 홍콩은 일본에 이어 세계 외화보유고의 상위 4개국을 점하고 이들 국가 · 지역의

3) 후세인, 모우디, 그리고 로고프(Husain, Mody and Rogoff)는 신흥시장국가을 「해외로부터 대규모의 자본이 유입되고 있지만, 이러한 자본을 효율적으로 중개하는 충분히 발달한 국내금융시스템이 정비되어 있지 않은 발전도상국(“developing countries experiencing sizable foreign capital flows but without a sufficiently mature domestic financial system to efficiently intermediate them”」로 정의한다. (한편, Morgan Stanley Capital International Index에서는 아르헨티나, 브라질, 칠레, 중국, 콜롬비아, 체코, 이집트, 헝가리, 인도, 인도네시아, 이스라엘, 요르단, 한국,

외화보유고는 전 세계 외화보유고의 28.3%에 달하고 있다.

1) 국제금융시장으로부터의 자금조달의 제약

신흥시장국가들은 국제금융시장으로부터 항상 자금조달을 할 수는 없으며, 시장 동향이나 소버린 리스크(sovereign risk)[4]에 관한 시장의 인식에 따라 자금조달이 이루어지지 않는 경우가 생긴다. 가령, 1980년 초의 남미의 누적채무문제나 통화위기의 발생을 계기로 일부의 신흥시장국가에서는 국제금융시장으로부터의 자금조달이 어렵게 됐다. 이 경우 준비자산 수요가 대폭 증가할 수밖에 없다.

가령 국제금융시장에서 자금조달이 이루어지더라도, 자국통화표시로 대외차입은 할 수 없다는 제약 즉, 자국통화표시가 아니고 주로 달러표시로서 게다가 단기자금(주로 은행차입)으로 밖에는 해외로부터 자금을 조달할 수 없다는 '원죄'(原罪, original sin)가 신흥시장국가들의 외화보유고에 영향을 미친다고 생각할 수 있다. 칼보와 라인하트(Calvo and Reinhart)[5]는 1970년부터 1999년에 걸쳐 39개국의 데이터를 이용하여, 공식적으로 표명되고 있는 환율제도가 실제에도 공식표명대로 운영되고 있는지를 검증했다.

그리고 공식적으로 변동환율제나 관리변동환율제를 채택하고 있다고 선언하고 있는 신흥시장국가에서는 환율은 실제로는 페그(peg, 고정환율제)와 같은 움직임을 보이고 있으며, '변동환율제에 대한 두려움(fear of floating)'이 여전히 뿌리 깊다는 것을 지적하고 있다.

자국통화표시로 국제금융시장으로부터 차입을 할 수 없는 신흥시장국가들은, 자산 · 부채의 통화 불일치(mismatch)가 발생하기 쉽기 때문에, 통화당국은 보다 많은 준비자산을 보유하여 환율의 변동을 억제하는 유인(incentive)을 갖게 된다. 이 때문에 많은 경제학자에 의해 '원죄'가 '변동환율제에 대한 두려움'

말레이시아, 멕시코, 모로코, 파키스탄, 페루, 필리핀, 폴란드, 베네수엘라, 러시아, 남아프리카, 태국, 터키 등이 신흥 시장국가로 분류되고 있다.) Husain, Aasim, Ashock Mody, and Kenneth Rogoff, "Exchange Rate Regime Durability and Performance in Developing versus Advanced Economies," Journal of Monetary Economics 52(January 2005), 35-64.

4) 국가 위험(country risk)의 하나로서, 소버린론(sovereign loan)에 관한 위험을 가리킨다. 소버린론(sovereign loan)이란 대외대부 중 차입자가 정부, 정부기관, 정부계기업(공사, 공단, 정부계 금융기관)인 경우이다. 즉 상대국의 공적채무가 된다.

5) Calvo, Guillermo, A., and Carmen M. Reinhart, "Fear of Floating," Quarterly Journal of Economics 117(2), 2002, pp, 379~408.

의 하나의 요인으로 지적되고 있다.

실제 하우스만, 파니자, 그리고 스타인(Hausman, Panizza, and Stein)[6]은 신흥시장국가들을 포함하는 30개국의 데이터를 이용하여, 국제금융시장으로부터의 자국통화표시로서의 자금조달능력과 외환변동의 관계를 검증하고, 자국통화표시로서의 차입능력이 낮은 나라일수록, 환율변동을 억제하려한다는 결과를 보이고 있다. 이러한 결과는 '원죄' 라는 제약에 따르고 있는 신흥시장국가들이 환율변동을 억제하기 위해 보다 많은 준비자산을 보유하는 유인을 갖게 됨을 보여 주고 있다.

2) 통화위기의 발생가능성

통화위기의 발생을 방지하기 위해 통화당국이 준비자산을 많이 보유하려는 직접적, 간접적인 유인이 있음을 두 가지 이유로 설명한다.

첫 번째는, 건전한 거시경제정책의 운영이 필요하기 때문이다. 재정적자, 단기채무잔고, 경상수지의 외화보유고에 대한 비율이 통화위기의 발생의 가능성을 나타내는 신호(signal)임을 의미한다면 이러한 신호를 악화시키지 않고, 개선시키는 정책의 결과로서 많은 준비자산을 보유하게 되는 것이다.

두 번째로 정부가 준비자산을 많이 보유할수록 고정환율제에 대한 민간의 신뢰가 높아지고, 실제로 그러한 신뢰에 의하여 통화위기를 방지하는 것이 가능하게 된다.

3) 정치요인

아이젠만과 메리온(Aizenman and Marion)[7]은 정권교대의 빈도, 부정부패와 외화보유고의 관계에 대해 실증분석을 행하고, 정권교대의 빈도가 높고, 부정부패가 만연되어 있는 나라일수록 외화보유고가 작다는 것을 보이고 있다. 그들은 1997년 이후, 남미와 아시아의 신흥시장국가들에 있어서 외화보유고의 움직임이 다른 배경으로서, 이 실증결과를 근거로 아시아의 경우가 정치적으로

---

6) Hausmann, Ricardo, and Ugo Panizza, and Ernesto Stein, "Why Do Countries Float the Way They Float?" Journal of Development Economics 66, 2001, pp. 387~414.

7) Aizenman, Joshua, and Nancy Marion, "International Reserve Holdings with Sovereign Risk and Costly Tax Collection," NBER Working Paper 9154, National Bureau of Economic Research, 2002.

안정되어 있음을 하나의 이유로 제시하고 있다.

4) 외화보유고의 적정량

마지막으로, 외화보유고의 적정량에 대해서 알아보자. 외화보유고는 어느 국가의 경제규모 등에 따라 적정량이 다르기 때문에 단순히 그 명목액만으로 평가할 수 없기 때문에 이제까지의 연구에서는 명목 GDP, 수입총액, 단기채무잔고, 통화량이라는 경제변수가 각국 간에서의 비교나 외화보유고의 규모이 적절성을 고려할 때 이용되어 왔다.

외화보유고 · 명목 GDP비율은 나라의 경제규모에 따라 바람직한 외화보유고가 증가한다는 사고에 바탕을 두고 있다. 외화보유고 · 수입총액비율은 준비자산 커버(cover)율이라고도 부르며, 수입대금을 현재 보유하고 있는 준비자산으로 어느 정도의 기간 동안 지불할 수 있는지를 나타내고 있다. 또, 외화보유고 · 단기채무잔고 비율은, 대외차입이 곤란하게 된 경우의 해당년도에 지불기한이 도래하는 채무의 지불능력을 나타내며, 통화위기 발생의 조기 경계지표로 사용되고 있다. 더욱이 외화보유고 · 통화량 비율은, 장래에 자본도피가 발생할 가능성이 있는 금융자산액에 의해 외화보유고를 기준화 시킨 것으로, 외화보유고 · 단기채무잔고 비율과 마찬가지로 통화위기 발생의 가능성을 나타낸다.

보 론

경상수지와 저축 · 투자 밸런스(balance)

1980년대는 미국의 경우 경상수지적자와 재정적자라는 소위 쌍둥이 적자를 해결하기 힘든 상황이었으며, 따라서 이 문제를 어떻게 해석해야 되는가에 대해 저축 · 투자 밸런스(balance)논의가 학자들 사이에 왕성하게 이루어졌다. 이 논의에서 신고전파와 케인즈파의 견해가 다르다. 이제 다음과 같은 상품시장의 균형식을 생각해 보자.

$$S(y,\ r,\ q\ ;\ A) - I(y,\ r,\ q\ ;\ A) = CA(y,\ q\ ;\ B)$$

여기에서 S는 국민(개인+기업+정부)저축, I는 총투자, CA는 경상수지(무역수지), y는 실질GNP, r은 실질금리, q는 실질환율 또는 교역조건을 나타낸다. 또 A는 국내저축이나 투자에 외생적으로 영향을 미치는 외생변수(재정정책, 기대이윤율과 그 배후에 있는 기술혁신, 신제품의 등장 등), B는 마찬가지로 경상수지(수출입)에 영향을 미치는 외생변수(외국의 재정금융정책, GNP의 성장률, 혹은 자국의 수출산업의 경쟁력 등)이다.

y, r, q는 I, S와 CA에 다음과 같은 영향을 미친다. 우선 y가 증가하면 한계저축성향만큼 S가 증가한다. 한편, 실질이자율 r의 저축에 대한 영향에 대해서는 이론적으로 명확하게 답할 수 없다. 저축은 현재와 장래의 소비의 선택이므로, r이 상승하면 대체효과를 통해 저축이 증대하지만, 소득효과는 감소되는 방향으로 작용하게 된다. 따라서 저축이 증가할 수도 감소할 수도 있기 때문이다.

S의 r에 대한 반응은 그다지 크지 않다. 교역조건(실질환율) q도 일반적으로는 국제경제학의 소위 러센 · 메츨러(Laursen-Metzler)효과를 통해 저축에 영향을 미치지만 그 크기는 그다지 크지 않은 것으로 알려져 있다. 투자에 대해서는 y가 증가하면 가속도 원리에 의하여 I도 증가하는 것으로 생각할 수 있다. 실질이자율(r)은 투자의 비용이므로, r이 높아지면 투자는 줄어든다. 그러나 투자함수를 추정하는 경우 대부분의 경우 투자의 이자탄력성은 그다지 크지 않다. q는 앞서 말한대로 일반적으로는 러센 · 메츨러 효과를 통해 투자에 영향을 미치지만 그 크기는 그다지 크지 않다.

우변으로 옮겨 y가 CA에 미치는 영향을 보면 y의 증가는 수입을 증가시켜 CA를 감소시킨다. q가 수출입에 미치는 영향은 상대가격효과와 다를 바 없다. 한편, 위의 식은 항등식으로서 사후적으로 언제나 성립하지만 경제학적인 의미를 부여한다면 이것을 균형식으로 생각할 필요가 있다. 식은 하나뿐이므로 y, r, q 전부를 미지수로 할 수 없다. 이 저축 · 투자 밸런스(balance)식을 부분적으로 포함시키면서 어떻게 전체적인 거시이론을 조립할 것인가, 전체의 그림 중에서 이 식이 어떤 의미를 갖도록 체계를 생각할 것인가에 따라 다른 이론이 생겨나게 된다.

신고전파경제학에 있어서는 기술적 조건, 가계의 노동의욕을 주어진 것으로 하고, y는 생산요소가 완전고용이 되는 수준에서 결정된다. 따라서 식에 있어서 y는 외생이 된다. 이제 (간소화시켜)자본시장이 통합돼 있고 r은 국제적인 수준에서 결정되는 (소위 소국의 가정)것으로 상정해 보자. 이것은 편의상의 가정이다.

A와 B는 외생적으로, y는 공급 측의 요인에 의해, r이 국제자본시장에서 각각 결정된다고 생각하면 저축 · 투자 밸런스식은 결국 q를 결정하는 식이 된다. q가 결정되면 동시에 우변의 경상수지 CA의 크기도 결정된다. 그런데, 모델에서 실질 환율에 영향을 미치는 요인이 무엇인가를 알아보기 위해 몇 개의 가정을 추가해 보자

우선, 러센 · 메츨러 효과가 없는, 결국 교역조건의 변화는 수출입에 대해서는 영향을 미치지만 국내저축, 국내투자에는 직접 영향을 미치지 않는다고 가정해 보자. 이 경우 경상수지의 크기에 관해 중요한 의미(implication)를 얻을 수 있다.

이 가정 하에서는 저축 · 투자 밸런스식의 좌변의 I와 S는 q로부터 독립되고(q는 우변에만 있다), y, r과 A는 외생이다. 따라서 y, r과 A는 경상수지의 크기에 영향을 미치지만 우변의 B는 어떤 영향도 미칠 수 없게 됨을 알 수 있다. 가령 A가 변하면 좌변의 I와 S가 변하고, 그 결과 CA도 변한다. 그러나 B가 변하더라도 경상수지는 변하지 않고 균형에서 교역조건 q가 변할 뿐이다.

이것이 경상수지에 관한 좁은 의미의 저축 · 투자 밸런스론이다. 이러한 틀(framework)을 생각한다면, 가령 자국의 경상수지 흑자가 매우 크게 된 이유로서 자국의 수출경쟁력(B)이 높다던가, 외국의 성장률(B)이 자국보다도 높았기 때문이라고 말하는 것은 잘못된 것이라는 결론에 다다르게 된다. 더욱이 B가 좌변에 전혀 영향을 미치지 않는다는 점에 대해 약간의 설명이 필요하다. 가령 외국이 성장률이 높아지고 혹은 재정적자가 증가(B가 상승한다)하면 외국의 실질금리는 높아지며(외국은 대국이기 때문에)세계금리의 상승으로 연결된다. r이 상승하면 좌변이 변하므로 B는 실질금리를 통해 간접적으로 자국의 내수에 영향을 미치게 된다. 그러나 r은 B가 경상수지에 영향을 미치는 유일한 경로(channel)이므로 그 영향의 크기는 결국 S와 I의 금리탄력성에 의존하다.

다시 말하지만 이것들은 그다지 크지 않으므로 최종적으로는 앞서의 결론은 크게 변하지 않게 된다. 신고전학파의 생각에 따르면 자국의 경상흑자를 감

소시키기 위해서는 자국의 저축 · 투자 밸런스를 직접적으로 해소시키지 않으면 안 된다.

다음으로 케인즈 경제학적인 견해를 생각해보자. 고전학파와 달리 케인즈 경제학의 경우 저축 · 투자 밸런스 혹은 상품시장의 균형식은 한 국가의 GNP를 결정하는 식으로 해석한다. 즉 다름 아닌 유효수요의 원리이다.

이제 r을 세계적인 자본시장에서 국제적인 수준으로 결정된다고 하자. q에 대해서는 여러 생각이 있을 수 있지만 케인즈 경제학의 경우 이것이 상품시장의 균형으로부터가 아니라, 이자율과 마찬가지로 자산시장에서 결정되는 것으로 생각한다. 저축 · 투자 밸런스식은 y를 결정하는 식이므로 A와 B 모두 경상수지에 영향을 미침을 알 수 있다. 이 점이 앞서 얘기한 신고전파의 견해와 더욱 다르다는 것이다.

이상에서 설명한 저축 · 투자 밸런스론은 저축 · 투자의 시간적 변동을 명시적으로 고려하지 않은 정학적인 분석이었다. 이러한 설정은 여러 변수의 인과관계에 대해 직관적인 이해가 가능하고, 그 유용성이 적지 않다고는 하나, 저축 · 투자가 어떤 의사결정의 소산으로서 결정 · 변동하는가에 대해 논의를 진척시킬 때, 또 장기적인 경상수지의 동향에 대해 이론적 고찰을 가미하게 될 때, 정학적인 틀의 한계에 봉착할 수밖에 없다.

어쨌든 저축이란 금기의 소비를 희생하여 다음의 소비를 증가시키는 기간별 의사결정이며, 투자란 다음 기 이후의 수익을 기대하여 금기 실물자본을 증가시키는 기간별 의사결정이다. 따라서 저축 · 투자의 의사결정은 그 차이로 정의되는 경상수지의 시간적 변동을 규정하고, 동학적 최적화 행동에 입각한 저축 · 투자의 고찰이 불가결하게 된다.

이러한 접근의 효시는 피셔(Fisher, I)이며 그 후 많은 이론 · 실증분석을 통한 다양한 확장이 시도됐다. 옵스펠트와 로고프(Obstfeld and Rogoff)는 이러한 접근들을 총칭하여 「동학적 경상수지 접근(Dynamic Approach to the Current Account)」라 부르고 있다.

이것은 저축 · 투자 밸런스(balance)와 경상수지의 관계에 의거하여 저축 및 투자의 동학적 최적화행동에 바탕을 두고 경상수지의 시간적 변화를 고찰하는 접근이다. 여기에 대해서는 제 8장에서 구체적으로 다루기로 한다.

제 2 장

외환시장과 환율

1. 외환시장과 외환거래
2. 수출입에 의한 외환의 수급과 환율

환율은 외국과 거래되는 상품(증권 등을 포함)의 가격을 좌우하기 때문에 그 변동은 한 국가의 경제에 커다란 영향을 미친다. 환율은 외환시장의 수급(수요와 공급)에 의해 결정되지만, 수급의 배경에는 수출대금의 결제나 증권매매의 결제 등, 소위 실수요거래 외에, 장래의 가격변동의 리스크(risk)를 피하기 위해 헷지(hedge) 또는 순수하게 투기(speculation)를 목적으로 하는 거래도 있다.

환율은 이처럼 외환거래의 결과에 의해 결정되지만 환율이 어떤 상황에서 어떻게 움직이며, 어떤 수준에서 결정되는지 이론적으로 설명하려는 다양한 시도가 있다고는 하지만 결코 쉬운 일은 아니다.

환율의 결정요인으로는 소위 경제 펀더멘탈즈(fundamentals, 경제의 기초적 제 조건; 국제수지, 외화보유고, 성장률, 금리 등) 외에, 통화의 신인(信認, credibility)도 포함된다. 또한, 보다 단기의 환율의 움직임의 경우, 여러 지표들이 사전의 예상·기대와 어느 정도 괴리가 있는지도 큰 영향을 미친다. 환율의 변동이 지나친 움직임을 보일 때는 이것을 시정하기 위해 정부가 외환시장에 개입하기도 한다. 본 장에서는 외환시장과 환율의 기본적인 배경을 알아보기로 한다.

1. 외환시장과 외환거래

외환시장이란 서로 다른 통화를 매매하는 시장으로서 다음과 같은 특징을 갖는다.

① 주식이나 상품시장과 달리 물리적인 '거래소'는 존재하지 않는다. 외환거래는 기본적으로 전화 등의 통신수단을 매개로 한 상대거래이며, 해외의 시

장 참가자 모두 거래가 가능하다. 일반적으로 '거래소'의 이미지(image)처럼 보도되고 있는 것은, 거래를 중개하는 브로커(broker)회사 내부에서의 거래모습에 지나지 않는다.

② 외환거래에는 크게 나누어 (a) 고객(무역업체나 제조업체 등)과 은행 등의 금융기관(이하, 은행으로 한다)간의 거래(고객거래)와, (b) 은행 등의 금융기관끼리의 거래(소위 은행간(interbank)시장, 좁은 의미의 외환시장)가 존재한다. 환율은 (b)에서 결정되며, 그 환율을 참조하여 (a)에서 거래가 이루어진다.

③ 상기의 (a) 중, 거래액이 큰 기업들은 은행 등과 시시각각 변동하는 외환거래를 행한다. 한편, 개인이나 소규모의 외환거래를 하는 기업 등은 기본적으로 각 은행이 하루 한번(일회) 결정하는 은행간(interbank)시장의 환율에 의해 원을 달러로 교환할 수 있다. 가령 9시 50분에 인터뱅크에서 $1=1,000원의 경우, 그 날에 은행이 고객에게 달러를 파는 경우(offer 또는 ask price)는 $1=1,010원, 고객으로부터 달러를 매입하는 경우(bid price)는 $1=990원이라는 환율을 설정한다. 이 20원의 차액이 은행의 매매차익금이 된다. 이 차액을 스프레드(spread)라 한다.

전술한 바와 같이 외환시장이란 서로 다른 두 개의 통화가 교환되는 시장이다. 이제 외환거래가 어떻게 이루어지는지를 보자. 외화의 매매를 계약했을 때부터, 실제로 외화의 인수·인도(매매의 실행)가 이루어지기까지의 기간에 따라 외환거래는 현물환(spot exchange)거래와 선물환(forward exchange)거래, 그리고 파생금융상품(derivative)거래로 나눌 수 있다.

(1) 현물환거래

현물환거래란 외환의 매매계약 성립과 동시에, 혹은 성립 후 영업 2일 이내에, 실제로 외환의 인수·인도(delivery)가 이루어지는 거래이다. 영업일이란 휴일을 제외하고 은행이 영업하는 날을 말한다. 외환의 인수·인도란 은행이 고객이 매입한 외화를 인도하고 원을 수취하는 것, 또는 역으로 고객이 매각한 외화를 수취하고, 원을 인도하는 것을 말한다.

(2) 선물환거래

선물환거래란 장래의 특정일 내지 일정기간 후에, 계약시에 정한 일정 조건(외환의 인수 · 인도장소, 통화종류와 금액, 환율, 인수 · 인도기일 등)하에서 외환의 인수 · 인도를 행하는 거래를 말한다.

가령 1개월 후에 A은행에서 1만불을 1달러당 1,100원(결국 1,100만원)으로 매도한다는 내용이다. 이 선물환거래의 계약을 체결하는 것을 선물예약(forward exchange contract)의 체결이라 한다. 가령, 한국의 수출기업이 미국의 수입기업과 현물환율이 $1=1,100원일 때 금액 1만불의 수출계약을 맺는다고 하자. 수출기업은 이 때 1,100원×1만불=1,100만원을 수취하려고 할 것이다. 그 후 계약기간사이에 현물환율이 $1=1,100원에서 $1=1,000원으로 $의 가치가 하락하고 원의 가치가 상승한다면 수출기업이 은행으로부터 수취하는 원화는 1,000만원이 된다. 당초 기대했던 1,100만원에 비해 100만원 적어지게 된다. 이처럼 환율의 변동에 의해 손실을 입을 가능성이 있을 때, 환리스크가 따르게 된다. 이것을 피하기 위해, 수출기업은 수입기업과 수출계약을 체결함과 동시에 은행에 대해, 1만불을 장래 수출대금을 수취하는 기일에 맞추어, 미리 정한 환율에서 매각하는 계약, 결국 선물거래의 매각 예약을 체결해 둔다. 가령, 현물환율이 $1=1,100원일 때, 수출대금의 입금기일인 1개월 후의 선물환율이 1,080원이라 하자. 수출기업은 $1=1,080원으로 1만불을 매각하는 계약을 해둔다. 그렇게 하면, 장래 현물환율이 $1=1,000원으로 하락한 경우에도 수출기업은 은행에 미리 정한 $1=1,080원의 환율에서 1만불 수출어음을 매각하고, 1,080만원의 수출대금을 수취할 수 있다. 이처럼 환리스크(risk)를 회피하는 거래를 헷지(hedge)거래라 한다. 수입의 경우도 마찬가지로 생각할 수 있다. 이상, 현물환거래와 선물환거래는 무역거래나 자본거래의 결제에 필요한 외환매매에 사용된다. 특히 선물환거래는 환리스크에 대한 헷지나 투기거래에 이용된다.

(3) 파생금융상품

1) 파생금융상품시장의 급성장

국제금융시장에 있어서 최근의 새로운 움직임은 파생금융상품(derivatives) 시장의 급성장이다. 전통적인 외환시장은 런던을 기점으로 19세기 후반에 출발하고, 또 유로시장은 1950년대 말에 발생한 것으로 일컬어진다. 여기에 대해 파생금융상품시장은 70년대 초에 나타나, 80년대 이후에 급팽창했다. 이 시장의 규모는 명목원금(notional amount)기준(잔고)으로 보면 1990년 말 5.7조 달러에서 2000년 말에는 109.4조달러에 달했다.[1] 여기에서 명목원금이란 계약의 기초가 되는 명목상의 원금을 나타내는 것이다.

파생금융상품거래는 적은 자금으로 명목원금에 상당하는 거래를 행할 수 있다. 이 시장이 급성장한 배경은 우선 변동환율제로의 이행이나 자본자유화의 진전에 따라 외환시장이나 금융시장에 있어서 가격변동리스크나 신용리스크 등의 증대 등을 꼽을 수 있다. 또 정보통신기술의 혁신에 의해 복잡한 금융상품의 개발이나 거래가 용이하게 된 점도 지적할 수 있다. 나아가 거래를 중개하는 은행 등도 자기 자본비율규제 등의 영향으로부터 각종 수수료를 증가시키는 수단으로 이 시장을 이용해 왔다([그림 2-1]).

2) 파생금융상품의 구성요소

파생금융상품거래는 보증, 신용공여 등의 전통적인 거래와 함께 통상 대차대조표에 계상되지 않는 부외거래(off-balance transaction)로 분류된다. 즉, 현재의 시점에서 자산 · 부채의 증가는 없다. 파생금융상품은 부외거래이므로 상품의 구조나 리스크 관리가 복잡한 반면, 거래비용의 저렴함 그리고 탄력적인 현금흐름(cash flow)의 창출을 통해 국제금융시장의 효율성의 향상에 공헌하는 것으로 생각될 수 있다.

현재 많은 거래수법이 존재하고 있으며, 그 종류는, 거래의 형태, 거래의 수법, 기초자산(underlying asset)의 내용에 따라 다양하다. 우선, 거래형태로서

---

1) BIS, Annual Report ; BIS, Quarterly Review : International Banking and Financial Market Developments, March, 2002.

그림 2-1 파생금융상품 확대의 배경

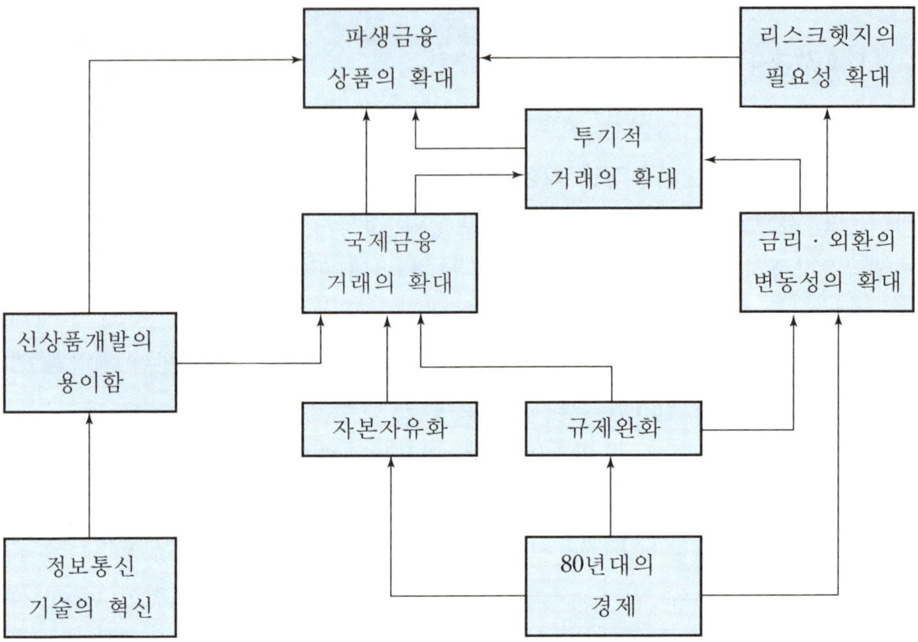

는 거래소에서 매매되는 거래소거래(exchange trading)와 점두(OTC : over the counter)거래로 나뉜다. 거래소거래는 거래소에서의 전형적인 거래로서, 고객의 거래상대는 거래소 회원이 된다. 현물의 인수 · 인도결제가 가능한 것도 있지만 통상 반대거래를 행해 매매차익분만큼을 결제하는 차금결제 내지 차액결제가 이루어진다. 점두거래는 고객끼리(금융기관이 거래상대 내지 중개자로서 들어오는 것이 통례) 서로 행하는 거래이며, 상품은 정형화되어 있지 않으며 원칙적으로 현물의 인수 · 인도로 결정된다. 거래형태에 있어 점두거래가 압도적으로 거의 90% 가까운[2] 큰 비율을 점하고 있다.

둘째로, 거래의 기본적인 수법은 선도(forward), 선물(futures), 스왑(swap), 옵션(option)의 네 가지다. 이외에 이들 수법을 조합시킨 복합거래[3]가 있다. 파생금융상품거래의 공통점은 장래의 일정시점에 있어서 금융상품의 '가격'의 변

2) 주석 1)과 같음
3) swaption, equity · link채 등

동을 예측하고, 그것을 현시점에서 거래하는 것이다. 거래의 대부분은 계약체결시점에 있어서 대차대조표(balance sheet)에 기재되지 않는 부외거래이다.

셋째, 거래의 전제가 되는 기초자산은 통화(외환), 금리, 채권, 주식(equity), 신용(credit) 등이 있다. 이 이외에 일반상품(금, 원유, 쌀 등)이 있지만 이것은 역사가 오래되었고, 무엇보다도 현재는 금융상품을 대상으로 한 파생금융상품이 급성장하고 있다. 이하, 파생금융상품거래의 기본적인 수법으로 통화옵션과 통화스왑의 예를 들고, 그 경제적 기능을 살펴보기로 한다.

i) 통화옵션거래

옵션(option)이란 장래의 특정기일(혹은 특정기간)에 있어 특정상품을 일정한 가격으로 매매할 수 있는 권리이다. 통화옵션(currency option)거래란, 통화거래에 대해 이와 같은 권리를 매매하는 거래이다. 옵션거래에 있어서는 옵션의 매도자는 매입자에 의한 권리행사에 응해야 하는 의무를 갖게 된다. 장래 대상이 되는 상품을 특정가격으로 매입할 수 있는 권리를 콜옵션(call option), 매도할 수 있는 권리를 풋옵션(put option)이라 하고, 그 특정가격을 권리행사가격(strike price)이라 부른다. 또 옵션구입을 위해 지불되는 대금을 옵션가격(premium)이라 부른다.

통화옵션거래의 이점(merit)은 선물환거래의 경우 장래 정해진 시점에서 미리 결정된 환율로 거래를 행하지 않으면 안 되지만, 통화옵션의 거래에 있어서 권리를 구입한 경우, 장래 정해진 시점에서 미리 결정된 환율로 거래를 행할 것인지 아닌지는 매입자가 결정한다는 점이다.

가령, 수출기업이 선물환거래에 있어 6개월 후에 달러당 1,200원에서 100만불의 매도계약을 체결한 경우, 6개월 후의 현물환율이 달러당 1,400원이 되어도, 달러당 1,200원에서 100만불을 매각할 의무가 있다. 이 수출기업의 수취는 미리 12억원으로 결정되어 있다. 그러나 이 기업이 통화옵션거래에 있어서 달러당 40원의 옵션가격(premium)을 지불하고, 6개월 후에 달러당 1,200원이라는 권리행사가격으로 100만불을 매도할 권리(달러의 풋옵션)를 매입한 경우를 보자. 이 기업은 6개월 후 풋옵션을 행사하지 않고, 현물환율 달러당 1,400으로 100만불을 매각할 수 있다. 미리 옵션가격이 4,000만원(40원×100만불)걸려 있지만, 그것을 빼더라도 기업의 수취는 13억 6,000만원이 된다. 역으로 6개월

[표 2-1] 선물환거래와 옵션거래

거 래	거래내용	6개월 후		
		$1=1,200원	$1=1,400원 (원의 가치하락)	$1=1,000원 (원의 가치상승)
선물환거래	6개월 후에 $1=1,200원에서 달러를 판다.	12억원	12억원	12억원
풋옵션구입	6개월 후에 $1=1,200원에서 달러를 판다.	11억 6,000만원	13억 6,000만원 (풋옵션을 행사하지 않음)	11억 6,000만원 (풋옵션을 행사)
헷지거래없음	–	12억원	14억원	10억원

후에, 원의 가치가 상승했다하더라도 풋옵션을 행사하면 100만불을 12억 원으로 팔기 때문에 최종적으로 11억 6,000만원을 수취하게 된다. 6개월 후에 수출기업이 거래의 결제에 의해 100만불을 수취할 때 환리스크의 헷지(hedge)에 선물환거래 및 옵션거래를 사용한 경우의 원환산액은 [표 2-1]과 같이 된다.

옵션거래의 특징적인 점은 어느 한 예상 하(이 경우는, 원의 가치상승)에 있어서 최저이익을 확보하는 한편, 예상이 벗어나더라도(이 경우는, 원의 가치하락) 많은 이익을 올릴 수 있는 것이다. 이 기업은 11억 6,000만원(12억원－옵션가격 4,000만원)을 확보하는 한편, 원의 가치하락이 진행되면 보다 많은 이익을 얻을 수 있다.

ii) 통화스왑거래

통화스왑(currency swap)거래란 서로 다른 통화의 현금흐름(cash flow)을 교환하는 거래를 말한다. 가령 해외시장에서 기채(공채나 사채를 발행)를 한 한국기업의 자금소달에 따르는 환리스크를 회피하는 것이 가능하다. [표 2-2]에 따라 설명한다.

국내기업 A사는 상환까지의 남은기간(잔존기간)이 3년이 되는 달러채를 발행한다고 하자. 조달액이 100만불, 이 채권이 1년에 지불하는 쿠폰금리(coupon rate, 쿠폰의 액면 이자율)를 6%로 한다. 또 현재의 시장에서의 달러금리를 4%,

[표 2-2] 통화스왑의 흐름

• 시장의 환율과 금리조건

현물환율	$1＝1,200원
달러금리	4%
원금리	2%

• 통화스왑의 현금흐름

	채권지불	은행으로부터의 수취		은행에 대한 지불	
	달러의 현금흐름 ①	달러의 현금흐름 ②	달러금리로 할인한 현재가치 ③	원의 현금흐름 ④	원금리로 할인한 현재가치 ⑤
1년째	$60,000.00	$60,000.00	$57,693.31	₩25,332,040	₩24, 835,340
2년째	$60,000.00	$60,000.00	$55,473.37	₩25,332,040	₩24,348,370
3년째	$1,060,000.00	$1,060,000.00	$942,336.14	₩1,291,934,220	₩1,217,418,470
		현재가치의 합계	$1,055,501.82	현재가치의 합계	₩1,266,602,180

달러와 원의 현금흐름의 현재가치가 같다.
1,055,501.82달러×1,200원＝1,266,602,180원

원 금리를 2%, 그리고 현물환율을 $1＝1,200원으로 가정하자.

A사는 채권의 구입자에게 매년 6만불의 금리를 지불하고, 만기에는 금리와 원금인 106만불을 지불하지 않으면 안되고, 달러표시 금리지불, 원금변제에 걸려 있는 달러표시 부채라는 형태로 환리스크의 원인인 노출(exposure)을 안게 된다. 이 노출액수가 클수록 A사가 안고 있는 환리스크는 크게 된다. [표 2-2] 중의 ①이 A사가 지불해야 하는 달러의 현금흐름(cash flow)이다. A사가 환리스크를 회피하기 위해서는 여기에 알맞은 원표시의 지불액을 가능한 한 조기에 확정할 필요가 있다. 이와 같은 경우, A사는 통화스왑계약을 은행 등과 맺음으로서 자금조달과 관계된 외화표시 달러부채의 변제를 위해 원표시 현금흐름(cash flow)을 확립할 수 있다. A사는 은행으로부터 매년 6만불과 최종년도에 106만불을 수취하는 대신에(②), 은행에 매년 이자 2,533만 2,040원과 최종년도에 이자 2,533만 2,040원과 원금 12억 6,660만 2,180원의 합계 12억 9,193만 4,220원을 은행에 지불한다(④).

A사는 수취한 달러를 그대로 채권보유자에게 지불(①)로 전용되기 때문에, ①과 ②의 달러 현금흐름은 상쇄되고, ④의 원의 현금흐름이 남기 때문에, 실질적으로 달러표시 부채를 원표시 부채로 바꾸는게 된다. 결국, A사는 외화표시채무라는 노출(exposure)에 대해, 통화스왑거래를 이용하여 환리스크를 헷지(hedge)한게 된다. ④의 원의 현금흐름을 어떻게 계산할 수 있을까. 우선 각년도의 금리지불과 최종년도의 달러원금 및 이자지불의 각각의 현재가치를 구해 달러의 현금흐름의 현재가치를 산출한다. 이것은 다음과 같이 구할 수 있다. [표 2-2] 중의 ③이 그 계산이다.

$$\begin{aligned}\text{달러의 현재가치} &= 60{,}000/(1+0.04) + 60{,}000/(1+0.04)^2 \\ &\quad + (60{,}000 + 1{,}000{,}000)/(1+0.04)^3 \\ &= 1{,}055{,}501.82(\text{달러})\end{aligned}$$

이 달러의 현재가치와 같은 원의 현재가치를 계산한다. 이것은 달러의 현재가치에 현물환율을 곱하여 구한다.

$$\begin{aligned}\text{원의 현상품가치} &= 1{,}055{,}501.82\text{달러} \times 1{,}200\text{원}(\text{현물환율}) \\ &= 1{,}266{,}602{,}180\text{원}\end{aligned}$$

이 원 금액이 원 현금흐름의 계산의 기본이 된다. 원의 현금흐름은 다음과 같이 구한다.

$$\text{매년 원의 금리액} = 1{,}266{,}602{,}180\text{원} \times 2\% = 25{,}332{,}040\text{원}$$

$$\begin{aligned}\text{최종년도의 현금흐름액} &= 1{,}266{,}602{,}180\text{원} + 25{,}332{,}040\text{원} \\ &= 1{,}291{,}934{,}220\text{원}\end{aligned}$$

이 원의 현금흐름이 ④이다.

이 ④의 현금흐름을 2%의 원금리로 할인하여 현재가치를 산출하면 ⑤가 되며, 이것은 달러의 현금흐름의 현재가치와 같게 됨을 알 수 있다. 일반적으로 시장에서 스왑거래가 행해질 때는, A사가 은행으로부터 수취하는 현금흐름의 할인현재가치와 A사가 은행에 대해 지불하는 현금흐름의 할인현재가치[4)]는 같

4) 장래에 있어서 자산가치를 일정한 할인율로 환산한 현재에 있어서의 자산가치. 현재에 있어 100원은 이자율 i%(년율)하에서는 1년 후에 $100 \times (1+i)$원이 되기 때문에, 1년 후의 $100 \times (1+i)$원의 할인현재가치는 100원이 된다.

게 된다. 즉, 스왑계약체결시에 있어서 환율로 환산한 각각의 가치가 서로 같게 되도록 교환하는 원금이나 금리지불액이 결정된다.

(4) 외환포지션

기업이나 금융기관이 외화표시 자산이나 외화표시 부채의 차액으로 어느 정도 크기의 환변동리스크에 처해 있는가를 파악하기 위해 이용되는 개념이 외환포지션(exchange position)이다. 단순화시켜 원과 달러(외화) 밖에 없는 세계를 생각해보자. 이때 원을 기준으로 리스크관리를 행하는 한국의 기업이나 개인으로부터 보면 달러가 원에 대해 가치가 하락하면 외화(달러)표시 자산·부채의 보유에 의해 다음과 같은 영향을 받는다.

달러표시 자산 : 달러의 가치 하락에 의해 손실을 입는다.
달러표시 부채 : 달러의 가치 하락에 의해 이익을 얻는다.

외환의 선물계약 등을 보유하고 있지 않는 경우에는 다음의 금액이 외환포지션이 된다.

달러의 외환포지션=달러표시 자산잔고−달러표시 부채잔고

위식에서 정의된 포지션이 (+)일 때, 매입초과포지션(over-bought position) 혹은 롱포지션(long position)이라 하며, 즉 외화(달러)채권초과가 되며, (−)일 때 매도초과포지션(over-sold position) 혹은 숏포지션(short position)이라 한다. 즉 외화(달러)채무초과를 말한다. 이처럼 외화채권과 외화채무가 일치하지 않는 상태를 오픈포지션(open position)이라 한다. 그리고 0일 때 스퀘어(square)라 한다. 달러가 원에 대해 가치가 하락할 때에는 롱포지션의 경우 환차손을 입게 되며 숏포지션이라면 이득을 얻는다. 그리고 스퀘어일 때는 환율이 변동하더라도 손익을 발생하지 않는다. 환언하면 스퀘어란 환변동리스크를 갖고 있지 않은 상태이다.

가령 달러표시 차입을 100만불 보유하고 있는 한국의 기업을 생각해보자. 이 기업이 그 밖의 달러의 채권·채무를 보유하고 있지 않는 경우에는 외환포지션은 100만불의 채무초과가 된다. 이 기업이 원의 여유자금을 보유하고 있는 경우에는 환리스크를 헷지(hedge)하는 하나의 방법으로서 은행으로부터 원으로 달러를 100만불 매입하여 달러예금을 해둠으로써 달러표시 자산이 증가하여 외환포지션은 스퀘어가 된다.

다음으로 달러표시 채권을 100만불 보유하고 있는 한국기업을 생각해보자. 이 기업이 그 밖의 달러의 채권·채무를 보유하고 있지 않는 경우에는 외환포지션은 100만불의 채권초과가 된다. 이 기업이 외환포지션을 스퀘어하는 하나의 방법으로서 은행으로부터 100만불을 차입하고, 그 달러를 매각하여 원으로 운용하는 경우이다. 여기로부터 달러표시 채권과 채무가 균형되며 환리스크는 없어지게 된다.

(5) 환율의 개념

환율은 서로 다른 통화의 교환비율이다. 달러(외국통화)의 원표시(자국통화표시) 환율은 원으로 측정한 외화 1단위의 가치를 나타낸다. 따라서 가령 $1=1,000원에서 $1=1,010원으로 환율의 수치가 증대한다는 것은, 달러(외화)의 가치가 상승하고, 원(자국통화)의 가치가 하락함을 의미한다. 이것을 달러(외화)의 '가치상승' (appreciation) 혹은 달러의 '평가절상' (切上, revaluation), 그리고 원의 '가치하락' (depreciation) 혹은 원의 '평가절하' (切下, devaluation)라 한다.

반대로 $1=1,000원에서 $1=990원으로 환율이 하락하는 경우 달러(외화)의 가치가 하락하고 원(자국통화)의 가치가 상승함을 의미하며, 각각 달러(외화)의 '가치하락' 혹은 '평가절하', 그리고 원(자국통화)의 '가치상승' 혹은 '평가절상'이라 한다(엄밀히 얘기하면, 가치상승과 가치하락은 변동환율제에서, 평가절상과 평가절하는 고정환율제에서 쓰이는 용어지만, 같은 의미로 해석하여 앞으로 혼용해서 쓰기로 한다).

이하, 본서에서는 일관되게 원을 자국통화, 달러를 외국통화로 부르기로 하고 환율은 1달러당 몇 원(위의 예에서처럼)이라는 자국통화표시로 나타내기로 한다(반면 외국통화표시 환율의 경우는 1원당 몇 달러의 의미이다). 더욱 중요한 것은 본서에 있어서 "환율하락=자국통화 가치상승=외국통화 가치하락=자국통화 평가절상", "환율상승=자국통화 가치하락=외국통화 가치상승=자국통화 평가절하"의 개념을 일관되게 사용할 것이므로 그 뜻을 분명히 알아두어야 한다. 다시 한번 언급하면 $1=1,000원에서 $1=1,010원이 되면 환율의 상승이므로 원(자국통화)의 '가치하락', 달러(외국통화)의 '가치상승'이라 하며 $1=1,000원에서 $1=990원으로 환율의 하락이므로 원의 '가치상승', 달러의 '가치하락'이라고 부르기로 한다.

이상의 환율의 의미는 우리가 통상적으로 말하는 명목환율(nominal exchange rate)을 가리킨다. 다음에 설명할 여러 가지 개념의 환율을 제외하고, 본서에서 나오는 환율이란 특별한 언급이 없는 한 명목환율을 의미한다. 우리가 통상적으로 얘기하는 환율(명목환율) 외에 여러 가지 개념의 환율이 있다. 실질환율(real exchange rate), 실효환율(effective exchange rate), 실질실효환율(real effective exchange rate) 등이 그것이다.

실질환율(real exchange rate)은 명목환율을 두 나라의 물가지수로 조정한 것으로서, 두 나라 산업의 상대적인 국제경쟁력과 밀접한 관계가 있다. 무역(서비스 포함)거래에 영향을 미치는 환율은 명목환율이 아니라, 실질환율이다.

가령, 성능이 같은 PC제품에 대해 미국과 한국에서의 가격을 비교해 보자. 한국제품의 가격을 300만원, 미국제품의 가격을 2,000불이라 하고[5] 명목환율을 $1=1,000원이라 하면 미국제품 PC의 원가격은

(1,000원/$)×($2,000)=200만원

여기에서 (1,000원/$)는 $1=1,000원을 의미한다. $1=1,000원이라는 명목환율 하에서는 미국제품 PC의 원가격은 200만원이므로 한국제품 PC 한 대를 구입할 수 있는 금액(300만원)으로 미국제품 PC를 1.5대 살 수 있다. 여기에서 원과 달러의 실질환율을 PC를 기준으로 정의하면 다음과 같다.

(1,000원/$)×($2,000)/300만원=0.67

이 식은 미국제품 PC를 한 대 구입할 수 있는 달러자금으로 살 수 있는 한국제품 PC는 0.67대임을 의미한다. 환언하면, 위의 식을 PC로 측정한 달러의 원에 대한 가치를 나타내며, PC를 기준으로 한 실질환율이다.

무역거래가 완전히 자유롭고, 수송비용이나 세금을 무시하면, 같은 성능의 PC는 한국제품이나 미국제품이나 같은 가격에서 거래될 것이다. 이것은 위의

5) 미국의 PC를 한국에 수송하는 경우의 수송비용이나 소비세 등을 무시하기로 한다.

실질환율이 0.67이 아닌, 1이 되는 것을 의미한다. 이 '일물일가'(一物一價)의 입장으로부터 보면, \$1=1,000원이라는 명목환율은, 원을 달러에 대해 '과대평가'(overvaluation)하게 되는 것이다.

명목환율이 (1,000원/\$)로부터 (1,100원/\$)로 원의 가치하락 · 달러의 가치상승이 되면, 원이나 달러 그 어느 것으로 평가하더라도 한국제품과 미국제품의 PC는 같은 가격이 된다. 즉, 2,000불짜리 미국제품 PC는 220만원(1,100원×2,000)이 되고, 300만원짜리 한국제품 PC는 2,727달러가 된다.

위의 설명에서는 PC를 기준으로 실질환율을 설명했지만, 환율의 실질가치를, 얼마만큼의 구매력을 갖는가를 기준으로 정의한다면, PC만이 아니라 될 수 있는대로 많은 상품 · 서비스를 포함해야 한다. 적당한 상품 · 서비스의 바스켓(조합)에 관해, 한국과 미국의 가격수준을 각각 P, P^*라 하고, 자국통화(원) 표시의 명목환율을 S라 하면, 실질환율 q는 다음과 같이 정의된다.

$$q=S\cdot\frac{P^*}{P}$$

이처럼 정의한 실질환율은 미국의 상품 · 서비스와 한국의 상품 · 서비스의 상대적인 가격수준이며, 상품 · 서비스의 바스켓을 기준으로 한, 달러의 원에 대한 가치를 나타내고 있다.

실질환율 q의 값이 상승한다(결국 실질환율이 원의 가치하락, 달러의 가치상승이 된다)는 것은 상대적으로 미국의 상품 · 서비스의 가격이 상승하고, 한국의 상품 · 서비스의 가격이 하락함을 의미한다.

따라서 실질환율의 상승은 한국인의 미국제품에 대한 수요를 감소시키는 한편, 미국인의 한국제품에 대한 수요를 높이게 될 것이다. 위의 식에서, 실질환율은 명목환율(S)과 미국과 한국의 상품 · 서비스의 상대가격(P^*/P) 두 개의 요인에 의존함을 알 수 있다. 미국과 한국의 상품 · 서비스의 상대가격(P^*/P)을 일정하게 두면, 명목환율이 원의 가치하락(S의 상승)이 되면, 원은 구매력의 관점에서 보더라도 \$에 대해 싸게 되고, 실질환율은 상승한다. 그러나 미국과 한국의 상품 · 서비스의 상대가격이 변화하는 경우에는, 명목환율의 변화와 실질환율의 변화는 반드시 일치하지는 않는다. 이상을 정리하면, 앞서의 실질환율의 정의 $q=SP^*/P$로부터, 양국의 물가수준이 같다면 즉, 구매력평가가 성립한다면, $S=P/P^*$가 되고, 이 때, $q=1$이 된다. 명목환율이 구매력평가보다 과대평가되면(자국통화 증가 또는 자국물가의 상승), $S<P/P^*$가 되며, 이 때 $q<1$이 된다(실질가치상승). 명목환율이 구매력평가보다 과소평가되면(자국통화 가치 하락 또는 자국물가 하락)가 되며, 이 때 $q>1$이 된다(실질가치 하락).

한 나라의 통화가 강하게 될 것인지 약하게 될 것인지 어떻게 검증할 수 있을까. 가령, 원의 경우, 통상 달러를 참조하지만, 이것만으로는, 예를 들어 원의 가치상승, 달러가 가치하락 추세에 있는 경우, 원이 다른 주요 통화에 대해 강해지고 있다는 것인지, 달러가 다른 주요 통화국에 대해 약해지고 있나는 것인지 판별하기가 어렵다.

그래서 한 나라의 통화가 강한지를 계측하기 위해 사용되는 것이 실효환율이다. 이것은 한 나라의 주요 무역상대국간의 환율을 각각의 가중치로 가중 평균하여 구한다. 간단히 설명하면,

- 한국의 무역상대국이 A, B, C 세 나라가 있다고 보고, 기준시점에 있어 각국의 통화와 원과의 환율이 1원$=a$, 1원$=b$, 1원$=c$, 현 시점의 환율이 각각 a', b', c'로 하자.
- 각국과의 무역액의 비를 3 : 2 : 1로 하자.
- 이 경우, 기준시점의 원의 실효환율을 100으로 한 경우의 원의 실효환율은$=100\times(a'/a\times3+b'/b\times2+c'/c\times1)/(3+2+1)$

이 결과로 얻어진 실효환율을 이용하여, 가령 1년 전의 실효환율과 비교하면, 그 나라의 통화가 강해졌는지 약해졌는지를 알 수 있다. 그런데 무역에 있어서의 가격경쟁력(교역조건)을 계측하려는 경우에는 1년간의 물가변동도 고려하여 실질화시킬 필요가 있다.

예를 들어 1년 사이에 실효환율이 200에서 100이 되고, 통화가치가 1/2가 됐다고 하자. 이 경우, 물가상승률이 타국과 같다면 이 나라의 수출경쟁력은 두 배가 되지만, 이 나라의 물가수준이 1년 사이에 타국의 두 배가 된 경우, 수출경쟁력은 1년 전과 변함이 없게 된다(국내가격이 두 배가 된 제품을 수출할 때 수출상대국에서의 현지가격을 유지하기 위해서는 자국통화의 가치를 1/2로 할 필요가 있다).

이처럼 실효환율 산출시에 상대국과의 물가변동의 차이를 고려하여 실질화시킨 것을 실질실효환율이라 부른다. 이것은 환율의 변동이 상품수지에 미치는

영향을 분석할 때 가장 주목할 만한 지표라고는 하나, 이것을 계산하기 위해서는 물가지수나 가중치를 적절하게 선택할 필요가 있다.

(6) 환율의 결정요인

환율의 변동은 경제활동에 큰 영향을 미친다. 환율의 변동을 가져오는 수급요인으로 경상거래나 자본거래, 개입 등이 있지만 실제로 환율을 예상할 때 어떤 점이 중요한 포인트가 되는지 보자.

1) 펀더멘탈즈(fundamentals) 분석

환율변동의 경제적 요인으로 우선 생각할 수 있는 것이 펀더멘탈즈(fundamentals)이다. 그것은 한 국가 경제의 기초적 제 조건으로서, 한 국가 경제나 통화의 건전성을 나타내는 지표이다. 구체적으로는 재정수지, 경상수지, 인플레이션율, 생산성상승률, 경제성장률, 실업률 등의 예를 들 수 있다. 경상수지는 한 나라의 재화 및 서비스의 국제경쟁력을 반영한다. 경기동향을 반영하며 국제경쟁력에 큰 영향을 미치는 지표는 인플레이션율과 생산성상승률이며, 경제성장률이나 실업률, 재정수지 등은 한 나라의 경제가 얼마나 건강한지를 나타내는 척도로서 중요하다. 이러한 펀더멘탈즈(fundamentals)가 환율의 움직임을 설명하는 이론을 펀더멘탈즈이론이라 부른다. 보다 건전한 경제상황에 있는 나라의 통화가 그렇지 않은 나라의 통화보다 가치가 높게 된다는 이론이다.

단, 이것은 5년, 10년이라는 장기간에서 보면 기능을 한다고 볼 수 있지만, 1년, 2년이라는 비교적 단기에 있어 펀더멘탈즈에 지나친 신뢰를 갖는다는 것은 위험하다. 펀더멘탈즈분석과 관련하여 장기적인 환율의 수준을 생각할 때 흥미가 깊은 것이 구매력평가설이다. 구매력평가설이란, 자유로운 무역거래를 전제로 하면, 두 나라간 통화의 구매력이 같게 되는 환율, 즉 '구매력평가'(purchasing power parity)가 실현된다는 것이다. 결국 환율을 물가와의 관계로부터 설명한다. 가령, 환율 $1=1,000원에서 양국 간 무역수지가 균형이 이루어졌던 시기에 동일한 상품의 가격이 한국에서 100만원, 미국에서 1,000불이었다고 하자.

그 후 미국의 인플레이션으로 그 상품의 가격이 1,500불이 되었다면 한국으로부터 대미수출이 증가하고 한국의 흑자가 된다. 이러한 불균형을 반영하여 환율이 하락($의 가치하락, 원의 가치상승)하여 약 670원(100만원÷1,500불=670원/$)이 되는 시점에서 다시 양국의 상품의 가격이 같게 되고 무역은 균형이 된다. 균형된 시점에서의 환율이 구매력평가이며, 구매력평가설은 두 나라간의 인플레이션 격차를 조정하도록 환율이 변화한다는 것이다. 실제 구매력평가는 무역이 균형되고, 구매력평가가 실현됐다고 보여지는 시점을 기준으로, 그 때의 물가수준에 그 이후의 물가상승의 격차를 곱해 산출한다. 장기적으로는 구매력 평가설이 성립한다는 데 큰 이견은 없지만 몇 가지의 문제점이 지적되고 있다.

우선 기준시점을 정할 때, 균형이 안정상태에 있다고 판정할 수 있는 객관적 근거가 반드시 명확하지 않을 뿐더러, 기준시점의 설정에 따라서는 결과가 크게 달라진다. 기준시점은 각국의 경제가 과열되거나 경기가 후퇴하는 시기가 아니라 국제수지 불균형이 작았던 시점, 특히 두 나라간 무역수지나 경상수지가 거의 균형상태에 있는 시점을 선택하는 것이 필요하다. 아울러 석유충격(oil shock)과 같은 외적인 충격이나 그 후유증도 없어야 할 것이다. 이처럼 기준시점을 찾아내는 것은 용이한 일이 아니다.

둘째로, 기준시점으로부터 현재까지, 각국의 무역정책에 큰 변화가 없어야 한다. 만일 그 사이 대폭적인 관세의 인상이나 수입규제가 실시된다면 당연히 구매력평가설은 성립하지 않는다.

셋째로, 기준시점으로부터 현재까지 무역재와 서비스 등의 비무역재의 상대가격에 큰 변화가 있어서는 안 된다. 일반물가의 변화를 측정하는 물가지수에는 적든 많든 비무역재가 포함되기 때문에 기준시점과 현재의 시점이 멀어지면 멀어질수록 경제구조의 변화에 따라 무역재와 비무역재의 상대가격 변화에 의한 구매력평가의 왜곡(distortion)이 확대된다. 특히 성장률이 높은 나라에서는 제조업 등의 무역재산업의 생산성의 상승률이 서비스산업 등의 비무역재산업 생산성 상승률을 상당히 상회하는 경우가 많기 때문에 이 양자를 포함한 일반물가지수의 상승률은 무역재산업의 비용상승률을 상회하게 된다. 이 때문에 성장률이 높은 나라와 낮은 나라의 통화사이의 구매력평가의 계산에 있어 성장률이 높은 나라의 산업의 국제경쟁력을 과소평가하지 않도록 주의할 필요가 있다.

2) 경제정책

한나라의 경제정책은 환율의 결정요인에 영향을 미쳐 환율이 변동하는 원인이 된다. 또한 어떤 경제정책이 취해질 것인가에 대한 시장의 예측도 환율을 변동시킨다. 정부가 외환시장에 영향을 미치는 정책을 열거하면, 다음과 같다.

i) 외환시장개입

통화당국이 환율에 어떤 영향을 미치기 위해 환율의 매매를 행하는 것이 시장개입이다. 가령 중앙은행이 외환($)의 매입을 원으로 개입을 행할 때, 중앙은행은 국내 또는 해외의 은행으로부터 시장에서 거래되고 있는 환율로 $를 매입하고 원을 매각한다. 중앙은행이 $의 매입을 원으로 행하면 중앙은행이 시장에서 $를 매입하고 원을 매각하기 때문에 시장에 있어 $의 수요요인이 된다. 또 $의 매각개입은, 중앙은행이 시장에서 $를 매각하고 원을 매입하기 때문에, $의 공급요인이 된다. 개입은 현물환시장에서도 이루어지지만 선물환시장에서도 행해진다. 개입은 외환시장에 있어 한계적인 수요공급의 조정이므로 그 효과는 시장에서의 수급균형이 어떤 상황에 있는지에 따라 다르다.

그러나 개입은 외환수급에 영향을 미칠 뿐만 아니라, 환율수준에 대한 통화당국의 견해를 분명히 하는 것이므로 시장참가자의 예상형성에 영향을 미쳐 환율을 움직이도록 하는 것도 가능하다. 이러한 효과를 구두개입(announcement)효과라 부른다. 개입에는 한 국가만의 단독개입과 관계국들이 협력하는 협조개입이 있다. 물론 후자의 경우가 보다 유효하다. 개입효과는 외화의 수급만이 아니고 국내의 금융정책을 어떻게 실행하는가에 따라서도 다르다. 가령 중앙은행에 의한 $매입 · 원매각 개입은 상대방은행의 $자금을 감소시키고 중앙은행 예금을 증가시키기 때문에 그대로 방치하면 본원통화(high-powered money, 현금통화+은행의 중앙은행예금)가 증가한다. 본원통화의 증가는 금융시장에 원화의 공급을 증대시켜 금리를 하락시킨다. 이와 같은 개입에 따르는 금융시장에 대한 영향을 금융시장에 있어 별도의 조작(국채의 매각 등)에 의해 상쇄시키는 경우의 개입을 '불태화 개입'(不胎化, sterilized intervention), 상쇄시키지 않는 경우를 '태화 개입'(unsterilized intervention)이라 부른다.

태화정책은 외환수급에 영향을 미침과 동시에 금융시장에서의 영향을 통해 환율에 영향을 미친다. 중앙은행에 의한 $매입 · 원매각개입이라면, 직접 환율을 인상시킴과 동시에 원 금리의 하락을 통해 원으로부터 $로 자금의 흐름을 유발하여 $ 가치상승 · 원 가치하락을 기대할 수 있다. 따라서 태화 개입은 불태화 개입에 비해 보다 더 강력한 개입이라 말할 수 있다.

ii) 시장금리조작

보다 유리한 자금의 운용을 찾아 움직이는 국제자본이동의 흐름에 영향을 미치는 것이 통화당국에 의한 시장금리조작이다. 발전도상국이나 소국의 경우에는 국내경기 이상으로 대외적으로 통화가치의 안정을 중시한 금리조작을 행하는 경우가 많다.

iii) 법적조치

자본거래규제나 관세 · 비관세조치 등 공적규제조치도 외환시장에 영향을 미친다.

3) 정치적 요인

환율결정요인으로 정치적 요인도 고려할 수 있다. 정치적 요인은 ① 경제 · 금융을 대상으로 하는 정치적 결정이 환율에 영향을 미치는 경우와, 그것과는 달리 ② 어떤 정치적 사건이 환율에 직접 또는 간접적으로 영향을 미치는 경우로 나누어 생각할 수 있다. ①의 경우로서 85년의 플라자 합의나 99년 1월의 유로(euro)의 도입을 들 수 있다. ②의 경우, 89년의 독일 베를린 장벽의 붕괴가 독일 마르크 환율에 미친 영향을 들 수 있다. 많은 사람이 예기치 않았던 베를린 장벽의 붕괴는 본래는 마르크의 호재로 받아들여졌지만 당시 서독의 부담이 크게 될 것이라는 우려가 높아지면서 오히려 마르크의 가치하락으로 돌아섰다.

4) 시장심리요인

외환시장의 참가자가 안고 있는 환율에 관련된 상황에 대한 판단, 예상, 기대 등을 '시장 심리' (market sentiment)라고 한다. 가령, 미국의 무역수지적자가 어느 시점에 300억불로 발표됐다고 하자. 그 경우 시장은 이러한 새로운 정보에 어떻게 반응할 것인가($의 가치가 올라갈 것인지, 내려갈 것인지)?

일반적으로는 한 나라의 무역수지적자는 그 나라 통화의 매각요인이라고는 하지만, 어느 한 특정한 시점에서 그것이 매각요인으로 받아들여질지는 알 수 없다. 그것을 알기 위해서는 미국의 그 시점의 무역수지를 시장이 어떻게 예상하고 있는지가 중요하다. 만일 시장의 대다수가 200억불 정도의 적자를 기대하고 있었다면 300억불로 발표된 그 순간에 $는 가치가 하락하기 시작할 것이다. 반대로, 330억불 정도의 적자가 예상되고 있었다면, 300억불은 생각만큼 나쁘지 않은 숫자이므로, $는 일시적으로 가치가 상승할지도 모른다. 그러나 또 하나의 가능성도 고려하지 않으면 안 된다. 그것은 무역수지의 발표에 환율이 거의 반응하지 않는 경우이다. 만일, 그 때의 시장이 가령 각국통화의 금리 수준에 주목하고 있고, 무역수지에 그다지 관심이 없다고 하면 예상과 다소 다른 숫자가 발표되더라도 시장은 그것을 무시할지도 모른다. 이처럼, 그때 그때의 시장에서 어느 요인이 중요시 되는가 하는 시장심리를 미리 파악하는 것도 매우 중요하다.

시장심리 중에서도 특히 장래의 환율에 대한 관점 내지는 견해가 중요하다. 우선, 경상거래 중에서 가장 중요한 부분인 무역거래를 보자. 가령 자국(한국)의 무역거래의 동향을 장래 1년까지 매우 정확히 예측할 수 있다고 하자. 이것은 지금부터 1년간의 자국의 무역수지를 예측할 수 있다는 것을 의미한다. 그렇다고 이것이 향후 1년간 외환수급을 거의 정확히 알 수 있다는 것은 아니다. 왜냐하면 선도와 지연(leads and lags)이라 불리는 움직임이나 투기에 의한 수급변화가 시장심리의 변화에 의해 일어나기 때문이다.

선도와 지연은 환율 등의 예측에 의해 외환결제(예를 들어 수출입대금결제)를 앞당기거나 지연시키는 조작을 말하며, 통상적으로 수출입거래에 많이 쓰이는 용어이지만, 무역외거래나 자본거래에도 쓰인다. 한국의 기업이 외화표시($)로 수입계약을 할 경우 그 결제를 위해 $를 구입하지 않으면 안 된다. 당연히 $가격이 싸면 쌀수록 좋다. 만일 시장에서의 환율전망이 $의 가치하락, 수입기업도 $가 앞으로 가치하락할 것으로 예상하면 기업은 외환결제를 지연시키려고 할 것이다. 그리고 $의 가치가 충분히 하락했다고 생각하는 시점에서 $를 매입하면 좋을 것이다. 이처럼 외환의 매매를 지연시키는 것을 래그즈(lags)라 한다. 이러한 $매입을 늦추는 움직임은 $ 가치하락 요인이 된다.

만일 반대로 $가 장래 가치가 상승($의 가치상승)할 것으로 예상되면, 결제의 시기까지 기다리지 않고 필요로 하는 $를 선물예약에 의해 미리 준비할 수 있다. 외환의 매매를 서두르는 것을 리즈(leads)라 부른다. 이와 같은 움직임이 강하면, 그것은 $상승 압력이 된다. 경상거래 이상으로 '예상'이나 '기대'에 의해 영향을 미치고, 그 결과 환율에 큰 영향을 주는 것이 자본거래다.

한국의 기관투자가가 $가치의 상승을 예상하면 적극적으로 대외투자에 임하지만, $가치의 하락을 우려하면 신규투자를 삼가고, 이미 투자한 자금에다 $ 매각 헷지(hedge, 환리스크를 회피하기 위한 거래)를 하고, 이자나 배당의 수취분에 대해서도 외화매각의 선물예약을 서두르게 되며, 이것은 외환수급에 큰 영향을 미쳐 환율이 움직이게 된다.

5) 차트(chart)분석

차트분석자체는 주식이나 상품시세 등에 오래 전부터 사용돼 왔으며, 결코 역사가 짧지는 않지만 환율에 이용된 것은 비교적 최근의 일이다. 차트분석이 주목을 받게 된 것은 펀더멘탈즈(fundamentals, 경제의 기초적 제 조건)[6] 분석만으로는 한계가 있었다는 것(예를 들어 $의 가치상승을 예상했지만 실제로는 $의 가치하락)이다. 그래서 '환율은 환율에게 물어보라'는 사고에 바탕을 두고 차트분석이 각광을 받게 됐다.

차트분석은 일정 기간마다의 이동평균선[7] 등을 적절히 추가하여, 과거의 경험을 바탕으로 환율의 전환점이나 방향을 탐색하는 수법으로서 이것도 예상의 일종이다.

여기에서 예상되는 것은 펀더멘탈즈(fundamentals)의 변화가 아니고, 환율의 변화 그 자체이다. 환율은 경제의 기초적 제 조건에 의해 결정된다는 측면에서 본다면 비합리적일지 모르나, 경제의 기초적 제 조건의 변화의 방향이나 정도를 정확히 모르는 상황에서는 경험에 바탕을 둔 차트분석은 나름대로 근거는 있다. 외환거래에서 이익을 올리려면 이유야 어쨌든 환율의 변화를 정확히 읽어야만 하기 때문이다.

6) 펀더멘탈즈(fundamentals)란 원래는 국제경제 안정을 위한 기초적 조건으로, 각국의 경제성장, 물가의 안정, 국제수지의 균형을 의미하지만, 통상적으로 한 국가 내에서 보면 성장률, 인플레이션율, 실업률, 경기동향, 국제수지 등을 판단기준으로 본다.

7) 이동평균선은 가격의 이동평균치를 그래프 상에 그리고 그것을 결합한 것이다. 20일간의 이동평균치는 예를 들어, 과거 20일분의 환율을 합해 20으로 나눈 것이다.

2. 수출입에 의한 외환의 수급과 환율

외환의 수급이 반영되어 은행 간 환율이 결정되기 때문에 환율의 결정메커니즘을 알기 위해서는 국제거래와 외환의 수요 · 공급이 어떤 관계에 있는지 알 필요가 있다. 국제적 거래에는 실물거래와 금융거래가 있으며, 외환의 수급에는 금융거래의 비중이 높지만, 실물거래도 플로우(flow)로서 계속되기 때문에 기간이 길면 무시할 수 없다. 실물거래 중에서 상품의 수출입거래의 중요성이 높기 때문에, 우선 이것을 예로 들어 환율과 외환의 수급간의 관계를 보도록 하자.

이제, 두 나라(한국과 미국)가 거래하며, 외환은 $, 환율은 자국통화표시($당 몇 원)로 나타내자. 한국으로부터의 수출은 수출액에 상당하는 외환($)의 공급이 되고, 한국의 수입은 수입액에 상당하는 외환($)의 수요가 된다. 외환($)의 수요가 공급보다 큰 경우에는, 외환시장에서는 $의 가치가 상승(원의 가치하락)하고, 원표시 환율은 상승하는 압력이 생긴다. 역으로 공급이 수요보다 클 때에는 환율은 하락하는 압력이 생긴다. 자유로운 변동환율제 경우에는 이러한 압력에 따라 환율이 조정된다. 새로운 환율에 있어서는 한국이 계획하는 수출액, 계획하는 수입액은 이전과는 다르게 된다. 우선 수입액(외환수요)과 환율의 관계를 생각해 보자. 수입액은 ($표시 수입가격)×(수입수량)이지만 수입품가격이 $표시로 일정하다고 가정하고, 수입량의 변화를 분석해 보자.

자국통화가 가치하락($1=1,000원에서 $1=1,100원으로)하면, 수입품의 원표시 가격은 상승하고, 상대적으로 저렴해진 한국국내의 대체적인 상품으로 수요는 이동할 것이다. 이처럼 환율의 변동은 수출입을 중심으로 한 경상거래에 미치는 가격변동효과를 통해 무역수지 내지는 경상수지에 영향을 미친다. 이하 이 부분을 구체적으로 설명한다.

(1) 달러표시 수출

자국통화(원)가 달러(외국통화)에 대해 가치가 하락하면, 달러표시 수출액은 불변이더라도 한국의 수출업자의 원표시 수취액은 증가한다. 만일 그 증가분만

그림 2-2 수출에 대한 외국수요의 가격탄력성에 따른 수출량의 변동

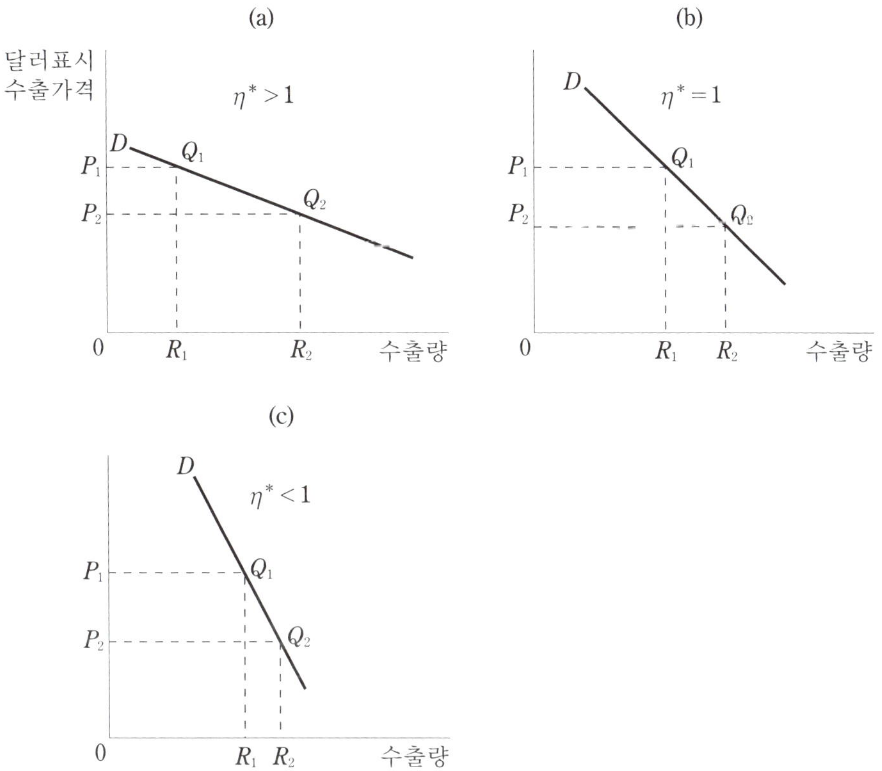

큼 달러표시 수출가격을 인하한 경우, 외국의 수입업자가 어떻게 반응할지 문제가 된다. 가격의 인하율(원의 가치하락률)보다 수입량(한국의 수출량)의 증가율이 더 크다면, 한국의 달러표시 수출액은 증가한다. 또, 가격의 인하율과 한국의 수출량의 증가율이 같을 때는 수출액은 변화하지 않는다. 더욱이 가격 인하율이 증가율을 상회할 때는 수출액은 감소한다.([그림 2-2])

[그림 2-2]에서 가로축에 달러표시 수출가격, 세로축에 수출량을 취하고 있다. (a)의 경우는 수출가격의 변화율 이상으로 수출량이 변동한다. 즉, 수출에 대한 외국수요(D)의 가격탄력성(이하 η^*로 한다)이 1보다 큰 경우이다. 그리고 가격이 상승하면 달러표시 수출액(외국의 수입)이 감소하고, 하락하면 증가한다. 가격이 싼 경우(P_2O)의 달러표시 수출액은 면적 $P_2OR_2Q_2$, 높은 경우는

$P_1OR_1Q_1$으로 나타내며 항상

$$(\text{면적})P_2OR_2Q_2 > (\text{면적})P_1OR_1Q_1$$

이다. [그림 2-2]에서 수출의 공급곡선이 묘사되어 있지 않지만 여기에서는 공급은 충분히 탄력적이며, 외국수요의 움직임이 지장 없이 실현되는 상황에 있다고 가정한다. 이러한 가정은 이하 모든 경우에 대해서 마찬가지다. (a)의 경우를 환율과 달러표시 수출액 즉, 외환공급액과의 관계로 바꿔보자.

[그림 2-3]의 (A)에서 세로축에 환율(자국통화표시), 가로축에 수출에 의한 외환(달러)의 공급액을 취하고 있다. 달러표시 가격의 상승은 원의 가치상승, 달러의 가치하락, 또 달러표시 가격의 하락은 원의 가치하락, 달러의 가치상승에 대응하기 때문에 [그림 2-2]의 (a)그림의 경우에서는 달러의 가치상승은 외환공급(수출)의 증가로 연결되고, 따라서 우상향하는 외환공급곡선 S_1이 묘사된다. [그림 2-2]의 (b)그림은 수출가격의 변동에 대해 수출량이 동률로 반응하는 경우이며 탄력성은 1과 같고, 따라서 달러표시 수출액은 항상 불변이다. 즉 $P_2OR_2Q_2 = P_1OR_1Q_1$이다. 이것을 외환공급곡선으로 묘사하면 (B)그림에서와 같이 수직인 공급곡선 S_2가 된다. (C)그림의 경우 수출량의 변화율은 수출가격의 변화율보다 작으며($P_2OR_2Q_2 < P_1OR_1Q_1$), 달러가격이 하락하면 달러표시 수출액은 감소한다. 즉 $\eta^* < 1$이며, 환율의 변화는 무역수지에 기대되는 것과 역의 방향으로 조정한다. 즉 원의 가치하락은 한국의 수출감소, 원의 가치상승은 수출증가

그림 2-3 외환공급곡선

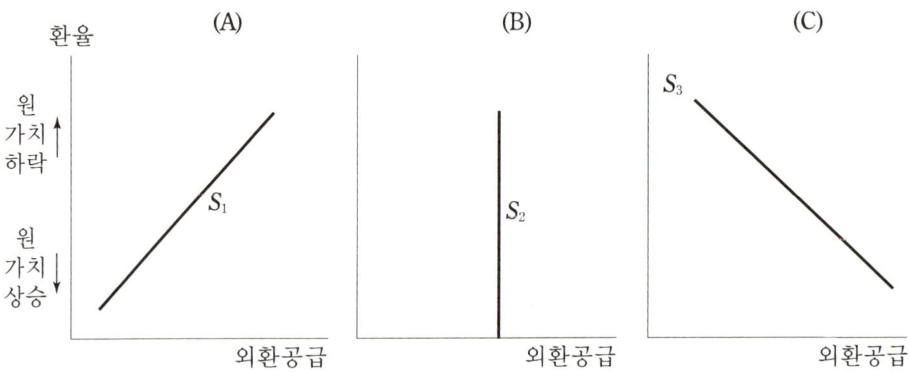

가 된다. 이것은 [그림 2-3]의 (C)그림처럼 우하향하는 공급곡선으로 나타난다.

(2) 달러표시 수입

원의 가치가 하락하면, 달러표시 수입가격은 불변이지만 원표시수입가격은 자동적으로 하락률만큼 상승한다. 그것에 대해, 조금이라도 수입량이 감소하면, 달러표시 수입액은 감소한다. 또, 수입량이 불변이라면 수입액도 불변, 증가하면 수입액도 증가한다. 이것을 [그림 2-4]에 도시해보자.

[그림 2-4] (a′)의 경우 원표시수입가격이 P_1O에서 P_2O로 상승하면, 수입량은 OQ_1에서 OQ_2로 감소한다. 이것은 수입에 대한 국내수요(D)의 가격탄력성(η)이 0보다 크다는 것을 나타낸다. [그림 2-4] (a′)는 $\eta>0$이다. 달러표시 수입가격은 불변이기 때문에, 달러표시 수입액은 $P_m/S\times Q_1Q_2$, 즉 (달러표시 수입가격×(수입감소량)만큼 감소한다(S는 자국통화(원)표시 환율, P_m은 원환산수입가격).

[그림 2-4] (a′)의 경우를 수입에 의한 외환수요와 환율과의 관계로 나타내면 [그림 2-5] (A′)처럼 된다. 즉, 원의 가치가 하락할수록 달러표시 수입액 즉 외환수요량은 감소하며, 원의 가치가 상승할수록 증가한다.

마찬가지로, [그림 2-4] (b′)의 경우는 수입량은 불변의 경우 즉 $\eta=0$의

그림 2-4 수입에 대한 국내수요의 가격탄력성에 따른 수입량의 변동

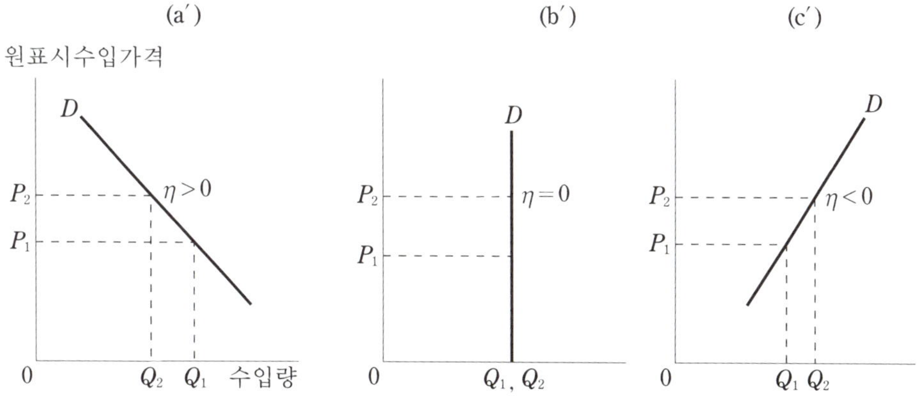

그림 2-5 외환수요곡선

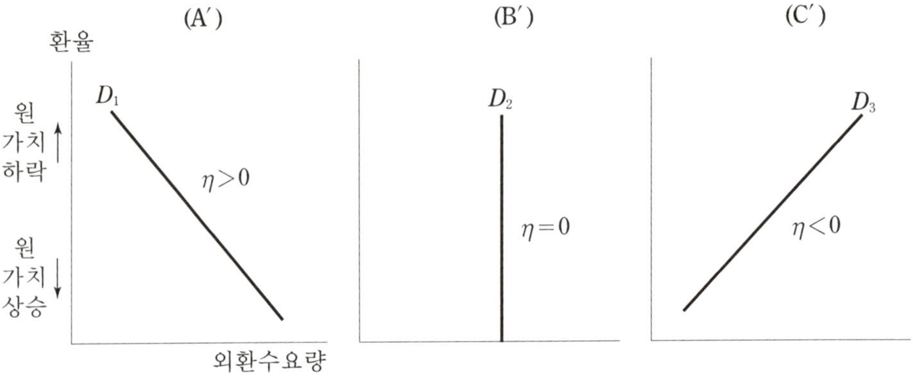

경우이다. 이것은 [그림 2-5] (B′)처럼 환율이 어떻게 변화하더라도 달러표시 수입액은 불변임을 의미한다. [그림 2-4] (c′)의 경우는 $\eta<0$으로서, 원표시수입가격이 상승하더라도, 오히려 수입량이 증가하여 달러표시 수입액 $P_m/S\times Q_1Q_2$도 증가하는 경우, 즉 역효과의 경우이다. 여기에 대응하는 외환수요곡선은 [그림 2-5] (C′)처럼 우상향하며 불안정한 형태가 된다.

(3) 무역수지에 대한 종합효과

이제 환율의 변화가 무역수지에 종합적으로 어떤 조정효과를 갖는지를 지금까지의 수출과 수입의 각각 세 가지 경우의 조합에 의해 명확히 해보자. 상술한 바와 같이, 수요의 가격탄력성의 크기에 따라 환율과의 관련에 있어서 각각 세 개의 외환수요곡선과 공급곡선이 있다.

바람직한 공급곡선과 수요곡선은 각각 그림 A와 A′이며, A와 A′의 조합은 가장 이상적인 상태이며, 환율의 변화가 수출입 양측으로부터 바람직한 조정효과, 즉 원의 가치하락으로 수출증가 · 수입감소, 원의 가치상승으로 수출감소 · 수입증가를 가져오며 무역수지를 바람직한 방향으로 변화시킨다. A의 경우는 $\eta^*>1$이며, A′는 $\eta>0$으로서, 양자를 합치면 $\eta^*+\eta>1$이 된다. 이것이 환율의 변화가 무역수지에 바람직한 효과를 가져다주는 조건으로서 마샬 · 러너조건

그림 2-6 M-L 조건을 만족하는 공급곡선과 수요곡선의 조합 ①

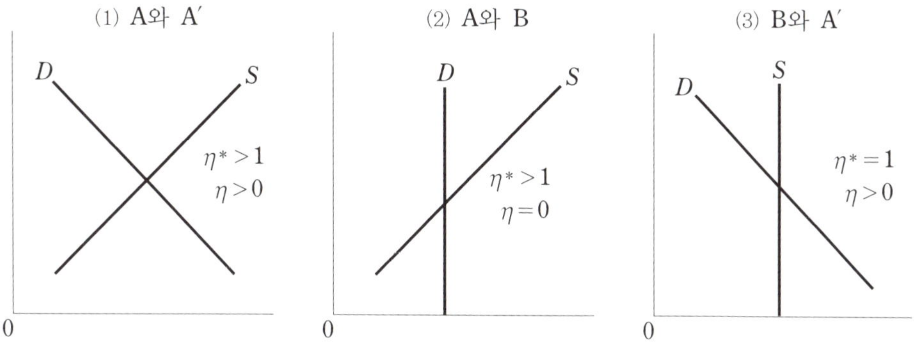

(Marshall · Lerner condition)이라 한다(이 조건은 제 3 장에서 다시 논의한다).

그러나 AA′의 조합 이외에도, 한쪽의 탄력성 부족을 다른 쪽에서 메워 상기조건이 성립하면 무역수지는 개선된다. 조합은 모두 9개이지만, 상기조건이 그대로 적합한 것은 [그림 2-6]의 3개이다.

(1)은 이미 말했듯이 수요곡선은 우하향하고 공급곡선은 우상향하는 이상적인 조합이다. (2)에서 D는 탄력적이지 않지만 S의 탄력성이 그것을 메꾸어 주고, 또 (3)은 그 반대로서 D의 탄력성이 S의 비탄력성을 보충해 주고 있다. 어쨌든 $\eta^*+\eta>1$이라는 조건을 만족한다. 다음의 두 가지 경우도 $\eta^*+\eta>1$을

그림 2-7 M-L 조건을 만족하는 공급곡선과 수요곡선의 조합 ②

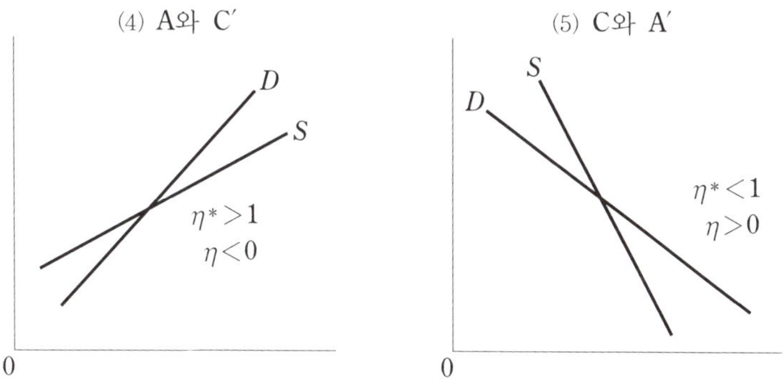

그림 2-8 균형이 안정적인 경우

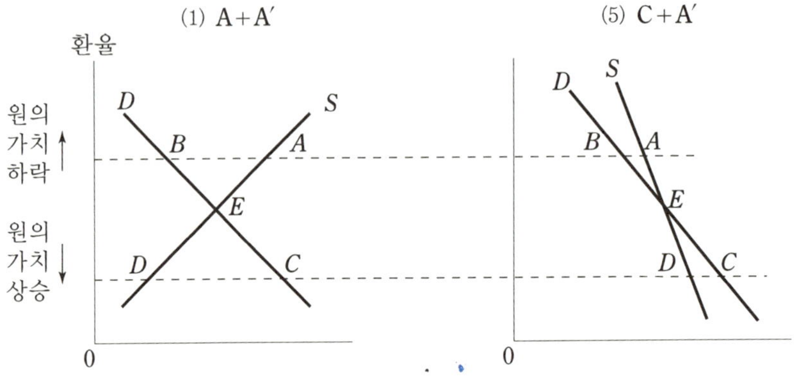

만족시킬 가능성이 있다.

(4)의 조합의 경우 $\eta^*-1>0-\eta$이 만족되면, 이 경우 $\eta^*+\eta>1$이 성립한다. (5)의 조합도 마찬가지로 $\eta-0>1-\eta^*$가 성립하면, $\eta^*+\eta>1$이 만족된다.

이상 5개의 조합에서 원의 가치가 하락하면 공급이 수요를 상회(무역수지 흑자화)하며, 원의 가치가 상승하면 수요가 공급을 상회(무역수지적자화)하게 된다. 이것은 위의 [그림 2-8]로부터 분명하다.

형상은 크게 다르지만, 원의 가치가 하락할 경우 *AB*만큼의 흑자가 발생하고, 원의 가치가 상승할 때 *CD*만큼 적자가 생긴다. 통화당국이 외환시장에 개입하지 않는 자유로운 변동환율제에 있어서는 환율은 수급이 일치하는 균형수준 *E*점([그림 2-8])에서 결정된다. 균형수준보다도 원의 가치가 상승하는 상태에 있는 경우 외환(달러)에 대한 초과수요가 되고, 가치가 하락하는 상태에 있는 경우 초과공급이 되면서, 환율이 균형되도록 시장의 압력이 작동한다. 이 경우 균형은 안정적이라 한다. 남은 경우(4가지 경우, [그림 2-9])는 지금까지의 조건만으로는 바람직한 조정효과가 나타나지 않으며 역효과가 된다.

[그림 2-9]에서 원의 가치가 하락할 때 초과수요, 원의 가치가 상승할 때 초과공급이 된다. 특히 (9)의 C와 C′의 조합은 수출입 양측에서 역효과를 가져오는 경우로서 (9′)에서 보듯이 원의 가치 하락시에 *AB*의 적자, 원의 가치상승시에 *CD*의 흑자를 발생시키고 있다.

그림 2-9 균형이 불안정적인 경우

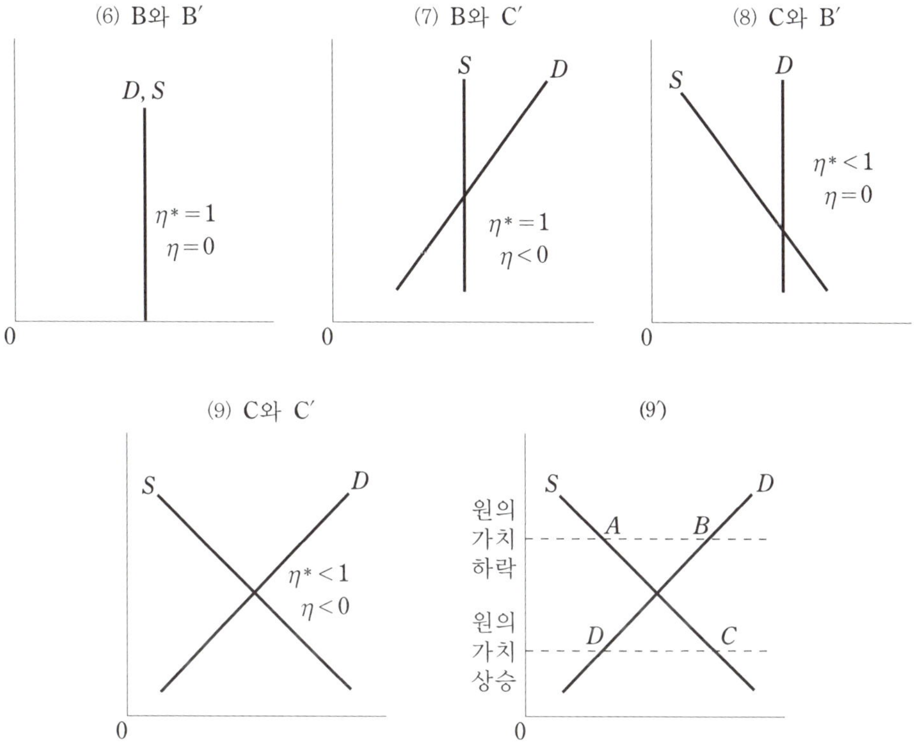

보 론

환율의 예상형성

환율의 예상형성 패턴은 크게 두 가지로 나누어 볼 수 있다. 첫째, 예상형성에 있어 참고로 하는 정보가 현재로부터 과거의 정보이며 과거를 돌아보면서 예상하는 것으로 현재의 환율만으로부터 장래의 환율을 예상한다. 여기에는 '정학적 예상'(靜學的豫想, static expectation), '외삽적 예상'(外挿的豫想,

extrapolatory expectaion), '적응적 예상'(適應的豫想, adaptive expectation)이 있다.

정학적 예상은 제일 단순한 예상으로서 현재의 환율수준이 장래에도 계속 되리라고 예상하는 것이다. 이 예상형성에서는 환율의 예상변화율, 결국 [(장래의 환율－현재의 환율)/현재의 환율)]은 0이 된다. 이 경우 대외자산을 보유하더라도 환율변화에 의한 자본이득이나 손실(capital gain or loss)은 없는 것으로 가정된다. 먼델 · 플레밍 모델(4장)도 이와 같은 가정을 이용하고 있다.

외삽적 예상은 과거로부터 현재까지의 환율의 추세(trend)가 향후에도 계속되리라고 예상한다. 현재 이와 같은 예상을 하는 사람들은 어제부터 오늘까지 원의 가치가 상승하면, 다음날의 환율은 오늘보다도 더 원의 가치가 상승할 것으로 예상한다. 이러한 예상 형성의 경우, 원이 가치상승하면 원의 매입수요가 증가하기 때문에 원의 가치상승이 원의 가치상승을 부를 수 있다. 즉, 이것은 환율을 불안정화시키는 예상이기 때문에, 환율의 안정화라는 측면에서는 바람직하지 않다.

적응적 예상은 전에 예상했던 환율이 빗나간 경우에 빗나간 방향으로 환율예상을 조정해 나가는 것이다. 어제($t-1$시점), 오늘의 환율을 예상했지만, 오늘의 환율은 예상 이상으로 원의 가치상승 됐다면, 예상이 빗나간 분을 감안하여 다음 기(期) 환율예상을 원의 가치 상승방향으로 수정한다. [그림 2-10]은 위 세 가지 예상형성패턴을 보여주고 있다.

①은 정학적 예상, ②는 외삽적 예상, ③은 적응적 예상의 경우이다.

그림 2-10 예상형성과 환율

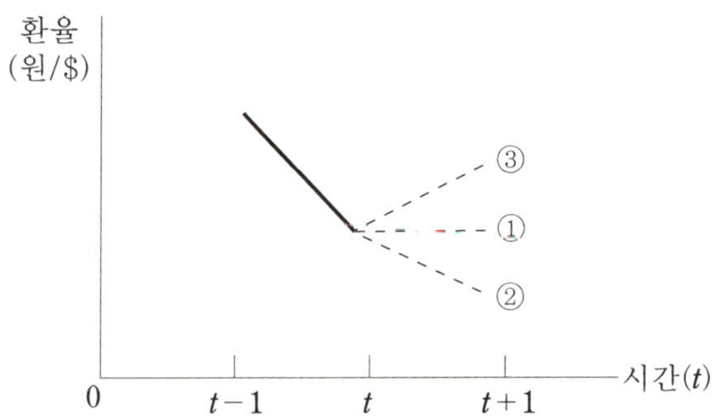

이상과 같은 예상은 과거로부터 현재의 환율의 움직임만을 참고로 형성되기 때문에 예상형성으로서는 그렇게 어렵지는 않다.

둘째로, 또 다른 예상형성으로 참고가 되는 것은 현재로부터 장래에 관한 정보이며, 장래의 경제상황을 상정하면서 예상하는 것이다. 이 때 필요한 것은 장래의 펀더멘탈즈(fundamentals)에 대한 정보다. 여기에는 '회귀적 예상'(回歸的豫想, regressive expectation)과 '합리적 예상'(合理的豫想, rational expectation)이 있다.

회귀적 예상이란 환율의 상한·하한에 대해 시장에 어느 정도 합의가 있는 경우 시장에 기준이 되는 환율이 있으며 그것을 바탕으로 예상형성을 하는 것이다. 기준 내지 균형환율로 환율이 회귀한다고 가정하기 때문에 회귀적 예상이라 부른다. 이 경우, 기준·균형환율[8]을 어떻게 생각하느냐가 문제가 된다. 이 기준·균형환율이 안정적이고, 다수의 사람에 의해 합의가 이루어졌다면, 그것보다 원의 가치가 상승(가치하락)하면 원의 가치하락(가치상승)예상을 가져오며, 원 매각(원 매입)이 증가하기 때문에 환율은 그 환율주위에서 안정된다. 회귀적 예상의 경우에는 반드시 균형환율이 명시되어 있지 않지만, 이 기준환율을 최종적으로 수렴해가는 균형환율로 상정하면 합리적 예상과 유사한 예상형성이라 말 할 수 있다.

합리적 예상에 따르면 환율의 장래예상은, 다양한 국내외의 이용가능한 모든 관련 정보를 이용하여 합리적인 예상을 가정한다. 따라서 불확실성이 없는 경제에서 이것은 완전예견(perfect foresight)을 의미한다. 현시점에서 균형시점(가령 T기)에서의 환율이 구해지면, 그 다음에 그것을 바탕으로 1기전($T-1$기)의 환율을 구할 수 있고, 그것이 구해지면 그것보다 1기전($T-2$기)의 환율을 구할 수 있고, 결국 $T+1$기까지의 환율을 구할 수 있다. 그것이 차기에 대해서의 환율예상이 된다. 이처럼 차기의 환율예상을 균형환율로부터 고찰하는 것이 합리적 예상이다. 균형환율을 엄밀히 구한다는 것은 현실경제에서는 무리이지만 현실의 환율의 움직임의 일부를 설명할 수 있는 측면도 있다.

8) 엄밀한 의미에서 균형환율을 구하는 것은 불가능하다.

제3장

경상수지의 결정이론

1. 탄력성 접근
2. 레센 · 메츨러 효과
3. 탄력성 접근의 연장
4. 내수 접근

앞서 제1장 국제수지에 있어 통계상으로는 (+)와 (-)를 합계하면 반드시 0이 되어야 한다. 이것은 오차누락을 빼면, 경상수지의 흑자는 자본수지의 적자를 의미하기 때문이다. 그러나 국제수지가 항상 균형이라는 의미는 아니다. 본장에서는 국제수지의 균형과 불균형을 고찰할 때 분석상 가장 중요한 국제수지 개념인 경상수지에 대해, 그 결정이론을 개관한다.

현재의 환율은 장래의 경상수지나 생산수준에 영향을 미치고, 더욱이 이들 제 변수가 다시 환율을 변화시키는 피드백(feedback)의 관계에 있다. 경상수지는 각국의 GNP, 물가 등의 경제변수와 밀접한 상호의존관계에 있기 때문에 경상수지를 설명하는 이론에 있어서, 이들 수많은 경제변수 중 어디까지 고려할 것인지 또 시간적으로 어디까지 피드백효과를 고려할 것인지에 따라 수많은 종류가 존재한다. 어느 이론에서는 경상수지의 직접적인 결정요인만을 고려하기도 하며, 타 이론에서는 보다 광범위한 요인에 대해 수많은 피드백효과를 포함하여 고려하기도 한다.

이들 접근방법은 분석대상이 되는 기간, 분석의 목적 등에 따라 다르다. 이하, 경상수지이론 중 탄력성 접근 그리고 그 연장선상에서 시장별 가격형성을 설명한 다음 내수 접근을 다루도록 한다. 보론에서는 고정환율제에 있어 중요한 이론인 화폐적 접근(monetary approach)에 대해 설명한다.

1. 탄력성 접근

환율수준의 변화가 무역수지에 미치는 영향의 가장 전통적인 분석방법은 수출입수요의 가격탄력성에 바탕을 둔 '탄력성 접근방법'(elasticity approach)이다(이하의 분석에서 국제수지표상의 상품수지 대신 무역수지로 바꾸어 쓰도록 한다).

무역수지조정에 있어 가격탄력성의 역할을 보기 위해 각각 하나의 무역재의 생산에 특화하는 자국과 외국을 가정하여, 자국재가격(원화표시)을 P, 외국재가격($표시)을 P^*, 자국재의 수출량을 X, 외국재의 수입량을 M, 자국통화표시 환율을 S라 하자. S의 상승은 원의 절하(가치하락)를 의미한다. 여기서 자국재가격 P와 외국재가격 P^*는 고정돼 있는 것으로 가정한다. 이 가정은 양국에 있어서 공급의 가격탄력성이 무한대이며, 공급량은 수요에 의해서만 결정된다는 의미이다.

자국의 소비자수입가격(원표시)을 SP^*원, 외국소비자의 수입가격 혹은 자국의 수출가격($표시)는 P/S이다. 따라서 자국의 무역수지(외국의 무역수지)는

$$B = (P/S) \cdot \underset{\ominus}{X(P/S)} - P^* \cdot \underset{\ominus}{M(SP^*)} \tag{3.1}$$

이다. 첫 번째 (−)관계는 다음과 같이 설명될 수 있다. 자국재의 자국통화표시 P가 일정하다는 가정에 따라 환율(S)의 상승(원의 절하, 가치하락)은 $표시가격($P/S$=$P^*$)을 낮추게 됨에 따라 자국으로부터의 수출($X$)을 증대시키게 된다. 환언하면 자국재의 수출수요가 $표시가격에 대해 음(−)의 관계에 있으며 이 수출수요곡선은 우하(右下)향 한다([그림 3−1], D_X).

그림 3−1 원의 절하와 $표시 · 수출입액(가격탄력성이 높은 경우)

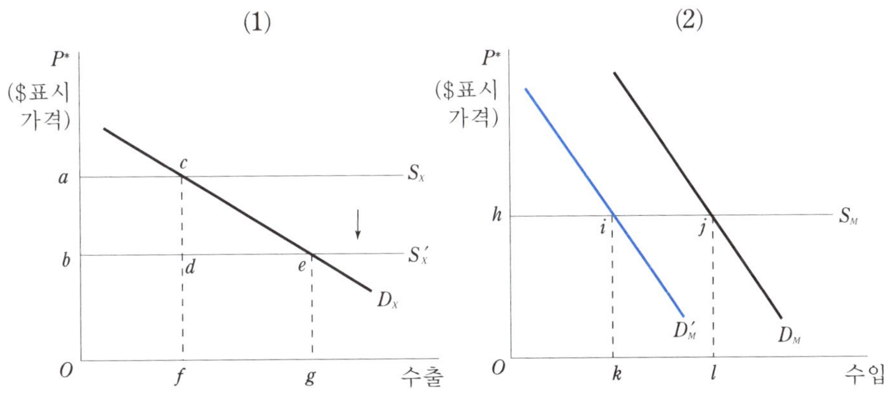

[그림 3-1] (1)에서 공급의 가격탄력성이 무한대라는 가정으로부터 수출공급 곡선은 수평으로 묘사돼 있다. 따라서 원화절하는 자국재를 보다 낮은 $ 가격에서 무제한으로 구입할 수 있으므로 공급곡선은 [그림 3-1] (1)에서 S_X로부터 S_X'으로의 이동으로 나타난다.

마찬가지로 외국재 가격($표시)이 일정할 때 S의 상승은 외국재의 수입가격(SP^*, 원표시)을 상승시켜 외국재의 수입(M)을 감소시킨다. 이 수입수요곡선은 우하(右下)향하게 되고, 원의 절하는 하방(下方)이동으로 나타난다([그림 3-1] (2)의 D_M에서 D_M'로). 여기서 $표시 가격을 세로축으로 한 경우, 수입의 공급곡선은 수평이 되고, $가격이 고정되어 있는한, 환율변화에 의해 이동하지 않는다([그림 3-1] (2)의 S_M).

이제 [그림 3-1]을 이용하여 환율절하가 무역수지에 대해 어떤 영향을 미치는지를 보자. 우선 수출의 경우, 절하 전 $표시 수출액은 *oacf* 면적이며, 수입액은 *ohjl*, 따라서 절하 전 무역수지는

$$B_0 = oacf - ohil$$

이다. 이제 절하를 하는 경우, 수출에 대해 두 개의 상반된 영향을 미친다. 첫째는 원으로 고정돼 있는 수출재의 $표시 가격이 하락함으로, 수출 한 단위당 $표시 매상고가 감소하게 된다([그림 3-1] (1)에서 *a*점에서 *b*점으로 이동). 둘째, $표시 가격의 하락에 의한 수출재에 대한 수요증가로부터, 수출량이 증가한다(*f*점에서 *g*점으로). 절하 후, 수출액은 *obeg* 면적으로 주어진다. 한편, 절하는 수입재의 원표시 가격을 올려 수입량을 감소(*l*로부터 *k*로 이동)시키기 때문에, $표시 수입액은 반드시 감소한다(*ohik*면적). 따라서 절하 후 무역수지(B_1)는

$$B_1 = obeg - ohik$$

가 된다.

[그림 3-1] (1)에서 *defg* 면적이 *abcd* 면적보다 크므로 수출액이 증가함을 알 수 있다. 그 결과, 절하는 무역수지를 개선시킴을 알 수 있다. 그런데 [그림 3-2] (1)과 [그림 3-2] (2)에서 보듯이 기울기가 보다 가파른 수출입수요곡선이 그려진 경우, 절하는 무역수지를 악화시킴을 알 수 있다. 즉, 절하가 무역수지를 반드시 개선시키는 것은 아니다.

그림 3-2 원의 절하와 $표시 수출입액(가격탄력성이 낮은 경우)

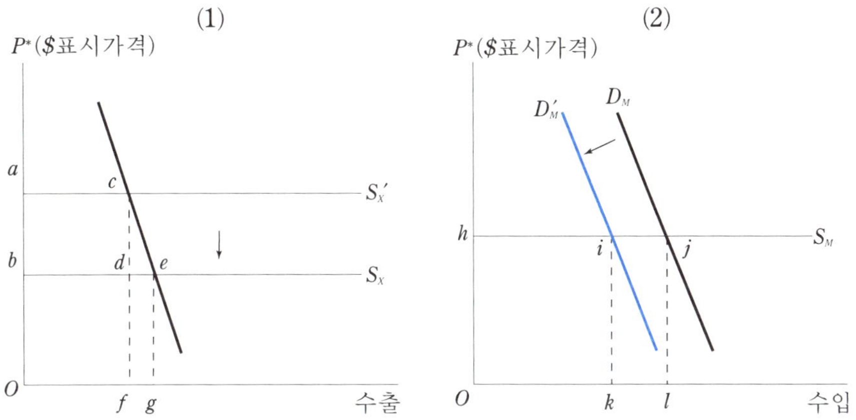

[그림 3-2] (1)에서 *defg*의 면적이 *abcd*의 면적보다 작고, 수입액의 경우, 수입액이 감소한 것은 [그림 3-1]에서와 같지만, 수요함수의 기울기가 가파르기 때문에 수입량의 감소가 작게 되면서 수입액의 감소도 한정적임을 알 수 있다. 이 예에서 보면 원의 절하는 한국의 무역수지를 악화시키게 된다.

위의 두 가지 예에서 보듯이 무역수지가 환율절하에 의해 개선될 가능성은, 수출입수요곡선의 기울기가 완만할수록 크게 됨을 알 수 있다. 즉 수출입재에 대한 수요의 가격탄력성[1]이 비교적 높을 때, 수출입량의 절하에 대한 반응은 크게 되고 무역수지의 적자는 축소(흑자는 증대)되는 경향이 강해진다는 것이다.

반면에 수출입재의 수요가격탄력성이 비교적 낮으면, 수출입량의 절하에 대한 반응은 작아지게 되고, 무역수지의 적자가 증대(흑자는 축소)될 가능성이 높아지게 된다. 그렇다면 가격탄력성의 높고 낮음을 어떤 수치에 의해 판단할 수 있는가. 절하시 무역수지가 개선되기 위해 필요한 가격탄력성의 수치를 규정한 조건이 앞서 2장에서 설명한 마샬 · 러너조건(Marshall-Lerner condition)이다.

이제 (3.1)을 S로 미분하면

$$dB/dS = (-P/S^2) \cdot X + (P/S) \cdot dX/d(P/S) \cdot (-P/S^2) - P^* \cdot dM/d(SP^*) \cdot P^* \quad (3.2)$$

1) 가격이 1% 변화했을 때 수요량이 몇 % 변화하는가를 나타내는 수치.

이 된다. 이제 수입수요의 가격탄력성(수입가격이 1% 상승했을 때 수입량이 몇 % 감소하는지를 나타내는 반응성의 절대치)을 고려하면 자국의 수입수요의 가격탄력성(η)은

$$\eta = -\frac{dM}{M} \Big/ \frac{d(SP^*)}{SP^*} \quad \text{혹은 } \eta = (SP^*/M)|dM/d(SP^*)|$$

외국의 수입수요의 가격탄력성(η^*)은

$$\eta^* = -\frac{dX}{X} \Big/ \frac{d(P/S)}{P/S} \quad \text{혹은 } \eta^* = -(P/SX) \cdot |dX/d(P/S)|$$

이다. 그렇다면 (3.2)식은

$$\begin{aligned} dB/dS &= (-P/S^2) \cdot X + (P/S^2)X \cdot \eta + (P^*/S)M \cdot \eta \\ &= (PX/S^2)[\eta^* + \{P^*M/(PX/S)\}\eta - 1] \end{aligned} \tag{3.3}$$

이 된다. 이제 초기의 무역수지가 균형상태(0)라면 (3.3)식으로부터 PX/S(자국의 $표시 수출액)$=P^*M$(자국의 $표시 수입액)이므로, 원화가치가 하락할 때(원의 절하), 즉 S가 상승할 때($dS>0$) 무역수지가 개선($dB>0$)되기 위한 조건은 양국의 수입수요의 가격탄력성의 합이 1보다 커야 한다는 마샬 · 러너 조건이 얻어진다.

$$\eta^* + \eta > 1 \tag{3.4}$$

마샬 · 러너조건의 의미를 음미해보자. 초기시점에서 외환시장이 균형상태에 있다고 하자(무역 · 서비스수지가 0이라는 의미). 이제 1%의 원의 가치상승 · 달러의 가치하락이 생겼다고 하면, 거시경제변수에는 어떤 변화도 일어나지 않기 때문에 수출재의 달러표시 가격은 1% 상승한다. 1%의 가격상승이 수출량을 몇 % 변화시키는지를 나타내는 수출(또는 외국수입)의 가격(환율)탄력성을 η^*라 하자.

달러표시 수출액의 변화율은 수출재가격의 변화율과 수출량의 변화율의 합계로 나타나지만, 1%의 수출재의 달러표시 가격의 상승은 수출량을 감소시키기 때문에, $1-\eta^*$%만큼 수출액을 변화시키는 셈이 된다. 여기로부터 수출의 가격탄력성이 1보다 큰값인지 아닌지에 따라, 원의 가치상승이 달러표시 수출

액을 감소시키는지, 그렇지 않은지를 알 수 있다. 만일 탄력성이 1이라면, 수출재의 달러표시 가격 1%의 상승은 수출량을 1% 감소시킨다. 따라서 달러표시 수출액이 불변이 된다. 탄력성이 1보다 클 때 외환은 초과공급상태가 될 필요가 있다.

한편, 원표시 수입가격이 1% 하락한 경우, 그것이 수입량을 얼마만큼 변화시키는가를 η(수입의 가격(환율)탄력성)로 나타내면, 1%의 원의 가치상승에 의한 달러표시 수입액은, 달러표시 수입가격은 불변이기 때문에, η%만큼 증대한다. 시장이 안정적이기 위해서는 원의 가치가 상승했을 때 외환이 초과수요상태가 될 필요가 있다.

그렇게 되면, 시장메커니즘에 의해 원의 가치하락 · 달러의 가치상승이 되어 다시 시장균형으로 되돌아 올 수 있기 때문이다. 1%의 원의 가치상승에 의해 수출액(외환의 공급액)은 $1-\eta^*$% 증가하고, 수입액(외환의 수요액)은 η% 증가하기 때문에, 초과공급액은 $1-\eta^*-\eta$%만큼 변화한다. 시장이 안정적이기 위해서는 그것이 초과수요가 돼야 하기 때문에 (-)가 되면 된다. 즉

$$1-\eta^*-\eta<0$$

을 만족하여야 한다. 이것이 마샬 · 러너조건이다. 결국, 무역 · 서비스의 대외거래로부터 이루어지는 외환시장이 안정적이기 위해서는 수출입의 가격탄력성의 합이 1보다 클 필요가 있다.

(1) 마샬 · 러너조건의 확장

원의 가치하락이 무역 · 경상수지의 적자를 축소시키는지에 대한 조건으로 마샬 · 러너조건을 위에서 설명했다. 이 때에 수출입의 수요조건만으로부터 이 조건을 구했다. 이 때 수출입량의 변화에 따르는 수출입물가가 변화한다는 것은 고려하지 않았다. 결국 수출입의 생산증대는 가격이 일정하다는 조건하에서 얼마든 가능하다는 것이 암묵적으로 가정되었다. 여기에서 수출입재의 생산증대에는 가격의 상승이 필요로 하게 되는 경우에, 이 조건이 어떻게 변화하는지를 알아보자.

여기에서는 수출재(제 1 재), 수입재(제 2 재)만을 다루고, 국내외의 소비자

에게 있어 소비가능재 중 가격이 변화가능한 것은 수입재뿐이며, 국내외 생산자에게 있어서는 생산재 중 수출재의 가격만이 불변으로 한다. 결국 국내외의 수입수요, 수출공급 모두 수입재가격, 수출재가격만이 변화가능한 것으로 하자. 기타 조건은 모두 불변으로 한다. 기호는 다음과 같이 정의한다.[2)]

자국통화표시자국수출가격 $=P_1$　　외화표시외국수입가격 $=P_1^*$

자국통화표시자국수입가격 $=P_2$　　외화표시외국수출가격 $=P_2^*$

자국수입수요가격탄력성 $=\eta$　　자국수출공급가격탄력성 $=\varepsilon$

외국수입수요가격탄력성 $=\eta^*$　　외국수출공급가격탄력성 $=\varepsilon^*$

환율 $=S$

자국통화표시 수출(수입)가격과 외화표시 외국수출(수입)가격 사이에는

$$P_1=S\times P_1^* \qquad P_2=S\times P_2^*$$

의 관계가 있다. 한 가격에서의 자국의 수입수요와 외국의 수출공급이 일치하지 않으면, 양자가 일치하도록 수입가격이 변화한다. 자국의 수입량의 변화율 $\Delta M_2/M_2$는,

$$\Delta M_2/M_2=-\eta\times\Delta P_2/P_2\equiv-\eta(\Delta S/S+\Delta P_2^*/P_2^*) \tag{3.5}$$

외국의 수출공급의 변화율 $\Delta X_2/X_2$는,

$$\Delta X_2/X_2\equiv\varepsilon^*\times\Delta P_2^*/P_2^*$$

이다. 환율의 변화에 의한 수입변화율 $\Delta M_2/M_2$는 수출변화율 $\Delta X_2/X_2$와 일치할 필요가 있기 때문에,

2) 여기에서 $\eta=-\dfrac{\Delta M_2/M_2}{\Delta SP_2^*/SP_2^*}$, $\eta^*=-\dfrac{\Delta M_1/M_1}{\Delta P_1^*/P_1^*}$

$\varepsilon=-\dfrac{\Delta X_1/X_1}{\Delta SP_1^*/SP_1^*}$, $\varepsilon^*=-\dfrac{\Delta X_2/X_2}{\Delta P_2^*/P_2^*}$ 이다.

이하의 전개에서 대수미분을 사용하므로 그 공식을 간단히 설명해 둔다. 만일

$y=x_1x_2$의 경우 $\dfrac{dy}{y}=\dfrac{dx_1}{x_1}+\dfrac{dx_2}{x_2}$ 그리고

$y=\dfrac{x_1}{x_2}$의 경우 $\dfrac{dy}{y}=\dfrac{dx_1}{x_1}-\dfrac{dx_2}{x_2}$가 되며

$y=a_1x_1+a_2x_2$(a_1, a_2는 정수)의 경우에는 $\dfrac{dy}{y}=\dfrac{a_1x_1}{y}\cdot\dfrac{dx_1}{x_1}+\dfrac{a_2x_2}{y}\cdot\dfrac{dx_2}{x_2}$가 된다.

$$-\eta(\Delta S/S+\Delta P_2^*/P_2^*)=\varepsilon^*\times\Delta P_2^*/P_2^*$$

가 된다. 여기로부터, $\Delta P_2^*/P_2^*$는

$$\frac{\Delta P_2^*/P_2^*}{\Delta S/S}=\frac{-\eta}{(\varepsilon^*+\eta)} \tag{3.6}$$

가 된다. 한편, 외국의 수입량의 변화율 $\Delta M_1/M_1$은

$$\Delta M_1/M_1\equiv-\eta^*\times\Delta P_1^*/P_1^* \tag{3.7}$$

이다. 자국의 수출공급의 변화율 $\Delta X_1/X_1$은

$$\Delta X_1/X_1\equiv\varepsilon\times(\Delta S/S+\Delta P_1^*/P_1^*)$$

가 된다. 따라서 마찬가지로

$$\frac{\Delta P_1{}^*/P_2^*}{\Delta S/S}=\frac{-\varepsilon}{(\varepsilon+\eta^*)} \tag{3.8}$$

가 구해진다. 자국의 외화표시 수출액의 변화율과 자국의 외화표시 수입액의 변화율은 각각,

$$\Delta P_1^*/P_1^*+\Delta M_1/M_1$$
$$\Delta P_2^*/P_2^*+\Delta M_2/M_2$$

로 나타나고, (3.5)식으로부터 (3.8)식을 대입하면, 각각,

$$\varepsilon(\eta^*-1)/(\eta^*+\varepsilon)\times\Delta S/S$$
$$-\eta(\varepsilon^*+1)/(\varepsilon^*+\eta)\times\Delta S/S$$

가 된다. 원의 가치하락이 적자를 축소시키는 조건은

수출의 변화액−수입의 변화액 >0

이 되며, 이것은

$$\varepsilon(\eta^*-1)/(\eta^*+\varepsilon)\times\text{수출액}+\eta(\varepsilon^*+1)/(\varepsilon^*+\eta)\times\text{수입액}>0$$

이 된다. 이 조건은 복잡하기 때문에 초기시점에서 수입액=수출액을 가정하면, 이 경우에는

$$\varepsilon\varepsilon^*(\eta+\eta^*-1)+\eta\eta^*(\varepsilon+\varepsilon^*+1)>0$$ 이 된다.

좌변의 제2항은 (+)이기 때문에, 곡선이 가격의 증가함수인 경우에는 적자(흑자)가 원의 가치하락(원의 가치상승)으로 축소될 조건은, 마샬 · 러너조건보다도 엄격하지 않음을 알 수 있다. 여기에서 수출공급의 가격탄력성은 무한대 (ε, $\varepsilon^*\to\infty$)라 가정하면, 이 조건은 마샬 · 러너조건과 일치한다. 더구나 환율의 변화가 어느 정도 가격에 전가되는가는 수출입의 가격탄력성에 의한 것임을 (3.6), (3.8)식으로부터 알 수 있다. 공급의 탄력성이 무한대일 때는 환율의 변화는 외화표시 수출가격에 모두 전가되고, 자국통화표시 수입가격에 모두 전가된다. 결국 외화표시 수출가격은 상승하고, 외화표시 수입가격은 일정하게 된다.

(2) J-커브 효과

수많은 실증연구에 의하면, 수출입가격탄력성이 단기에서는 비교적 작고, 시간의 경과와 함께 커진다는 것을 보여주고 있다. 단기의 가격탄력성이 장기의 가격탄력성보다도 작은 이유로, 수입품의 대체재를 찾아내는데 시간이 걸린다는 것, 그리고 수출입의 대부분이 수개월의 장기 계약에 의해 거래된다는 것 등을 들 수 있다.

마샬 · 러너 조건으로부터 단기의 가격탄력성이 작다는 것은 환율의 절하가 무역수지를 단기적으로 악화시킬 가능성이 있다는 것이다. 이처럼 절하에 의해 무역수지가 단기적으로 악화하고, 장기적으로는 개선되는 현상은 무역수지가 시간에 대해 J-문자처럼 움직인다 하여 'J-커브(J curve) 효과'[3]라 부른다([그림

3) J-커브 효과는 통상 명목환율의 변화가 무역수지에 미치는 영향을 묘사하지만, 실질환율과 무역수지(실질기준)의 관계를 보면 'S커브' 형태가 된다. S커브 효과는 가로축에 과거로부터 장래의 무역수지의 GNP에 대한 비율, 세로축에 실질환율과 무역수지의 GNP에 대한 비율을 취했을 때, 현재의 환율은 장래의 순수출과 (+)의 상관을 갖지만, 현재 및 과거의 순수출과 (−) 상관을 나타낸다.

그림 3-3 원 절하와 J curve 효과

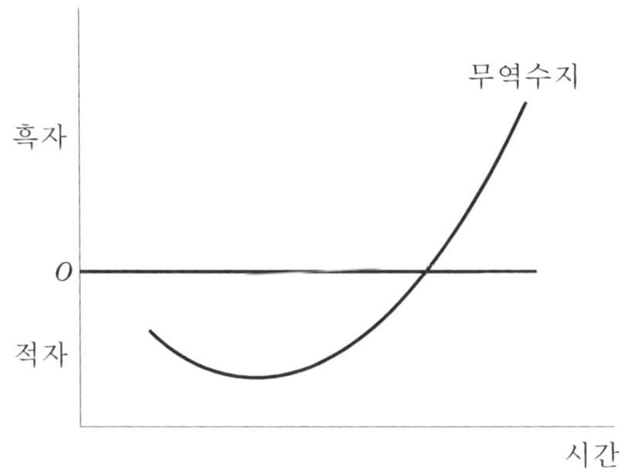

3-3]).

J-커브 효과를 분석할 때 중요한 개념으로 매기(Magee)는 수출입계약을 맺을 때의 '표시통화'의 중요성을 지적하고 있다. 즉, J-커브 효과는 수출과 수입이 어떤 통화표시로 행해지는가에 의해서도 영향을 받는다.[4)]

가령 수입은 외화표시, 수출은 자국통화표시라 하자. 계약시점에서 결제시점 사이에 환율의 절하가 있다면, 수입에 대해서 외화표시 수입액은 변하지 않더라도 외화표시 수출액은 감소하고, 외화표시로 본 경상수지(내지는 무역수지)는 악화된다. 이것을 자국통화표시로 보면 수출액은 불변이더라도 수입액은 증가하기 때문에 자국통화표시로 본 경상수지는 악화된다. 여기에서 유의할 점은 무역업자의 장래의 환율의 움직임에 대한 기대 형성도 J-커브의 크기나 지속성에 영향을 미친다는 것이다.

2. 러센 · 메츨러 효과

J-커브 효과발생의 이유를 거시이론의 입장에서는 러센 · 메츨러효과를 통해 해석할 수 있다. 러센 · 메츨러효과(Laursen-Metzler effect)란 환율이 변화할

4) 이것을 매기(Magee)효과라 부른다.

때에 그 영향을 받아 자국 및 무역상대국의 수출입, 국민총생산, 국내총지출이 변화하는 과정에서 총지출의 소득탄력성의 값이 장기에 비해 단기에는 작다는 것이다. 이러한 견해의 근거가 되는 것이 소비함수에 관한 '상대소득가설'(습관가설)이다. 즉 단기적으로는 소비는 과거의 소비수준에 의해 크게 영향을 받고, 금기에 소득이 증가해도 소비는 그것만큼 증가하지 않으며, 역으로 소득이 감소하더라도 소비는 그것만큼 감소하지 않는다는 것이다.

즉, 총지출의 소득탄력성의 값은 단기적으로는 1보다 작은 한편 장기적으로는 각각의 소득에 맞춘 소비가 이루어지기 때문에 문제의 탄력성은 1에 가까워진다는 것이다. 또한 수입수요의 가격탄력성도 마찬가지로 장기에 비해 단기에는 작다고 생각되기 때문에 단기적으로는 환율의 변화가 경상수지에 미치는 영향이 정상적인 방향과는 역방향이 되고, 상당한 시간이 경과하고 나서야 정상적인 효과가 나타날 수 있게 된다.

예를 들어 한 나라에 있어 교역조건의 개선(가령 한 나라의 통화가치의 상승)은 실질소득의 증가를 의미하며, 위에서 얘기했듯이 이것은 평균소비성향을 하락시키기 때문에 저축율을 증가시키는 것을 의미한다. 따라서 투자율 일정하에서 교역조건의 개선은 경상수지(대 소득비)의 흑자화를 의미하는 것이다. 이하, 러센 · 메츨러효과를 고려한 경우에 마샬 · 러너조건이 어떻게 변하는지를 고찰해보자.

이제까지는 수출재나 수입재시장만에 관심을 둔 부분균형분석으로서 J-커브 효과에 대해 논의했지만, 환율의 변화가 무역 · 경상수지에 미치는 영향을 검토하는데 있어, 소득이나 금리를 내생화한 보다 일반균형적인 모델로 분석할 필요가 있다. 단, 금리에 미치는 영향까지 분석을 확대하는 것은 복잡하기 때문에 여기에서는 환율이 소득 · 생산에 미치는 영향을 고려하여, 무역 · 경상수지에 대한 효과를 검토하기로 한다.

모델은 케인즈적인 2국모델을 생각한다. 이 경우, 환율이 무역 · 경상수지에 미치는 영향을 결정하는 요인으로, 이제까지의 마샬 · 러너조건에 대해, 환율의 변화(교역조건의 변화)가 소비에 미치는 효과, 소위 러센 · 메츨러효과(교역조건효과라고도 부른다)가 더해진다.

두 상품이 있다고 가정하고 자국은 제1재, 외국은 제2재를 생산한다고 가정하고 각각 Y_1, Y_2로 나타낸다. 국내외 모두 생산의 공급의 탄력성은 무한대이며, 공급가격은 그 나라의 통화로 계측하여 일정하며, 각각 초기에는 1로 가정한다. 제1재, 제2재의 수급균형조건은,

$$C_1(S,\ Y_1)+I_1+SB(S,\ Y_1,\ Y_2)=Y_1$$
$$C_2(S,\ Y_2)+I_2+B(S,\ Y_1,\ Y_2)=Y_2$$

가 된다. 여기에서 C_1, C_2는 국내외의 소비수요이며, I는 투자(독립지출), S는 환율, B는 외화표시 경상수지이다. 따라서 환율이 경상수지에 미치는 영향은,

$$\frac{\Delta B}{\Delta S}=\frac{\partial B}{\partial S}+\frac{\partial B}{\partial Y_1}\ \frac{\partial Y_1}{\partial S}+\frac{\partial B}{\partial Y_2}\ \frac{\partial Y_2}{\partial S} \qquad (3.9)$$

로 나타난다. 말할 것도 없이, 부분균형분석의 경우에 비해 제2항, 제3항이 추가된다. 제1항은 여기에서는 마샬·러너조건으로 나타난다. 여기에서, 내외소득에는 한계수입성향, 한계저축성향, 마샬·러너조건과 함께, 소비에 대한 교역조건효과 $\partial C/\partial S$가 영향을 미친다. 이것은 일정한 명목소득하에서 환율의 변화에 의해 생기는 소비의 변화를 나타낸다. 환율의 변화에 의한 교역조건의 변화는 실질소득을 변화시켜, 실질소비도 변화시킨다. 그러나 단기적으로는 실질소득만큼 실질소비의 변화율이 크지 않다면 앞서 언급한 평균소비성향이 내려간다. 따라서 일정한 명목소득에 대한 명목소비가 감소한다.

자국통화의 가치상승에 의한 실질소득의 증가는 수입량의 크기에 의존한다면(계산은 생략),

$$\partial C/\partial S=(1-\text{소비의 소득탄력성})\times\text{수입량}$$

이 된다. 장기적으로는 소비의 소득에 대한 비율은 일정하다고 생각하면, 소비의 소득탄력성은 1이기 때문에 실질소득의 증가율과 소비의 증가율은 일치한다. 그러나 단기적으로는 위에 나타나듯이, 지출의 소득탄력성은 1보다 작다고 가정되기 때문에 $\partial C/\partial S$는 단기적으로는 +, 장기적으로는 0이 된다. 이 교역조건의 효과가 지출(소비)에 포함되면, 자국통화의 가치상승이 흑자를 축소시킬 조건은, 단기에 수지가 균형되고 있지 않은 경우에는,

자국의 수입수요의 가격탄력성×X+외국의 수입수요의 가격탄력성 >1+(1−자국지출의 소득탄력성×X)×자국한계수입성향/자국한계저축

성향+(1－외국지출의 소득탄력성)×외국한계수입성향/외국한계저축성향

이 된다. X는 수출액/수입액이며, 흑자의 경우 1보다 크다. 위의 식의 우변은 1보다도 크기 때문에 마샬 · 러너조건보다도 엄격하게 된다. X가 1일 때, 좌변은 마샬 · 러너조건이 되지만 우변은 단기적으로는 1보다 크게 된다.

따라서 교역조건을 고려하면, 단기적으로는 이 조건은 마샬 · 러너조건보다도 엄격하게 된다. 더구나 장기적으로는 지출의 소득탄력성은 1이 되기 때문에 우변은 1이 되고 J-커브 효과를 발생시키는 요인으로 부분균형분석에서 도출된 마샬 · 러너조건에, 러센 · 메츨러효과(교역조건효과)가 추가된다.

J-커브 효과는 내수 접근(absorption approach)으로부터의 분석도 가능하다. 단순화시켜, 생산에 대해서의 가정은 앞서와 같고, 자국통화표시기준의 수출가격이 일정하다고 가정해보자. 여기에서 자국통화기준에서의 수지를 우선 생각해보자. 자국통화의 가치상승은 당분간 지출을 변화시키지 않는다하면 자국통화기준의 지출액이 적어지기 때문에 저축이 증대한다. 투자에 대해서도 수입재가 포함돼 있으면 투자액이 감소한다. 따라서 당분간 흑자가 증대한다.

외국통화기준에서는 역의 경우가 생기기 때문에 마찬가지로 외국의 적자 · 자국의 흑자가 증대한다. 그러나 시간이 경과함에 따라 자국재로부터 외국재로의 지출전환이 생기고, 외국으로부터의 수입수요가 감소, 자국의 수입수요의 증가, 유효수요는 전체가 감소하여, 자국의 소득이 감소한다(흑자증가에 의한 대외자산증대의 자산효과가 있는 경우에는, 소비율을 높일 가능성이 있지만, 그 효과가 크다고는 생각되지 않는다). 그 결과 저축액이 감소하고, 저축투자 갭(gap)이 축소될 것이다.

3. 탄력성 접근의 연장

환율변동에 의한 경상수지(무역수지)조정과정에 있어서 무역재가격의 움직임에 대해 이전부터 논의되어 왔지만, 특히 1980년대 주목을 받기 시작하면서 전통적인 탄력성 접근의 기본전제를 재정립하는 계기가 되었다. 1980년대 주요 선진국의 명목환율은 크게 변동했다. 엔 · 달러의 경우 그 변동은 특히 85~88

년에 걸쳐 현저하게 나타났다.[5)]

이러한 엔의 가치상승 · 달러의 가치하락에도 불구하고 무역불균형이 충분히 조정되지 않았으며 85~87년 사이에 일본의 달러표시 경상수지흑자액은 492억불에서 1,622억불로 증가한 반면, 미국의 경상적자는 1,223억불에서 1,622억불로 악화되었다.

이러한 사실로부터 환율의 변화가 경상수지에 대한 충분한 조정기능을 다하고 있지 못하다는 문제제기가 뒤따랐으나 실은 이것은 결코 새로운 분제는 아니다. 경상수지조정의 중심적인 결정요인이 환율이 아니고 '국내생산과 국내수요의 차' 라는 내수 접근은 이미 1950년대에 제창되고 있었다.

또 1970년대에 들어서면서 환율의 변화가 상대가격의 변화를 통해 경상수지에 체계적인 영향을 미친다는 탄력성 접근이 유효하기 위해서는 그 배후에서 생산과 수요의 갭(gap)을 유지하도록 하는 거시경제정책이 채택되지 않으면 안된다는 이론적 필요성이 확립됐다.

이러한 일반균형론적 견지에서 보면 환율이나 경상수지나 내생변수이기 때문에 배후에 있는 외생변수의 움직임에 따라 양자의 관계는 (+)일 수도, (-)일 수도 있다. 이 의미에서 탄력성 접근은 부분균형분석으로서 한계가 있다는 것은 이미 알고 있는 사실이다. 1980년대에 있어서의 이론적 발전은 단지 부분균형분석으로서의 탄력성 접근의 한계를 재인식했다기보다는 오히려 탄력성 접근이 대전제로 하는 '환율과 무역재 가격의 관계' 자체를 재검토하는 것이었다. 환율의 변화가 무역재가격에 충분한 변화를 가져다주지 않을 가능성은 탄력성 접근의 근저를 흔들어 버리는 것이다.

(1) 명목환율과 상대가격

적어도 개념적으로는 탄력성 접근의 틀에 있어서 명목환율의 변화가 경상수지에 영향을 미치는 과정은 두 단계로부터 이루어진다.[6)] 우선, 첫 단계는 명목환율의 변화가 상대가격을 변화시키는 것이다. 만일 환율의 변동이 상대가격을 변화시키지 않으면 탄력성 접근에 있어서 환율은 경상수지에 영향을 미치지

5) 일본 엔의 연차평균치는 달러당 238엔에서 128엔까지 급격한 가치상승.
6) 실제로 양자는 동시에 결정된다.

않는다. 다음으로 두 번째 단계는 그 상대가격의 변화가 무역플로우의 가격탄력성을 통해 경상수지에 영향을 미치는 것이다. 가령 제1단계가 기능하여 상대가격이 변하더라도 가격탄력성이 0이라면 탄력성 접근의 틀에 있어서 환율은 경상수지에 영향을 미치지 않는다.

'탄력성 비관론'이나 'J-커브 효과'는 양자 모두 제2단계에 관한 개념인데 반해 '환율과 무역재 가격과의 관계'는 제1단계에 관한 것이다. 경상수지에 영향을 미치는 상대가격의 경우 몇 가지를 생각할 수 있지만, 여기에서는 수출재와 수입재의 상대가격(q)을 생각해보자.

$$q = p_e - p_m \tag{3.10}$$

단, p_e는 수출재의 자국통화표시 가격, p_m은 수입재의 자국통화표시 가격을 대수표시한 것이다. 전통적인 탄력성 접근의 가정은, (a) 상품가격은 생산국통화로 고정돼 있다. (b) 수입재가격은 그 외화표시 가격을 환율을 이용하여 자국통화표시로 변환한 것이라는 것이다. 따라서 명목환율의 대수치를 s로 두면

$$q = p_e - (s + p_m^*), \qquad p_m^* \text{는 수입재의 외화표시 가격} \tag{3.11}$$

이 경우 (3.11)식은 국내재와 외국재의 상대가격이며 실질환율의 정의와 일치한다. 더욱이 p_m^*와 p_e가 고정되어 있다면 환율의 변화는 상대가격에 1대 1의 영향을 미친다.

$$dq = -ds \tag{3.12}$$

여기에서 중요한 점은 이 관계를 도출하는 데 있어 두 개의 가정, (a) 상품가격은 생산국통화로 고정, (b) 수입재가격은 그 외화표시 가격으로 환율을 곱한 것을 필요로 한다는 것이다. 이 중 두 번째 가정은 외국가격이 환율의 변화분 만큼 국내가격에 전가(轉嫁, pass-through)된다는 의미에서, 수입재의 전가율이 100%라는 가정이다. 한편 수출재의 가격은 고정돼 있다.

(2) 환율전가와 시장별 가격 형성

무역수지의 적자(흑자)가 절하(절상)에 대응하여 신속하게 축소되지 않고 완만한 반응으로 나타난다는 설명으로, 최근 주목되는 것은, 환율의 변화가 반드시 상대가격의 변화를 발생시키는 것은 아니라는 인식이다.[7)]

마샬 · 러너 조건을 도출할 때의 기본가정은 수입재의 가격은 외화표시로, 수출재의 가격은 자국통화로 고정돼 있다는 것이다. 이 가정 하에서 자국통화가 절하되면, ① 수입재의 자국통화표시 가격이 환율의 상승률과 같은 비율로 상승하고, ② 수출재의 자국통화표시 가격은 불변이므로 수출재의 수입재에 대한 상대가격이 하락하며 무역수지는 개선된다(물론 가격탄력성이 일정한 값 이상이면).

마샬 · 러너 조건을 도출하는 데 있어 설정된 가정처럼, 수입재의 자국통화표시 가격이 환율의 상승률과 같은 비율로 상승하는 경우 환율의 상승은 수입재가격에 100% 전가(pass-through)된다고 말한다. 환율의 상승이 수입재가격에 100% 전가될 때 $가 원에 대해 10% 가치하락하면 한국제품의 미국국내가격은 10% 상승한다는 의미이다. 그러나 최근의 $하강기에 있어 미국국내시장의 경험을 보면, 환율의 변화에 대한 수입품가격의 반응은 느리며, 많은 실증연구에 의하면 완전한 전가는 거의 전무하며 산업에 따라 다르지만 대부분의 경우 불완전한 전가를 보여주고 있다.

예를 들어 원화가 15% 가치상승했을 때 $표시 수출가격이 5.7% 상승했다면 전가율은 $표시가격의 변화율 5.7을 원화의 가치상승률 15로 나눈 0.38(38%)가 된다.

80년대 후반에 일본 엔이 가치상승됐을 때, 경상수지가 좀처럼 감소되지 않은 이유로, 엔의 가치상승을 외국수출가격에 전가하지 않고 시장점유율을 잃지 않도록 외국의 시장상황에 맞추어 가격결정을 행하고 있기 때문이라는 논의가 있었다. 이것을 시장별 가격설정(pricing to market, 이하 PTM)이라 부르며, 일본의 외화표시 수출가격에 환율의 전가의 정도가 낮은 이유의 하나로 거론됐다. PTM을 행하면, 자국통화가 가치상승하더라도, 자국의 수출재에 대한 수요는 감소하지 않기 때문에 수요측면에서 보면 수출량을 변화시키지는 않지만

---

7) 앞 절에서 환율변화와 상대가격변화의 1대 1 관계를 참조.

기업의 자국통화표시 수출가격이 감소하고 기업의 이윤을 감소시킨다. 따라서 수요는 감소하지 않더라도 공급면에서 본래 수출이 감소하게 될 것이다. 그럼에도 불구하고 수출이 감소하지 않는다는 것은 손실을 입더라도 수출을 계속하겠다는 의미이다.

크루그만(Krugman) 교수는 특히 일본 수출기업의 이러한 태도에 대해 "악명 높은 일본 수출기업의 전략이다"라고 지적했다. 그러나 불완전한 전가는 여러 원인에 의해 생길 수 있다. 한 통화의 가치상승 내지 가치하락을 수출가격에 전가할 수 있다는 것은 우선 이 국가는 수출에 있어 세계시장에서 소국이 아니라는 것이다. 소국의 경우 환율의 변화는 모두 자국통화표시 수출가격의 변화로 흡수할 수밖에 없기 때문이다. 이처럼, 환율의 변화를 모두 자국통화표시 가격으로 흡수하면, 환율의 변화에 의해 수출재의 생산기업의 수익은 크게 변화하게 된다. 수출기업으로서는 바람직하다고 말할 수 없다.

전가의 문제는 독점기업의 가격차별의 응용문제로 생각할 수 있다. 독점기업은 한계적으로 한 단위판매를 증가시키는 것에 얻어지는 한계수입과 한 단위 생산을 증가시키는 데 필요한 비용의 증대분인 한계비용이 일치하도록 생산량을 결정한다. 한계수입이 한계비용보다 많으면(적으면), 생산을 증가(감소)시키는 것이 이윤이 증가하기 때문에 최대이윤을 가져다주는 것은 이 두 개가 일치하는 점이 된다.

몇 개의 시장으로 나누어 각 시장에서의 수요함수(수요의 가격탄력성)가 다르다면, 각 시장마다 수요함수로부터 한계수입을 구하고, 그것이 한계비용과 일치되도록 각 시장의 생산량을 결정하는 것이 기업으로서는 최적이 된다. 이때 판매가격은 각 시장의 판매량이 모두 팔리는 만큼의 가격이 되기 때문에 수요곡선에 의해 결정된다. 그 때문에, 각 시장에 따라 판매가격이 다르게 되며, 자국통화표시로 가격들을 비교하면, 수요의 가격탄력성이 큰 시장일수록 가격이 낮게 된다.

환율의 변화가 얼마만큼 외화표시수출 가격을 변화시키는가는 수요의 가격탄력성 외에, 생산측의 공급조건에도 의존한다. 만일, 한 단위의 생산비용이 일정하고, 수요의 가격탄력성도 일정한 경우에는 외화표시수출 가격에 환율은 완전히 전가된다. 그러나 생산증대에 따르는 한계비용이 점차 증가한다거나, 수요의 가격탄력성이 수요증대에 따라 감소하면 전가는 불완전하게 된다. 이

점을 다음에서 분명히 하자.

(3) 수출가격의 전가와 PTM

원표시 수출액은

환율×외화표시 수출가격×수출량

으로 나타낼 수 있고, 외화표시 수출가격의 상승에 따른 한계수입은

(수출량+외화표시 수출가격×Δ수출량/Δ외화표시 수출가격)×환율

로 나타낼 수 있다. 여기에서 Δ는 변화를 나타낸다. 수출시장에서의 수요의 가격탄력성 η는,

$$\eta \equiv -\frac{\Delta \text{수출량}}{\text{수출량}} \times \frac{\text{외화표시 수출가격}}{\Delta \text{외화표시 수출가격}} \tag{3.13}$$

이 된다. 이것을 이용하면, 한계수입은

$$\text{한계수입} = \text{환율} \times \text{수출량}(1-\eta) \tag{3.14}$$

이 된다. 한편, 외화표시 수출가격 상승에 의해 생기는 생산량 변화에 따르는 비용의 증대분은

$$(\Delta \text{총비용}/\Delta \text{생산}) \times (\Delta \text{수출}/\Delta \text{외화표시 수출가격}) \equiv -(\Delta \text{총비용}/\Delta \text{생산}) \times \eta \times \text{수출량}/\text{외화표시 수출가격} \tag{3.15}$$

로 나타난다. 수출기업의 이윤극대화조건, 결국, (3.14)=(3.15)로부터

$$\text{환율} \times \text{외화표시 수출가격} = \text{한계비용} \times \eta/(\eta-1) \tag{3.16}$$

이 된다. 마찬가지로 국내의 판매가격은,

$$\text{국내가격} = \text{한계비용} \times \phi/(\phi-1) \tag{3.17}$$

로 나타난다. 여기에서 ϕ는 국내수요의 가격탄력성이다. 여기로부터 국내외에

서 수요의 가격탄력성의 크기가 다르면 국내외의 판매가격이 다르게 됨을 알 수 있다.

이제 환율의 변화가 국내 판매가격과 수출가격에 미치는 영향을 보자. 분석을 간단히하여 생산증가에 따른 한계비용, 수출시장에서의 수요의 가격탄력성 η, 국내시장의 수요의 가격탄력성 ϕ가 일정하다고 보자. 이 경우에는 (3.17)식의 우변은 일정하기 때문에, 환율이 어떻게 변하든, 국내 판매가격은 불변이 된다. 또 (3.16)식의 우변도 일정하기 때문에, 외화표시 수출가격의 환율탄력성 ω는,

$$\omega = \frac{\Delta \text{외화표시 수출가격}}{\text{외화표시 수출가격}} \times \frac{\text{환율}}{\Delta \text{환율}}$$

1이 된다. 이처럼 만일 한계비용이 일정하다면, 결국 생산의 평균비용이 일정하고, 수요의 가격탄력성이 일정한 경우에는 환율이 변화했을 때 수출재 · 국내재 모두 자국통화표시 가격(원)은 불변이 된다. 수출재의 가격은 모두 외화표시 수출가격에 전가된다. 한계비용이 일정하지 않고, 생산증가에 따른 한계비용이 점차 증가하면, 자국통화의 가치의 상승에 의해 수출이 불리하기 때문에 총생산량이 감소한다. 따라서 원의 가치상승에 의해 한계비용이 하락하고 (3.15)식의 우변은 작아지기 때문에, 외화표시 수출가격의 환율탄력성은 1보다 작게 된다.

결국, 외화표시 수출의 변화는 환율의 변화보다도 작기 때문에 전가의 정도는 불완전하게 된다. 환율의 전가의 정도를 결정하는 하나의 요소가 한계비용의 증가의 정도에 있음을 알 수 있다.

한편, 국내재와 수출재의 자국통화표시 가격의 비율은, (3.16), (3.17)식으로부터

$$\frac{\text{환율} \times \text{외화표시 수출가격}}{\text{국내 가격}} = \frac{\eta(\eta-1)}{\phi/(\phi-1)}$$

이 된다. 따라서 수요의 가격탄력성이 일정하면 우변은 일징하게 되고, 국내용이나 수출용이나 가격의 변화율은 같게 된다. 이처럼, 수요의 가격탄력성이 일정하다면, 환율이 변화하여 수출재의 자국통화표시 가격이 변화하더라도 그것은 국내재의 가격의 변화와 같은 크기임을 알 수 있다.

이처럼, 자국통화의 가치상승에 의한 전가의 정도가 불완전하고 수출재의

자국통화표시 가격이 하락하더라도, 국내재가격도 마찬가지로 하락한다. 따라서 한계비용의 증가는 전가가 불완전하게 되는 이유의 하나로 얘기할 수는 있지만, 국내재가격변화와 비교하여 정의한 시장별 가격형성(PTM)을 발생시키는 요인은 아니다.

마지막으로, 수요의 가격탄력성이 수요량과 함께 변화하는 경우를 생각해 보자. 여기에서, 수요의 가격탄력성이 수요량이 증가함에 따라 감소하는 것으로 하자. (3.16)식의 우변은

$$\text{한계비용} \times \frac{\eta}{\eta - 1} = \text{한계비용} \times \frac{1}{1 - 1/\eta}$$

로 쓸 수 있다(국내에 대해서도 마찬가지). 자국의 수출기업은 자국통화의 가치상승으로 인해 이제까지의 가격으로 수출하면 이윤이 내려가기 때문에 수출을 줄인다. 그렇다면 윗 식의 관계로부터, 한계비용을 일정하게 하면, (3.16)식의 우변은 자국통화의 가치상승에 의해 작게 된다. 좌변은 자국통화의 가치상승으로 외화표시 수출가격은 올라가지만 그 크기는 환율의 변화만큼은 아니다. 따라서 전가의 정도는 불완전하게 됨을 알 수 있다.

일반적으로 전가의 정도는 수출생산측의 비용요인, 수입국측에서 대체재가 생산되고 있는지 아닌지, 제3국과의 경쟁상황이나 경기 등 수입국측의 수요요인, 생산요인에 의해서 다르게 된다. 전가의 정도를 결정하는 몇 개의 요인을 보자.

(4) 전가도의 결정요인

우선, 수요요인의 관점에서 환율의 전가효과를 동학적으로 고찰하는 데 있어서 수요전환비용에 초점을 맞춘다. 소비자가 수요하는 상품을 전환하는 경우에 비용을 요하고, 현재의 시장점유율이 장래의 판매량에 영향을 미치는 상황에 있어서 환율의 전가효과를 고찰한다. 이 경우에는 각 기업상품의 장래 수요가 현재의 시장점유율에 의존한다. 수요는 그 의미에서 '경직적'이므로 기업의 현재의 전략선택은 현재의 이윤과 함께 장래의 이윤에 영향을 미친다. 이 때, 장래의 환율이 장래의 이윤을 결정하는 데 중요한 역할을 하게 된다. 따라서

외국기업이 현재의 환율의 변화를 가격에 반영시키는 정도만이 아니라 어떻게 전가효과가 기대 장래환율에 의해 영향을 받는지 고찰한다.

기업의 제2기의 수요 및 제2기의 이윤이 제1기의 시장점유율에 의존하는 2기간 모델을 생각해보자. 이 의존관계는 다음과 같은 요인으로부터 생겨난다. 첫째로, 가령 상품이 사전적으로 차별화되지 않더라도 소비자는 상품간의 전환비용에 직면하는 경우가 있다. 소비자가 그 상품을 소비하는 데 있어 하드웨어(hardware)와 소프트웨어(software)의 양면에 있어서 학습비용을 요하는 경우가 있다. 더욱이 공급자를 바꾸는 경우의 거래비용을 요하는 경우가 있다. 둘째로, 만일 상품이 '경험' 재라면, 탐색비용(search cost)이 존재하기 때문에 소비자가 미지(未知)의 타 상품으로 전환하는 의사가 적어지게 된다. 과거의 판매실적은 그 상품을 이전에 구입한 적이 없는 소비자에게 그 상품을 선전하는 것이 된다. 셋째로, 타 소비자가 에전에 구입한 상품을 구입하는 유인(incentive)을 소비자에게 가져다주는 네트워크(network) 외부성이 존재하는 경우가 있다. 예를 들어 PC처럼 하드웨어가 많이 판매됨에 따라 그 소프트웨어의 가치가 기존의 이용자뿐만 아니라 신규의 이용자에게도 높아지게 된다. 이들 효과에 의해 시장점유율이 중요하게 된다.

이것으로부터 한 상품에 대한 장래의 수요가 현재의 판매량과 양(+)의 관계가 있다고 가정한다. 장래의 수익이 현재의 시장점유율에 의존하는 경우에는 기업은 현재의 일시적인 환율변화와 일정한 환율변화에 대해 장래의 수익에 대한 영향을 약하게 하므로 가격의 반응을 작게 한다.

다음으로 공급 측면에서 수입공급능력제약(bottleneck), 매몰비용(sunk cost), 그리고 이력효과(이력현상, hysteresis)에 초점을 맞추어 전가의 정도를 알아보자.

수입공급능력제약(bottleneck)모델에서는 가격차별화독점모델이 상정되고, 외국기업이 자국시장에서 판매량을 변화시키는 경우에 비용을 요하는 것으로 상정한다. 가령, 판매의 확대나 유통 등을 위해서는 '시회적 자본정비(infrastructure)' 의 제공 없이 판매량을 확대할 수 없다. 이것을 확대하는 데는 비용을 요하며, 그리고 보다 빠른 확대를 하려면 보다 큰 비용을 요하게 될 것이다. 판매망이 증설됨에 따라 가격이 점차적으로 하락할 것으로 기대한다. 더욱이, 만일 자국통화의 가치상승이 일시적인 것으로 보여진다면, 외국기업은 판매망을 크게 확대할 가치가 없다고 볼 것이다. 따라서 환율이 가격에 반영되는 정도는 얼마만큼 환율이 변화했느냐, 그리고 얼마만큼 오래 그 변화가 지속될 것으로 기대되는가에 의존한다.

환율의 전가의 정도를 결정하는 또 하나의 요소가 공급요인 중 하나인 매몰비용(sunk cost)이다. 수출기업이 외국의 시장에 진입하여 판매하기 위해서는 초기단계에 판로개척을 위한 선전 등의 활동이나 유통망의 정비가 필요하며, 비용을 요하게 된다. 중요한 것은 이들 비용은 퇴출시에는 회수 불가능한 매몰비용이라는 것이다. 일단 시장에 진입하면 매몰비용을 고려하면서 퇴출의 의사결정을 해야 한다. 기업은 그때그때의 시장조건에 따라 간단하게 시장진입 · 퇴출을 할 수 없다. 환율변동이 있을 경우 단기적으로 손실을 입는다고 시장으로부터 바로 퇴출하는 것도 바람직하지 않지만, 반대로 진입기업의 이윤이 증대하더라도 진입의 매몰비용을 고려하면 아직 진입하고 있지 않은 기업이 바로 진입하는 것도 바람직하지 않다.

이처럼 회수 불가능한 진입비용이 있으면, 현재 진입하고 있지 않는 기업과 진입하고 있는 기업 사이에서는 같은 수출을 계획하더라도 이윤에는 차이가 생긴다. 따라서 현재 진입하고 있지 않은 기업이 진입을 결정하는 한계적인 가격은 현재 진입하고 있는 기업이 퇴출을 결정하는 한계적인 가격보다도 높게 된다. 매몰비용이 클수록 진입 · 퇴출의 한계가격격차는 크게 되며, 전가의 정도가 작아지게 된다.

매몰비용이 존재할 때에는 이력효과(이력현상, hysteresis)라는 문제가 생긴다. 이력현상이란 원래 물리학의 용어로서 두 개의 혹은 그 이상의 변수 사이의 관계가 과거의 역사에 의존한다는 일종의 비선형성을 의미한다. 예를 들어 이제 한 시장에서 A와 B 두 개의 회사가 경합한다고 하고, 설명변수를 A회사의 제품가격, 종속변수를 A회사의 시장점유율이라 하자. 그리고 B회사의 제품가격은 일정하다고 하자. 가령 A회사가 처음에 가격을 충분히 내리고 시장점유율을 크게 늘린 후 가격을 올렸을 때와, 역으로 처음에 가격을 올려 많은 고객을 B회사에 빼앗긴 후에 가격을 내렸을 때와, 최종적인 판매가격은 같을지라도 A회사의 시장점유율은 다를 가능성이 있다. 일단 구축해놓은 시장우위성은 쉽게 무너지지 않으며 또 일단 잃어버린 고객을 되찾는다는 것은 쉽지 않다는 것이다.

환율이 대폭적으로 하락하여 기업이 수출시장으로부터 철수했다고 하자. 이 경우에는 수출공급곡선은 탄력적이기 때문에 전가의 정도가 크게 된다. 그 후 환율이 상승(가치가 하락)하는 방향으로 되돌아 왔다고 하자. 매몰비용 때문에 기업 수는 변하지 않기 때문에 전가의 정도는 작게 된다. 따라서 외화표시 수출가격은 자국통화가 가치상승하게 될 때와 되돌아 왔을 때가 다르다. 여기로부터 환율은 원래 제 자리로 되돌아오더라도 외화표시 수출가격은 원래대로 되돌아오지 않을 가능성이 있음을 알 수 있다. 이상 환율의 변화가 외화표시 수출가격에 불완전하게 전가될 가능성은 크며, 이러한 불완전한 전가를 경제적으로 비합리적이라 말하기는 어렵다.

4. 내수 접근(absorption approach)

탄력성 접근에서는 무역재의 가격변화에 따른 수출입에 대한 직접적인 효과를 다루는 것에 반해 내수 접근에서는 소득효과에 주목한 분석방법이다. 국민소득결정식으로부터

국민총생산 = 민간소비 + 민간투자 + 정부지출 + 수출 − 수입

의 관계식으로부터

내수(Absorption) = 민간소비 + 민간투자 + 정부지출

로 정의하면

국내총생산 − 내수 = 수출 − 수입

이러한 접근에서는 국민총생산과 경상수지의 관계는 앞서의 탄력성 접근과는 다르다. 탄력성 접근에서는 국제경쟁력이 불변인 상황하에서 자국의 생산이 증가하면, 원재료의 수입증가 등으로부터 경상수지는 악화된다고 보는 반면, 내수 접근에서는 자국의 내수(absorption) 불변 하에서 국제경쟁력의 호전이나 해외의 경기확대 등에 의해 해외로부터의 수요가 증가하고 자국의 생산이 증가하면 경상수지는 호전된다고 생각한다. 이처럼 생산이 증가하더라도 그 상황에

따라 경상수지의 움직임은 반대가 됨에 주의할 필요가 있다. 내수 접근에서 경상수지의 문제를 논의할 때 완전고용일 때는 간단하다. 이 경우 생산이 일정하기 때문에, 환율의 변화가 지출(absorption)을 변화시킬 수 있는지에 따라 환율의 경상수지 조정능력이 결정된다. 결국 환율의 변화에 의해 저축, 투자, 정부지출이 어떻게 변화하는가에 관심이 모아지게 된다. 이 경우 재정지출은 정책변수로서 외생변수라 하면 경상수지 흑자(적자)하에서 자국통화의 가치상승(가치하락)이 저축을 감소(증가)시키고, 국내투자를 증가(감소)시키면 경상수지는 개선되는 것이 된다.

만일 저축이 단순한 거시모델에서 가정되듯이 소득만의 증가함수이고, 투자도 환율에 의해 영향을 받지 않는다면 환율은 내수에 영향을 미칠 수 없다. 이렇게 생각한다면 환율은 경상수지 조정능력을 갖지 못하게 된다. 이와 같은 저축 · 투자함수를 생각하면 완전고용일 때에는 환율의 변화에 의한 '지출전환정책' (expenditure switching policy)을 취하더라도 경상수지의 적자는 개선되지 않으며 '지출삭감정책' (expenditure reducing policy)이 필요하게 된다.[8)]

완전고용상황에서는 환율조정이 경상수지조정에는 유효하지 않으며 경상수지 개선을 위해서는 재정지출 등 지출을 삭감할 필요가 있게 된다. 그러나 완전고용이더라도 환율의 경상수지조정능력이 전혀 없다는 것은 아니다. 소비나 투자가 환율에 의해 영향을 받는다면 가능성은 있다.

소비 · 저축에 대해서 자국통화의 가치상승은 저축에 두 개의 채널을 통해 영향을 미칠 가능성이 있다. 하나는 자국통화의 가치상승은 수입물가를 하락시키고, 실질소득을 증대시키지만, 실질소득의 증대는 단기적으로는 평균저축성향을 증가시켜, 저축이 일시적으로 증가할 수도 있다. 이것은 앞서 언급한 러센-메츨러(Laursen-Metzler)효과이다.

또 하나는 소비에 대해서 실질자산효과를 고려해보면, 수입물가의 하락이 국내의 물가를 낮추고, 기존의 자산잔고의 실질가치를 높이기 때문에 목표자산잔고에 가깝게 되면서 저축이 감소하고 소비가 증가하게 된다. 위 두 개의 효과 중 어느 효과가 성립하는지 아니면 어느 효과가 보다 강하게 움직이는지는 이론적으로나 실증적으로나 해결되지 않은 문제이다.

---

8) 전통적인 케인즈 경제학에서는 내수를 감소시키기 위한 정책은 '지출삭감정책', 소득을 증가시키기 위한 정책은 '지출전환정책'이라 부른다.

한편 러센-메츨러(Laursen-Metzler)효과는 환율의 경상수지조정이라는 관점에서 바람직한 방향과는 역의 효과이지만, 장기적으로는 평균소비성향이 불변이라면 이것은 일시적인 효과이며, 장기적으로는 사라진다. 소비는 환율의 함수가 아니게 되어 결국 장기적으로는 자국통화의 가치상승이 소비를 줄여 경상수지의 흑자를 증가시키는 역의 효과는 없어지게 된다.

어쨌든 소비·저축은 교역조건의 변화에 의해 영향을 받을 가능성은 있지만, 이 문제에 대해 이루어진 해결책은 아직은 없다. 투자와 환율과의 관계도 명확하지 않다. 통화가치의 상승이 국내투자를 증가시킬 수도 있고, 또 직접투자의 증대로 국내투자가 줄어들지도 모른다.

이처럼 환율이 저축·투자에 영향을 미친다는 것을 생각해 볼 수 있지만 그 효과는 단정적으로 말할 수 없다. 따라서 만일 환율이 투자나 소비에 바람직한 영향을 미치지 않는다면, 완전고용 하에서 경상수지의 조정을 위해서는 환율이 아니라 독립지출(재정지출)의 변화를 필요로 할 수밖에 없다.

마지막으로 불완전고용의 경우를 보자. 불완전고용의 경우, 환율의 변화에 의한 유효수요변화에 의한 생산의 변화도 고려해야 하며, 분석은 더욱 복잡해진다. 그러나 국민총생산과 국내의 지출의 차에 의해 경상수지의 불균형이 결정되는 것은 다르지 않다. 이 때는 소득의 결정에 경상수지의 크기가 관계되기 때문에 앞서 얘기한 마샬·러너 조건이 연계된다. 만일 이 조건이 만족되면 통화가치의 하락에 의해 소위 '외수'(外需)가 증가하고, 소득이 상승하기 때문에, 그 결과 저축이 증가하고, 경상수지는 흑자가 된다. 이와 같이 불완전고용의 경우에는 소득의 변화에 따라 저축의 변화가 생기기 때문에 환율의 경상수지 조정능력이 생기게 된다.

본 론

화폐적 접근 (monetary approach)-고정환율제 하에서의 국제수지 결정이론

우신 주의할 것은 여기서 다루는 고정환율제 하에서의 국제수지 결정이론(monetary approach under fixed exchange rate system)은 제7장 환율결정이론에서 다루는 monetary model이나 overshooting model과 같은 변동환율제 하에서의 화폐적접근과 명확히 구분할 필요가 있다.

여기에서는 고정환율제 하의 공적부문수지(국제수지표상의 준비자산증감 항목에 거의 대응한다)의 결정요인으로서 중앙은행의 채무인 본원통화(high-powered money or monetary base)의 수요공급에 주목한다. 우선 중앙은행의 대차대조표([표 3-1])를 보자.

준비자산은 두 개의 요인에 의해 변화한다. 하나는 외환시장을 통하지 않은 거래에 의한 것으로 외화표시채권, 예금 등으로부터 통화당국이 이자수입을 올리는 경우가 여기에 해당된다. 가령 통화당국이 50억원 상당의 이자를 받으면 통화당국의 자산계정에 있어 준비자산이 50억원 증가하고, 거기에 따라 부채계정에 있어 기타의 자기자본계정이 동액 증가하는 것이 된다. 따라서 본원통화에는 변함이 없다. 또 환율의 변동에 의한 보유외화자산의 원화가치가 변화한 경우도 마찬가지로 준비자산과 자기자본계정(기타)을 동액 변화시키는 것만으로서 본원통화에는 영향을 미치지 않는다.

준비자산의 또 하나의 변화요인은 외환시장을 통한 거래에 의한 것으로 통화당국의 외환시장조작이 여기에 해당된다. 이 경우에는 본원통화에 영향을 미

[표 3-1] 중앙은행의 대차대조표

자 산	부 채
준비자산	본원통화
국내신용	기 타

친다. 가령 당국이 3억불을 시장에서 파는 경우, 그것을 매입한 거래상대(보통은 외국환은행)가 있다. 이 상대는 $의 대금으로 원을 중앙은행 수표 또는 중앙은행에서의 구좌결제에 의해 지불한다. 결국 $매각 개입시에는 통화당국계정의 준비자산의 계정에서 3억불이 내려가는 것에 대응하여 본원통화 중 시중은행 예금이 동액 내려가게 된다.

결국 본원통화가 원으로 환산한 3억불 감소가 된다. 통화량은 원으로 환산한 3억불 감소의 본원통화의 통화승수배 감소하게 된다. 이 의미에서 고정환율제는 본원통화가 대외적 요인에 의해 영향을 받는 제도라고 말할 수 있다. 여기에 대해 변동환율제하에서는 통화당국은 기본적으로는 외환시장조작을 행하지 않기 때문에 외환시장조작에 의해 통화당국계정의 준비자산액과 본원통화가 변화하는 것은 아니다. 이 의미에서 변동환율제란 본원통화의 움직임이 국내요인에만 의존하는 통화제도라고 말할 수 있으며, 고정환율제에 있어서는 본원통화 또는 통화량이 조정을 행하게 된다.

따라서 환율의 변동폭이 작게 되면 작게 될수록 통화량을 조절하는 금융정책의 독립성(자유도)은 낮게 되는 것이다. 이처럼 고정환율제를 유지하는 나라에서는 금융정책이 공적부문수지의 극히 중요한 요인임을 알 수 있다.

제4장

개방경제와 소국의 거시경제정책

1. 경상수지의 분석
2. 국제간의 자본이동과 국제수지 균형선의 설정
3. 개방경제하의 *IS*–*LM*곡선
4. 먼델–플레밍 모델
5. 개방경제모델에서의 *IS*–*LM*분석

개방경제와 소국의 거시경제정책

1. 경상수지의 분석

물가수준이 경직적이라는 가정 하에 자국과 외국 간에 상품 · 서비스만이 아니고, 자산의 거래를 행하는 국민경제로서의 개방모델을 설정한다. 그 때문에 경제주체로서 민간(가계 및 기업), 정부 · 중앙은행, 그리고 외국으로 분류하는 한편, 시장을 상품 · 서비스, 자국증권, 자국화폐 그리고 외국화폐로 구성되는 것으로 한다. 단, 세금은 시장에서 거래되지 않는다하더라도 이전거래로 간주하는 것으로 한다. 이상과 같은 가정 하에서, 각 경제주체와 시장거래를 정리하면 [표 4-1]과 같이 된다.

[표 4-1]의 각 행(가로 방향)으로 합하여, 0으로 두면 각 경제주체가 직면하는 예산제약식이 도출된다. 우선, 민간의 예산제약식으로서 $C+I-Y+\Delta B_p+\Delta L+T=0$을 변형하면 $Y-(C+I+T)=\Delta B_p+\Delta L$이 되므로, 저축부분의 $Y-(C+I+T)$를 채권구입의 증가(ΔB_p)와 화폐수요(ΔL)로 나눌 수 있다. 다음으로

[표 4-1] 경제주체와 시장거래

주체	생산물시장	채권시장	화폐시장	외화시장	세 금
민 간	$C+I-Y$	ΔB_p	ΔL		T
정 부	G	$-\Delta B_g$			$-T$
중앙은행		ΔB_m	$-\Delta M$	$\Delta \$_m$	
외 국	XM	$-\Delta B_f$		$-\Delta \$_f$	

주: Y GDP, C 소비, I 투자, G 정부지출, T 세금,
XM 경상수지, ΔL 화폐수요증가, ΔM 화폐공급증가, ΔB_p 민간의 채권구입증가, ΔB_g 정부의 채권구입증가, ΔB_m 중앙은행의 채권구입증가, ΔB_f 외국의 채권구입증가, $\Delta \$_m$ 중앙은행의 외화구입 증가, $\Delta \$_f$ 외국으로부터의 외화공급증가.

정부의 예산제약식 $G-\varDelta B_g-T=0$을 변형하면 $G=\varDelta B_g+T$가 되므로 정부지출(G)은 국채의 발행증가($\varDelta B_g$)와 세금(T)으로 메워짐을 보여주고 있다. 그리고 중앙은행의 예산제약식은 $\varDelta B_m-\varDelta M+\varDelta \$_m=0$이므로 $\varDelta M=\varDelta B_m+\varDelta \$_m$이 되며, 통화량 증가($\varDelta M$)가 국채구입증가($\varDelta B_m$)와 외화구입증가($\varDelta \$_m$)를 통해 이루어지고 있음을 의미하고 있다.

마지막으로 외국의 예산제약식 $XM-\varDelta B_f-\varDelta \$_f=0$는 $XM=\varDelta B_f+\varDelta \$_f$이므로 경상수지의 흑자($XM$)는 외국의 채권구입(대외채권)의 증가($\varDelta B_f$)와 외화의 증가($\varDelta \$_f$)에 대응한다. 더욱이 이 식은 $XM+[-(\varDelta B_f+\varDelta \$_f)]=0$로 변형하면, 경상수지 XM과 자본수지 $-(\varDelta B_f+\varDelta \$_f)$의 합으로서의 국제수지는 0이 됨을 알 수 있다.

이제 각 열(세로 방향)의 합을 0으로 두면, 각 시장의 수급균형식을 도출할 수 있다. 우선, 제1열째의 합을 0으로 두면 $C+I-Y+G+XM=0$이 되며, 이것은 $Y=C+I+G+XM$이 되고, 생산물시장에서의 수급균형식이 된다. 제2열째의 합을 0으로 두면 $\varDelta B_p-\varDelta B_g+\varDelta B_m-\varDelta B_f=0$은, $\varDelta B_p+\varDelta B_m=\varDelta B_g+\varDelta B_f$가 되며 민간과 중앙은행에 의한 채권의 수요($\varDelta B_p+\varDelta B_m$)는 정부와 외국에 의한 채권의 공급($\varDelta B_g+\varDelta B_f$)과 같다. 결국 채권시장의 수급균형식이 된다.

제3열째의 합을 0으로 두면 $\varDelta L-\varDelta M=0$은 $\varDelta M=\varDelta L$이 되며 국내에서 화폐의 수급과 같다. 결국 화폐시장의 수급균형식이다. 그리고 제4열째의 합을 0으로 두면, $\varDelta \$_m-\varDelta \$_f=0$은 $\varDelta \$_m=\varDelta \$_f$이 되며 외국으로부터의 외화공급증가($\varDelta \$_f$)는, 중앙은행의 외화수요증가($\varDelta \$_m$)와 같다. 결국 외환시장의 수급균형식이 된다.

그러나 생산물시장, 채권시장, 화폐시장 및 외환시장에서 각각의 수급이 균형되지 않더라도, 이들 4개의 시장의 수요의 총합과 공급의 총합이 항상 같게 된다는 것을 의미하는 왈라스 법칙, 결국

$$(C+I-Y+G+XM)+(\varDelta B_p-\varDelta B_g+\varDelta B_m-\varDelta B_f)+(\triangle L-\triangle M)+(\varDelta \$_m-\varDelta \$_f)=0$$

이 성립하는 이 식은, 각 경제주체의 예산제약식(=0)의 합으로 고쳐쓰면,

$$(C+I-Y+\varDelta B_p+\varDelta L+T)+(G-\varDelta B_g-T)+(\varDelta B_m-\varDelta M+\varDelta \$_m)$$
$$+(XM-\varDelta B_f-\varDelta \$_f)=0$$

이 되기 때문이다.

이상과 같은 개방모델 시장구조 하에서 생산물시장의 수급균형식에 주목하면, 앞서의 가정으로부터 물가수준은 일정하므로 생산물시장의 수급균형의 총수요는 AD(aggregate demand)의 크기에 의존한다. 결국 $Y=AD$가 된다. 단, 개방모델의 총수요 AD는 내수(absorption) 또는 국내흡수분으로서의 $(C+I+G)$와 경상수지 XM 또는 외수의 합으로서 $AD=C+I+G+XM$으로 정의된다.

생산물시장의 수급균형식으로부터 $XM=Y-(C+I+G)$으로 쓰면, XM의 흑자(적자)는 국내의 생산(Y)이 국내흡수분($C+I+G$)을 상회한다(하회한다)는 의미이기도 하다. 따라서, 어느 한 나라가 경상수지가 흑자일 경우, 적자국으로부터 내수의 확대를 강하게 요구받을 수도 있다. 그래서 경상수지가 의존하는 경제변수를 명확히 하기 위해

$$XM=EX(Y^*,\ q)-q\cdot IM(Y,\ q)$$

로 표시한다. 단, Y^*는 외국의 GDP를 나타낸다(EX 수출, IM 수입, q 실질환율).

이 때 Y^*와 외국의 물가수준 P^*도 외생변수로 간주하여 모두 일정한 수준으로 고정돼 있다면, 실질환율의 정의($q=SP^*/P$)로부터, 실질환율 q는 명목환율 S와 같은 방향으로 변화하게 되며 XM은 Y와 S의 함수로서

$$XM=XM(Y,\ S;\ Y^*,\ P^*,\ P)$$

로 쓸 수 있다. 단, Y의 증가는 수출에는 영향을 미치지 않고, 수입을 증가시킨다. 이 결과 [그림 4-1]에서 가로축에 Y를, 세로축을 XM으로 했을 때 XM은 우하향하게 된다.

이 때, 단기적인 J-커브 효과를 무시하면, S의 상승(자국통화의 가치하락)은 수출을 증가시키고, 수입을 감소시키기 때문에 [그림 4-1]에서 직선 XM을 우측으로 이동시킨다. 마찬가지로 Y^*가 증가하면, 수출만 증가하기 때문에 [그림 4-1]에서 직선 XM을 우측이동시킨다. 더욱이, P^*와 P의 변화도 직선 XM에 영향을 미치지만 이것에 대해서는 후술한다.

그림 4-1 경상수지와 GDP

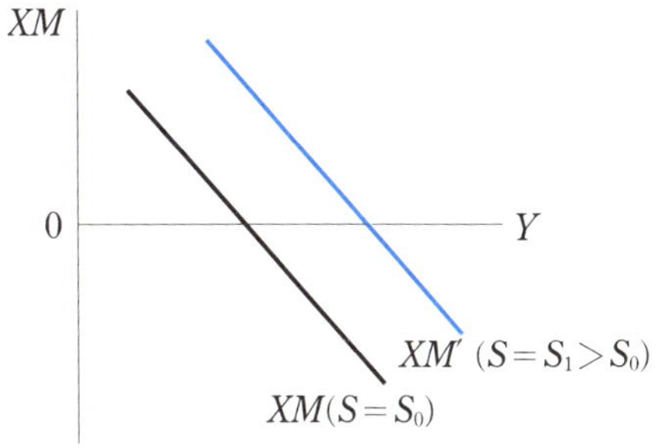

2. 국제간의 자본이동과 국제수지 균형선의 설정

국제간거래에는 경상수지 XM 외에, 외국에서의 공장건설 등의 직접투자나 채권 · 부동산 등의 거래를 총칭한 자본거래가 있다. 이 때 자본의 차입자는 이자율이 낮은 나라에서 자금을 조달하려 하고, 대출자는 이자율이 높은 나라에서 자금을 공급하려 할 것이다. 따라서 이자율이 낮은 나라에서는 자본의 초과수요가 발생하고, 이자율이 높은 나라에서는 자본의 초과공급이 발생할 것이다. 이 때, 자국의 이자율(i)이 외국의 이자율(i^*)보다 높다면, 즉 $(i-i^*)>0$이면, 외국으로부터 자국으로 자본이 유입되기 때문에 자국의 자본수지 CB는 흑자가 된다. 역으로 $(i-i^*)<0$이면, 외국으로 자본이 유출되고, 자국의 자본수지 CB는 적자가 된다. 자본수지 CB를 이자율 격차 $(i-i^*)$의 함수로

$$CB=CB(i-i^*)$$

로 표시한다. 이 결과 경상수지 XM과 자본수지 CB의 합으로서의 국제수지 BP는

$$BP=XM(Y, S; Y^*, P^*, P)+CB(i-i^*)$$

가 된다. 이 때 $BP=0$이 되는 Y와 i의 조합을 [그림 4-2]에 나타내면 우상향하는 직선으로 묘사된다. 이와 같은 직선 $BP=0$을 국제수지 균형선으로 부르기로 하자.

그림 4-2 국제수지균형선

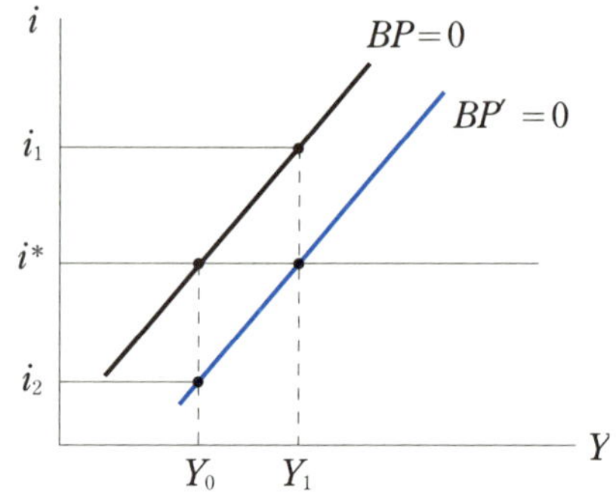

이제 $BP=0$을 성립시키는 하나의 점(Y_0, i^*)을 출발점으로 하자. 다른 조건이 변화하지 않을 때, Y_0로부터 Y_1으로 소득이 증가하면, 수입이 증가하므로 경상수지 XM은 적자가 된다. 이 적자를 상쇄하여 국제수지균형선 $BP=0$로 하기 위해서는, 자본이 외국으로부터 유입되어, 자본수지 CB가 흑자가 되어야 한다. 그러기 위해서는 국내이자율 i가 i^*로부터 i_1으로 상승하는 것이다. 그래서 이와 같은 Y와 i의 조합으로 점(Y_1, i_1)을 선정하고, 이 점과 앞서의 점(Y_0, i^*)을 연결하면, 국제수지균형선 $BP=0$은 우상향하게 된다.

그러나 명목환율 S가 상승하면(자국통화 가치하락) $BP=0$은 오른쪽으로 이동한다. 환율 S의 상승에 의한 경상수지 XM의 흑자경향을 상쇄하여, 국제수지를 균형시키기 위해서는 수입증가를 위해 Y의 증가, 또는 이자율 i의 하락에 의한 자본수지 CB의 적자가 필요하기 때문이다. 역으로, 명목환율 S가 하락하면(자국통화의 가치의 상승) $BP=0$은 좌상쪽으로 이동한다. 이와 같은 성질을 갖는 국제수지균형선 $BP=0$의 기울기는 이자율 격차($i-i^*$)에 대한 자본(의 국제간)이동의 속도에 의존한다. 만일 이자율 격차($i-i^*$)가 생기더라도 자본(의 국제간)이동이 발생하지 않는 경우, 결국 $dCB/d(i-i^*)=0$ (자본이동이 이자율격차에 전혀 반응하지 않음)이 되는 경우를 자본이동이 없는 경우라 말하고, 이것에 대해 조그만 이자율 격차($i-i^*$)가 생기더라도(이자율이 낮은 쪽으로부터 높은 곳으로) 대폭적인 자본이 급속히 이동하는 경우, 결국

$$dCB/d(i-i^*)=+\infty(i>i^*\text{일 때})$$

$$dCB/d(i-i^*)=-\infty(i<i^*\text{일 때})$$

인 경우를 자본이동이 완전한 경우라 말한다. 그리고 이와 같은 양극단의 중간 케이스를 자본이동이 불완전한 경우라 한다. 이상을 정리하면 [그림 4-3]처럼 된다.

자본이동이 이자율 격차$(i-i^*)$에 전혀 반응하지 않을 때에는 $BP=0$은 수직이 되지만, 반응이 민감하게 됨에 따라 결국 자본이동이 불완전한 경우에는 $BP=0$의 기울기는 보다 완만하게 되고, 자본이동이 완전한 경우에는 외국이자율 i^*에서 평행이 된다.

어쨌든 $BP=0$의 오른쪽 또는 위의 영역에서는 외국으로부터 자본이 유입되고, 자본수지를 흑자로 하여, 그것이 국제수지의 흑자경향을 가져다주므로 변동환율제하에서의 명목환율 S는 하락, 결국 자국통화가치는 올라가게 된다. 역으로, $BP=0$의 왼쪽 또는 아래의 영역에서는 외국으로 자본이 유출되고, 자본수지를 적자로 하여, 그것이 국제수지의 적자경향을 가져다주기 때문에 변동환율제하에서의 명목환율 S는 상승, 결국 자국통화가치는 떨어진다. 더욱이 이자율 격차$(i-i^*)$에 반응하는 자본수지가 가져다주는 국제수지에 의한 명목환율 S의 변화가 경상수지 XM으로 피드백(feedback)하여, 경상수지의 흑자 또는 적자를 가져다주는 것을 잊어서는 안 된다.

그림 4-3 자본이동의 정도에 따른 국제수지균형선

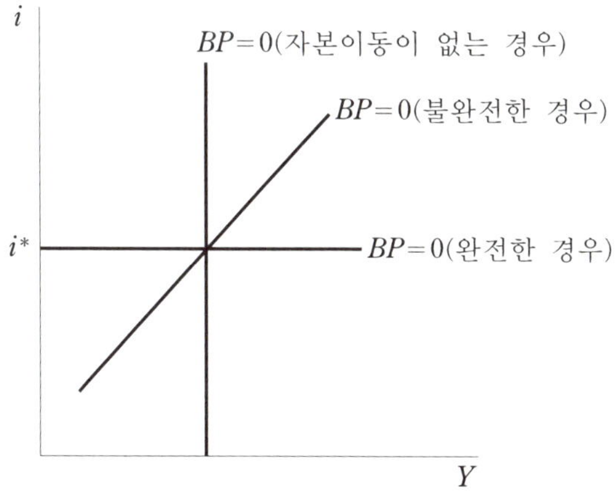

3. 개방경제하의 *IS*-*LM*곡선

개방경제에 있어 총수요

$$AD=C+I+G+XM$$

을 구성하는 내수에 관해서는 통상적인 폐쇄경제의 경우와 마찬가지로

$$C=C_0+c(Y-T)\quad (0<c<1),\ c=\text{한계소비성향}(\Delta C/\Delta Y^d)$$
$$T=T_0+tY\quad (0<t<1),\ t=\text{한계세율}(\Delta T/\Delta Y)$$
$$I=I_0-bi\quad (b>0)$$
$$G=G_0$$

로 하는 한편, 외수에 대해서는

$$XM=XM(Y,\ S;\ Y_0^*,\ P_0^*,\ P_0)$$

으로 한다. 이것을 단순화시켜

$$XM=XM_0-mY+nS\qquad (m>0,\ n>0)$$

로 한다. 단, 상수항 XM_0는 Y_0^*, P_0^* 및 P_0와 같은 외생변수를 일괄하여 나타낸 것이다. 이상의 준비로부터, 생산물시장의 수급균형식 $Y=AD$는

$$Y=C_0+c(Y-tY-T_0)+I_0-bi+G_0+XM_0-mY+nS$$

가 되므로, 이것을 i에 대해 정리하면 개방모델의 *IS*곡선으로서

$$i=-\{[1-c(1-t)+m]/b\}Y+(n/b)S+(C_0-cT_0+I_0+G_0+XM_0)/b\qquad (IS\text{곡선})$$

이 도출된다.

다소 복잡하게 보일지 모르나, 개방모델의 *IS*곡선은 폐쇄경제의 경우와 같으며, Y의 계수의 부호가 (−)이므로 $(Y,\ i)$평면에서 우하(右下)하게 된다. 이와 같은 *IS*곡선이 폐쇄경제의 경우 *IS*곡선과 다른 점은, 한계수입성향으로서의 m이 추가됐을 뿐이며, 그만큼 *IS*곡선의 기울기의 절대치가 크게 된다.

한편 IS곡선을 이동시키는 요인으로, 명목환율 S와 외국의 GDP Y^*가 더해진다. Y^*의 증대는 자국의 수출 등을 증가시키는 것을 의미하지만, 그것은 IS곡선의 상수항을 증가시키기 때문에 IS곡선을 우측이동시킨다. 더욱이 S의 상승은 경상수지를 개선하는(S의 계수 파라미터(parameter) n이 (+)) 것으로 상정하기 때문에, 이것도 IS곡선의 정수항을 증가시키는 모양을 취하고, IS곡선을 우측이동시킨다.

한편 [표 4-1]의 $\Delta M=\Delta L$이 나타내듯이, 화폐시장의 수급균형식은 폐쇄경제의 경우 LM곡선과 마찬가지이므로

$$i=(k/h)Y-(M_0\ /\ P_0)/h \qquad (LM\text{곡선})$$

을 그대로 사용한다. 이것은 화폐수요함수 $L=kY-hi(k>0,\ h>0)$을 화폐공급함수 M_0/P_0를 같게 놓고 푼 것이다. 단, P_0는 국내물가수준이 일정하고, M_0는 중앙은행이 조정하는 명목화폐공급을 나타낸다. 그러나 변동환율제하에서는 중앙은행은 외환시장에 개입하지 않기 때문에 $와 자국통화의 매매를 통해 화폐공급이 증감하는 것은 아니다.

이상에서처럼 국제수지균형선 $BP=0$인 경우를 제외하고, IS곡선과 LM곡선이 준비됐기 때문에 개방모델의 경우의 국내균형($\overline{Y}=Y^f$)과 국제수지균형($BP=0$)을 동시에 달성하기 위한 재정 · 금융정책과, 그 정책효과를 분석할 수 있다. 여기에서 $\overline{Y}$는 균형 GDP로서 생산물시장에서 총공급 Y와 총수요 AD가 같도록 만족되는 GDP의 수준이다.

4. 먼델-플레밍 모델(Mundell-Fleming model)

(1) 자본이동이 완전한 경우

개방경제에 있어 재정정책과 금융정책의 효과의 차이를 명확히 하기 위해 먼델-플레밍 모델(Mundell-Fleming model), 결국 변동환율제 하에서 국제간의 자본이동이 완전한 경우의 IS-LM모델에 초점을 맞추어 보자. 표준적인 먼델-플레밍 모델은 다음과 같은 가정을 둔다.

첫째로, 소국개방경제를 가정한다. 소국개방경제의 가정은 외국경제 또는 세계경제에 영향을 미치지 않을 정도로 충분히 작은 경제를 상정하기 때문에, 소국개방경제로서는 외국의 가격이나 외국의 금리가 외생적으로 주어지게 된다. 즉, 소국개방경제에 있어 발생한 쇼크(shock)는 외국경제나 세계경제에 영향을 미치지 않는다. 물론 대국경제를 가정하더라도 분석은 가능하다(폐쇄경제와 소국개방경제의 중간 경우가 된다).

둘째로, *IS–LM*모델과 마찬가지로 실업 등의 불완전고용을 가정함으로써, 자국재의 물가수준이 고정되어 있는 상황을 상정한다. 단순화시키기 위해 자국과 외국의 물가수준이 1로 고정되어 있다고 가정한다.

셋째로, 자본관리 등의 자본이동에 대한 규제가 없이, 자본이동은 완전하다고 가정한다. 나아가 환리스크가 없는 상황을 가정하여 자국통화표시 채권과 외국통화표시 채권은 완전대체임을 가정한다. 이 완전자본이동의 가정을 완화시켜, 불완전자본이동을 가정할 수도 있다. 또, 환리스크가 있는 상황을 가정하여, 자국통화표시 채권과 외국통화표시 채권이 불완전대체라는 상황도 가정할 수 있다.

넷째로, 자본이동과 관련하여, 장래의 환율에 관한 예상형성에 대해서는, 현재의 환율이 장래에도 계속되리라는 정학적 예상(static expectation)을 가정한다. 이 가정에 의해, 환율변화율의 예상치는 0이 되기 때문에, 자국통화표시 이자율과 외국통화표시 이자율은 같게 된다.

우선 [그림 4–4]의 점 *E*에 대응하는 ($\overline{Y}$, i^*), 결국 *IS*곡선과 *LM*곡선 그리고 국제수지균형선 $BP=0$이 동시에 교차하고 있는 균형상태를 출발점으로 취한다. 이 상태에서는, 국제균형은 달성되고 있더라도, 균형*GDP*는 완전고용에 대응하는 *Y*보다 낮은($\overline{Y} < Y^f$) 것으로 가정하자.

1) 변동환율제 하에서의 재정 · 금융정책

i) 재정정책과 그 효과

이 갭(gap)을 해소하기 위해 가령, 정부지출 G_0를 증가시키는 재정정책을 사용하면 [그림 4–4]에서의 *IS*곡선은 IS' 곡선으로 우측이동하지만, 그 점의 *Y*는 Y^f와 같게 되므로 [그림 4–5]에서 보듯, 완전고용의 달성이라는 국내균형을 실현할 수 있다.

그림 4-4 국내균형과 국제균형

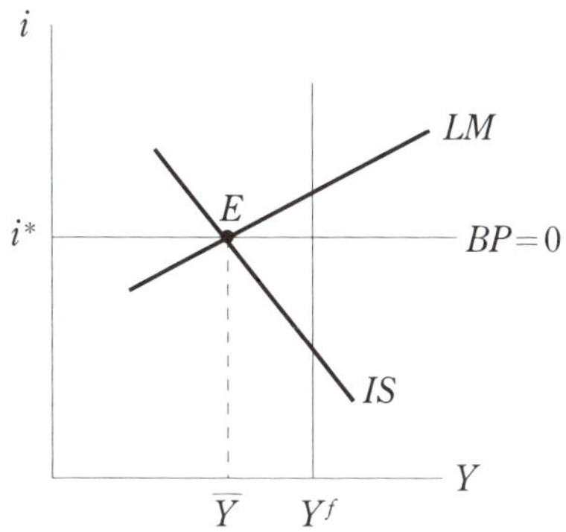

마찬가지로, *IS*곡선을 우측이동시키는 데는, 앞서의 식(*IS*곡선)에서 알 수 있듯이, 감세(여기에서는 T_0를 작게 한다)의 경우도 마찬가지다. 어쨌든, *IS'*곡선과 *LM*곡선의 교점 *A*에서의 자국이자율 *i*는 외국이자율 *i**보다 높기 때문에, 즉각적으로 대량의 자본이 유입되고 자본수지 *CB*를 흑자로 전환시킬 것이다. 이 때, 국제수지 *BP*는 흑자가 되고, 환율 *S*는 하락(자국통화 가치상승)하여 앞서의 식(*IS*곡선)에서 보듯 *IS*곡선은 좌측으로 이동한다. 환언하면, 자국통화의 가치상승으로 자국의 수출이 증가하지 않는 반면, 수입 등은 증가하기 때문에, 적어도 경상수지 *XM*은 적자경향을 보이고, 나아가 총수요 *AD*의 감소를 가져

그림 4-5 재정정책

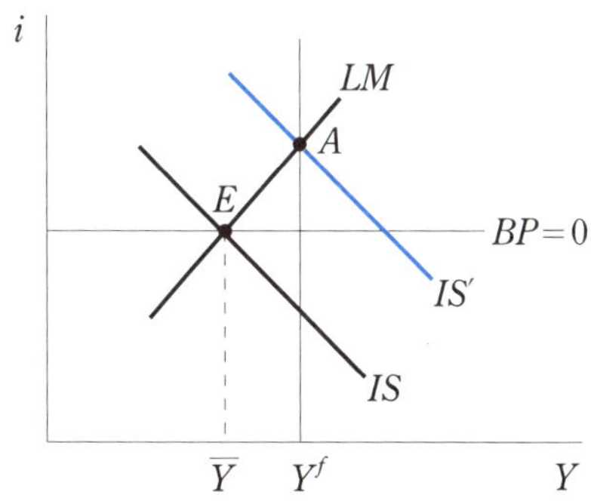

온다. 그 결과 IS' 곡선은 다시 좌측으로 이동하여 IS곡선까지 되돌아오게 된다. 그러나 더 좌측으로 이동하면, 자국이자율 i가 외국이자율 i^* 이하가 되고, 대량의 자본이 유출되고 자국통화가치가 하락하기 때문에, 원래의 IS곡선까지 이동한다. 이처럼, 자본이동이 완전한 경우를 상정하는 것으로부터, IS곡선은 국제수지균형선 $BP=0$와 LM곡선의 교점 E를 벗어날 수 없다. 따라서 변동환율제 하에서 자본이동이 완전한 경우 국내균형($\overline{Y}<Y^f$)과 국제균형($BP=0$)을 동시에 실현하는 수단으로서 재정정책은 무효가 된다.

그 외에 외생변수로서의 Y^*가 증대하든지 S의 상승(자국통화 가치하락)이 발생하든지 등의 이유에 의해 IS곡선이 우측으로 이동했다 하더라도, 위에 서술한 이유에 의해 IS곡선이 다시 원래의 곳으로 이동한다. 재정정책과 마찬가지로, 이들 외생적인 변화는 Y의 수준을 변화시킬 수 없다.

ii) 금융정책과 그 효과

다음으로 중앙은행이 명목화폐공급 M_0를 증가시키는 금융정책을 행한다면 LM곡선은 우측이동하지만 여기에서는 국제수지균형선 $BP=0$와 Y^f의 교점 E'를 통과하는 LM' 곡선으로 이동한 것으로 한다. 그러나 그 때의 LM' 곡선과 IS곡선의 교점 A' 에서의 자국이자율 i는 외국이자율 i^*보다 낮게 된다. 이것은 자본이동이 완전하기 때문에 즉각적으로 대량의 자본이 유출되고, 자본수지 CB는 대폭적인 적자를 발생시켜 국제수지 BP를 적자로 하기 때문이다. 그 결과 환율 S의 상승(자국통화 가치하락)을 가져오게 되지만, 이것은 앞서의 IS곡선식에서 보듯, IS곡선을 우측이동시키게 된다.

경제학적으로 말하면 자국통화의 가치하락은 수출을 촉진, 수입을 억제하기 때문에 경상수지 XM이 흑자가 되며 총수요 AD는 $\overline{Y}$로부터 Y^f로 Y가 증대하게 된다. 그것과 동시에 한번 하락한 자국이자율 i는 자본이동의 완전성 가정에 의해, 외국의 이자율 i^*로 돌아온다. 따라서 순수한 변동환율제 하에서 자본이동이 완전한 경우의 금융정책은 [그림 4-6]에서 보듯, LM곡선의 이동이 IS곡선의 이동을 유발시킴으로써, Y의 수준을 증가시킬 수 있다. 이 의미에서 금융정책은 유효하며 그 때문에 국내균형($\overline{Y}<Y^f$)과 국제균형($BP=0$)을 동시에 달성시키는 것도 가능하다.

그림 4-6 금융정책

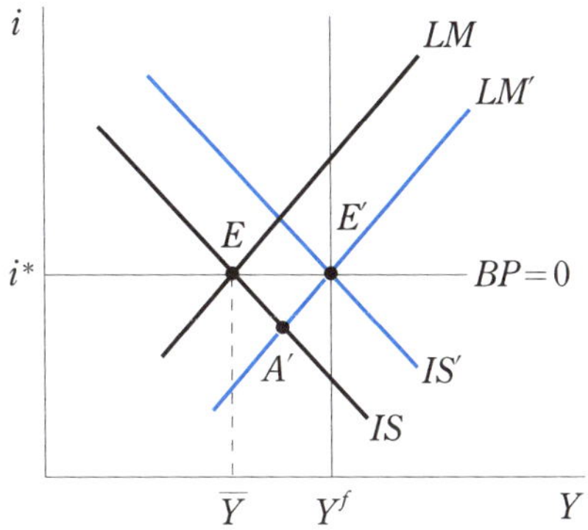

2) 고정환율제 하에서의 재정 · 금융정책

변동환율제 하에서는 중앙은행은 외화의 매매에 개입하지 않는 것이 원칙이다. 그러나 현실적으로는 환율의 급격한 변화를 피해, 바람직하다고 생각하는 환율로 유도하기 위해 중앙은행은 외환시장에서의 외화거래에 개입하는 경우가 있다. 특히, 1973년에 고정환율제에서 이탈하고 나서 최근까지는, 각국의 금융당국은 외환시장의 외화거래에 개입하여 자국의 환율을 일정한 수준으로 유지하려는 노력을 해왔다. 이와 같은 형태로 운용되는 변동환율제를 불순한 변동제(dirty float)라든가 관리변동제(managed float)라 부르고, 본래의 변동환율제인 순수변동환율제(clean float)에 대비되고 있다. 따라서 고정환율제의 재정정책과 금융정책의 효과를 고찰하는 것은 무의미할지도 모른다고 생각될 수 있다.

고정환율제 하에서의 중앙은행은, 자국의 명목환율 S를 미리 정해져 있는 수준으로 유지하기 위해, 자국화폐와 외화의 교환에 응해야 한다. 가령 자국의 경상수지가 흑자(적자)가 되어, $(원)을 원($)로 바꾸려는 움직임, 결국 $매각 · 원매입($매입 · 원매각)이 강해지면, 그 압력을 상쇄하기 위해, 중앙은행은 $매입 · 원매각($매각 · 원매입)을 행한다. 이와 같은 순조로운 시장개입을 위하여, 중앙은행은 준비자산 결국, $나 금을 보유하고 있지 않으면 안 된다. 당연한 얘기지만, $매각 · 원매입으로 인해 준비자산은 감소하고 $매입 · 원매각으로 준비자산은 증가한다. 그러나 경상수지의 적자가 계속되면 그 나라의 준비자산은 고갈되므로, 그 때는 IMF에 신청하여 자국통화 절하의 허가를 받을 필요가 있다.

그러나 경상수지가 흑자인 나라는 준비자산이 증가함에도 불구하고 자국통화의 절상을 신청하는 나라는 적었다. 이것은 고정환율제의 약점(demerit)이라고도 불린다. 이상과 같은 중앙은행의 역할을 개방경제모델의 *IS*–*LM*곡선 하에서, 고정환율제에서 자본이동이 완전한 경우의 재정정책과 금융정책의 효과를 알아보자.

만일 경기대책으로서 정부지출 G_0을 증가시킨다면 [그림 4–7]에서 보여주듯이 *IS*곡선은 우측이동하여, *LM*곡선과 *B*점에서 교차한다. 이 *B*점에서는 *Y*는 $\overline{Y}$보다 증가하고 있지만, 자국이자율 i는 외국이자율 i^*보다 높게 되므로 대량의 자본유입이 발생하고, 자본수지 *CB*는 대폭적인 흑자가 되고, 국제수지 *BP*도 흑자가 되어, 외화매각의 압력이 급격히 높아진다. 그래서 명목환율 *S*를 유지하기 위해, 중앙은행은 자국의 화폐공급 M_0을 증가시키는 개입($매입 · 원매각)을 할 수밖에 없게 된다.

그 결과 *LM*곡선은 우측으로 이동하지만, 그 이동은 내외의 이자율 격차 $(i-i^*)$가 해소될 때까지 계속되어, *E′*점을 통과하는 곳에서 그 이동은 정지하게 될 것이다. 이처럼 고정환율제 하에서, 자본이동이 완전한 경우에서의 재정정책은 *Y*를 증가시킬 수 있고, 국내균형과 국제균형을 동시에 달성시키는 것도

그림 4–7 고정환율제 하의 재정정책

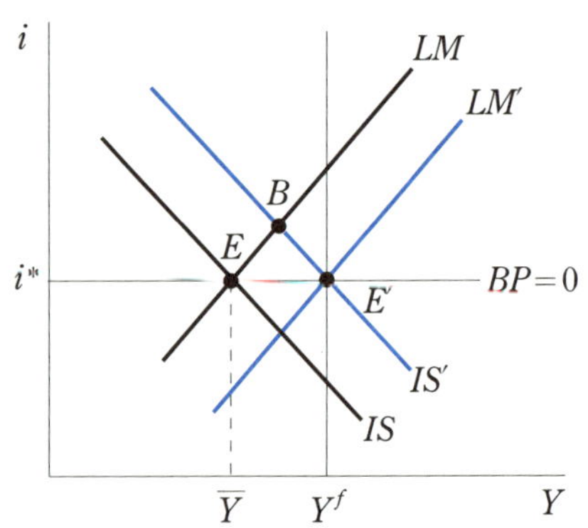

그림 4-8 고정환율제 하의 금융정책

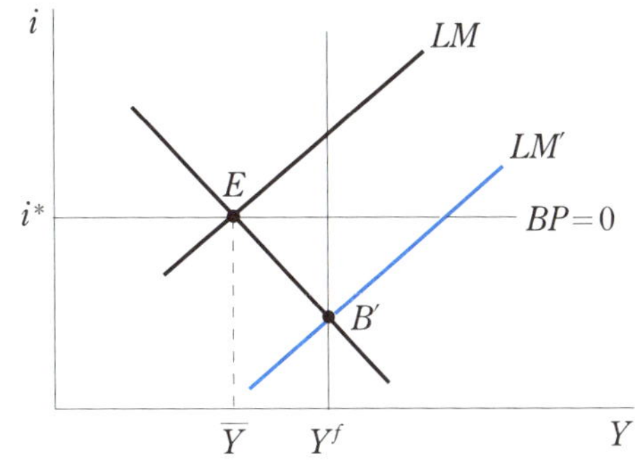

가능하게 되며 재정정책은 유효하게 된다. 이제 경기대책으로서 자국이자율 i을 낮추기 위해, 금융완화정책을 사용하면 [그림 4-8]에서 보듯, *LM*곡선은 우측이동하여 *IS*곡선과 B'점에서 교차한다.

이 때의 자국이자율 i는 외국이자율 i^*보다 낮기 때문에 대량의 자본이동이 외국으로 유출되어 자본수지 *CB*의 적자, 나아가 국제수지 *BP*의 적자가 발생한다. 따라서 외화수요가 증가하기 때문에, 중앙은행은 외화매각에 의해, 환율 *S*를 불변으로 유지하려 하지만 그것은 동시에 자국화폐를 회수하는 것이므로 *LM*곡선이 좌측으로 되돌아오게 된다. 따라서 *LM*곡선은 내외의 이자율 격차 $(i-i^*)$가 없는 출발점으로 돌아와 정지한다. 이 때, 중앙은행이 국내의 화폐가 감소되지 않도록, 국채를 매입하면, 결국 불태화정책을 행하면, 경제는 B'점에 머무를 수 있을 것이다. 그러나 B'점에서 국제수지 *BP*는 적자가 되고 준비자산이 부족하게 되므로 불태화정책을 계속 사용한다는 것은 불가능하게 된다. 결국 고정환율제 하에서 자본이동이 완전한 경우, 금융정책은 *Y*를 변화시킬 수 없다는 의미에서 무효가 된다. 이상의 결과를 정리하면 [표 4-2]처럼 된다.

고정환율제 하에서 자본이동이 완전한 경우 중앙은행은 환율유지의 책임을 안고 있기 때문에, 자국이자율 i를 변화시키는 금융정책을 실행할 수 없다. 조금이라도 화폐공급을 증감시키면 자국이자율 i가 변화하고, 대량의 자본이동이 발생하기 때문이다.

이처럼 먼델-플레밍 모델로부터 유도된 '고정환율제(환율의 안정)', '완전

[표 4-2] 재정정책과 금융정책의 효과(자본이동이 완전한 경우)

	고정환율제	변동환율제
재정정책	유 효	무 효
금융정책	무 효	유 효

한(자유로운) 자본이동', '금융정책의 독립성 내지는 자유도 확보'라는 세 개의 정책목표를 동시에 달성하는 것은 불가능(Impossible Trinity, 불가능한 삼위일체)하며, 이러한 먼델-플레밍의 이론적 명제를 "거시경제정책의 trilemma"라 부른다. 이 명제는 국제통화제도와 환율제도를 분석하는 데 있어 매우 중요한 단서를 제공한다.

(2) 자본이동이 불완전한 경우

이제, 국제간 자본이동이 불완전한 경우의 *IS*-*LM*모델에 초점을 맞추어 보자. 이 경우에는 $(Y,\ i)$평면에서, 국제수지균형선 $BP=0$이 우상향하므로 마찬가지로 우상향하는 *LM*곡선 간에 있어서 기울기의 차이를 명확히 해두어야 한다. 결국

(a) *LM*곡선의 기울기가 국제수지균형선 $BP=0$의 기울기보다 큰 경우

(b) *LM*곡선의 기울기가 국제수지균형선 $BP=0$의 기울기보다 작은 경우

로 나누어 분석할 필요가 있다.

1) 변동환율제 하에서의 재정 · 금융정책

우선 (a)의 경우도 [그림 4-9]에서처럼, 재정정책에 의해 *IS*곡선은 우측으로 이동하여 *IS'* 곡선이 된다고 하면, *LM*곡선과의 교점은 점 *E*로부터 점 *E'* 로 이동한다.

이 때의 교점 *E'* 는 국제수지균형선 $BP=0$의 좌상의 영역에 위치하기 때문에 국제수지는 흑자가 된다. 이것은 명목환율 *S*의 하락, 결국 자국통화가치가 상승하기 때문에, 국제수지균형선 $BP=0$을 위로 이동시켜 $BP'=0$이 되는 한편, 이 $BP'=0$과 *LM*곡선과의 교점 *E''* 로 향하고 *IS'* 곡선은 명목환율 *S*의 하락(자국통화의 가치상승) 때문에 다시 되돌아와, *IS''* 곡선이 되면서 *E''* 점에서 *LM*

그림 4-9 변동환율제 하 재정정책(불완전한 자본이동의 경우)

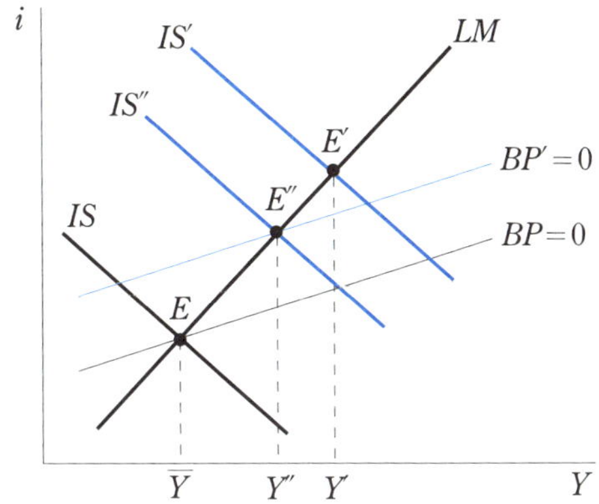

곡선과 $BP'=0$과 교차하게 된다.

따라서 자본이동이 불완전한 (a)의 경우, 변동환율제에서의 재정정책의 효과는 명목환율 S의 하락 때문에, Y의 증가에 대해 본래의 효과는 다소 줄어들지만, 먼델-플레밍 모델의 경우처럼, 전혀 무효는 아니다($\overline{Y}<Y''<Y'$).

(b)의 경우의 도해는 생략하고 결론만을 말하면, 국제수지균형선 $BP=0$은 (a)의 경우와 반대로 우측으로 이동하므로, 재정정책의 효과는 (a)의 경우보다도 크게 될 것이다. 이제 자본이동이 불완전한 경우의 금융정책의 효과에 대해서 (b)의 경우를 생각해보자.

(b)의 경우, 결국 LM곡선의 기울기가 국제수지균형선 $BP=0$의 기울기보다 작은 경우에는 [그림 4-10]에서 보듯, 금융정책의 의해 LM곡선은 우측 이동하여, LM' 곡선이 되면, IS곡선과의 교점은 점 E로부터 점 E'로 이동한다. 이때의 교점 E'는 국제수지 균형선 $BP=0$의 우측 영역에 위치하므로, 국제수지는 적자가 된다. 이것은 명목환율 S를 상승시키기 때문에 국제수지 균형선 $BP=0$은 우측으로 이동하여 $BP'=0$이 되는 한편, 이 $BP'=0$과 LM곡선의 교점 E''에서 LM곡선과 $BP'=0$이 교차한다. 따라서 자본이동이 불완전한(b)의 경우, 변동환율제 하에서의 금융정책의 효과는 Y의 증가에 대해 먼델-플레밍 모델의 경우처럼 유효하게 된다($\overline{Y}<Y'<Y''$).

그림 4-10 변동환율제 하 금융정책(불완전한 자본이동의 경우)

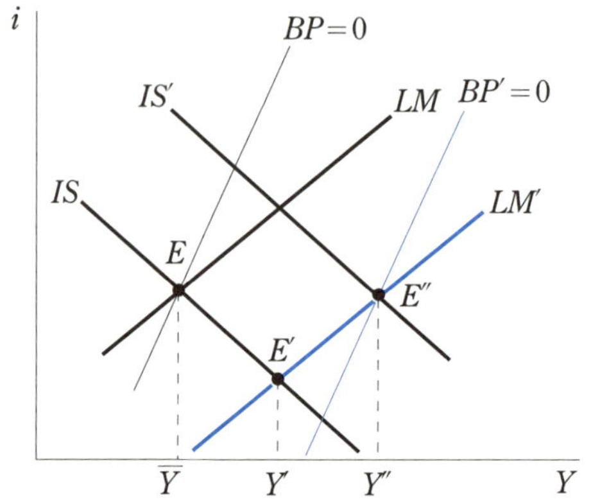

2) 고정환율제 하에서의 재정 · 금융정책

이 경우에 있어서도

(a) LM곡선의 기울기가 국제수지균형선 $BP=0$의 기울기보다 큰 경우

(b) LM곡선의 기울기가 국제수지균형선 $BP=0$의 기울기보다 작은 경우

로 나눌 필요가 있다.

우선 (a)의 경우, [그림 4-11]에서 보듯, 고정환율제 하에서는 재정정책에

그림 4-11 고정환율제 하 재정정책(불완전한 자본이동의 경우)

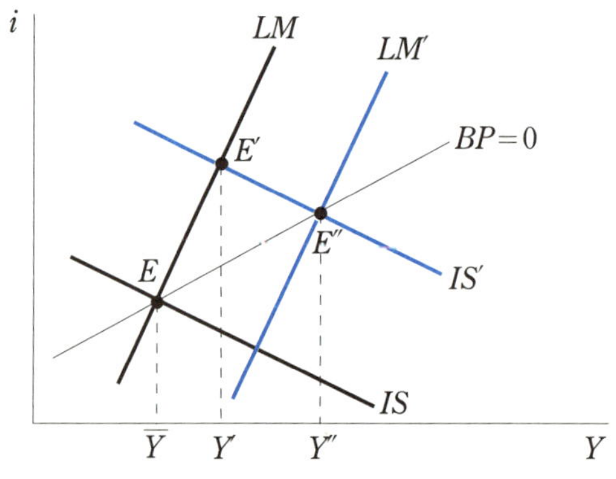

의해 국제수지균형선 $BP=0$은 이동하지 않기 때문에, LM곡선과의 교점 E'는 국제수지균형선 $BP=0$의 좌측의 영역에 위치한다.

결국 국제수지흑자에 따르는 원매입 · 외화매각 압력을 상쇄하기 위해, 중앙은행이 원매각 · 외화매입을 행하여 통화량을 증가시킨다. 결국 LM곡선은 우측으로 이동하여 LM'곡선이 된다. 결국, 이 경우 재정정책의 Y의 증가에 대한 효과는 나타난다. 단, 국제수지균형선 $BP=0$이 수평(자본이동이 완전)인 경우의 효과보다는 작게 된다.

(b)의 경우는 생략하지만 국제수지균형선 $BP=0$이 수직이 아닌 한 재정정책의 Y의 증가에 대한 효과는 LM곡선의 좌측이동에 의해 다소 줄어들기는 하지만 전혀 무효는 아니다.

다음으로 (a)의 경우 [그림 4-12]처럼, 금융정책에 의해 LM곡선이 우측으로 이동하여 LM'곡선이 된다고 하면, 고정환율제 하에서는 국제수지균형선 $BP=0$은 이동하지 않으므로 LM곡선과의 교점 E'는 국제수지균형선 $BP=0$의 우측 영역에 위치한다.

결국 국제수지의 적자에 따르는 원매각 · 외화매입의 압력을 상쇄하기 위해 중앙은행이 원매입 · 외화매각을 행하고, 불태화정책을 취하지 않는 한, 통화량은 감소한다. 결국 LM곡선은 좌측으로 이동하여, 다시 원래의 LM곡선으로 돌아오게 된다. 결국, 이 경우 금융정책의 Y의 증가에 대한 효과는 무효가 된다. 이 결과는 국제수지균형선 $BP=0$이 수평(자본이동이 완전)인 경우라도 변하지

그림 4-12 고정환율제 하 금융정책(불완전한 자본이동의 경우)

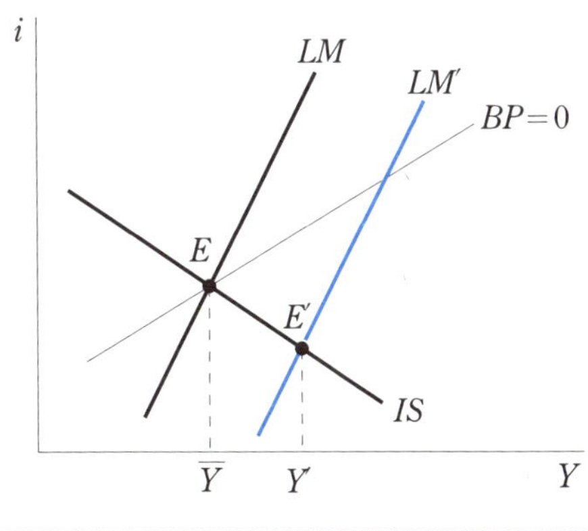

않는다.

(b)의 경우는 생략하지만 금융정책은 무효가 된다. 이 결과는 국제수지균형선 $BP=0$이 수직일지라도 변화지 않는다.

이상을 요약하면, 자본이동이 불완전한 경우 고정환율제에 있어 재정정책은 Y의 증가에 대해 유효(국제수지균형선 $BP=0$이 수직인 경우를 제외하고)한 것에 대해 금융정책은 무효가 된다.

5. 개방경제모델에서의 *IS-LM*분석 : 물가수준이 변화하는 경우

이제까지의 논의는 물가수준 P가 일정하다고 가정되어 왔다. 그러나 이하에서는 이 가정을 버리고 물가수준 P는 변화하는 것으로 가정한다. 그렇다고 해서 그것 때문에 별도의 새로운 *IS-LM*모델을 준비할 필요는 없다.

[그림 4-13]처럼, (Y, i)평면을 가로축에 평행인(자본이동이 완전한 경우의) 국제수지균형선 $BP=0$과, 완전고용 *GDP*의 Y^f의 가로축에 수직이 되는 직선에 의해 4개의 영역으로 분할한다.

결국,

영역(Ⅰ) $BP=0$의 위쪽과 동시에 Y^f의 우측

그림 4-13 환율과 물가의 조정

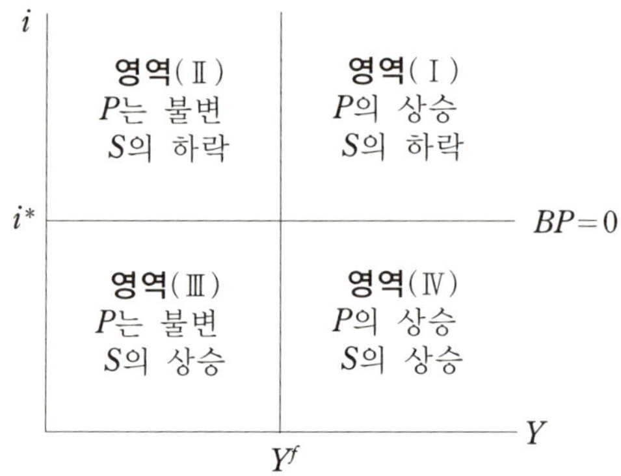

영역(Ⅱ) $BP=0$의 위쪽과 동시에 Y^f의 좌측
영역(Ⅲ) $BP=0$의 아래쪽과 동시에 Y^f의 좌측
영역(Ⅳ) $BP=0$의 아래쪽과 동시에 Y^f의 우측

으로 분할한다.

앞서 지적했듯이 변동환율제 하에서, 자본이동이 완전한 경우에는 재정정책은 무효였다. 그 때문에 이하에서는 명목화폐공급 M_0의 증가라는 금융(완화)정책에 주목한다.

우선, 물가수준 P가 변화할 때 금융(완화)정책의 유효성에 대해 알아보자. [그림 4-14]의 점(Y^f, i^*)를 출발점으로 하여 M_0가 증가했다고 가정한다면, IS곡선과는 [그림 4-13]의 영역(Ⅳ)에서 교차할 것이다.

그 교차점에서의 자국이자율 i는 외국이자율 i^*보다도 낮게 되므로 대량의 자본이 유출하여, 국제수지는 적자가 되고, 명목환율 S는 상승(자국통화 가치하락)하게 되는 한편, 물가수준 P는 상승한다. 이 결과, 환율의 상승은 경상수지 XM을 개선시키기 때문에 IS곡선은 LM곡선과 국제수지균형선 $BP=0$ 상에서 교차하는 곳까지 우측으로 이동하여 그 교점이 영역(Ⅳ)과 영역(Ⅰ)의 경계선 위의 점 E'에 위치하는 것으로 하자.

그러나 교점 E'는 직선 Y^f의 우측에 위치하고 있으므로, 물가수준 P는 상승하고, 실질화폐(M_0/P)는 감소한다. 따라서 한번 우측으로 이동한 LM곡선은

그림 4-14 물가가 상승하는 경우의 금융정책

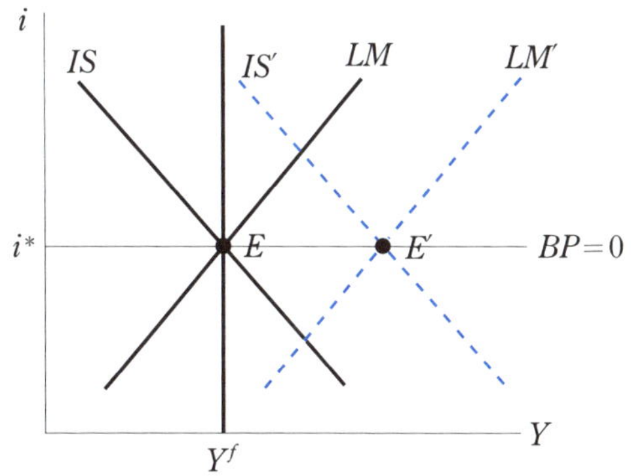

역방향의 좌측으로 되돌아가, 원래의 *LM*곡선까지 이동한다. 그 도중에서, *IS'*곡선과 *LM*곡선의 교점이 영역(Ⅰ)에 위치하므로, 자국이자율 i는 외국이자율 i^*를 상회하고, 대량의 자본이 유입되어 환율은 다시 하락하게 된다. 따라서 경상수지 *XM*이 악화되므로, *IS'*곡선은 좌측으로 이동하여, 출발점인 *IS*곡선으로 돌아온다.

결국, 변동환율제 하에서 자본이동이 완전한 경우에는 명목화폐공급 M_0을 증가시키는 금융완화정책은, 단기적으로는 물가수준 P와 명목환율 S의 상승(자국통화 가치하락)을 가져오지만, 장기적으로는 M_0와 물가수준 P 그리고 명목환율 S가 모두 같은 율로 상승하므로, 실질화폐공급(M_0/P)과 실질환율 $q=(SP^*/P)$는 변화하지 않는다. 따라서 *GDP*의 Y에도 영향을 미치지 않는다. 이와 같은 상태에서 통화량의 장기적인 효과는 중립적(neutral)이 된다.

제 5 장

외환시장의 단기적 균형

1. 현물환율·선물환율과 금리재정의 메커니즘
2. 리스크 프리미엄
3. 효율적 시장가설
4. 현물 · 선물환율의 균형
5. 단기와 장기의 금리재정조건
6. 개방경제 하의 자산시장과 상품시장의 균형

외환시장의 단기적 균형

국제 거시경제학에서 자본시장만 균형상태에 있는 경우를 단기, 상품시장까지 균형 상태에 있는 경우를 장기로 통상 부르고 있다. 본장에서는 '자본시장의 재정(arbitrage)' 이라는 관점으로부터, 외환시장이 만족되지 않으면 안 되는 단기적 균형조건을 생각해보자.

상품시장에서와 마찬가지로, 재정(혹은 재정거래)이란 가격차를 이용하여 이익을 올리는 것이다. 거래를 제약하는 장벽이 없으면, 재정이 작동하여 가격이 보다 싼 시장에서의 수요와 가격이 보다 높은 시장에서의 공급이 증가하여, 최종적으로는 시장 간의 가격차는 없어지게 된다.

재정은 거래비용이 높은 상품거래에서는 시장의 장기적인 균형조건이 하나밖에 없지만, 거래비용이 낮은 자본거래에서는 단기에서도 가격차가 없어질 때까지 거의 완전하게 움직이고 있다고 생각할 수 있다. 이하, 분석을 간소화시켜 거래비용을 무시하기로 한다.

1. 현물환율 · 선물환율과 금리재정의 메커니즘

(1) 외환시장과 내외자금시장의 관계

외환시장에서는 예금처럼 곧 사용가능한 외화가 매매되는 것만이 아니라 장래 인수 · 인도가 이루어지는 외화(선물환)도 거래되고 있다. 이 장래 인수 · 인도되는 통화의 거래는 자금의 대차와 밀접한 관계가 있다. 이하 외환의 매매나 자금의 대차에 필요한 거래비용에 대해서는 간단화시켜 없는 것으로 한다.

[그림 5-1]의 위쪽 그림에서는 현재의 원을 $₩_0$, 장래의 원을 $₩_1$, 현재의

$를 $\$_0$, 장래의 $를 $\$_1$으로 나타내고 있다. 이하, 디어도르프(Deardorff)[1)]의 diagram을 사용하여 설명해보자. 논의를 구체적으로 하기 위해 현재의 $ · 원과 장래의 $ · 원의 거래에 대해 생각할 수 있다. 환율에는 현시점에서의 원과 $ 사이의 교환비율인 현물환율과 장래시점의 원과 $의 교환을 현시점에서 예약할 때의 교환비율인 선물환율이 있다. 이 중 선물환율의 거래는 선물계약을 체결하는 현 시점에 있어서는 외화의 인도나 그 대금의 지불을 행하지 않고, 약속된 시점이 돼서야 비로소 선물계약으로 미리 정해진 환율로서 $의 매매가 실행된다.

현물환시장은 현재의 $와 현재의 원을 교환하는 시장이며, 그 교환비율이 현물환율, 선물시장은 장래의 $와 장래의 원을 교환하는 시장이며, 그 교환비율이 선물환율이라고 말할 수 있다.

그림 5-1 선물환율과 금리재정 메커니즘

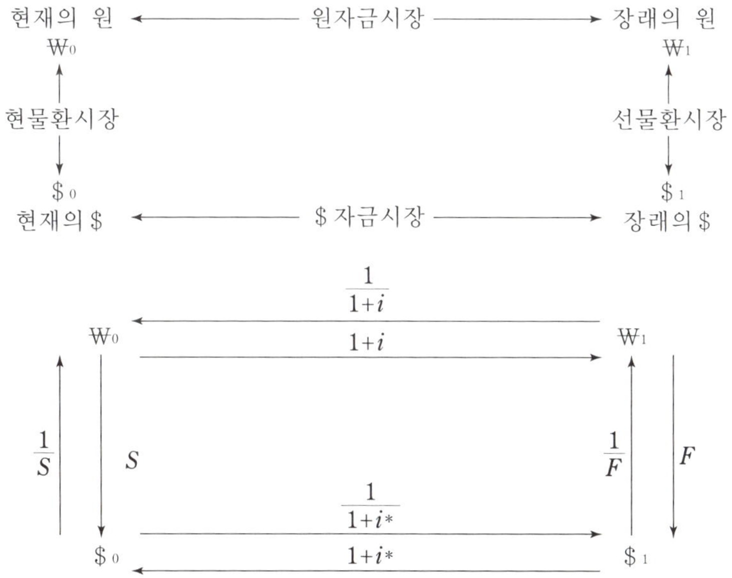

i: 원금리, i^*: $금리, S: 현물환율(₩/$), F: 선물환율(₩/$)

1) A.V. Deardorff, "One-Way arbitrage and Its Implications for the Foreign Exchange Markets," *Journal of Political Economy*, Vol. 87, No.2, April 1979.

여기에 대해 원자금시장은 원자금을 운용하기도, 조달하기도 할 수 있는 시장이지만, 견해를 달리하면 현재의 원과 장래의 원을 교환하는 시장이다. 원자금을 운용하는 것은 장래의 원(₩$_1$)을 현재의 원(₩$_0$)으로 산다는 것이다. 그리고 그 교환비율은 원의 시장금리와 관계하고 있다. 또 $자금시장도, 현재의 $($$_0$)와 장래의 $($$_1$)을 교환하는 시장이며, 그 교환비율이 시장금리와 관계하고 있다.

이처럼 외환시장과 원 · $자금시장은, 현재의 원과 $, 장래의 원과 $를 교환하는 시장이며, 거기에서 4개의 교환비율인 현물의 원 · $ rate(현물환율), 선물의 원 · $ rate(선물환율), 원의 금리, $의 금리가 결정된다고 생각할 수 있다. 이 관계를 나타낸 것이 [그림 5-1]의 아래쪽 그림이다. 그림에는 8개의 화살표가 나타나 있는데 이것들 중 세로의 화살표는 화살이 시작되는 통화로서 화살로 가는 통화를 산다는 것을 나타내고 있다. 예를 들어 ₩$_0$에서 $$_0$로의 화살표는 ₩ · $현물환시장을 통해 원을 팔고 $를 산다는 것을 나타내고 있다. 그리고 각각의 화살표의 가까이에 쓰여져 있는 기호는 화살표가 향하는 곳의 통화를 한 단위 살 때의 화살표가 출발할 때의 통화로서 계산된 가격을 나타낸다. 원 매각 · $매입의 경우라면 기호 S는 현시점에서의 현물환율이 S라는 것을 나타낸다.[2)]

이 때문에, 반대의 원 매입 · $매각을 나타내는 $$_0$에서 ₩$_0$으로 가는 화살표 옆에는 그 역수 $(1/S)$이 나타나 있다. 마찬가지로 F는 현시점에서의 선물환율이다.

다음으로 가로방향의 화살표를 보자. ₩$_0$에서 ₩$_1$으로 향하는 화살표는 현재의 원으로 장래의 원을 사는 행위를 표시하며, 원자금의 운용에 해당된다. 화살표 위에 있는 것은 장래의 1원을 현시점에서는 그것을 명목금리로 할인한 가격으로 살 수 있기 때문에 원 금리를 i로 하여 $1/(1+i)$로 살 수 있다는 것을 나타낸다.

역으로 ₩$_1$에서 ₩$_0$으로 향하는 방향은 장래의 원으로 현재의 원을 사는 행위를 나타내고, 원자금의 조달에 해당된다. 이 때문에 현재의 1원을 장래의 원으로 계산한 가격은 이 화살표 위에 나타나 있듯이 금리를 포함하는 $(1+i)$이

---

2) 여기에서 금리 i는 투자기간에 맞춘 단위로 생각할 필요가 있다. 즉 3개월의 선물을 생각할 때에는 연율 5%의 금리는 1.25%(=5×3/12)이다.

된다.

이상의 관계에서 알 수 있듯이 원 자금거래(₩$_0$와 ₩$_1$의 교환)는 현물환시장(₩$_0$와 \$$_0$의 교환), \$자금시장(\$$_0$와 \$$_1$의 교환), 선물환시장(\$$_1$과 ₩$_1$의 교환)의 세 개의 시장을 통하는 것에 의해서도 이루어질 수 있다. 예를 들어, 현재의 원으로 장래의 원을 사는 (₩$_0$ → ₩$_1$: 원자금의 운용)거래는 다음과 같이 해도 좋다.

① 현재의 원으로 현재의 \$를 산다.(₩$_0$ → \$$_0$: 현물 \$매입) 다음으로

② 입수한 현재의 \$로 장래의 \$를 산다.(\$$_0$ → \$$_1$: \$자금의 운용), 마지막으로

③ 장래의 \$로 장래의 원을 산다.(\$$_1$ → ₩$_1$: 선물 원 매입)

즉 원 자금을 그대로 원 자금시장에서 운용할 것인지, 그렇지 않으면 위에서처럼 외환시장을 포함하는 세 개의 시장을 통해 운용할 것인지를, 현물환율과 선물환율 간의 괴리율(spread)이나 원과 \$의 금리차를 보면서 결정하는 것은 당연하다.

(2) 금리재정조건

[그림 5-1]의 아래 그림에서 가령, 위에서 본 원 자금을 그대로 운용하는 경우와, 우선 달러를 매입하고 나서 달러자금시장에서 운용하여, 그것을 선물로 매각해 두는 거래를 비교하는 경우를 생각해보자.

장래의 1원의 가격 P_1은 ₩$_0$ → ₩$_1$의 위의 기호로부터

$$P_1 = 1/(1+i) \tag{5.1}$$

장래의 1원의 가격 P_2은 ₩$_0$ → \$$_0$, \$$_0$ → \$$_1$, \$$_1$ → ₩$_1$의 옆의 기호를 곱하여

$$P_2 = S \cdot 1/(1+i^*) \cdot 1/F \tag{5.2}$$

만일 P_2가 P_1보다 낮다면, 원을 그대로 운용하는 것보다도 달러로 바꾸어 운용하는 쪽이 유리하게 된다. 여기에서 주의를 요하는 것은 이 후자의 거래는 환율변동에 의한 리스크가 전혀 없다는 사실이다. 즉, 이 거래를 실행한 시점에서 현물의 달러를 매입하지만, 선물시장에서 그것을 동시에 매각하기 때문에 헷지(hedge)되어 있으며, 장래 환율의 변동에 의한 리스크는 부담하지 않는다.

이 때문에 P_1과 P_2가 거래비용 이상으로 괴리하고 있는 경우에는 금리재정

거래에 의해 리스크 없이 이득을 얻을 수 있게 되며, 위에 나타난 거래 내지 그 역의 거래가 발생한다. 그리고 원 · 달러의 자금시장, 현물 · 선물외환시장에 외환관리 등의 규제가 없으면, 현물 · 선물환율이나 내외의 금리가 괴리를 없애도록 변화한다. 이 결과, (5.1)식과 (5.2)식의 우변을 같게 놓고 정리한 다음의 선물 커버된 금리재정조건이 성립한다.

$$F/S=(1+i)/(1+i^*) \tag{5.3}$$

위 식의 양변으로부터 1을 빼고 정리하면 다음과 같이 된다.

$$(F-S)/S=(i-i^*)/(1+i^*) \tag{5.4}$$

여기에서 i^*가 작은 경우(가령 3개월물 달러금리가 연 8%라면, i^*는 $0.08\times 3/12=0.02$)에는, $1+i^*\approx 1$이기 때문에, 다음의 금리재정조건의 근사식이 얻어진다.

$$\underbrace{(F-S)/S}_{\text{현물·선물스프레드}} \fallingdotseq \underbrace{i-i^*}_{\text{내외금리차}} \tag{5.5}$$

통상, (5.4)식 대신에 (5.3)식을 자연대수한 $i\approx i^*+f-s$ 혹은 $i-i^*=f-s$ (5.5) 식도 많이 쓰인다.[3)] 즉, 달러선물환율의 현물환율로부터의 괴리폭(연율%)은 원 금리와 달러금리의 차(연율%)와 같다는 조건이다. 이 금리재정조건식을 커버된 금리평가(covered interest parity: CIP)라 부른다.

$F>S$이면 원의 선물환율이 현물환율에 대해 상승(가치가 하락)한 수준에 있으므로 원이 할인되어(discount) 있다는 것, $F<S$이면 원이 선물환율이 현물환율에 대해 증가한 수준에 있으므로 원이 할증되어(premium) 있음을 나타낸다.

실제의 선물 커버된 금리재정거래에 있어서는 현물환과 선물환의 매매가 별도로 행해지는 경우는 극히 드물며, 현물선물스왑이라고 불리는 달러의 현물매입과 선물매각의 조합(₩$_0$ → \$$_0$와 \$$_1$ → W$_1$) 내지 달러의 현물매각과 선물매입 (\$$_0$ → ₩$_0$와 ₩$_1$ → \$$_1$)이 이용된다. 이 현물선물스왑거래는 통상 외환의 매매로 생각될 수 있지만, 동시에 원과 달러자금의 운용과 조달을 조합시킨 거래로 볼

3) 일반적으로 임의의 비율 (X/Y)는 $(1+g)$라고도 표현할 수 있으므로, 자연대수를 취하면 다음과 같은 관계가 유도된다. $ln(X)-ln(Y)=ln(1+g)$, 그런데 $ln(1+g)\approx g$로 근사할 수 있다.

수도 있다. 즉, [그림 5-1]의 아래 그림으로부터, 다음과 같은 관계를 알 수 있다.

1) 달러의 현물매입과 선물매각(₩$_0$ → \$$_0$와 \$$_1$ → ₩$_1$)의 조합은 실질적으로 원자금의 운용과 달러자금의 도입(₩$_0$ → ₩$_1$와 \$$_1$ → \$$_0$)의 조합과 완전히 같은 거래이다.

2) 달러의 현물매각과 선물매입(\$$_0$ → ₩$_0$와 ₩$_1$ → \$$_1$)의 조합은 실질적으로 원자금의 도입과 달러자금의 운용(₩$_1$ → ₩$_0$와 \$$_0$ → \$$_1$)의 조합과 완선히 같은 거래이다. 이처럼 생각하면, 현물선물스왑거래가 실질적으로는 자금거래이며, 현물환율과 선물환율의 괴리폭인 스프레드(spread)가 원 달러의 금리차와 같은 역할을 하는 것으로 이해할 수 있을 것이다.

위의 (5.4)식 혹은 (5.5)식의 커버된 금리(CIP)평가조건은, 외환관리, 선물환 예약의 불이행 리스크, 거래비용, 이자과세 등의 영향을 거의 받지 않는 역외시장(offshore market)[4)]에서 성립하는 것으로 알려지고 있다. 이 시장에서는 투자가가 자국채권과 커버된 외국채권을 안전하며 동시에 완전한 대체자산으로 간주하여 재정거래를 행하기 때문이다.

(3) 커버되지 않은 금리평가

자국(한국)과 외국(미국)의 투자가에게 있어 다음과 같은 자산선택의 메뉴가 있다고 가정해 보자.

(a) 원을 이자율 i로 차입할 수 있다.

(b) 만기까지의 잔여기간이 1년인 원표시 채권. 그 1년간의 수익률(이자율과 같다)은 연율(확정이자와 상환차익의 합계를 현재의 채권가격으로 나누고 100배한 값)로, 원의 차입이자율과 같다. 이하 i를 원 금리로 한다.

(c) 만기까지의 잔여기간이 1년인 달러표시 채권. 그 수익률은 연율 i이다. 이하 i^*를 달러금리로 한다.

자국(한국)과 외국(미국)의 투자가는 위의 자산선택의 메뉴 중, 가장 유리한 것을 자유롭게 선택할 수 있다. 이 가정이 만족될 때, 양국 간에서 자본이동은

4) 비거주자의 자금조달이나 자금운용이, 세제, 준비율을 포함한 금융규제 등의 면에서 제약이 적으며 자유롭게 거래가 이루어지는 시장.

자유롭다고 말한다. [표 5-1]은 투자가가 X원을 빌리면, 그것을 달러로 환산하여, 그 달러로 달러표시 채권에 1년간 투자한 경우의 현금흐름(cash flow)을 나타낸 것이다. 현시점의 현물환율을 S라 하면, X원은(X/S)달러 ([표 5-1]의 (2))가 된다.

단, 은행이나 증권회사에 지불해야 하는 수수료와 이자소득과 관련된 세금은 무시한다. 투자가는 1년 후에 이자와 달러표시채권의 상환금을 수취하며, 그 원리합계금액은 $(1+i^*)X/S$달러가 된다.

그러나 이 금액은 달러표시로 되어 있음에 주의해야 한다. 자국의 투자가로서는 수취한 달러표시 원리합계액을 1년 후에 매각하고, 원으로 환산할 때 얼마가 되느냐가 중요하다. 그러기 위해서는 1년 후의 현물환율을 예상할 필요가 있다. 투자가들은 1년 후의 환율은 S^e가 될 것으로 예상하고 있다고 해보자. 이 때, 달러표시 채권에 X원을 투자한 경우의 1년 후의 원리합계액의 원으로 계측한 기대치는

[표 5-1] 선물 커버 안된 금리재정거래

		현금 흐름(*Caed flow*)	
		현재	일년 후
현재	(1) X원을 이자율 i에서 차입한다.	$+X$원	
	(2) X원으로 달러를 구입 (원매각 · 달러매입)(현물환율 S, 원/달러)	$-X$원 $+\frac{X}{S}$달러	
	(3) 달러표시 채권구입	$-\frac{X}{S}$달러	
일년후	(4) 달러표시 채권의 수취원리합계		$+(1+i^*)\frac{X}{S}$달러
	(5) (4)로 원을 구입 (환율 S^e원/달러)		$-(1+i^*)\frac{X}{S}$달러 $+(1+i)\frac{S^e}{S}X$원
	(6) 차입금변제		$-(1+i)X$원
	합 계	0	$[(1+i^*)\frac{S^e}{S}X-(1+i)X]$원 (7)

$$(1+i^*)X \cdot S^e/S$$

이 된다.

투자가는 1년 후에 차입이자를 지불함과 동시에, 원금 X원을 변제하지 않으면 안 된다. 따라서 1년 후의 현금흐름은 [표 5-1]의 (7)로 나타난다. 투자가는 1년 후의 현물환율 S^e를 정확히 예측할 수 없기 때문에, 1년 후의 현금흐름에는 환리스크가 존재한다. 여기에서 투자가들은 위험중립적(risk neutral)이라 가정해 보자. 위험중립적이란 환리스크에 무관심하며, 오로지 기대수익(수익의 기대치)에만 관심이 있음을 의미한다. 이 가정 하에서는 자산시장의 균형에 있어서 다음과 같은 관계식이 성립한다.

$$(1+i)X=(1+i^*)XS^e/S \tag{5.6}$$

만일 이 금리재정식이 성립 안하면 자산선택의 조정이 생긴다. 만일,

$$(1+i)X<(1+i^*)XS^e/S$$

이라는 관계가 성립하고 있다고 하자. 이 경우에는 (7)의 현금흐름은 맞게 되므로 투자가는 [표 5-1]에 나타나 있는 자산선택에 따라 현새 1원도 부담함이 없이([표 5-1]에서 현재의 현금흐름은 0임에 주의), (+)의 이익을 기대할 수 있다. 따라서 위의 부등식이 성립하고 있는 경우에는 원의 차입이 증가하고, 외환시장에서는 원이 매각되고, 달러가 매입된다([표 5-1]의 (3)).

위와 같은 부등식이 성립하고 있는 경우에는 원의 차입이자율 i와 현물환율 S가 상승(원의 가치하락 · 달러의 가치상승)하고, 달러금리 i^*는 하락하게 되는 조정압력이 작동한다. 이러한 압력은 위의 부등식의 좌변의 값을 증대시키고, 우변의 값을 감소시키기 때문에 위의 관계식 (5.6)을 성립시키는 방향으로 작용한다. 이러한 조정압력이 구체적으로 어떻게 작동하는가는 후에 검토하기로 하고, 여기에서는 자산시장과 외환시장에 있어서 조정속도가 빠르고, (5.6)식은 항상 성립한다고 가정해보자. (5.6)식으로부터 다음의 관계식이 도출된다.

$$i=(1+i^*)S^e/S-1 \tag{5.7}$$

1년간에 예상되는 환율의 변화율을 $\dot{S}^e$라 하면,

$$\dot{S}^e = (S^e - S)/S \text{ 혹은 } 1 + \dot{S}^e = S^e/S$$

로 정의된다. 이 정의식을 이용하면 (5.7)식은 다음과 같이 고쳐쓸 수 있다.

$$i = (1+i^*)\cdot(1+\dot{S}^e) - 1 = i^* + \dot{S}^e + i^* \cdot \dot{S}^e$$

i^*와 $\dot{S}^e$이 1 미만의 작은 값이라 하면, $i^* \cdot \dot{S}^e$라는 항목은 다른 항목에 비해 무시할 정도로 작기 때문에 근사적으로 다음의 식이 성립한다.

$$i = i^* + \dot{S}^e = i^* + (S^e - S)/S \tag{5.8}$$

투자가들이 위험중립적이며, 국내와 외국의 채권을 자유롭게 거래할 수 있는 경우, 원금리 i는 달러금리 i^*와 기대되는 원의 가치하락률 $\dot{S}^e$과의 합계에 거의 가깝게 된다. 이것을 명목환율에 관한 '커버되지 않은 금리평가' (uncovered interest (rate) parity: UIP)라 부른다.

i는 자국의 투자가가 원표시 채권을 보유했을 때의 (기대)수익률이다. 또, $i^* + \dot{S}^e$는 자국의 투자가가 달러표시 채권을 보유하는 경우의 (근사적인)기대수익률이다. 투자가들이 자유롭게 차입할 수 있고, 국내외의 채권을 선택할 수 있고, 금융거래에 어떠한 비용도 들지 않으면, 자산시장의 균형에 있어서는, 원표시 채권과 달러표시 채권의 기대수익률은 일치해야만 한다. 단, 국내외의 금융거래가 완전히 자유로운 경우에도 원금리 i와 달러금리 i^*는 반드시 같게 되지는 않는다. 균형에 있어 같게 되는 것은 이자율이 아니라 기대수익률이다. 이자율이 같게 되는 것은 환율의 기대변화율 $\dot{S}^e$가 0인 경우이다. 커버되지 않은 금리평가(UIP)의 경제학적 의미를 몇 가지 정리하면 다음과 같다.

첫째로, UIP에 있어 내외자산의 기대수익률은 같으며, 투자가에게 있어 매력은 반반이다. 즉, UIP에 있어 리스크 프리미엄(리스크 부담의 보수)은 0이 됨을 의미한다. 즉 리스크면에서 원과 달러는 동일하다는 것을 의미하며, 자국통화표시(원) 자산과 외국통화표시(달러) 자산이 완전대체(perfect substitutability)임을 의미한다.

둘째로, S^e는 투자가나 시장관계자의 장래현물환율에 대한 예상환율이지만, 이 예상이 안정되어 있고 적어도 통상의 상황에 있어서는 시시각각 변화하지 않는 것으로 생각할 수 있다. 남은 변수는 현재의 환율 S이다. 즉, UIP식의 우변과 좌변이 같지 않을 때 그것을 같게 되도록 움직이는 것은 S이다. UIP는 S를 결정하는 식이다. 그 의미에서 UIP는 외환시장의 균형조건이다.

셋째로, UIP는 투자가가 자금을 자국으로부터 외국으로, 외국으로부터 자국으로 자유롭게 이동할 수 있는 것이 전제가 된다. 따라서 자국 또는 외국 중 어느 한 나라라도 자금이동의 규제를 행한다면 성립하지 않는다. 그 의미에서 UIP는 자금이동이 완전히 자유롭다(complete capital mobility)라는 분석적 표현이라 말할 수 있다.

많은 실증연구에도 불구하고 UIP가 성립할지의 여부는 불확실하다. 통상 UIP가설검증에 있어 기대가치하락률$\left(\frac{S^e-S}{S}\right)$을 모르기 때문에 시장기대에 관한 특정한 가설에 바탕을 두고 이루어진다. 따라서 가령 UIP가설이 기각되더라도 그것이 UIP가 성립하지 않아서인지, 시장기대에 관한 가설이 잘못된 것인지 구별할 수 없다.

(4) UIP와 CIP의 관계

UIP의 경우 $i-i^*=\frac{S^e-S}{S}$이며, CIP는 $i-i^*=\frac{F-S}{S}$이므로, 양자가 동시에 성립하려면 $S^e=F$가 돼야 한다. 사실, 사람들의 장래 예상(내지)기대에 대해 '완전예견성' (perfect foresight)을 가정하는 한, 이것은 맞다. 그 경우는 $S^e=F$가 성립한다.

즉, 사람들은 장래의 선물환율을 정확히 예측(사람들의 예상하는 환율 S^e가 실현되는 환율과 같게 된다)할 수 있으며, 아울러 그 예측은 현재의 선물환율로 나타나고 있는 것이다. 이러한 완전예견성은 불확실성이 없는 세계라면 타당할 것이다. 그렇다면 불확실성이 도입되면 어떻게 될까. 그것을 확인해보기 위해 장래의 현물환율에 관한 예상은 '합리적 기대' 에 의해 형성되는 것으로 하고 $E[S]$로 두자. 즉 $S^e=E[S]$가 된다(물론 여기에서 S는 예상환율 S^e가 장래에 실현되는 환율이다). 그렇다면 $S^e=F$가 맞다면 아래와 같은 모순에 부딪친다. 즉 $S^e=F$이면 $E[S]=F$이 성립하게 된다. 그런데 옌센부등식(Jensen's inequality)으로부터 $E\left[\frac{1}{S}\right]>\frac{1}{E[S]}$이 된다.

이것은 $E\left[\frac{1}{S}\right]>\frac{1}{F}$과 같다. $E[S]$이나 F는 가령 \$1=1,000원이라는 표시방법

에 따라 환율을 표시할 수 있지만, 이 표시법에서는 $E[S]=F$라는 등호가 성립한다.

한편, $\frac{1}{S}$이나 $\frac{1}{F}$은 1원=$0.001이라는 표시법에 따라 환율이 나타나지만 이 표시법에서는 등호가 성립하지 않으며 $E\left[\frac{1}{S}\right]>\frac{1}{F}$가 된다. 같은 환율표시방법이 바뀌는 것만으로 등호가 성립하기도 하고 안하기도 하는 것을 시겔의 모순(Siegel's paradox)라 부른다. 이처럼 불확실성이 도입되면 결론은 달라진다.

2. 리스크 프리미엄

내외채권이 완전대체자산이라는 CIP나 UIP와 달리 내외자산이 불완전대체인 경우를 보자. 양국의 민간부문의 금융자산에 대한 선호가, 예를 들어, 자국통화표시 자산에 편중된 경우에는 금융시장에 있어서 수급압력에 의해 자국통화표시 자산에 대한 예상수익률과 외화표시 자산에 대한 예상수익률 사이에 괴리가 생긴다.

이러한 괴리를 리스크 프리미엄(risk premium)이라 한다. 어떤 요인에 의해 괴리가 발생하는지를 보자. 선물로 커버되더라도 내외채권이 불완전자산이 되는 자산시장 모델, 소위 포트폴리오 · 밸런스 모델(portfolio balance model)을 검토한다. 여기에서 원채권(자국통화표시 채권) 및 달러채권(외화표시 채권)에 대한 수요는 커버된 내외금리차($i-i^*-f+s$, 단, f, s는 선물환율, 현물환율의 자연대수치)에 의존하며 동시에 자산총액에 대해 일차동차의 관계를 만족한다고 하자. 이 때, 채권시장과 선물환시장에 주목하여 자산시장의 스톡 균형을 나타내면 다음과 같다.

$$M=l(i-i^*-f+s)W \quad \text{(통화공급의 수급균형)} \tag{5.9}$$

$$B=h(i-i^*-f+s)W \quad \text{(원채권의 수급균형)} \tag{5.10}$$

$$SB^*=k(i-i^*-f+s)W \quad \text{(달러채권의 수급균형)} \tag{5.11}$$

$$B^*=z(s^e-f) \quad \text{(선물환의 수급균형)} \tag{5.12}$$

$$W=M+B+SB^* \quad \text{(금융자산잔고)} \tag{5.13}$$

M 자국의 통화, B 자국채권, B^* 외국채권, 그리고 W는 총자산이다. 함수

$h(\cdot)$, $k(\cdot)$, $z(\cdot)$는 각각 원채권, cover된 달러채권, 선물달러투기에 대한 수요함수이며, $h'(\cdot)>0$, $k'(\cdot)<0$, $z'(\cdot)>0$이 성립한다.

함수 $z(\cdot)$의 형상은 투자가의 리스크 회피도나 환리스크의 크기에 의존한다. 위의 다섯 개 식 중 네 개가 성립하면 나머지 하나의 시장도 균형이 성립(왈라스 법칙)하므로 (5.10)~(5.13)식에 초점을 맞추도록 한다.

이 모델에서는 내외채권은 커버안된 경우(UIP의 경우)는 물론이고 커버된 경우(CIP의 경우)라도 불완전대체자산임이 상정되고 있다. 이것은 소위 징치적 위험(political risk)이 존재하기 때문이다. 정치적 위험이란, 장래, 달러표시 채권의 발행자가 채무불이행에 빠진다거나, 외환거래나 원금변제 · 이자송금에 규제 · 세금이 부과되는 등 선물환 예약이 실행되지 않을 가능성이 있을 때 생기는 리스크를 총칭하는 말이다.

가령, 함수 $k(\cdot)$가 커버된 내외금리차의 감소함수가 되는 이유는 자국의 거주자가 상대적으로 큰 달러채권을 보유하여 자산 · 이자 회수에 관한 리스크에 빠질 경우, 달러금리(i^*)가 원금리(i)보다 상승할 필요가 있기 때문이다. (5.12)식의 좌변은 헷징(선물 커버)을 목적으로 하는 선물달러예약의 공급을, 우변은 선물투기를 목적으로 하는 선물달러예약의 수요를 의미한다.

선물달러예약의 공급량은 자국의 거주자가 보유하는 달러채권잔고를 헷지하기 위한 선물달러매각액에 해당되고, 달러채권의 보유잔고(자국의 외국에 대한 경상수지의 누적액)와 일치한다. 환리스크는 선물투기가에게로 전가되기 때문에 선물달러의 투기수요는 환리스크 프리미엄(s^e-f)의 증가함수가 된다. 선물투기가는 선물달러의 오픈포지션(open position)을 보유하면, 그 만큼 환리스크를 부담하기 때문에 거기에 대응한 환리스크 프리미엄을 요구하기 때문이다. (5.10)식과 (5.11)식의 비율을 취하고, 그 비율 및 (5.12)식을 이용하여 다음 두 개의 식을 얻는다.

$$i=i^*+f-s-\psi\left(\frac{SB^*}{B}\right) \tag{5.14}$$

$$s^e-f=\phi(B^*) \tag{5.15}$$

여기에서, $\psi\left(\frac{SB^*}{B}\right)$, $\phi(B^*)$는 각각 정치적 위험, 환리스크라 부르고, $\psi(0)=0$, $\psi'\geq0$, $\phi(0)=0$, $\phi'\geq0$이 성립한다. 이제 가령, 정치적 위험이 존재

하지 않는다는, 즉 $\psi(\bullet)=0$를 가정하면, 커버된 금리평가조건(CIP, $i=i^*+f-s$)이 성립한다. 혹은 환리스크가 존재하지 않는다는, 즉 $\phi(\cdot)=0$을 가정하면, 선물환율은 장래의 현물환율의 불편추정량이 된다($f=s^e$).

말할 것도 없이 환리스크나 정치적 위험, 그 어느 것도 존재하지 않을 때에는 커버 안된 금리평가조건(UIP, $i=i^*+s^e-s$)이 성립한다. 이제 자국과 외국의 실질금리를 각각 $r=i-(p^e-p)$, $r^*=i^*-(p^{*e}-p^*)$로 정의하면 (p^e-p, $p^{*e}-p^*$는 자국 외국의 인플레이션율), UIP의 $i=i^*+s^e-s$은 $r-r^*=(s^e+p^{*e}-p^e)-(s+p^*-p)$가 된다. 실질환율($s+p^*-p$)이 불변의 수준으로 유지될 것이라고 예상되지 않는 한 내외의 실질금리는 균등화 될 수 없다. 따라서 (5.14)식과 (5.15)식으로부터 실질환율을 다음과 같이 나타낼 수 있다.

$$(s+p^*-p)=(s^e+p^{*e}-p^e)-(r-r^*)-\psi\left(\frac{SB^*}{B}\right)-\phi(B^*) \tag{5.16}$$

소위 환리스크 · 프리미엄이론은, (5.16)식에 근거하여, 실질환율($s+p^*-p$)의 변동을, 기대실질환율($s^e+p^{*e}-p^e$), 내외의 실질금리차($r-r^*$), 경상수지의 누적액(B^*)으로 설명하려는 것이다.

여기로부터 내외의 실질금리차나 경상수지의 누적액의 확대는 그 어느 것이나 실질환율의 절상($s+p^*-p$의 값을 하락시킨다)한다는 가설을 유도할 수 있다. 이러한 리스크 · 프리미엄가설은 효율적인 외환시장에서도 선물환율은, 위에서 얘기한, 장래의 현물환율의 불편추정량이라고 주장하는 효율적 시장가설이 성립하지 않을 수도 있다는 해석을 제시하고 있다.

3. 효율적 시장가설

효율적 시장(efficient market)이란 그 시장에서 성립하는 '가격이 항상 이용가능한 정보를 완전히(fully)반영하고 있는 시장'을 가리킨다. 이제 (t-1)시점에서 문제가 되고 있는 자산의 평가와 관련된 모든 이용가능한 정보의 집합을 ϕ_{t-1}로 하고, 이 ϕ_{t-1}에 근거하여 결정되는 t시점에서의 한 자산의 가격을 P_t라 하자. 말하자면 P_t는 정확한 정보에 근거한 이 자산의 '올바른, 정확한 가격'이다.

이것에 대해, $(t-1)$시점에서 실제의 시장이 이 자산을 결정할 때에 사용하는 정보의 집합을 ϕ^{m}_{t-1}이라 하고, ϕ^{m}_{t-1}에 근거하여 결정되는 t시점에서의 가격을 P^{m}_{t}이라 하자. 말할 것도 없이 ϕ^{m}_{t-1}은 ϕ_{t-1}의 일부(부분집합)이다. '효율적 시장가설' (efficient market hypothesis)이란 ϕ^{m}_{t-1}이 ϕ_{t-1}과 같고, 따라서 실제의 자산시장에서 성립하는 가격 P^{m}_{t}는 '올바른, 정확한 가격' P_t와 같다는 명제이다.

이와 같은 명제, 혹은 거기로부터 논리적으로 유도되는 명제를 '귀무가설' (null hypothesis)로 설정하여, 그것이 통계적 검정에 의해 기각될 수 없다는 것을 논증하는 것이다. 효율적 시장가설의 입장에서는 현재의 선물환율을 현재 이용가능한 정보가 완전히 반영된 장래의 환율, 가령 3개월 후의 현물환율의 최선의 예상치라고 생각한다. 즉

선물환율 = 현물환율의 예상치

사후적으로 관찰된 각 시점의 3개월 선물환율이 3개월 후의 현물환율의 '불편추정치' (unbiased estimator)임을 입증하려는 것이다. 이러한 가설의 현실 타당성과 관련된 문제점들은

(A) 정보에 관한 기본적 사고의 문제,

(B) 적어도 외환시장의 경우에는 이 가설을 전제로 해서는 용이하게 설명할 수 없는 수많은 현상이 있으며,

(C) 가설의 검증에 있어, 가설자체의 내용이 막연하며, 무엇보다도 우선 ϕ_{t-1}(모든 이용가능한 정보의 집합)라든가, ϕ^{m}_{t-1}(시장이 가격결정을 위해 이용하는 정보의 집합)이 전혀 포착될 수 없기 때문에 지극히 간접적이며 우회적인 통계적 검정의 범위를 벗어나지 못한다는 것이다.

우선 (A)의 경우, 문제가 되는 자산 가격(현재의 경우 환율)에 관련된 정보이지만 효율적 시장가설에 따르면 정보는 객관적으로 존재하며 그리고 그 정보를 집합으로서 정의하려는 입장에 서있지만 시장기구에 있어서 정보는 그러한 객관적 존재로서 포착할 수가 없다. 각 개인이 이용하는 정보라는 것은 각 개인의 판단기준이나 이론모델과 불가분의 관계를 맺고 있으며, 그것들을 벗어난 객관적 실체로서 존재하는 것은 아니다. 또, 정보를 입수하는 데는 유형·무형의 비용이 따르며, 경제학적 일반적 원칙을 생각하면, 각 개인의 정보를 입수할 때의 한계비용이 정보로부터 얻어지는 한계적인 이익과 같게 될 것으로 주

관적으로 생각하는 곳까지 정보를 입수하고 그 이상의 정보는 무시할 것이다.

(B)의 경우, 외환당국의 개입에 있어, 장래의 환율에 대해 외환당국의 판단과 민간인의 판단은 분명히 다를 뿐 아니라, 어떤 정보는 당국만이 이용할 수 있고, 민간인은 이용할 수 없다. 또한 환율의 오버슈팅(overshooting, 과잉조정)이나 자국통화가치가 때때로 하락 경향에 있으면 시장참가자는 하락이 더욱 계속될 것을 생각하여 자국통화자산을 매각해버리는 부화뇌동효과(band wagon effect)는 효율적 시장가설의 관념과 서로 양립하지 않는다.

(C)의 경우, 현재의 선물환율이 장래의 현물환율의 불편추정치라는 것을 실증적으로 검증하여 그것에 의해 효율적 시장가설을 입증하려는 논증에 있어, 석유가격의 대폭인상, 국내인플레이션의 가속화가 진행되는 시기에는 선물환율은 자국통화의 가치를 과대평가하게 될 것이다.

이상과 같은 문제점에도 불구하고, 효율적 시장에 있어 과거 이용가능했던 정보 데이터와 예측오차가 당연히 독립이라는 것, 장래 예상의 변화가 현재의 시장에 영향을 미친다는 것, 예상된 외생변수의 변화와 예상되지 않은 변화의 영향의 차가 얼마 만큼인가 등에 대해 흥미 있는 가설을 제공하고 있고, 환율형성에 관한 이해를 깊이 해준다고 말할 수 있다.

4. 현물 · 선물환율의 균형

선물환의 이론을 고찰하기 위해, 앞에서 설명한 현물 · 선물환시장 간의 이자재정부터 시작하자. 현물환율을 S로 나타내고, 단순화시켜 한 경제 내에 3개월물 선물환이 존재하며, 그 환율을 F라 하자. S나 F 모두 자국통화 표시, 즉 외국통화의 가치를 국내통화로 나타낸 것이다. 3개월물 국내증권의 이자율을 i, 외국증권의 이자율을 i^*로 한다. 3개월물 국내증권을 발행하여 국내통화를 한단위를 조달하고, 조달된 자국통화를 현물환시장에서 매각하여 외국통화 $1/S$ 단위를 얻는다.

이 $1/S$단위의 외국통화를 3개월물 외국증권에 투자하면 3개월 후에 $(1+i^*) \cdot 1/S$단위의 외국통화를 얻을 수 있다. 여기까지는 3개월 후의 자국통화표시금액은 확정되지 않으며 환리스크를 안게 되기 때문에 선물커버를 취한다. $(1+i^*) \cdot$

$1/S$만큼의 3개월물 선물환을 F로 매각해둔다.

이상의 조작에 의해 환리스크의 부담은 없어지고, 현 시점에서 조달한 한 단위의 자국통화는 3개월 후에 $(1+i^*)\cdot F/S$의 자국통화가 된다. 한 단위의 자국통화조달을 위해 현시점에서 발행한 국내증권을 상환하는 데 3개월 후에 $(1+i)$단위의 국내통화가 필요하므로 $(1+i^*)\cdot F/S>(1+i)$일 때에는 상기의 조작에 의해 이익을 얻는다. 따라서 $(1+i^*)\cdot F/S>(1+i)$이면 국내증권을 매각하여 얻은 자금으로 선물 커버를 하여 외국증권이 매입된다(자본이 외국으로 유출한다).

역으로 $(1+i^*)\cdot F/S<(1+i)$이면, 위와 역의 조작, 즉 선물 커버를 취해(3개월 후의 상환에 필요한 외화를 선물환매입에 의해 현시점에서 예약하여) 3개월물 외국증권을 발행하고, 여기로부터 얻어진 자금을 3개월물 국내증권에 투자함으로써 이익을 얻을 수 있다. 따라서 $(1+i^*)\cdot F/S<(1+i)$일 때는, 자본이 국내로 유입된다. 상술한 조작은 다름아닌 재정(arbitrage)이며, 재정은 자본이동이며, 환리스크를 동반하지 않으므로 재정을 비투기적 자본이동(유출입)이라고도 부를 수 있다.

현물환의 초과공급함수를 $B_0(S)$, 선물환의 초과공급함수를 $B_1(F)$로 나타내자. 앞서 재정에 관한 설명에서 분명하듯이 재정조작은 현물·선물환에 대한 수급을 발생시키지만 $B_0(S)$, $B_1(F)$는 재정에 따르는 현물·선물환에 대한 수급은 포함되지 않는 것으로 한다. $B_0'(S)>0$, $B_1'(F)>0$, $dSB_0(S)/dS=B_0(S)+SB_0'(S)>0$, $dFB_1(F)/dF=B_1(F)+FB_1'(F)>0$으로 가정한다.

가정의 의미는 현물·선물환율이 자국통화의 가치가 떨어질 때(F와 S의 상승), 자국통화로 측정하든 외국통화로 측정하든 현물·선물의 초과공급이 증가한다는 것이다.

[그림 5-2]에 있어서 세로축은 선물환율을 $(1+i)$로 나누고, $(1+i^*)$를 곱한 것, 즉 $(1+i^*)F/(1+i)$과 현물환율(S)을 의미한다. 가로축은 오른쪽으로 현물환의 초과공급을, 왼쪽으로 선물환의 초과공급을 $(1+i^*)$로 나눈 것을 계측한다.

B_0B_0곡선은, 예를 들면 현물환율이 $\overline{AO}$일 때는 $\overline{AD}$만큼의 현물환의 초과공급이 재정 이외의 이유로 발생함을 나타내고 있다. 결국 B_0B_0곡선은 $B_0(S)$의 함수를 나타낸다. B_1B_1곡선은 $(1+i^*)F/(1+i)$과 재정 이외의 이유에 근거를 둔

그림 5-2 현물 · 선물환율의 균형

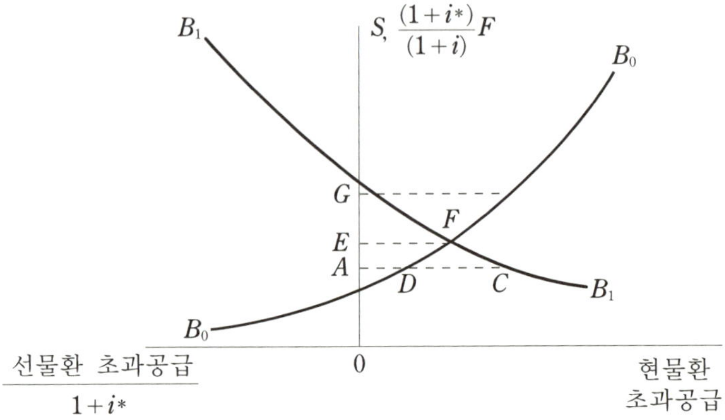

선물환초과수요÷$(1+i^*)$ 사이의 관계를 나타낸다. 예를 들어, 선물환율이 $\overline{AO}\times(1+i)/(1+i^*)$라면, 재정 이외의 이유에 기인한 선물환의 초과수요가 $\overline{AC}\times(1+i^*)$만큼 생기게 됨을 B_1B_1곡선은 보여주고 있다.

결국 B_1B_1곡선 상의 점 $(x,\ y)$는 $x=-B_1[Y(1+i)/(1+i^*)]/(1+i^*)$의 관계를 만족시킨다. $B_0'(S)>0$, $B_1'(F)>0$의 가정에 의해 B_0B_0곡선은 우상향, B_1B_1곡선은 우하향하게 된다.

이제 국제적인 자본이동이 완전할 때에 재정이 무한대의 크기로 이루어진다면, 즉 $(1+i^*)F/S>(1+i)$이면 단위시간당 무한대의 비율로서 국내증권이 매각되고, 동시에 선물 커버를 하여 외국증권이 매입된다. 즉, 국외로 자본이 무한대의 비율로 유출된다. $(1+i^*)F/S<(1+i)$이면 단위시간당 무한대의 비율로 선물 커버를 하여 외국증권이 발행되고, 동시에 국내증권이 단위시간당 무한대의 비율로 매입된다. 즉, 국내로 자본이 유입된다.

그렇다면 국제간에서의 자본이동이 완전할 때에는 $(1+i^*)F/S>(1+i)$이면 재정에 의해 현물환의 수요, 선물환의 공급이 단위시간당 무한대의 율로 발생하며, $(1+i^*)F/S<(1+i)$이면 재정에 의해 현물환의 공급, 선물환의 수요가 단위시간당 무한대의 율로서 생긴다. 따라서 재정 이외의 이유로 인한 현물 · 선물환의 수급은 현물 · 선물환율이 유한의 값을 취할 때 유한하므로 $(1+i^*)F/S\neq(1+i)$일 때 외환시장은 균형되지 않는다.

결국 국제간에서의 자본이동이 완전할 때, $(1+i^*)F/S=(1+i)$이 성립하지 않으면 안 된다. $(1+i^*)F/S=(1+i)$라는 관계가 성립하더라도 [그림 5-2]에서 예를 들어, 현물환율이 $\overline{OA}$, 선물환율이 $\overline{OA}\times(1+i)/(1+i^*)$인 경우, 외환시장은 균형되지 않는다.

현물환율이 $\overline{OA}$일 때는 재정 이외의 이유로부터 $\overline{AD}$만큼의 현물환의 초과공급이 생긴다. 따라서 현물시장이 균형되기 위해서는 재정에 의해 $\overline{AD}$의 현물환의 수요가 생기지 않으면 안 된다. 한편, 선물환율이 $\overline{OA}\times(1+i)/(1+i^*)$이면, [그림 5-2]에서 $\overline{AC}\times(1+i^*)$만큼의 선물환의 초과수요가 생기기 때문에 선물시장이 균형되기 위해서는 재정에 의해 $(1+i^*)\ \overline{AC}$만큼의 선물환의 공급이 생겨야 한다. $S=(1+i^*)F/(1+i)$이 성립할 때에는 재정거래의 규모는 재정에 의해 이익이 생기지 않기 때문에 상관없지만 재정에 의해 $\overline{AD}$만큼의 현물환의 수요가 생김과 동시에 $(1+i^*)\ \overline{AC}$만큼의 선물환의 공급이 생기는 것은 불가능하다.

왜냐하면 재정거래에서는 수요된 현물환을 3개월간 외국증권으로 운용했을 때 얻어지는 원리합계와 같은 액만큼의 선물환의 공급이 생기기 때문이다. 이 예에서는 재정업자가 $\overline{AD}$의 현물환의 수요를 한다면, 그는 $(1+i^*)\ \overline{AD}$의 선물환의 공급 즉, 선물 커버를 행할 따름이다. 이것은 재정 이외의 이유로 생기는 선물환의 초과공급 $(1+i^*)\overline{AC}$보다 작다. 따라서 현물환율 $\overline{OA}$, 선물환율 $OA\times(1+i)/(1+i^*)$에서는 현물·선물환시장은 동시에 균형되지 않는다. 마찬가지로, [그림 5-2]에서, 가령 현물환율 $\overline{OG}$, 선물환율 $\overline{OG}\times(1+i)/(1+i^*)$에서도 외환시장은 균형되지 않는다.

이상의 결과 현물·선물시장이 균형되기 위해서는 [그림 5-2]에서 현물환율이 $\overline{OE}$, 선물환율이 $\overline{OE}\times(1+i)/(1+i^*)$이 되어야 한다. 즉 현물·선물환시장의 균형은 F점이 되는 것이다.

5. 단기와 장기의 금리재정조건

이제 단기와 장기의 금리재정조건에 대해 음미해보자. 여기에서 장기란 어떤 사정에 변화가 없는 한, 명목환율이 일정수준(이것을 장기균형환율이라 부른다)에서 변화하지 않는다고 기대되는 상황을 말한다. 즉, 장기균형에서는 기대환율의 변화율 $\dot{S}_e$는 0이 된다. 거기에 반해 장기균형환율을 $\bar{S}$라 하면, 장기균형에 이르기까지는 다음의 단기의 금리재정조건이 성립한다고 하자.

$$i = i^* + \theta(\bar{S} - S)/S, \quad 0 < \theta < 1 \tag{5.17}$$

(5.17)식의 우변의 제2항 $\theta(\bar{S}-S)/S$는, 장기균형에 이르기까지의 각기의 환율의 기대변화율을 나타낸다. θ는 장기균형환율 $\bar{S}$와 현재의 환율 S의 차이 중에서, 금기에 조정되는 비율을 나타낸다. 이하 θ를 기대의 조정속도라 부르기로 하자. 만일 지금 문제가 되고 있는 단기의 기간을 1개월로 하고, 장기적인 환율의 기대변화율 $(\bar{S}-S)/S$를 0.2(20%), θ를 0.4라 하면, 금기의 단기적인 환율의 기대변화율 $\theta(\bar{S}-S)/S$는 0.08(8%)이 된다.

즉, 장기적인 환율의 기대변화율은 20%이지만, 금기의 환율은 그 중의 40%인 8%만큼 상승한다고 기대된다. 이처럼, (5.17)식의 우변 제2항은 환율은 최종적인 장기균형환율로 서서히 조정되고 있음을 보여주고 있다. (5.17)식에서 현실의 환율 S가 $\bar{S}$와 같게 되면, 그 때 외환시장은 장기균형에 도달하며 다음의 관계가 성립한다.

$$i = i^*, \quad S = \bar{S} \tag{5.18}$$

6. 개방경제 하의 자산시장과 상품시장의 균형

다음으로, 자국과 외국 두 나라로부터 구성되는 개방경제를 상정하여, 자산시장의 균형에 대해 설명해보자. 여기에서 자산은 화폐, 원표시 채권 및 달러표시 채권이다. 화폐시장의 균형조건은

$$M/P = L(i, y) \tag{5.19}$$

(5.19)식은 화폐공급량 M과 물가수준 P가 일정할 때 화폐시장의 균형을 가져다주는 명목이자율 i와 실질국내총생산 y의 조합을 나타내고 있다. 자산시장의 단기의 균형조건은 (5.17)과 (5.19)이다. 화폐공급량 M, 실질국내총생산 y,

그림 5-3 자산시장의 균형

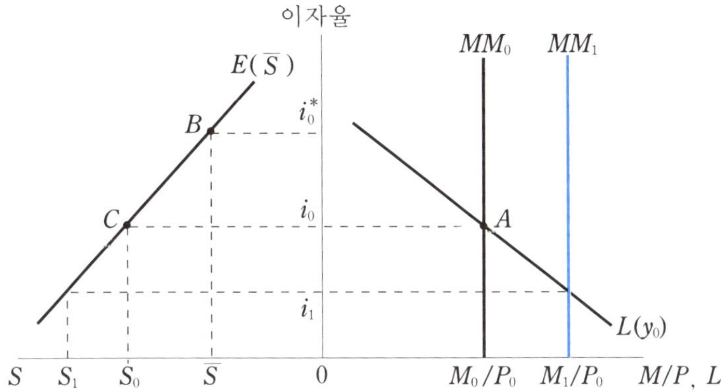

물가수준 P, 달러금리 i^*, 장기균형환율 $\bar{S}$가 주어지면 이자율 i와 각기의 현물환율 S가 결정된다. [그림 5-3]은 이상의 이자율과 환율의 결정메커니즘을 보여준다. [그림 5-3] 우측그림은 화폐시장의 균형조건 (5.19)을 나타내고, 좌측그림은 단기의 금리재정조건 (5.17)식을 나타낸다. 세로축에 원금리 i, 가로축에 원점(0)으로부터 오른쪽방향으로 실질화폐잔고, 왼쪽으로 환율 S가 나타나 있다. 우측그림의 우하(右下)향 하는 곡선 $L(y_0)$은 실질국내총생산이 y_0일 때의 화폐수요곡선이다.

화폐공급량과 자국의 물가수준을 각각 M_0, P_0라 하면, 실질화폐공급액은 M_0/P_0에서 일정하게 된다. 따라서 원금리는 L곡선과 수직선 M_0M_0의 교점 A에서 i_0로 결정된다.

한편, 금리재정조건(5.17)는 좌측그림에 달러금리, 투자가들의 장기균형환율의 기대치 및 기대의 조정속도를 각각 i_0^*, $\bar{S}$, θ로 하여 우상(右上)방향의 곡선 E로 나타나 있다. (5.19)에서 원금리가 달러금리 i_0^*와 같으면, 현재의 환율 S는 장기균형환율인 $\bar{S}$로 결정된다. 여기로부터, 금리재정곡선 E는 점 $B(\bar{S}, i_0^*)$를 지남을 알 수 있다. 실질국내총생산이 y_0인 경우에는 우측그림에서 균형점은 A가 되며, 원금리 i_0는 달러금리 i_0^*보다도 낮게 된다. 자산시장의 균형점 A에 대응하는 균형환율은 좌측그림의 점 C에 대응하는 S_0로 결정된다. 이 때 (5.17)식으로부터 다음의 금리재정조건이 성립한다.

그림 5-4 실직국내총생산과 환율의 관계

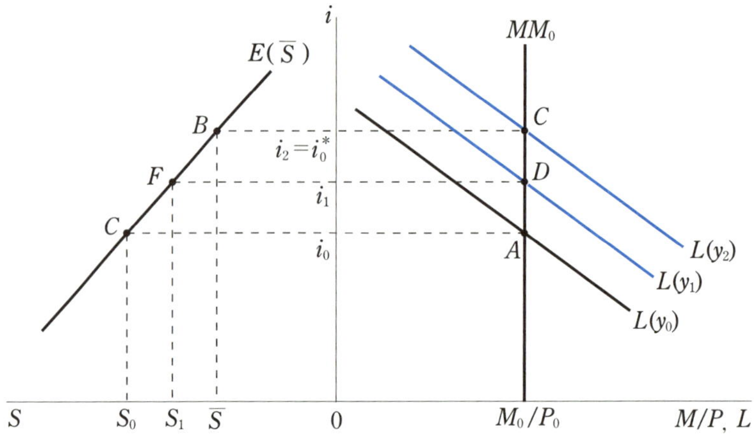

$$i_0=i_0^*+\theta(\bar{S}-S_0)/S_0 \qquad (5.20)$$

자국의 실질국내총생산 y가 증가하는 경우, 자산시장의 균형과 환율은 어떻게 변화할 것인가. [그림 5-4]에서 y가 y_0로부터 y_1으로 증가하면, 실질화폐잔고에 대한 수요(거래수요)가 증가하기 때문에 화폐수요곡선은 $L(y_0)$에서 $L(y_1)$으로 우측이동한다. 여기로부터 자산시장의 균형은 점 A에서 점 D로 이동하고 균형이자율은 i_0로부터 i_1으로 상승하고, 환율은 원의 가치 상승 · 달러의 가치 하락(S_0에서 S_1으로 하락한다).

더욱이 y가 y_2까지 증가하면, 원금리는 달러금리 i_0^*와 같게 되며 환율은 장기균형환율 $\bar{S}$와 같게 된다. 이 장기균형에 대해서는 다음의 관계가 성립한다.

$$M_0/P_0=L(i_2, y_2) \qquad (5.21)$$

$$i_2=i_0^* \qquad (5.22)$$

여기에서, 사국의 자신시장이 변화하여 원금리와 환율이 변화하더라도 달러금리는 변화하지 않는다고 가정해보자. 이 가정은 자국의 자본시장은 외국에 비해 규모가 작다고 가정하는 것과 다를바 없다. 이것을 소국모델이라 부른다. 소국모델에 있어서는 장기적으로는 원금리는 달러금리에 일치한다. 이제 소국의 가정 하에서는 (5.22)식의 우변 i_0^*를 (5.21)식의 i_2에 대입하면, 실질화폐공급량이 M_0/P_0에서 달러금리가 i_0^*의 경우, 장기적으로 자국의 자산시장이 균형이 되는 실질국내총생산은 y_2이며, 자산시장의 장기균형은 환율로부터 독립됨을 알 수 있다.

이제 자산시장의 균형과 금리재정조건을 동시에 만족하는 실질국내총생산 y와 현물환율 S의 조합을 구해보자. [그림 5-4]로부터 실질화폐공급량, 달러금리, 장기균형환율의 기대치를 각각 M_0/P_0, i_0^*, $\bar{S}$라 하면, 실질국내총생산이 y_0의 경우 자산시장의 균형과 금리재정조건을 만족하는 환율 S의 값은 S_0이다. 마찬가지로 y_1의 경우에는 S_1이며, y_2의 경우는 $\bar{S}$이다.

[그림 5-5]는 세로축에 S, 가로축에 y를 취해, [그림 5-4]에서 구한 y와 S의 조합을 $AS(M_0/P_0,\ \bar{S})$곡선으로 나타낸 것이다. 이 곡선은 $C(y_0,\ S_0)$, $F(y_1, S_1)$, $B(y_2,\ \bar{S})$를 지나는 우하향곡선이다. [그림 5-4]의 C, F, B에 대응한다. 이하 AS곡선을 단기자산시장균형곡선이라 부르자.

y_2의 점에서 수직인 직선 $AS(M_0/P_0)$은, 자산시장의 장기균형의 상황을 묘사하고 있다. 장기균형에서는 원금리는 주어진 달러금리와 같게 되기 때문에 y_2 이외의 실질국내총생산에서는 자산시장은 균형되지 않는다. 따라서 장기균형에 있어서 실질국내총생산 y는 환율의 수준에는 의존하지 않는다. 이하, AL

그림 5-5 자산시장의 균형-*AS*곡선과 *AL*곡선

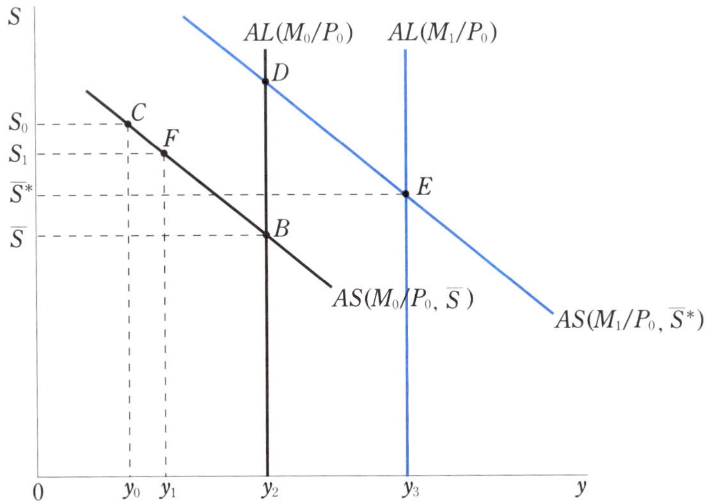

곡선을 장기자산시장균형곡선이라 부르자.

*AS*곡선과 *AL*곡선의 교점 *B*에서는 단기의 자산시장의 균형조건과 장기의 자산시장의 균형조건이 모두 성립하기 때문에 점 *B*에 대응하는 $\bar{S}$는 장기균형환율이 된다. [그림 5-5]의 *AS*곡선과 *AL*곡선은 화폐공급량, 달러금리, 환율에 관한 투자가들의 기대가 변화하면 이동한다. 가령, 자국의 화폐공급량이 증가하는 경우, [그림 5-3]에서 물가 *P*가 일정하면, 화폐공급량이 M_0에서 M_1으로 증가하면, 화폐공급곡선은 MM_0에서 MM_1으로 이동한다. 그 결과, *y*를 일정하게 두면, 원금리는 하락하고 환율은 상승(원의 가치하락)한다.

이처럼 물가와 실질국내총생산을 일정하게 두고 화폐공급량을 증가하면 환율이 상승(원의 가치하락)할 때, [그림 5-5]에서 *AS*곡선은 $AS(M_0/P_0, \bar{S})$에서 $AS(M_1/P_0,\ \overline{S^*})$처럼 위로 이동한다(가령, $y=y_2$라 하면, 균형점은 *B*에서 *D*로 이동한다). 단, $\overline{S^*}$는 실질화폐공급량이 M_1/P_0일 때의 장기균형환율의 기대치이다. 여기에서 이 장기균형환율의 기대치는 실제로 장기균형환율에 있어서 성립하는 환율과 일치하는 것으로 가정되고 있다.

자산시장이 균형되기 위해서는 (5.21)식의 좌변의 실질화폐잔고(즉, 실질화폐공급량)의 증가에 대응하여, 우변의 실질화폐수요가 동일한 만큼 증가해야 한다. 장기균형에서는 원금리는 주어져 있던 달러금리와 일치하며 변화하지 않으므로, 실질화폐수요가 증가하기 위해서는 실질국내총생산 *y*가 증가하여 화폐의 거래수요가 증가해야 한다.

따라서, 실질화폐잔고가 증가하면, 자산시장의 장기균형곡선 *AL*은 $AL(M_1/P_0)$처럼 우측으로 이동한다. *AS*곡선과 *AL*곡선의 교점에서 나타나는 장기균형환율은 $\bar{S}$로부터 $\overline{S^*}$로 상승한다. 이상으로 자국과 외국에서 자유롭게 금융거래를 행할 수 있는 경우의 자산시장의 균형과 환율의 관계를 설명했다.

제6장

외환시장의 장기적 균형

1. 일물일가의 법칙과 구매력 평가
2. PPP로부터의 괴리요인
3. 실질환율의 결정이론

외환시장의 장기적 균형

개방경제의 대외거래는 크게 나누어 금융자산에 연계된 자본거래와 상품(서비스 포함)에 연계된 경상거래가 있다. 외환시장에서의 수급관계를 분석할 때 이 두 거래의 근본적인 차이점으로서, ① 일정거래액에 대한 자본거래의 비용(가령 국제전화료)에 비해 경상거래의 비용(가령 운송료)이 높다는 것, ② 자본거래의 소요시간(수시간으로부터 수일)에 비해 경상거래의 소요시간(수개월로부터 수년)이 길다는 것이다.

이 때문에 국제간 자유로운 거래를 저해하는 장벽이 없는 경우, 국내외 자본시장은 거의 항상 균형상태에 있다고 간주할 수 있지만, 국내외 상품시장은 반드시 항상 균형상태에 있는 것은 아니다. 앞장에서 보듯이 국제거시경제학에서는 자본시장만이 균형상태에 있는 기간을 '단기', 자본시장과 상품시장 모두 균형상태에 있는 기간을 '장기'로 부른다. 본 장에서는 국내외 상품시장이 균형상태에 있는 경우(즉 장기)의 외환시장을 고찰하도록 한다.

1. 일물일가의 법칙과 구매력 평가(Purchasing Power Parity: PPP)

국제적으로 통합되어 있는 상품(財)시장에 있어서 같은 상품이 국내외에서 다른 가격으로 거래된다면 무역업자는 그 상품의 가격이 보다 싼 나라에서 사서, 보다 비싼 나라에서 파는 것에 의해 이익을 얻을 수 있다. 이처럼 가격차를 이용하여 이익을 얻는 것을 재정(혹은 재정거래)라 부르지만, 상품시장에서의 재정은 동일한 상품이 동일한 가격으로 거래되도록 움직인다. 이 법칙은 경제학에서는 '일물일가의 법칙'(Law of one price: LOP)이라 부르며, 임의의(i번째) 상품에 대해 다음과 같이 나타낼 수 있다.

$$P_i = S \times P_i^* \ (i=1,\ 2,\ \cdots\cdots,\ n) \tag{6.1}$$

(6.1)식의 의미는 i 상품의 국내가격(P_i)은 그 외국가격(P_i^*)에 환율(S)을 곱한 것에 의해 자국통화로 표시된 것과 같다(결국 공통통화에 의해 표시된 내외가격은 같다)는 것이다. 여기에서는 환율을 직접표시에 의해(S의 상승은 자국통화의 가치하락) 정의된다. (6.1)식에 의하면 원의 대 $환율이 1달러당 1,200원일 때 한국에서 3,600원하는 상품은 미국에서는 3달러하는 것이 된다.

(6.1)식의 관계는 i 상품시장에 있어서 균형조건을 나타내는 것으로서 P_i, S, P_i^* 사이의 인과관계를 나타내는 것이 아니다. 가령 국내가격(P_i)이 어떤 이유로 상승한 경우의 새로운 시장균형은 외국가격(P_i^*)이 동률 상승하는 것에 의해서도, 환율(S)이 동률 상승(가치가 하락)하는 것에 의해서도 이루어질 수 있다. 앞의 예에서 상품의 국내가격이 3,600원에서 4,800원으로 상승하면 새로운 균형은 그 외국가격을 자국통화표시한 것($S \times P_i^*$)을 4,800으로 하는 P_i와 S의 무수한 조합에 의해 주어지는 것이다.

우선 첫째로 '일물일가의 법칙'(LOP)은 국제간거래에 있어 어떤 장벽이 있는 경우에는 성립하지 않는다. 이러한 장벽으로서, 관세나 수입의 수량제한이라는 무역에 대한 법적 규제가 가해지거나 거래액에 대해 극단적으로 큰 수송비용이 존재하는 경우가 있다. 전자의 예로서는 각국에서 여러 형태의 수입제한이 부과되는 농산물 등이 해당되고 후자의 예로서는 신발이나 의료 등의 서비스가 있다. 국제거래의 비용이 거래액에 대해 극단적으로 높은 이들 서비스는 비무역재라 부른다. 무역에 장벽이 있는 경우와 비무역재에 대해서는 LOP는 반드시 성립하지 않는다.

둘째로, 운송료 등의 거래비용이 있거나 정보가 불완전한 현실 세계에서는 '일물일가의 법칙'은 무역장벽이 없는 무역재에 한해서도 엄밀하게 성립 안할지도 모른다. 국내거래에 있어서도 같은 상품이 장소에 따라 다른 가격으로 팔린다는 것은 우리는 빈번히 보아 왔다. 따라서 국내거래에 있어서와 마찬가지로 국제거래에 있어서 LOP가 성립한다는 것은 재정이 움직이는 한 큰 가격차가 장기간에 걸쳐 존속한다는 것은 있을 수 없다는 것을 의미한다. 결국 LOP는 경제현상을 추상화하기 위한 개념적인 관계인 것이다.

(6.1)식으로 주어진 LOP는 개개의 상품을 대상으로 한 미시적 균형조건이다. 그러나 국제거시경제학의 관심은 개개의 상품가격이 아니라 경제전체의 물가수준이므로 (6.1)식은 개개의 상품가격의 가중평균인 물가수준으로 연장해 보면

$$P = S \times P^* \tag{6.2}$$

여기에서 P는 자국의 물가수준, P^*는 외국의 물가수준을 가리킨다. 또한 자국의 물가수준 $P \equiv \sum_{i=1}^{n} w_i P_i$, $P^* \equiv \sum_{i=1}^{n} w_i^* P_i^*$로 정의된다. (6.2)식은

$$S = \frac{P}{P^*} = \frac{1/P^*}{1/P} = \frac{\$\text{의 구매력}}{\text{원의 구매력}} \tag{6.2$'$}$$

로 나타낼 수도 있다. (6.2) 또는 (6.2)′식을 절대적 구매력평가설(absolute PPP)이라 한다.

이 절대적 PPP가 성립하기 위해서는 ① 모든 i에 대해 (6.1)식이 성립한다는 것 ② 모든 i에 대해 양국의 가중치가 동일하다(결국 $w_i = w_i^*$)는 것, 즉 각국의 물가 수준의 기초가 되는 상품바스켓이 같아야 한다. 이 두 가지 조건이 필요하게 된다. ①의 조건에 대해서는 가령 무역상품에는 성립한다 하더라도 비무역재에서는 반드시 성립한다고 말할 수 없다. 또 ②의 조건에 대해서도 소비나 생산의 패턴(pattern)이 다르다는 사실로부터 반드시 성립한다고 말할 수 없다(각국의 소비자의 기호가 동일하지 않다).

그러나 절대적 PPP가 성립하지 않더라도, 즉 위의 ①과 ②의 두 개의 조건이 성립 안하더라도, 그것을 저해하는 조건(수송비, 무역장벽, 불완전 경쟁, 국내외의 상품바스켓(basket)의 차이, 비무역재의 상대가격 등)이 불변이라면 환율의 변화율은 내외물가비의 변화율과 일치할 수 있다. 이제 전기($t-1$기)에 있어 $P_{t-1} = 10{,}000$원, $P_{t-1}^* = \$10$라 하면 $S_{t-1} = 1{,}000$원/\$1이 된다. 여기에서 전기로부터 금기에 걸쳐 양국의 물가가 각각 10%, 5%씩 상승하여, 금기 (t기)에 $P_t = 11{,}000$원, $P_t^* = \$10.5$가 됐다고 하자. 이 경우 환율은 $S_t = 11{,}000/10.5 \fallingdotseq 1{,}050$원/\$으로 5% 상승(원의 가치하락)한다.

이 예에 의하면 환율 S의 상승률 5%는 P의 상승률 10%로부터 P^*의 상승률 5%를 뺀 것과 같게 된다. 이 결과를 일반화시켜 기호로 표현하면,

$$\frac{S_t - S_{t-1}}{S_{t-1}} = \frac{P_t - P_{t-1}}{P_{t-1}} - \frac{P_t^* - P_{t-1}^*}{P_{t-1}^*} \tag{6.3}$$

이 된다. 즉, 환율의 변화율은 내외물가비의 변화율과 일치함을 알 수 있다. 이것을 상대적 구매력평가설(relative PPP)이라 한다. 이상으로부터 상대적 PPP와 UIP의 관계를 확인할 수 있다.

UIP: $i = i^* + \dot{S}^e$

PPP: $\dot{S}^e = \pi - \pi^*$

기호의 의미는 분명하다. $\dot{S}^e$는 현물환율 S의 예상변화율, π, π^*는 자국(한국)과 외국(미국)물가의 인플레이션율, i, i^*는 자국과 외국의 일반금리 수준이다. 여기에서 중요한 점은 고정환율제도 하에서 PPP가 성립한다는 것은 두 나라간의 인플레이션율이 동일하다는 것을 의미한다는 것이다. 왜냐하면 고정환율제도 하에서는 환율은 변화하지 않기 때문에 $\dot{S}^e$는 0이 되기 때문이다.

2. PPP로부터의 괴리요인

이처럼 PPP는 환율의 장기적인 움직임을 설명하는 이론으로서도 항상 성립하는 것은 아니다. 그렇다면 명목환율은 어떤 요인에 의해 내외물가비(PPP rate)로부터 괴리하는 것일까.

(1) 상품가격의 경직성

우선 경제체계에 항구적(permanent)인 명목쇼크가 발생할 때에는 장기적으로 PPP설이 타당하다고 할 수 있다. 그러나 상품가격 · 명목임금이 적어도 단기적으로 경직적인 경우, 명목환율은 명목쇼크에 민감하게 변화하지만 상품가격 · 명목임금은 그다지 변화하지 않기 때문에 단·중기적인 조정과정에서 PPP로부터의 괴리가 관측될 수 있다. 상품가격 · 명목임금이 완전히 신축적이라면, PPP로부터의 괴리는 일체 관측되지 않으며, 실질환율은 명목쇼크의 영향을 받지 않는다.

경제체계에 실물쇼크가 발생할 때에는 단·중기적으로나 장기적으로 PPP로부터의 괴리가 생길 수 있다. 왜냐하면 실물쇼크는 내외의 상품의 상대가격, 따라서 실질환율을 변화시키기 때문이다.

(2) 비무역재와 생산성 격차

일반물가의 변화를 측정하는 물가지수에는 많든 적든 비무역재가 통합되어 있기 때문에 기준시점과 현재의 시점이 멀어지면 멀어질수록 경제구조의 변화에 따라 무역재와 비무역재의 상대가격 변화에 의한 PPP로부터의 괴리가 확대한다.

특히 성장률이 높은 나라에서는 제조업 등의 무역재산업의 생산성의 상승률이 서비스산업 등의 비무역재 산업의 생산성 상승률을 훨씬 상회하는 경우가 많기 때문에 이 양자를 포함하는 일반물가지수의 상승률은 무역재 산업의 비율 상승률을 상회한다. 이 때문에 성장률이 높은 나라와 낮은 나라의 통화간의 PPP의 계산에 있어서는 성장률이 높은 나라의 산업의 국제경쟁력을 과소평가하지 않도록 주의할 필요가 있다.

비무역재를 고려하는 경우 상품재정거래는 불가능하기 때문에 두 나라간에 있어 동일한 상품 사이에는 일물일가의 법칙은 일관적으로 성립하지 않는다. 두 나라의 경제구조가 유사하다면 상품재정 없이 동일한 가격이 성립할 수 있지만, 이것은 예외적인 상황이다. 따라서 일반적으로는 비무역재를 구성요소로 포함하고 있는 물가수준에서는 절대적 PPP는 성립하지 않는다.

즉, 비무역재에 대해서는 일물일가의 법칙이 성립하지 않기 때문에 양국 내에 있어서 무역재와 비무역재간의 상대가격의 변화가 생기면, PPP는 수정되어야 한다. 장기적인 균형상태에 있어서는 국제무역론의 요소가격균등의 법칙이 성립한다. 즉, 자본이나 노동 등의 생산요소의 이동이 원활하게 이루어져 요소가격이 균등화되는 상태를 고려하면 양국이 같은 기술을 갖는 한 비무역재의 가격도 동등화된다. 그리고 이와 같은 조정에는 긴 시간이 걸리기 때문에 비무역재의 가격수준에는 큰 차이가 있다. 따라서 비무역재(가격, 서비스, 전력 등)가 점하는 비율이 클 때에는 환율과 PPP로부터 대폭적인 괴리를 나타내게 된다.

3. 실질환율의 결정이론

상대적 구매력평가설의 배후에는, 명목쇼크는 장기적으로 모든 명목변수를 같은 비율만큼 같은 방향으로 변화시킨다는(1차 동차성) '화폐수량설'을 전제로 하고 있다. 명목적인 변화(가령 통화량의 증대)가 장기에 있어서 경제의 실물면에 영향을 미치지 않고 상품·서비스가격, 환율 등이 명목변수만을 같은 비율만큼 변화시킨다면 상대적인 PPP설은 타당하게 된다. 실제로 장기에 있어서는 각국의 통화가치의 변화율과 내외 인플레이션율 격차 간에는 강한 상관관계가 있다. 또, 단기적으로 통화적인 측면이 압도적인 역할을 하는 국가나 시기에 있어서는 PPP가 비교적 타당한 것으로 알려져 있다. 가령, 제1차 세계대전 후의 독일의 초인플레이션(hyperinflation)기(1920~1923)의 월별데이터는 PPP설을 강하게 지지하고 있다.

또, 높은 인플레이션을 경험하고 있는 발전도상국에 있어서도 환율과 내외물가비가 강한 상관을 갖고 변동함을 알 수 있다. 이처럼 PPP설이 장기에 있어서 성립한다는 것, 또 높은 인플레이션의 나라·시기에는 단기적으로도 성립하기 쉽다는 것은 그것이 화폐수량설과 표리일체를 이루고 있기 때문이다. 그러나 이것은 역으로 경제에 실물쇼크가 발생하기도 하여 그 구조적인 변화가 내재하는 경우, 혹은 단기적·과도적인 상황에서는 PPP가 성립하기 어렵다는 것을 시사한다. PPP설이 성립하지 않는다는 것은 실질 환율이 변화한다는 것이다.

(1) 실질환율의 정의

실질환율이란 명목환율을 내외물가비로 디플레이트(deflate)한 것이다. 실질환율을 q라 하면 $q=\dfrac{SP^*}{P}$로 정의된다. 실질환율은 명목환율과 내외 물가비가 어디까지 서로 상쇄하는가를 나타내는 지표라 말할 수 있다.

절대적 PPP가 성립하면 자국과 외국의 바스켓은 동일하게 되고 원칙적으로 외국의 바스켓 한 개로 자국의 바스켓 한 개 밖에 살 수 없다($q=1$). 역으로 $q\neq1$이면 절대적 PPP는 성립하지 않는다. q가 1과 크게 다르면 다를수록 절대적 PPP로부터의 괴리는 커지게 된다. q는 절대적 PPP로부터의 괴리정도를 나타내는 지표이기도 하다.

이제 q의 임의의 값이 일정하게 유지되는 것으로 가정하자. q가 어느 수준에서 일정하게 유지되면 상대적 PPP가 성립하고, 역으로 상대적 PPP가 성립하면 q는 일정하게 된다. 즉 $q_t = \frac{S_t P_t^*}{P_t}$를 앞서의 변화율 형식의 PPP로 바꿔 쓰면,

$$\frac{q_t - q_{t-1}}{q_{t-1}} = \frac{S_t - S_{t-1}}{S_{t-1}} + \frac{P_t^* - P_{t-1}^*}{P_{t-1}^*} - \frac{P_t - P_{t-1}}{P_{t-1}}$$

이 된다. 여기에서 q_t가 일정하면 좌변은 0이 되고 우변도 0이므로 상대적 PPP가 성립하게 된다. 역으로 상대적 PPP가 성립하면 우변은 0이 되고 좌변 역시 0이 됨으로 당연히 q_t도 일정하게 된다.

그런데 변동환율제도로 이행한 이후 명목환율과 함께 실질환율도 큰 폭으로 변동했다. 명목환율의 변동의 방향을 예측하기 어려운 상황에서, PPP로부터의 괴리가 생긴 것이다.

(2) 실질환율의 결정요인

환율의 움직임을 경제학은 어떻게 설명할 수 있는가에 대한 질문에 대해 1980년대의 경제학은 매우 비관적이었다. 80년대 이후의 많은 경제학자는 시계열분석에 의해 환율은 임의보행(random walk)에 따르고 있다고 생각했다. 임의보행에 따른다는 것은 매기의 쇼크가 영구히 영향을 미친다는 것을 의미하며, 정의상 '쇼크'를 모르기 때문에, 장래의 환율을 합리적으로 예상할 수 없다는 것을 의미한다. 한편, 전통적인 경제학에서는 구조적인 논리를 모델로 구축하여 '균형'에서 환율이 결정된다고 생각한다. 특히 장기적인 균형을 고찰할 때 PPP이론이 있다. 80년대 이후의 환율에 관한 연구는 기본적으로 임의보행으로 대표되는 시계열분석과 PPP로 대표되는 균형분석의 양면으로부터 접근이 취해졌다.

90년대 들어 시계열분석에 의한 많은 연구가 이루어졌지만 그 하나의 결론은 환율은 임의보행에 따르지 않고 각기의 쇼크는 대략 3년에서 5년으로 반감

하며, 보다 장기적으로는 PPP수준으로 회귀한다는 데 합의(consensus)가 이루어지고 있다고 말할 수 있다. 결국 환율의 움직임을 포착하는 데 있어 장기적으로는 PPP를 비롯한 '균형환율'이 큰 설명력을 갖게 되었다고 말할 수 있다.

균형환율의 가장 기본적인 모델은 PPP모델이다. 결국 동일통화로 환산했을 때의 물가수준이 국제적으로 균등하게 된다는 사고이다. 동일통화로 환산한 내외물가수준의 비는 실질환율로 정의되며, 장기적인 균형환율을 규정하고 있다고 생각할 수 있다.

앞서 얘기했듯이 상품의 바스켓이 동일하고, 각 상품에서 일물일가가 성립한다면 실질환율은 항상 1이 된다. 실질환율을 1로부터 괴리시키는 것이, 국제적으로는 거래되지 않는 비무역재의 존재이다. 비무역재의 정의로부터 국제간 상품재정거래가 불가능하고, 일물일가의 성립을 저해한다.

이러한 비무역재의 가격결정이론에는 크게 나누어 두 가지 흐름이 있다. 하나가 '기술격차(technological differential)이론'이며, 기본이 되는 것이 발라사(Balassa), 사무엘슨(Samuelson)에 의해 지적된 개념을 정식화한 모델이다. 또 하나는 '요소부존(factor endowment)이론'이다. 그러나 이하에서 보듯이 이 두 개의 이론이 반드시 모순되는 것은 아니며, 여기에서는 이들 모델을 개관하면서, 모델에 대한 확장에 대해 생각해보기로 한다.

(3) 발라사-사무엘슨 모델

기술격차이론의 기초를 이루는 발라사-사무엘슨(Balassa · Samuelson, 이하 BS)[1] 모델은 실질환율의 가장 표준적인 모델로서 많은 실증분석의 틀(framework)을 제공하고 있다. 특히 실질환율과 실질소득간의 상관관계를 설명하는 가장 유력한 이론이다.

특히 발라사의 경우에 있어 각국의 일인당 GNP의 증대가, 비무역재인 서비스상품의 가격을 상승시켜 환율의 PPP로부터의 괴리를 발생시킴을 이론적으로 제시했으며, 실제로 1960년의 OECD 12개국의 데이터를 이용하여, 각국의

1) B., Balassa,(1964), "The purchasing power parity doctrine: A reappraisal," Journal of Political Economy 72.
P.A., Samuelson,(1964), "Theoretical notes on trade problems," Review of Economics and Statistics 46.

일인당 GNP는 환율이 PPP로부터의 괴리와 상관이 있음을 실증하고 있다. 이 분석에서 일인당 GNP를 기술수준 격차의 대리변수로 이용하고 있다. BS모델에서는 완전경쟁을 가정한다. 자국은 노동과 자본을 이용하여 무역재와 비무역재 두 상품을 생산한다. 자본의 국제간 · 산업간 이동은 완전히 자유로우며, 노동은 산업 간에서만 이동이 가능하다.

일반적으로 무역재는 공업제품, 비무역재는 서비스라 생각하면, 무역재의 경우가 자본집약적이며 노동분배율은 낮다고 생각할 수 있다. 무역재의 기술진보는 자본의 한계생산성을 상승시킨다. 자본의 완전성을 가정하기 때문에, 이것은 자본의 유입을 가져오며, 국내의 자본장비율(일인당 자본)을 상승시켜 상대적으로 희소한 노동의 가격을 상승시킨다. 임금의 상승은 노동력을 보다 집약적으로 이용하는 비무역재의 상대가격이 외국에 비해 상승함을 의미한다.

이제 경제체계 내에 무역재부문과 비무역재부문이 존재할 때, 내외의 무역재부문에 있어 생산성 격차가 PPP로부터의 괴리를 가져옴을 나타낼 수 있다. 비무역재의 존재를 고려하면 일반물가수준은 무역재와 비무역재의 가중평균에 의해 나타낼 수 있다. 양국의 상품 바스켓에 점하는 비무역재의 비중을 각각 β, β^*로 할 때, 자국과 외국의 물가수준 P, P^*는 각각

$$P=(P_N)^{\beta}\cdot(P_T)^{1-\beta},\quad P^*=(P_N^*)^{\beta^*}\cdot(P_T^*)^{1-\beta^*}$$

로 나타낼 수 있다. 단, P_N, P_N^*는 자국, 외국의 비무역재가격, P_T, P_T^*는 무역재가격이다. 무역재에 관해 일물일가의 법칙(결국, $P_T=S\cdot P_T^*$)이 성립한다고 가정하면, 실질환율은

$$\frac{S\cdot P^*}{P}=\frac{S\cdot(P_N^*)^{\beta^*}\cdot(P_T^*)^{1-\beta^*}}{(P_N)^{\beta}\cdot(P_T)^{1-\beta}}=\frac{(P_N^*/P_T^*)^{\beta^*}}{(P_N/P_T)^{\beta}}$$

가 되며, 이것의 자연대수치는

$$s+p^*-p=\beta^*\cdot ln\left(\frac{P_N^*}{P_T^*}\right)-\beta\cdot ln\left(\frac{P_N}{P_T}\right) \tag{6.4}$$

로 나타낼 수 있다(단 s, p^*, p는 S, P^*, P의 자연대수치). 따라서 실질환율은 양국에 있어 비무역재/무역재의 상대가격$\left(\frac{P_N}{P_T},\frac{P_N^*}{P_T^*}\right)$, 및 양국에 있어 상품 바

스켓의 구성(β, β^*)에 의존함을 알 수 있다.

이제 자국의 무역재부문에 있어 생산성이 상승(기술진보)했다고 가정해보자. 이 때 양국의 무역재가격은 조금은 하락하면서 새로운 수준에서 균등하게 될 것이다. 동시에 자국의 무역재 부문의 임금수준은 생산성의 상승을 반영하여 외국보다도 높게 된다.

국내에서 부문 간의 노동이동이 활발하게 이루어지고, 그 결과, 임금이 부문간에서 균등하게 된다고 가정하면, 자국의 비무역재부문의 임금수준도 높게 된다. 비무역재부문에서의 생산성의 상승은 0이기 때문에 임금의 상승은 비무역재의 가격을 상승시킨다. 이것은 자국의 비무역재의 상대가격 P_N/P_T가 외국과 비교하여 상승함을 의미하며, 그 결과 실질환율이 하락(가치상승, 절상)($s+p^*-p$의 값이 하락한다)된다. 이처럼 무역재산업의 생산성 상승의 격차가 비무역재 산업의 생산성 격차보다도 크다면 실질환율의 하락(가치상승)을 가져옴을 알 수 있다. 이와 같은 현상을 가리켜 발라사-사무엘슨(BS)효과라 부른다.

이러한 BS효과는 경제성장과 실질환율의 관계에 대해서도 중요한 의미를 갖는다. 경제성장의 큰 부분이 공업부문 결국 무역재산업의 생산성의 상승에 의해 이루어진다면 경제성장률의 격차는 무역재산업의 생산성 상승과 (+)의 상관을 갖는다. 생산성 상승격차는 무역재산업에 있어서 비무역재산업보다도 크다고 생각할 수 있기 때문에, 무역재산업의 생산성 상승격차는 환율을 하락(가치상승)시킨다. 결국, 경제성장률이 높은 나라는 실질환율이 하락(가치가 상승)한다. 환언하면 높은 실질소득을 갖는 나라의 상대물가수준이 높다는 관계가 이 이론에 의해 설명될 수 있다(그림 6-1).

PPP를 성립시키는 환율의 수준은 실질소득의 국제비교 등에 있어 중요한 의미를 가지며 많은 계측이 세계은행 · OECD 등에서 이루어지고 있으며, [그림 6-1]에 의하면 현실의 물가수준의 비는 소득수준과 강한 상관관계가 있음을 보여주고 있다. [그림 6-1]로부터 상대물가수준이 나라마다 매우 불규칙하게 분포되어 있으며 PPP가 실증적으로는 지지받고 있지 못하고 있음이 분명해진다.

BS모델을 엄밀히 실증하기 위해서는 무역재부문, 비무역재부문의 총요소생산성(total factor productivity: TFP)을 계산할 필요가 있다. 드 그레고리오 · 지오바니니 · 울프(de Gregorio, Giovannini and Wolf)[2]는 OECD 14개국의 패널데이

2) de Gregorio, J., A. Giovannini, and H. Wolf, "International Evidence on Tradables and

그림 6-1 실직소득과 상대물가수준

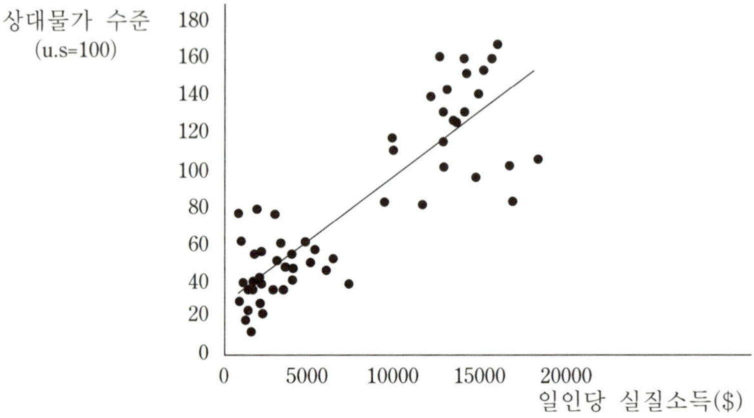

자료 : Obstfeld, M. and K. Rogoff(1996), *Foundations of International Macroeconomics*, Cambridge, MIT Press, P. 201.

터로부터 각국의 매년의 총요소생산성의 측정에 필요한 데이터를 ISDB (International Sectoral Data Base)로부터 취하여 무역재와 비무역재의 상대가격과의 관계를 검증하고 있다. [그림 6-2]에 의하면 국제규모로 보아 일본은 소득수준은 높고 물가수준도 높으며 무역재부문에서의 총요소생산성의 신장률이 비무역재부문에서의 신장률을 크게 상회하고 있으며, 그 결과 비무역재의 가격이 무역재의 가격에 비해 크게 상승하고 있음을 보여주고 있다. 이것은 생산성 격차와 실질환율 간에 상관이 있음을 나타내며, BS이론의 타당성을 보여주는 것이라 할 수 있다. 그들의 논문은 빈번하게 인용되기 때문에 여기에서 다소 상세하게 설명하도록 한다.

그들은 우선 수출비율 10%를 경계로 무역재부문과 비무역재부문으로 나누고 각각의 부문에 대해서 TFP를 측정하고, 동시에 비무역재의 무역재에 대한 싱대가격을 계산했다. BS모델의 세계에서는 가령 수요 측면에서 어떤 변화가 일어나더라도, 그 영향은 생산요소의 이동에 의해 모두 없어져 버리고, 각 부문의 상품의 상대가격은 변하지 않는다. 따라서 무역재와 비무역재의 상대가격은 각 부문의 생산성만으로부터 결정된다.

Nontradables Inflation," European Economics Review, June, 1994.

그림 6-2 생산성상승격차와 비무역재의 상대가격

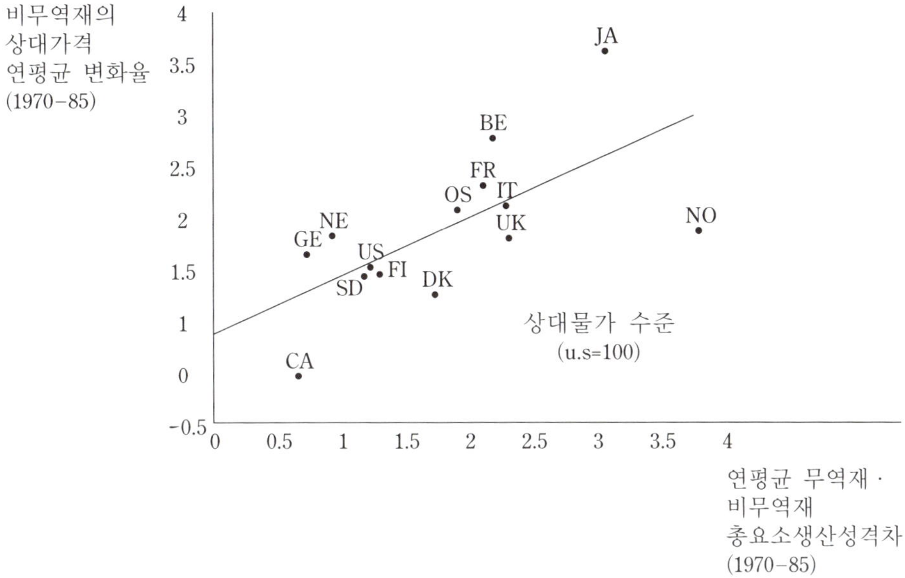

자료 : Obstfeld, M. and K. Rogoff(1996), 「Foundations of International Macroeconomics」, Cambridge, MIT Press, P. 201.

그러나 부문 간의 생산요소의 이동이 불완전한 경우나, 국제자본이동이 불완전한 경우에는 비무역재의 상대가격은 수요의 변화에 의해 영향을 받는다. 그들에 의하면 정부지출이나 일인당 소득수준이 이러한 수요구조의 변화를 나타내는 설명변수이며, 이들 설명변수의 증가는 비무역재의 상대가격의 상승을 가져다 줄 것으로 예상할 수 있다.

앞서 소개한 발라사(Balassa)를 포함하여 과거의 연구들에 있어서는 일인당 소득수준은 그 나라의 기술수준의 반영이며 공급 측면의 요인으로 다루어진 반면 그들은 TFP로 기술수준을 조절하고, 수요 측면의 요인으로 일인당 소득수준을 도입하고 있다. 1970–1985년의 16년간에 걸친 OECD 14개국의 패널데이터를 이용한 실증분석에 의하면 이상 열거된 모든 요인(인플레이션율의 변화를 포함)이 유의하게 비무역재의 상대가격에 영향을 미침이 확인됐다. 생산성의 변화는 비무역재의 상대가격에 유의하게 그리고 동시에 이론으로부터 예상되는 바와 같이 영향을 미치고 있지만 수요 측면의 요인은 유의하지 않았다. 이것은

장기적으로는 국제적인 자본이동이나 부문 간의 생산요소의 이동이 발생하기 때문에, 순수한 BS모델이 유효하다는 것을 시사하고 있다. 또 단기와 장기의 추계결과를 비교하면, 각 요인의 설명력도 크게 다름을 알 수 있다. 생산성의 변화는 단기적으로는 비무역재 상대가격의 1/3정도를 설명할 수 있지만, 장기적으로는 9할 이상 설명할 수 있다. 그 이외의 부분은 거의 수요측면의 요인으로 설명된다. 즉 단기적인 실질환율의 변동을 이해하는 데 있어, 공급 측면의 요인과 수요 측면의 요인이 모두 중요하지만, 장기적인 실질환율의 변동은 거의가 생산성격차로 설명이 가능하다.

1) 요소부존모델

BS모델에서는 국제자본시장의 완전한 통합을 전제로 하여, 자본의 이동에 의한 국제간의 이자의 균등화가 큰 역할을 하는 반면, 자본시장의 불완전성을 전제로 할 경우 한 나라의 자본의 존재량이 중요한 의미를 갖는다. 기술의 차이에 덧붙여, 자본의 부존량에 의해 실질환율의 움직임을 설명하려는 것이 요소부존(factor endowment)모델이다. 이러한 사고는 바그와티(Bhagwati), 크라비스(Kravis)와 립시(Lipsey)[3] 등에 의해 지적됐다. 이들의 모델을 이하 BKL모델로 부르자. 기술격차(생산성 격차)에 의한 설명이 무역이론에 있어 리카도(Ricardo)모델에 대응한다면, 요소부존모델(BKL모델)은 헥셔 · 오린(Heckscher · Ohlin)모델에 대응한다고 말할 수 있다. 이 이론에 의하면, [그림 6-1]에 나타난 소득과 물가수준의 상관관계는 반드시 기술의 차이를 가정하지 않아도 자본의 부존량에 의해 설명할 수 있다.

BKL모델은 기본적으로 BS모델의 틀과 같지만 자본의 이동이 없기 때문에 이자율이 균등하게 된다는 조건이 다르다. BS모델에서는 균형에 있어서 외생적인 해외의 이자율과 균등하게 되지만, 자본이동에 의한 재정이 일어나지 않기 때문에 국내의 이자율이 균등하게 되므로 이자율이 외생변수가 아니라 내생변수가 된다.

BS모델에서는 자유로운 자본이동을 통해, 노동에 관해 선형의 생산함수를

---

3) J. N. Bhagwati, (1984), "Why are services cheaper in the poor countries?," Economic Journal 25. Kravis, I.B. and R.E. Lipsey, (1998) "National Price Levels and Prices of Tradables and Nontradbles," American Economic Review 78.

가정하고 있는 것과 마찬가지의 결과가 되기 때문에 수요가 비무역재의 상대가격에 영향을 미치지 않았다. 그러나 자본의 국제간 이동이 불가능한 경우 노동생산성이 생산량의 함수가 되어, 상대가격이 수요에 의존한다. BKL모델에 있어 자본의 축적은 상대적으로 노동을 희소화시켜 임금을 상승시킨다. 비무역재산업은 상대적으로 노동집약적이기 때문에 임금상승의 영향이 크게 되면서 상대가격이 상승한다.

환언하면 소득수준이 높은 나라는 상대적으로 자본이 풍부하다고 생각할 수 있기 때문에 비무역재의 가격이 보다 높게 되고, 실질환율이 높은 수준이 된다. 이 결과 역시 [그림 6-1]의 관찰과 일치한다. BKL모델은 BS모델과 모순되는 것이 아니며 생산성의 격차도 실질환율에 영향을 미친다. 자본시장의 불완전성은 기술격차의 요인과 함께 상대물가수준의 차이를 설명한다고는 하나, 이 요인에 의해 설명할 수 있는 부분은 크지 않다. 현실에 있어 [그림 6-2]에 나타나듯이 대부분은 기술격차이론에 의한 것으로 생각할 수 있다.

최근의 연구에서는 교역조건, 원유가격, 정부지출, 소득수준 등의 다른 중요한 변수와 실질환율의 관계에 주목하여 수요측의 설명변수를 받아들인 이론적인 시도도 이루어지고 있다.

2) 교역조건

우선, 현재 가장 주목되는 것이 교역조건이다. BS모델에 있어 무역재는 한 종류이며, 자국과 외국에서 동질적인 상품이 생산되는 것으로 가정되어 있지만, 이 가정을 완화시켜 자국에서 생산되는 상품과 외국에서 생산되는 상품을 구별하면, 이 상대가격은 교역조건으로 정의된다.

교역조건의 정의에 있어 관심에 따라 몇 개의 정식화가 존재한다. 여기서는 자국이 생산하는 무역재를 수출하고, 외국에서 생산하는 무역재를 수입하는 경우를 생각하고, 그 상대가격을 교역조건으로 정의한다.[4)]

교역조건의 개선은 자국에서 생산되는 상품의 상대가격을 상승시키고, 무

4) 많은 문헌에서 1재(한 상품)모델을 염두에 두고 자국의 무역재와 외국의 무역재의 가격이 같게 되는 것을 무역재에 있어서 PPP로 논의를 진행하고 있지만, 명시적으로 자국과 외국의 생산재의 차이를 고려하면 이것은 「교역조건이 1이다」라는 것을 의미한다. PPP가 성립한다라던가 또는 「일물일가」가 성립한다고 말하는 것은, 가령 자국에서 만든 상품이 자국에서나 외국에서나 같은 가격임을 의미하는 것이며, 자국에서 만드는 상품과 외국에서 만드는 상품의 가격이 같다는 것을 의미하는 것이 아니다.

역재산업의 생산성을 상승시키는 것과 같은 효과가 있다. 결국 이제까지의 논의로부터 다음과 같이 말할 수 있다. 교역조건의 개선은 실질환율을 하락(가치상승)시킨다. 확인해보자.

만일 무역재부문이 수출재부문과 수입재부문으로부터 이루어지고, 자국, 외국의 물가수준이 각각

$$P=(P_N)^{\beta}(P_M)^{\gamma}(P_X)^{1-\beta-\gamma}$$
$$P^*=(P_N^*)^{\beta^*}(P_M^*)^{\gamma^*}(P_X^*)^{1-\beta^*-\gamma^*}$$

로 주어졌다고 하자(P_M, P_X는 수입재, 수출재의 가격). 이 때 실질환율의 자연대수치는

$$s+p^*-p=\beta^* ln\left(\frac{P_N^*}{P_X^*}\right)-\beta ln\left(\frac{P_N}{P_X}\right)+(\gamma-\gamma^*)ln\left(\frac{P_X}{P_M}\right)$$

이 되며, 교역조건(P_X/P_M)에도 의존하며 교역조건의 개선은 실질환율을 하락(가치를 상승)시킴을 알 수 있다(앞서의 (6.4)식은 $P_X=P_M$의 경우에 해당된다).

한편, 자국의 수출재는 공업제품을 전형으로 하는 무역재이고, 수입재를 원재료로 생각하며 교역조건을 정의하는 경우도 있다. 현실적으로 교역조건을 크게 규정하는 것이 석유와 같은 자원이다. 특히 가공수출형 무역구조를 갖고 있는 나라에 있어 최종제품과 원재료의 가격비는 큰 의미를 갖는다.

생산요소로서 자본 또는 노동과 원재료를 투입하는 생산함수를 고려하여 교역조건의 정의를 이용할 수 있다. 이 경우 교역조건의 개선은 원재료 가격의 하락을 통해 비용의 감소를 가져오며, 국내의 국제간 이동이 불가능한 생산요소의 가격이 상승한다. 결국 원재료의 최종재로 측정한 상대가격의 하락은 완전경쟁가정 하에서 자국의 상대임금을 상승시킨다.

비무역재가 무역재에 비해 노동집약적이라면, 혹은 환언하여 무역재가 보다 원재료집약적이라면 임금의 상승에 의해 비무역재의 상대가격은 상승하게 된다. 이 경우에 있어서도 교역조건의 개선은 실질환율을 하락(가치상승)시킨다. 원재료 투입을 명시화하여 교역조건을 위에서처럼 정의함으로써 원유가격의 실질환율에 대한 영향을 분석하는 것이 가능하다.

3) 정부지출

정부지출은 고전적인 먼델-플레밍(Mundell · Fleming) 모델에 있어 실질환율의 중요한 결정요인이었다. 그러나 기본적인 BS모델에 있어서는 위에서 얘기했듯이 수요 측면의 요인은 실질환율의 결정에 영향을 미치지 않는다. 정부지출의 영향을 분석하기 위해서는 어떤 확장이 필요하게 된다. 하나의 흐름이 BS모델을 동학적으로 확장한 것이다. 공급면에서는, 자본축직을 명시적으로 포착하면서 자본량의 고정성을 가정하고, 각 산업의 자본량은 전기까지로 결정된다고 생각한다. 이 모델의 특징인 고정적인 자본축적은 자본의 한 시점 내의 이동이 국제적으로나 산업 간에 있어서도 불가능하다는 것이 중요하다. 이것은 앞서 설명한 드 그레고리오 · 지오바니니, 그리고 울프의 틀에 맞추면 이러한 모델은 자본시장의 불완전성을 가정했다고 말할 수 있다. 자본시장의 불완전성을 가정함으로써 수요 측면의 요인을 분석하려는 의미에서는 드 그레고리오 · 지오바니니 그리고 울프의 논리와 같은 계열에 속한다고 말할 수 있다.

BS모델을 동학화한 이론의 한 결론은 생산성의 격차에 관한 영향이다. 소비자의 최적화문제에 있어 이시점간(異時點間; intertemporal)의 소비의 평준화(consumption smoothing)가 이루어진다. 예상된 생산성의 상승은 수요와 공급의 균형으로부터 자본축적의 경로를 결정한다.

그 때문에 무역재와 비무역재에 생산성의 격차가 있을지라도 그것이 예상된 것이라면 상대가격에는 영향을 미치지 않는다. 예상하지 못한 수요 쇼크는 예상된 가격에 있어서 수급균형에 영향을 미친다. 예상하지 못한 정부지출로 상품의 수요가 변화한 경우 수출입을 증감시킴으로써 해외자산의 잔고를 변화시킨다.

결국 이시점간의 소비계획을 변화시킴으로써 수급을 균형시킨다. 그러나 비무역재에 대한 수요의 변화는 정의에 의해 무역에 의해서는 흡수되지 않으며, 한 시점 내의 비무역재의 수급균형이 변화하여 상대가격에 영향을 미친다. 이처럼 예상하지 못한 정부지출은 비무역재의 상대가격에 영향을 미친다고 말할 수 있다.

드 그레고리오 · 지오바니니 그리고 울프는 소비자선호의 차이 없이 정부에 의한 재정지출의 역할에 착안하고 있다. 그들에 의하면 재정지출은 비무역재에 대한 수요에 대해 다음과 같은 두 개의 상반된 효과를 갖는다. 하나는 재정지출의 대부분은 의료보험이나 공공재 공급과 같은 비무역재에 지출된다는 직접적인 효과이며 또 하나는 재정지출을 충당하기 위해 세금이 부과되기 때문에 개인의 가처분소득이 감소하여 비무역재에 대한 지출을 감소시킨다는 간접적인 효과이다. 그들은 OECD 14개국의 경우 전자의 효과가 상대적으로 크다는 결론을 내리고 있다.

4) 소득수준

최근의 연구에서 설명변수로서 다루어지는 하나의 변수로 소득수준이 있다. [그림 6-1]에서 보듯이 소득수준과 실질환율 간에는 밀접한 관계가 있다. 대부분의 선진국에서 소득수준의 상승에 따라 제3차 산업, 특히 서비스산업, 결국 비무역재에 대한 지출의 증가는 비무역재의 상대가격의 상승을 가져온다. 가령 버그스트랜드(Bergstrand)[5]는 다음과 같은 효용함수를 가정하고 있다.

$$U=(C_T-\overline{C_T})^{\alpha}(C_N-\overline{C_N})^{1-\alpha}$$

단, 위에 ¯표시는 '기초소비'이다. 이러한 효용함수를 가정하면 소득수준과 지출비중에 일정한 관계가 생긴다. 버그스트랜드는 비무역재는 사치품이라는 전제하에 일인당 소득수준의 상승에 따라 소비자의 선호는 무역재로부터 비무역재로 이동한다고 가정하고, 고소득국일수록 비무역재의 무역재에 대한 상대가격도 상승한다는 관계를 가미하여 21개국에 대해 분석을 행한 결과 BS모델의 타당성을 실증하고 있다.

4. 금리와 환율

명목환율에 대해 실질환율이 정의될 수 있는 것과 마찬가지로 명목금리에 대해 '실질금리'도 정의할 수 있다. 예를 들어 일년간 금리 10%(연율)로 100만원 대출을 하는 경우 일년 후에는 원리합계 110만원을 얻을 수 있다. 동시에

5) J. Bergstrand, "Structural Determinants of Real Exchange Rate and National Price Levels : Some Empirical Evidence," American Economic Review 81, March 1991.

인플레가 10%(연율)의 속도로 진행된다고 하면 일년 후 예상되는 원리합계 110만원의 실질가치는 (110/1.1)만원=100만원이 된다.

즉 이자 10만원이 모두 물가상승으로 없어지는 것과 같다. 이 경우 금리는 실질적으로 0과 같다. 실질금리가 플러스(+)가 되기 위해서는 명목금리가 장래 예상되는 인플레율을 상회해야 한다. 일반적으로 대출원금 A, 물가수준 P, (명목)금리를 i, 예상인플레이션율을 π라 하면, 원금의 실질가치는 A/P이므로, 이것을 대출하면 일년 후의 원리합계의 실질가치는 $A(1+i)/P(1+\pi)$가 된다. 따라서 실질금리를 r이라 하면,

$$\frac{A}{P}(1+r)=\frac{A(1+i)}{P(1+\pi)}\cong\frac{A}{P}(1+i)(1-\pi) \qquad \text{(등비급수공식이용)}$$

$$=\frac{A}{P}(1+i-\pi-i\pi)$$

$$=\frac{A}{P}(1+i-\pi)$$

$$\therefore\ r=i-\pi$$

위의 식을 피셔재정식(Fisher parity)이라 한다. 즉, 실질금리는 명목금리로부터 예상인플레이션율을 뺀 나머지다. 만일 실질금리가 자본량, 시간선호, 저축·투자 등 실체적 요인으로 결정된다면 이들 변수가 안정적인 단기에 있어서는 실질금리는 안정적이라 생각할 수 있다. 즉 실질금리가 단기에 있어 안정적이라면 명목금리(i)와 예상인플레이션율(π)가 1:1의 관계를 갖는다. 환언하면 π가 1% 상승하면 i가 1% 올라간다. 여기에서, 앞서 설명한 UIP와 상대적 PPP와의 상호관계에 대해 알아보자. 자국(한국)과 외국(미국)에 있어 세 개의 식으로 나타내 보자.

UIP : $i=i^{*}+\dot{S}^{e}$

PPP : $\dot{S}^{e}=\pi-\pi^{*}$

실질금리 : $r=i-\pi$

위의 PPP식을 UIP식에 대입하면 $i=i^{*}+\pi-\pi^{*}$가 된다. 이것을 변형하면 $i-\pi=i^{*}-\pi^{*}$가 된다. 좌변은 자국의 실질금리 r과 같고, 우변은 외국의 실질

금리 r^*와 같다. 따라서 $r=r^*$가 성립한다.

즉 UIP와 상대적 PPP가 성립하는 한 내외(자국과 외국)의 실질금리는 동일해야 한다는 것이다. 이 경우 명목금리차는 예상인플레율의 차이만을 반영하고 명목금리의 상승은 명목환율을 동률 감소시킨다. 예를 들어, 자국의 중앙은행이 금융정책의 변경에 의해 자국의 경제시스템에 화폐적 충격(monetary shock)을 발생시키고 외국에서는 어떤 충격(shock)도 없을 경우, 당연히 외국의 실질금리는 불변이다. 즉, 그것과 항상 같은 관계에 있는 자국의 실질금리도 불변이다. 화폐적 충격에 의해 실질금리에 영향을 미칠 수 없는 것이다. 그러나 실질환율이 장래변화 할 것으로 예상될 때에는 내외의 실질금리는 균등화 되지 않는다.

마지막으로 피셔재정식(Fisher parity)을 검증할 때 최대의 문제점은 예상인플레이션율이 무엇인지 모른다는 것이다. 통상 양국의 실질금리의 움직임을 보면 장기적으로는 결코 일정하지 않다. 실질금리는 장기적으로는 실체적 요인에 의해 좌우된다. 그러나 실체적 요인이 그다지 변화하지 않는 단기적으로 보면 실질금리는 상당히 안정적이라 할 수 있다. 이 의미에서 피셔재정식은 명목금리와 실질금리의 단기적 관계를 설명하는 유익한 틀로 생각할 수 있다.

제 7 장

환율결정이론

1. 플로우(flow)접근과 자산(asset)접근
2. 플로우접근(Flow approach)
3. 모네타리 모델
4. 오버슈팅 모델
5. 자산접근 모델
6. 균형접근
7. 버블, 페소문제, 시장심리
8. 그 외의 환율결정이론

1973년 이후 세계의 주요통화는 변동환율제로 이행했으며 동시에 변동환율제의 실시로 각국은 국제수지불균형의 문제로부터 해방될 뿐 아니라 게다가 환율도 안정적으로 추이할 것이라는 기대가 있었다. 이와 같은 당시의 사고를 뒷받침한 것은, (1) '환율은 국제수지 또는 경상수지를 균형시키도록 결정된다' 라는 소위 환율결정의 국제수지접근(혹은 플로우(flow)접근), (2) 화폐수량설 및 구매력평가설에 의한 환율결정이론이었다.

그런데 73년 이후 주요통화간의 환율이 실제로 보인 움직임은 변동환율제 이행 전에 경제학자가 예상하고 있던 패턴으로부터 크게 벗어났다. 구체적으로 70년대를 통해, (1) 국제수지나 경상수지의 불균형은 간단히 해소되지 않았으며, (2) 환율의 변동에 대해서도, 적어도 단기적으로는 각국의 상대적인 인플레이션에 보조를 맞춘다는 사실은 인정되지 않았고 게다가 (3) 단기적으로 환율이 상당히 큰 폭으로 상하 움직임(volatility)이 나타났다.

그리고 이러한 경험을 설명하려는 하나의 유력한 사고로서 종래의 이론에 대신해 자산접근(asset approach)이 등장하게 된 것이다. '환율결정이론'은 환율의 변화를 설명하는 경제학의 이론이다. 이것은 매우 중요한 국제금융분야의 이론이지만, 현재까지 통일된 설명이론은 없으며 현재는 각종 접근방법이 병존해 있는 상태이다.

환율결정이론은 크게 두 갈래로 나누어 볼 수 있다. 하나는 플로우(flow)접근(국제수지접근)이고 다른 하나는 자산접근이다. 넓은 의미에서 자산접근에는 대표적으로 모네타리 모델(flexible price monetary model 혹은 monetary model), 오버슈팅 모델(overshooting model), 그리고 포트폴리오 밸런스 모델(portfolio balance model)이 있다. 본 장에서는 자산접근 모델 중에서 모네타리 모델(화폐접근이라고도 함), 오버슈팅 모델을 별도로 다루고, 포트폴리오 밸런스 모델은 자산접근 모델로 일반화시켜 다루기로 한다. 우선, 플로우접근과 자산접근에 대한 차이를 명확히 해 둘 필요가 있다.

1. 플로우(flow)접근과 자산(asset)접근

플로우접근이란, 환율에 관한 전통적인 사고로서, 1970년대 중반까지는 국제수지나 환율에 관한 논의가 거의 플로우접근에 의거하여 전개되어 왔다. 이 접근에서 자본수출입함수는 플로우의 차원을 갖는다. 환언하면, 단위시간당 크기를 나타내고 있다. 상품 · 서비스의 수출입도 플로우의 차원을 갖는다. 따라서 자본수출입함수와 상품 · 서비스수출입함수를 합할 수 있다.

단위시간당 상품 · 서비스의 수출초과액과 단위시간당 자본수출초과액을 더하면 국제수지가 된다. 변동환율제하에서는 환율을 유지하기 위해 정부가 외환의 매매를 행하거나 정부의 대외대차를 증감시킬 필요가 없기 때문에, 환율은 단위시간당 상품 · 서비스 수출초과액과 자본수출초과액의 합계가 0이 되도록 결정되지 않으면 안된다. 환언하면, 플로우접근에서는 대외채권의 단위시간당 공급(상품 · 서비스의 수출초과액)이 대외채권에 대한 단위시간당 수요(자본 순수출액)와 일치되도록 환율이 결정된다.

자산접근은 케인즈 이래의 포트폴리오이론을 이어받아, 유동성이 높은 금융자산에 대한 수요와 공급이 일치되도록 환율이 결정된다는 사고이다. 이 사고의 배후에는 상품시장과 금융시장 간에 수요와 공급이 일치되도록 가격(물가, 이자, 환율)이 조정될 때 조정속도에 큰 차이가 있다는 인식이 깔려 있다.

상품시장에 있어서는 조정속도가 작기 때문에 플로우차원에서 변수를 취급하는게 적절하지만, 금융시장에서는 조정속도가 크며 비교적 단기간에 균형이 달성된다. 더욱이 자산접근에 있어서는 이러한 균형이 플로우균형이 아니라, 스톡(stock)차원에서의 수급의 균형이라는 점이 중요한 특징이다.

즉, 금융자산에 대한 수요는 한 시점에서 보유하는 부(총자산)를 어떤 형태로 갖느냐의 문제이며 스톡차원에서 다루어져야 할 문제로 생각한다. 그리고 부 가운데 얼마만큼의 부분을 화폐(외국통화도 포함)로, 얼마만큼의 부분을 채권 등으로 보유하느냐는 것은 이들 자산의 유동성과 수익성에 의해 결정된다.

그리고 후자의 수익성을 좌우하는 것이 이자이며 환율이다.

이와 같은 자산에 대한 잔고수요와 그 자산의 공급잔고가 같게 되도록 환율이나 이자율이 변동하여 수급의 균형이 달성된다. 따라서 환율이나 이자율을 결정하는 것은 무역수지, 자본수지와 같은 플로우변수가 아니고 스톡변수로서의 자산의 공급잔고나 이자나 환율 이외의 잔고수요가 결정요인이다. 이처럼, 무역수지나 직접투자와 같이 수급의 조정에 시간이 걸리고, 플로우차원에서 취급하는 것이 적당한 변수는 단기에 환율의 결정에는 직접 도입되는게 아니라, 오히려 금융자산의 수급의 스톡균형을 통해 결정되는 환율이나 이자율이 역으로 무역수지나 직접투자의 흐름을 결정하게 된다. 자산접근에는 모네타리모델, 오버슈팅모델, 그리고 넓은 의미에서의 자산접근모델이 있다. 우선 플로우접근부터 설명한다.

2. 플로우접근(flow approach)

환율은 외화의 자국통화표시 가격이므로 외환시장에서 외화의 수요와 공급이 균형이 되는, 결국 초과공급(초과수요)이 소멸하는 곳에서 결정된다. 문제는 외화의 수요와 공급을 어떻게 볼 것이냐는 것이다. 수출은 상대국으로부터 외화의 수취이며, 수출기업은 이것을 외환시장에서 자국통화로 교환하지 않으면 안 된다. 수입은 상대국으로의 외화의 지불이며, 그것을 실행하기 위해, 외환시장에서 자국통화를 외화로 교환하지 않으면 안 된다. 결국 수출은 외화의 공급이며, 수입은 외화의 수요이다. 따라서 무역수지는 순외화공급이다.

자본수지의 경우, 자국거주자에게 있어 외화의 거래를 동반하는 자산으로서 외국채권을 상정한다. 외국채권을 구입하기 위해서는 자국통화를 외화로 교환하지 않으면 안된다. 반대로, 외국채권을 매각하면, 외화를 자국통화로 교환하지 않으면 안된다. 외국의 거주자의 자본거래도 외환시장에 영향을 미친다. 자국채권을 구입하기 위해서는 외화를 자국통화로 교환하여야 한다. 자국채권의 매각은 그 반대로, 자국통화를 외화로 교환하여야 한다. 자국거주자의 외국채권의 매각과 외국거주자의 자국채권의 구입은 자본의 유입이며 역의 경우에는 자본의 유출이다.

자본의 유입 - 자본의 유출 = 자본수지이므로 자본수지는 순외화공급으로 볼 수 있다. 이처럼 생각하면 무역수지와 자본수지의 합계(국제수지)가, 순외화공급 즉 외화의 초과공급이 된다. 국제수지가 적자이면, 외화의 초과수요가 존재한다. 이 초과공급(초과수요)이 0이 되는, 결국 외화의 수급(외환시장)이 균형되는 곳에서 균형환율이 결정된다. 그렇다면, 무역수지나 자본수지가 환율과 어떤 관계에 있는지를 명확히 해야 한다.

단순화시켜, 외국거주자의 지국채권거래는 존재하지 않는다고 가정한다. 자본의 유출입은 자국거주자의 외국채권매매에 의해서는 생기는 것으로 생각할 수 있다. 무역거래나 자본거래 및 거기에 따르는 자국통화와 외화의 교환도 해당기간에 동시에 발생하고, 외환시장에서 외화의 수급을 구성하는 것으로 가정한다. 자국재바스켓과 외국재바스켓은 불완전대체라고 가정한다. 대외투자수익(수지)도 단순화시켜 무시하도록 하자. 무역수지와 자본수지를 자국통화표시로 생각하든 외화표시로 생각하든 분석적으로는 변화하지 않기 때문에 여기에서는 자국통화표시로 정식화하고, 자국재의 물가로 계측한 실질치로서 생각한다. 물가는 외생변수이기 때문에 무역수지에 관해 실질치나 명목치나 본질적으로는 구별할 필요는 없다. 자본수지도 마찬가지로 자국재의 물가로 계측한 것을 생각한다. 여기에 대응하여 외화의 수급도 실질치이다. (명목)균형환율의 결정모델은 다음과 같다.

$$T(Y,\ Y^*,\ SP^*/P) + K(Y,\ i,\ i^* + \dot{S}^e,\ SF_{-1}) = 0 \tag{7.1}$$

T : 무역수지, K : 자본수지, Y : 실질소득, i : 자국이자율, S : 환율(자국통화표시), $\dot{S}^e$: 환율의 예상변화율, P : 물가, F : 외화표시 실질외국채권, *이 붙어있는 변수는 외국의 변수를 의미하며, -1은 해당기간 초의 값이다.

이 모델은 대외투자수익수지 등의 서비스계정이 존재하지 않기 때문에 국제수지의 균형을 의미한다. 모델은 이 방정식이 하나이므로 환율 밖에 결정될 수 없다. 남은 변수는 외생변수로 간주한다. 그것들은 실질소득, 이자율, 물가, 환율의 예상변화율, 외국채권이다. 각각의 변수에 대해 설명해 보자.

수입수량은 실질소득이 증가하면 증가하고, 자국재에 대한 외국재의 상대가격(실질환율)이 상승하면 감소한다. 수출수량은 외국의 실질소득이 증가하면 증가하고 자국재에 대한 외국재의 상대가격이 상승하면 상승한다.

본 분석에서는 자국재와 외국재가 불완전대체재로 가정되고 있기 때문에,

실질환율의 변화로 자국재가 외국재에 비해 비쌀 수도 있고 쌀 수도 있다. 따라서 무역수지는 자국의 실질소득의 감소함수이며, 외국의 실질소득의 증가함수이다. 이처럼 수출수량, 수입수량이 결정되더라도, 무역수지가 실질환율의 증가함수라는 보장은 없다.

명목환율이 상승(가치하락)하여 실질환율이 상승(가치하락)했다고 가정하자. 수입수량은 감소하지만 자국통화표시실질수입액($SP^{*}\ IM/P$, IM: 수입수량)은 명목환율의 상승에 따라 증가할 가능성이 있다.

이러한 가능성이 배제되기 위해서는 수입수량의 실질환율에 대한 탄력성이 상대적으로 크지 않으면 안 된다. 무역수지는 수출에 의해서도 영향을 받기 때문에 동시에 수출수량의 실질환율에 대한 탄력성이 상대적으로 크게 되면 이러한 가능성은 없어진다. 여기에서 이들 탄력성이 상대적으로 크다고 보고 무역수지는 실질환율의 증가함수로 가정해보자. 이 가정은 (7.1)식의 외환시장에 있어 본질적인 것이다. 그 이유는 다음과 같다.

균형으로부터 출발하여, 자본수지는 외생변수로서 적자라 하자. 명목환율이 상승(가치가 하락)하여 실질환율이 상승(가치가 하락)하고, 무역수지가 감소하면 외환시장은 초과수요가 된다. 명목환율은 초과수요에 반응하여 상승(가치가 하락)하고 실질환율도 상승(가치가 하락)하여, 외환시장의 초과수요는 확대되고, 불안정하게 된다. 이러한 불안정성은 현실경제에 있어 단기적으로는 탄력성이 작기 때문에 자주 발생하고 있음에 주의하지 않으면 안 된다(J-커브 효과). 다음으로 자본수지와 환율의 의존 관계를 설명해 보자. 자본수지(K)는 플로우 개념이지만, 배후에는 다음과 같은 스톡차원의 외국채권수요함수를 상정한다. 자국통화표시 실질외국채권수요를 F^d라 하자.

$$F^d = F^d(Y,\ i,\ i^* + \dot{S}^e,\ SF_{-1}) \tag{7.2}$$

$$F_Y^d > 0,\ F_i^d > 0,\ \partial F^d/\partial(i^* + \dot{S}^e) = F_r^d > 0$$

$$1 > \partial F^d/\partial(SF_{-1}) = F_F^d > 0$$

따라서 해당기간의 자본수지는 다음과 같다.

$$K = SF_{-1} - F^d(Y,\ i,\ i^* + \dot{S}^e,\ SF_{-1}) \tag{7.3}$$

(7.2)식을 고려하면 (7.3)식의 자본수지함수의 성질은 다음과 같이 된다.

$$K_Y = -F_Y^d < 0,\ K_i = -F_i^d > 0, \tag{7.4}$$
$$\partial K/\partial(i^* + \dot{S}^e) = K_r = -F_r^d < 0,$$
$$\partial K/\partial(SF_{-1}) = K_F = 1 - F_F^d > 0$$

(7.2)식을 설명해보자. 자국거주자는 실질소득이 증가하면 실질외국채권수요를 증가시킨다. 자국채권과 외국채권은 자국거주자에게 있어 불완전대체이기 때문에, 자국이자율이 상승하면 실질외국채권 수요는 감소하고, 외국채권의 수익률(명목외국이자율+환율의 예상변화율)이 상승하면 증가한다.

또, 해당기간 초의 외국채권은 명목환율에 의해 재평가된다. 그 영향이 자산효과의 형식으로 들어가게 되고, 자국통화표시 외국채권이 명목환율의 상승에 의해 재평가되어 그 실질치가 상승하고 외국채권 수요는 증가한다.

(7.3)식을 설명해보자. 자본수지의 흑자는 자국거주자의 외국채권의 추가적 매각이며 해당기간 초의 보유량보다도 감소한다. 적자의 경우는 추가적 구입이며 해당기간 초의 보유량보다도 증대한다. 이처럼 자본수지가 구성되는 이유는 외국거주자에 의한 자국채권의 거래가 없는 것으로 가정되기 때문이다.

자본수지의 성질에 대해 알아보자. 명목환율이 상승하면 해당기간 초의 외국채권보유량의 가치가 증가하고, 외국채권수요도 증가하지만 자산효과는 1보다 작기 때문에 이 재평가 효과는 플로우의 자본수지를 증가시킨다. 이 자본수지는 환율의 증가함수이지만, 이점은 외환시장의 균형의 안정성을 보증하고 있다. 자본수지가 흑자라면 그것에 대응하는 외화의 초과공급이 존재하지만, 명목환율이 하락하면 자본수지의 흑자는 축소되기 때문에 무역수지와 실질환율의 관계와 함께, 균형의 안정성을 보증하고 있다.

이상으로, 외환시장의 균형조건으로 명목환율의 균형치를 결정하는 부분균형모델이 완성됐다. 그 균형치는 아래와 같이 외생변수에 의존한다.

$$S = E(Y,\ Y^*,\ i,\ i^*,\ \dot{S}^e,\ P,\ SF_{-1}) \tag{7.5}$$

(7.5)식의 균형환율의 성질을 약간 설명해둔다.

자국의 실질소득이 증가한 경우 수입이 증가하여 무역수지는 감소한다. 한편, 외국채권수요가 증가하기 때문에 자본수지도 감소한다. 국제수지는 적자로서 외환시장은 초과수요가 되므로 균형명목환율이 상승(가치가 하락)한다.

명목환율의 상승(가치하락)은 무역수지와 자본수지 모두를 증가시켜 균형을 회복시킨다. 마찬가지로, 자국이자율의 효과를 보자. 자국이자율의 상승은 외국채권수요를 감소시키고, 자본수지를 증가시킨다. 국제수지는 흑자로서 외환시장은 초과공급이 되기 때문에 균형명목환율은 하락한다. 명목환율의 하락은 무역수지와 자본수지 함께 감소시켜 균형을 회복시킨다.

다른 외생변수의 효과도 마찬가지로 분석할 수 있다. 상기의 결과는 [그림 7-1]과 같다. [그림 7-1]은 자국의 실질소득의 증가를 나타내고 있다. [그림 7-1]에는 국제수지의 균형이 흑자와 자본수지의 적자(자본의 순유출)가 같게 되는 경우가 나타나 있다. 실질소득의 증가는 무역수지곡선(*T*곡선)을 아래로 이동시킨다. 또, 자본의 순유출곡선(*K*곡선)을 위로 이동시킨다. 여기에 따라 균형명목환율은 상승(가치하락)함을 알 수 있다.

[그림 7-2]는 자국이자율의 상승의 효과를 나타낸다. 자국이자율의 상승은, 자본의 순유출곡선만을 아래로 이동시키고 자본수지의 적자를 감소시킨다. 균형명목환율은 하락(가치상승)함을 알 수 있다.

이상과 같은 전통적인 플로우 내지는 국제수지접근은 변동환율제하의 환율변동(특히 1975~76년)을 충분히 설명할 수 없었다. 환율의 단기변동은 다수의 예상을 넘어 크게 상회했을 뿐 아니라 단기에 있어 수출입수량의 가격탄력성이

그림 7-1 자국 실질소득의 증가

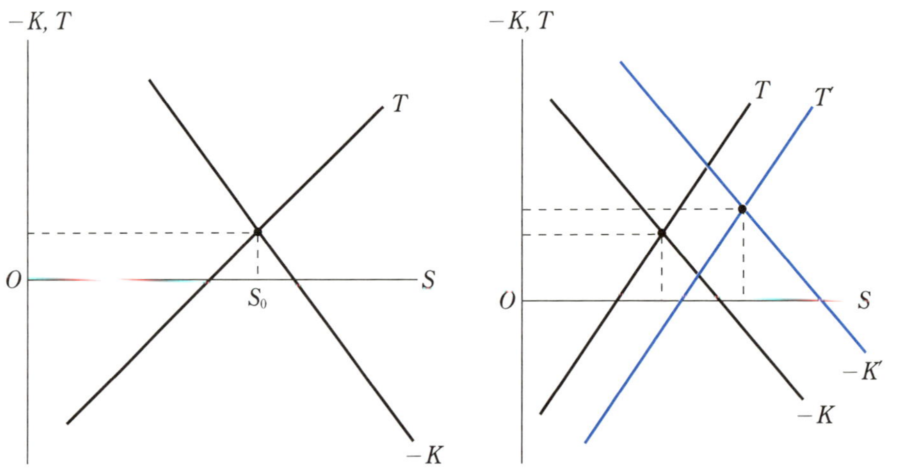

그림 7-2 자국이자율의 상승의 효과

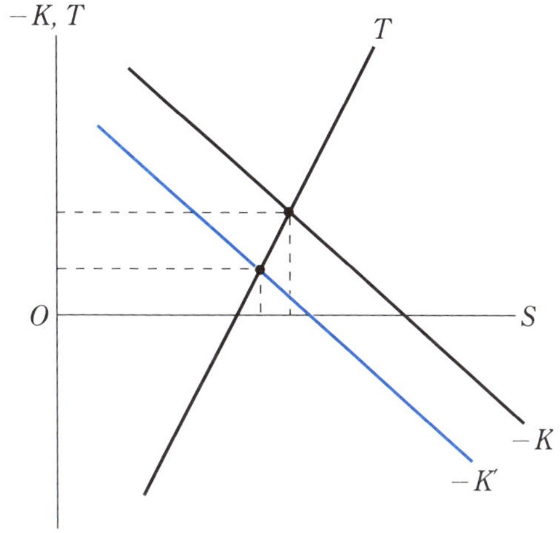

작다는 사실로부터 J-커브 효과가 나타나는 등, 환율변동에 대한 경상수지의 조정능력이 예상외로 약했다. 또 자본이동에 대해서도, 유로시장 등의 국제금융시장의 확대와 금리차나 환율의 변화예상에 민감한 국제자본이동의 활발한 움직임은 전통적인 플로우접근 내지는 국제수지 접근방법에 대해 큰 의문을 던진 원인이 되었다.

3. 모네타리 모델

모네타리 모델(monetary model)은 신축가격 모델(flexible price model)이라고도 하며 그 분석장치는 화폐의 수급균형조건과 구매력 평가조건으로 단순하다. 물가가 신축적이며 (상품)가격재정메커니즘이 즉각적으로 작용하는 것을 전제로 하기 때문에 통상 소국모델이 아니고, 2국 모델로 정식화시켜 분석되고 있다. 화폐의 수급균형조건은 아래와 같이 정식화된다.

$$M/P = L(Y,\ i), \qquad L_Y > 0,\ L_i < 0 \tag{7.6}$$

$$M^*/P^* = L^*(Y^*,\ i^*), \qquad L^*_{Y^*} > 0,\ L^*_{i^*} < 0 \tag{7.7}$$

(7.6)식은 자국화폐의 수급균형조건이며, (7.7)식은 외국화폐의 수급균형조건이다. 모두 그 나라의 실질소득의 증가함수이며, 그 나라의 명목이자율의 감소함수이다. 다음으로, 구매력 평가조건은 다음과 같다.

$$P = SP^* \tag{7.8}$$

(7.8)식은 좁은 의미에서의 구매력평가 조건이며, 실질환율은 1로 상정된다. 결국 일물일가의 법칙이 성립한다. (7.8)식이 성립하기 위해서는 자국재(바스켓)와 외국재(바스켓)가 완전대체이지 않으면 안 된다. 그러기 위해서는 양국의 소비자가 동일한 선호를 갖고 있어야 한다. 결국 바스켓 단위가 동일하지 않으면 안 된다. 이처럼 단기에서 명목환율이 구매력을 결정한다는 것은 매우 엄격한 가정이 뒤따라야 한다. 따라서 구매력평가는 성립하더라도 장기에서 성립하는 것으로 생각할 수 있다.

이상에서처럼 모네타리 모델의 분석장치는 매우 단순하며 여기로부터 명목환율에 영향을 미치는 요인이 명확해진다. 각국의 명목화폐공급이나 실질소득 및 명목이자율은 각국의 물가에 영향을 미치는 것에 의해 명목환율에 영향을 미친다. 또, 화폐의 초과공급(초과수요)에 즉각적으로 반응하여 물가가 상승(하락)하면, 균형이 안정된다. 상기의 모델로부터 균형명목환율은 아래의 식에서 결정된다.

$$S = (M/M^*)[L^*(Y^*,\ i^*)/L(Y,\ i)] \tag{7.9}$$

(7.9)식에서 결정되는 균형명목환율은 다음과 같은 성질을 갖고 있다. 외국의 명목화폐공급에 대해 상대적으로 자국의 명목화폐공급이 증가하면, 균형명목환율의 수준도 상승한다. 실질화폐수요함수의 형상이 양국에서 동일하다면, 외국의 실질소득에 대해 자국의 실질소득이 상대적으로 증가하면, 균형명목환율의 수준은 하락한다. 자국이자율의 외국이자율에 대한 상대적인 상승은 자국의 화폐수요를 감소시켜 균형명목환율을 상승시킨다.

이상에서처럼 모네타리 모델에 의한 균형명목환율의 설명은 매우 명쾌한 것이며 이러한 성질이 타당한지에 대해서는 (7.9)식을 대수선형으로 변형하여 실증분석한다. 1970년대부터 80년대의 고율의 인플레이션시대에 통화주의자(monetarist)를 중심으로 명목환율은 화폐적 현상이라는 사고가 보급되고, 실제로 과도한 금융완화정책을 채택한 나라에서는 자국통화의 가치하락이 현저히 나타났다는 현실을 이 모델은 반영하고 있다.

이와 같은 배경을 갖고 등장한 모델이지만 이론으로서 이 모델을 보는 경우, 정책변수이면서 외생변수로 가정할 수 있는 명목화폐공급을 빼면, 명목이자율이나 실질소득은 내생변수로 생각하는 것이 가능하다. 이들 변수의 결정에 대해서 이 모델은 그 어떤 것도 말해주는 것이 없기 때문에 본질적으로는 부분균형모델이다.

앞서 제5장에서 설명한 금리평가조건과 이 모델을 결합한 형태가 일반적으로 행해지고 있다. 그렇게 함으로써 자국이자율 혹은 외국이자율 중 하나는 결정된다. 모델은 자국이자율을 금리평가조건에 의해 소거하는 것에 의해 아래와 같이 변형된다.

$$M/P = L(Y,\ i^* + \dot{S}^e) \tag{7.6$'$}$$

$$M^*/P^* = L^*(Y^*,\ i^*) \tag{7.7}$$

$$P = SP^* \tag{7.8}$$

$$\dot{S}^e = \frac{S^e - S}{S} \qquad (S^e\text{는 예상환율})$$

우선, 예상환율의 변화율($\dot{S}^e$)은 외생변수라 가정한다. 균형명목환율은 이전과 마찬가지로 아래의 식에서 결정된다.

$$S = (M/M^*)[L^*(Y^*, i^*)/L(Y, i^* + \dot{S}^e)] \tag{7.9$'$}$$

새로 부가된 균형의 성질은 다음과 같다. 외국이자율의 효과는 양국의 이자율에 대한 실질화폐수요의 민감도의 차이에 의존한다. 양국의 실질화폐수요함수가 같은 형태를 갖는다면, 외국이자율은 명목환율에 전혀 영향을 미치지 않게 된다. 예상환율변화율의 상승은 자국이자율을 똑같이 상승시켜 자국의 실질화폐수요를 감소시키기 때문에 균형명목환율을 상승시킨다. 이제 환율예상을 다음과 같이 정식화해보자.

$$\dot{S}^e = N(S^e/S),\ N(1) = 0,\ N' > 0$$

위의 식은 회귀적(regressive) 기대형성이라 부르며 예상환율은 주어진 것으로 가정한다. 현실의 환율이 이 예상환율을 하회하면 환율은 곧 이 균형에 가까워질 것으로 투자가는 생각하기 때문에 그 예상변화율은 (+)이다. 또 그 차이가 크면 클수록 예상변화율도 커지게 된다. 이 예상환율변화율을 내생화한 경우를 검토해보자.

그 경우, 구매력평가 조건을 소거하여 모델을 집약적으로 나타내면 다음과 같이 된다.

$$M/P=L[(Y,\ i^{*}+N(S^{e}/S)] \quad (7.6)''$$

$$(SM^{*})/P=L^{*}(Y^{*},\ i^{*}) \quad (7.7)'$$

(7.7)′ 식은 외국의 실질화폐수급의 균형조건에 구매력평가 조건을 대입한 것이다. 이 두 개의 균형조건에서 명목환율과 자국의 물가가 결정된다. 외국의 물가는 이 두 개가 결정되면 구매력평가 조건을 만족시키도록 결정된다. 이러한 예상형성의 도입이 균형의 안정성을 훼손시키는지 알아보자.

단순화시켜 외국의 실질화폐수급이 항상 균형이며, 자국화폐 초과공급의 경우를 생각해보자. 여기에 반응하여 자국의 물가가 상승하면, 구매력평가 조건과 외국화폐의 실질수급균형조건으로부터, 명목환율은 상승한다. 명목환율의 상승은 그 예상변화율을 하락시켜 자국이자율을 하락시키므로 자국의 실질화폐수요가 증가하고, 자국의 물가의 상승과 함께 자국화폐의 초과공급을 감소시킨다. 예상형성의 내생화에 의해 균형의 안정성은 보강된다. 균형명목환율은 아래와 같이 도출된다.

$$S=E(M,\ M^{*},\ Y,\ Y^{*},\ i^{*},\ S^{e}) \quad (7.10)$$

균형의 성질에 대해 몇 가지 검토해보자. 자국의 명목화폐공급의 증가는 자국화폐에 대해 초과공급을 가져다준다. 외국의 실질화폐수급의 균형조건과 구매력평가 조건으로부터 자국의 물가와 명목환율은 같은 방향으로 변동하지 않으면 안 된다.

명목환율의 상승은 그 예상변화율을 하락시켜 자국의 실질화폐수요를 증가시키므로 자국의 물가 상승과 합쳐져 균형을 회복시킨다. 이 경우도 이전과 마찬가지로 (자국의)균형명목이자율은 상승한다. 외국물가는 자국의 명목화폐공급의 영향을 받지 않는다. 외국이자율의 상승의 효과를 보도록 하자.

외국의 실질화폐수요가 감소하기 때문에 외국의 물가는 상승하고 균형이 회복된다. 외국이자율의 상승은 자국이자율의 상승이므로, 자국의 실질화폐수요가 감소하여 초과공급이 된다. 구매력평가 조건으로부터 외국의 물가가 상승하기 때문에 명목환율로 디플레이트(deflate)한 자국재의 물가(P/S)는 상승한다.

자국재의 물가하락은 동시에 명목환율을 그 이상으로 하락시키므로 그 예상변화율을 상승시키고 자국의 실질화폐수요를 더욱 더 감소시키기 때문에 자국화폐의 초과공급은 확대한다. 이 경우, 자국의 물가는 상승해야 한다. 이것에 의해 자국화폐의 초과공급은 감소하고 균형은 회복되기 때문에 균형명목환율은 상승하는지 하락하는지 확정할 수 없다.

이상을 그림으로 살펴보자. 자국의 실질화폐수급을 균형시키기 위해서는 자국재의 물가와 명목환율은 반대방향으로 변동해야 한다. 따라서 균형곡선(LM)은 우하향한다. 구매력평가를 고려한 외국의 실질화폐수급이 균형되기 위해서는 자국재의 물가와 명목환율은 같은 방향으로 비례적으로 변화해야 한다. 따라서 균형곡선(L^*M^*)은 우상향한다.

이 두 개의 균형곡선의 교점에서 명목환율과 자국재의 물가가 결정된다. [그림 7-3]은 자국의 명목화폐공급의 효과를 나타내고 있다. 자국의 명목화폐공급의 증가는 곡선을 위로 이동시킨다. 따라서 자국재의 물가도 상승하고 균형명목환율도 상승한다.

그림 7-3 자국의 명목화폐공급의 효과

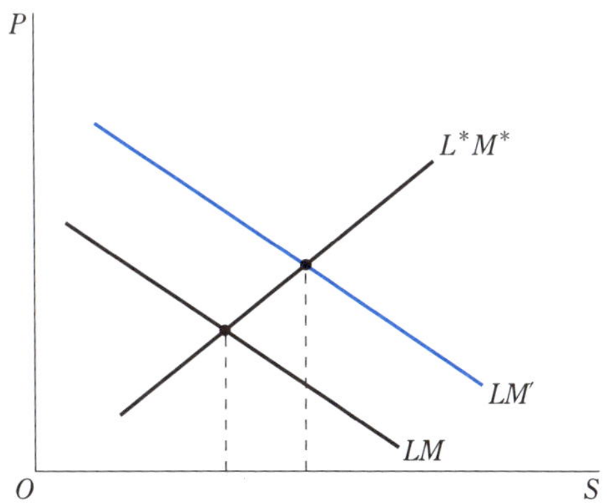

그림 7-4 외국이자율상승의 효과

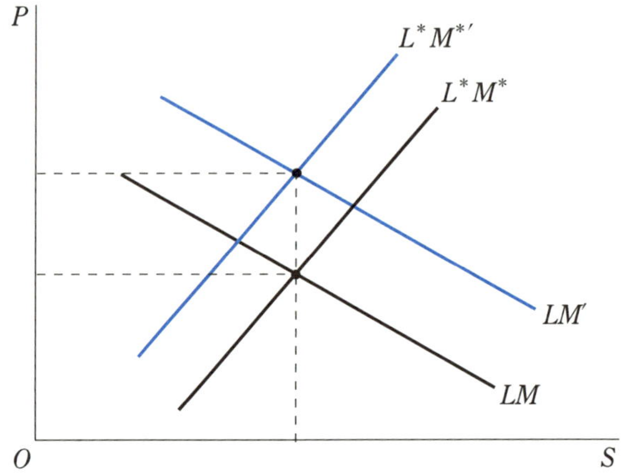

[그림 7-4]는 외국이자율 상승의 효과를 나타내고 있다. 외국이자율의 상승은 LM곡선을 위로 이동시키고 L^*M^*곡선을 아래로 이동시킨다. 따라서 자국재의 물가는 반드시 상승하지만 균형명목환율의 변화에 대해서는 확정할 수 없음을 알 수 있다.

4. 오버슈팅 모델

자본이동이 자유로운 세계에 있는 한 소국을 생각해보자. 소국의 가정은 외국의 물가수준, 명목이자율이 일정한 것으로 간주되며, 그 나라의 경제활동이나 경제정책에는 영향을 받지 않는다는 가정의 의미로 쓰인다. 이 나라의 화폐수급의 균형식은 스톡(stock)균형이기 때문에 즉시 만족된다. 그러나 가격수준에는 타성이 있으며, 총수요가 이 나라의 정상적인 공급능력을 상회할 때 가격은 서서히 완만하게 상승한다. 가격이 떨어지더라도 서서히 완만하게 하락한다.

한편 이 나라가 금융완화정책을 실시한다고 가정해보자. 단기적으로도 구매력평가가 성립되는 화폐접근의 세계(앞서의 신축가격 모델과 같은)에서는 화폐정책은 중립적이며, 물가는 곧 조정되어 새로운 균형에 곧 도달하지만, 오버슈팅(overshooting) 모델에서는 물가의 조정에 시간이 걸리기 때문에 단기적으로는 물가는 거의 일정하다고 보면 좋다.

따라서 화폐수급을 균형시키기 위해서는 이자율이 하락하지 않으면 안 된다. 이상과 같은 사고 하에서 돈부쉬(Dornbusch)는 환율의 과잉조정(overshooting)의 현상을 분석한 모델을 제시했다. 환율의 과잉조정이란 가령 화폐공급이 증가할 때 그 통화는 장기적으로 보아도 가치가 하락하지만, 우선 단기적으로는 크게 하락했다가 장기균형환율을 향하여 서서히 상승하는 현상을 가리킨다. 돈부쉬 모델에 있어서 자산시장의 균형조건은 다음과 같다.

$$M/P = L(Y,\ i) \tag{7.11}$$

$$i = i^* + \frac{S^e - S}{S} \tag{7.12}$$

단, P는 물가수준, Y는 소득, M/P는 실질화폐공급량(잔고), $\frac{S^e - S}{S}$는 예상환율의 변화율(절상률 혹은 절하율), S는 자국통화표시환율, i, i^*는 각각 자국과 외국의 이자율이다.

(7.11)식은 화폐시장의 균형조건이며 화폐와 대체적인 자산은 한 종류의 채권만이라면, (7.11)식이 성립하면 채권시장의 균형도 성립한다. (7.12)식은 선물커버안된 금리재정식(UIP)을 가리키며 각국 통화표시 두 자산이 완전대체적임을 의미한다. 따라서 자국채권과 외국채권은 한 종류의 채권으로 취급되며 채권과 자국화폐 사이의 자산선택이 문제가 된다. 즉 자국채권과 외국채권이 동질적이라면 (7.12)식은 당연히 성립되지 않으면 안 된다. (7.12)식의 우변은 외국채권의 수익률이며, 이것은 외국이자율과 예상환율의 변화율의 합이 된다. 그리고 환율에 관한 예상이 어떻게 형성되느냐가 다음의 문제이다.

돈부쉬는 우선 환율에 관한 예상이 회귀적(regressive)인 기대에 의해 결정되는 것으로 본다. 회귀적 기대란 예상에 일종의 타성이 있어, 가령 자국통화가치가 하락한 경우, 사람들은 이러한 상황이 오래 계속되지 않고 장래는 어느 정도 가치가 올라갈 것으로 예상하는 것이다.

가령, 현재의 환율이 1% 상승(가치하락, 감가)하면 예상환율은 1% 미만으로밖에는 상승하지 않는다는 것을 의미하며, 그 결과 예상환율의 탄력성은 1보다 작다. 돈부쉬는 환율의 예상변화율에 대해, 이것이 장기균형환율과 현재의 환

율과의 차에 비례한다고 가정했다. 즉,

$$\frac{S^e - S}{S} = \theta\left(\frac{\bar{S} - S}{S}\right), \qquad \theta > 0 \tag{7.13}$$

이다.

$$\text{혹은, } i = i^* + \theta\left(\frac{\bar{S} - S}{S}\right) \tag{7.14}$$

여기에서 $\bar{S}$는 환율의 장기 균형치, θ는 조정속도를 나타내는 계수이다. 돈부쉬는 장기적 균형이 화폐가 중립적인 균형뿐 아니라, 경제주체가 그와 같은 값으로 수렴해가는 환율의 경로를 정확하게 예상할 수 있는 경로, 즉 완전예견(perfect foresight)경로, 이것은 확실성의 가정 하에서는 합리적 기대(rational expectation)경로만이 의미가 있다고 생각한다.

즉 경제주체가 각각 환율이 장래 이렇게 움직일 것이라고 생각하고 행동하면 그 결과 나온 경제행동이 사람들이 예상한 환율의 변동을 실현한다. 확실성의 세계에서는 모두가 알고 있는, 즉 모두 예상한 것은 실현되는 완전예견의 세계가 된다.

완전예견은 각 시점에 있어서 현실에서 일어나는 환율의 움직임을 정확히 예상하는 것이며, 이 예상형성 메커니즘은 규칙적인(systematic) 예상오차를 가져다주지 않으므로 불확실성이 없는 합리적 예상에 대응한다. 이러한 상황 하에서는 실제의 환율은 예상환율과 같은 움직임을 보이기 때문에 (7.12)식의 환율의 예상변화율은 현실의 환율의 변화율이 되며 더욱이 장기적인 균형치로 접근해 나가게 된다((7.13)식).

이제 (7.14)식과 (7.11)식을 연립시킨 체계에서 이자율과 환율을 결정할 수 있다. Y는 완전고용 하에서 일정하며, P에 대해서는 다음과 같은 조정방정식에 따른다고 가정한다.

$$\frac{\dot{P}}{P} = \delta\left[\frac{D(Y, i, S/P) - Y}{Y}\right], \qquad \delta > 0 \tag{7.15}$$

여기에서 $D(\cdot)$는 자국생산물에 대한 총수요함수이며, 이자율이 상승하면 감소하고, 실질환율의 값이 상승하면 증가한다. 따라서 (7.15)식은 상품시장의 초과수요에 비례하여 물가가 상승함을 나타내고 있다.

마지막으로, 환율의 장기균형치 $\bar{S}$에 대해 설명한다. 장기균형은 단기균형을 만족해가면서, (7.15)식에 있어 $\frac{\dot{P}}{P}=0$가 되는 상태이다. 그 때는 당연히 $S=\bar{S}$이므로, $i=i^*$가 성립한다. 따라서 (7.11)식에 이것을 대입하여,

$$M/P=L(Y,\ i^*) \tag{7.16}$$

$$D(Y,\ i^*,\ S/P)=Y \tag{7.17}$$

이 되는 장기균형체제가 얻어진다. 이것에 의해 결정되는 물가수준 및 환율이 장기균형치로서의 $\bar{P}$, $\bar{S}$이다. 이것들은 당연히 화폐량 M에 의존한다.

(1) 화폐정책의 장기적 효과

장기체계에 있어서 화폐량이 2배가 된다고 하자. 그 때 물가수준 및 환율이 모두 2배가 되면, 화폐시장의 균형과 상품시장의 균형, 그 어느 것도 교란되지 않는다. 따라서 원래의 장기균형상태를 (S_0, P_0, M_0)라 하면 그것을 α배 한 (αS_0, αP_0, αM_0)도 장기균형이 된다. 그것을 도해하면 [그림 7-5]와 같이 된다.

PPP선상의 모든 점은, 각각 대응하는 화폐량 하에서의 장기균형치이다.

그림 7-5 장기적 동차성

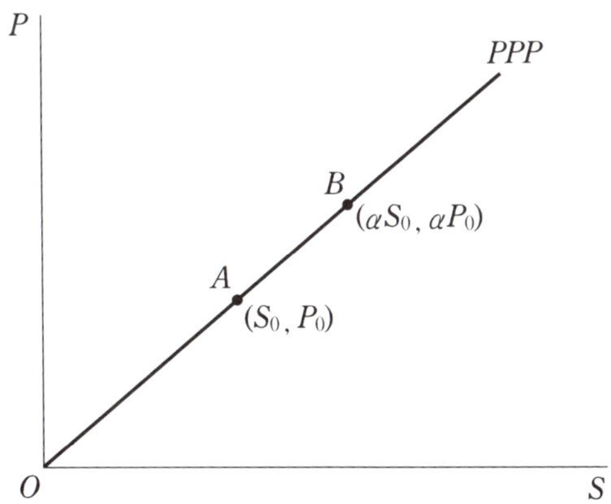

이것이 돈부쉬 모델이 갖는 장기적인 의미에서의 동차성(homogeneity property)이며, 화폐접근의 중요한 결론이다. 따라서 물가수준 및 환율의 장기균형치를 화폐량의 함수로서

$$S_0 = \psi(M) \tag{7.18}$$

$$P_0 = \phi(M) \tag{7.19}$$

로 나타내면, 이것들은 일차동차이다.

동차성을 갖는 이유로서는 그 체계 중에 화폐착각이나 가격의 경직성이 없다는 것과 더불어, 화폐 및 상품의 수요함수에 자산효과가 없다는 것이다. 예를 들어 화폐정책을 실시한 후에 실질자산이 변화하지 않음으로써 화폐나 상품에 대한 수요가 변화하지 않는다는 것이다.

이상을 정리하면, 돈부쉬 모델에서는 환율이 장기적으로 구매력평가(*PPP*)가 성립하는 장기적 균형으로 수렴한다고 본다. 장기적 균형은 화폐가 중립적인, 즉 화폐량, 물가, 그리고 환율이 같은 비율로 변하는 화폐수량설 및 *PPP*가 성립됨을 의미한다.

(2) 화폐정책의 단기적 효과와 오버슈팅

다음으로 화폐정책의 단기적 효과와 동학적 조정과정을 검토한다. 그러기 위해 자산시장의 균형조건을 단일방정식의 형태로 나타내는게 편리하다.

(7.14), (7.18)식을 (7.11)식에 대입하면

$$\frac{M}{P} = L\left[Y,\ i^* + \theta\left(\frac{\psi(M) - S}{S}\right)\right] \tag{7.20}$$

이 되며, 단기적으로는 P는 일정하므로 이 식에 의해 환율이 결정된다.

다음으로 화폐량 증가의 효과를 알아보자. (7.20)식을 전미분하고, $S = \bar{S} = P = 1$이라 하면,

$$\frac{dS}{dM} = \psi' - \frac{1}{\theta L_i} \tag{7.21$'$}$$

을 얻는다. 여기에서 $L_i < 0$, $\psi' = \dfrac{d\bar{S}}{dM} = 1$이므로 외환의 가격(환율)은 일시적으

그림 7-6 환율의 오버슈팅

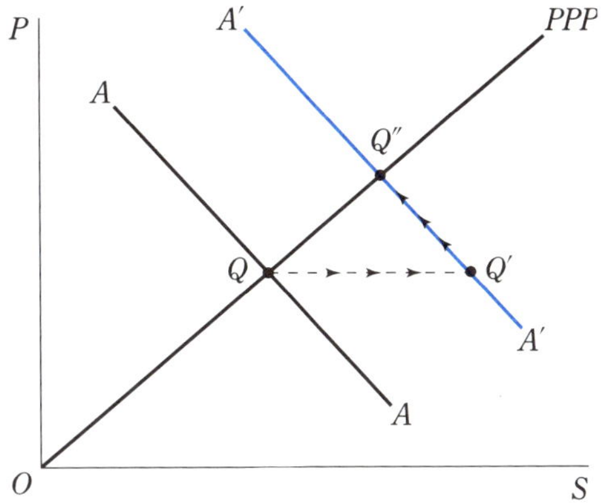

로 장기균형치를 넘어 상승함을 알 수 있다. 그리고 그 크기는 화폐수요함수의 이자율에 대한 민감도와 예상조정계수 θ에 의존하는 것이다. 이상의 사실을 [그림 7-6]을 이용하여 설명해보자.

[그림 7-6]에서 자산시장의 균형조건으로부터 환율(S)과 국내물가(P) 사이에 우하향하는 AA곡선이 그려져 있다. 환율의 상승은 장래 자국통화의 가치상승예상을 가져오기 때문에(회귀적 기대), 자국금리 i가 낮아지지 않으면 채권시장은 균형이 되지 않는다. 그것은 자국금리가 외국금리보다 낮다는 것을 의미하기 때문에 수익률이 같아지기 위해서는 환율은 계속 상승(가치하락)하지 않으면 안 된다(두 자산간의 완전대체성).

또, 자국통화의 감가와 금리의 하락은 상품수요를 증대시키기 때문에 단기적으로 소득이 증대한다. 이 소득증가와 금리의 하락은 화폐수요를 증가시키므로 화폐시장이 균형이 되기 위해서는 국내물가 P가 하락하여 실질화폐잔고가 증대할 필요가 있다. 따라서 AA곡선은 우하향한다.[1)]

[그림 7-6]에서 PPP선은 구매력평가에 의한 장기균형환율을 나타내는 직선으로 이는 물가와 환율이 비례적으로 변화함을 보여주고 있다(장기의 화폐중립성). 이제 화폐량이 증가하면, 외환시장의 균형을 나타내는 AA곡선은 우측으

1) 물가하락의 유효수요증대효과가 크면 자국통화의 가치하락이 물가상승을 필요로 할 가능성도 있지만, 이 가능성을 무시하는 것으로 한다. 이 때에 AA곡선은 우하향한다.

로 이동하여 $A'A'$ 곡선이 된다(화폐공급의 증대는 어느 한 주어진 환율 하에서 국내물가를 상승시키기 때문이다).

AA곡선은 단기적으로 항상 성립하는 관계이며 물가는 즉각적으로 조정되지 않고 단기적으로는 조정이 완만(sluggishness)하기 때문에 화폐시장의 균형은 환율만의 변화에 의해 달성되며, 균형점은 Q에서 Q'로 점프한다.

이 때문에 환율은 단기적으로 크게 상승하게 된다. 즉, 환율의 과잉조정(overshooting)이 발생하게 된다. Q'점에서는 상품시장에 초과수요가 발생한다. 환언하면 첫째로 화폐량의 증가는 자극금리를 하락시켜 투자를 자극하고, 둘째로 외환가격의 상승(즉 S의 상승)이 실질환율(S/P)을 상승시켜 순수출을 증가시키기 때문이다. 물가수준은 $A'A'$ 곡선을 따라 서서히 상승 또 외환가격은 하락(S의 하락)한다. 새로운 장기균형점 Q''에 이르러 상품시장과 화폐시장이 모두 균형이 된다. 이상의 동학적 조정과정에 있어 환율과, 이자율 그리고 물가수준의 시간적인 변동을 도시하면 [그림 7-7]과 같이 된다.

[그림 7-7]에서 t_1이 정책의 실시시점이고 하첨자 0은 원래의 균형점, 1은 새로운 균형점을 나타낸다. [그림 7-7]에 의하면 환율이 한번 장기균형치를 뛰어넘어 크게 변화하고, 그 후에 서서히 장기균형치로 수렴하는 움직임을 보이는 것을 오버슈팅이라고 한다. 결과적으로 금융정책은 환율을 급격히 상승시키는 오버슈팅현상을 가져오기 때문에 단기적으로는 수출이 증가하여 경상수지를 개선시키며 국내의 유효수요를 증대시킨다. 수출의 신장은 외국의 유효수요에 (−)의 영향을 가져다주기 때문에 외국에 대해서는 근린궁핍화(beggar-thy-neighbor)적인 효과를 갖는다. 즉 자국의 수출확대가 외국의 수출을 삭감시키고 외국의 소득수준을 낮추도록 작용한다. 따라서 외국에 대해서는 '실업의 수출'이 행해지게 된다. 돈부쉬의 오버슈팅 모델을 정리하면 다음과 같다.

(1) 스톡차원에서의 자산시장의 조정을 반영하는 환율이나 이자율은 즉각적으로 변화하지만,

(2) 물가는 플로우차원에서 상품의 초과수요를 반영하여 변동하며, 물가가 변화하는데는 어느 정도의 시간의 경과를 필요로 하며,

(3) 이와 같은 자산가격과 상품가격의 조정속도의 차이가 환율의 과잉조정(overshooting)을 가져다주는 원인이라는 것이다.

돈부쉬 모델에 있어서 특히 문제가 되는 것은 자국이 보유하는 외국자산잔

그림 7-7 물가수준, 이자율, 환율수준의 시간적 경로

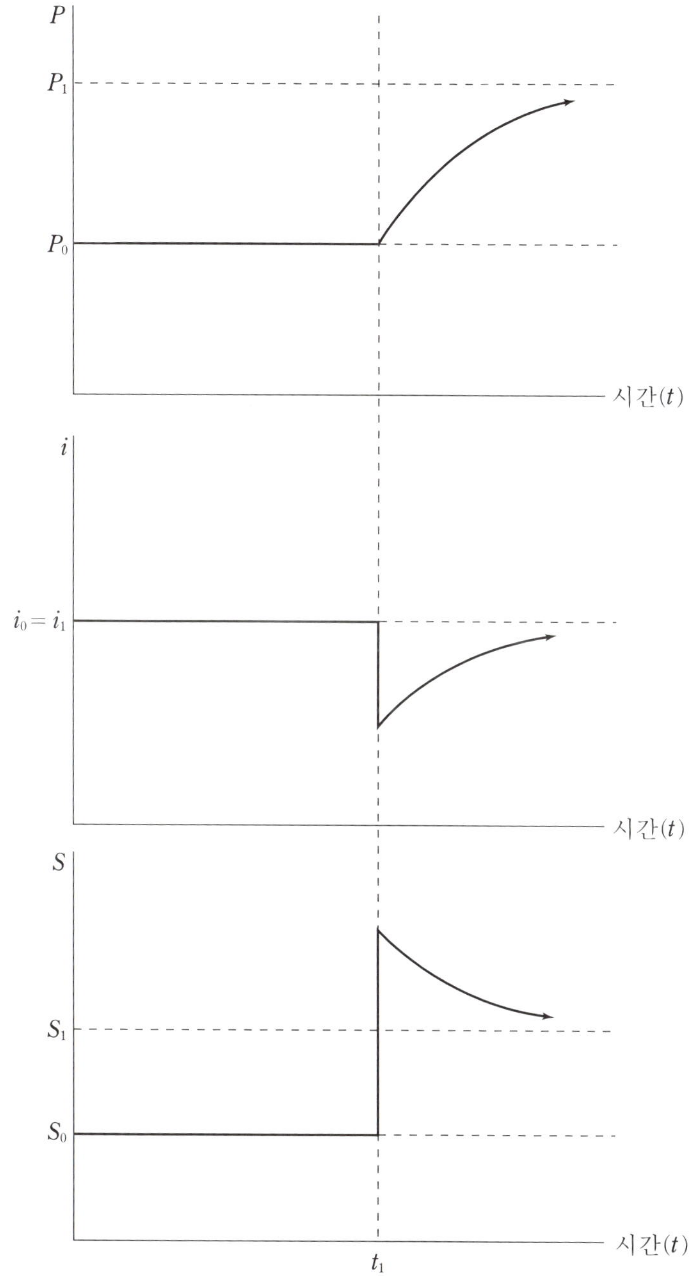

고를 나타내는 변수가 무시되고 있는 점이다. 그 때문에, 그의 모델에서는 환율은 외환시장에서 결정되고, 외환시장에서의 수요는 기본적으로 외국자산보유도 포함하는 자산선택행동을 반영한다고는 하면서, 자국의 대외자산보유잔고가 증감하더라도 그것이 환율에는 어떤 영향도 미치지 않는다는 결함을 가지고 있다.

5. 자산접근 모델

(1) 변동환율제 하의 자산접근 모델

본 절에서는 자산시장에 초점을 맞춘 단기의 환율결정이론, 즉 자산시장접근을 설명한다. 우선, 자국(한국)은 소국, 외국(미국)을 대국으로 가정한다(즉, 여기서의 분석은 자산시장의 소국모델이며, 2국 모델은 다루지 않는다). 자국의 거주자가 보유하는 자산으로, 자국통화 M, 자국채권 B, 외국채권 B^*(달러표시)의 3종류를 고려한다.

자국의 거주자는 외국의 통화(달러)를 보유하지 않으며, 외국의 거주자는 자국의 통화나 채권(자국통화표시)도 보유하지 않는다고 가정한다. 자국통화표시 환율을 S, 예상환율을 S^e, 원채권금리를 i, 달러채권금리를 i^*(소국의 가정으로부터 i^*는 자국의 거주자에 있어 주어짐)라 하고, 자산시장의 스톡균형을 나타내 보자. 이하의 분석에서 원채권과 달러채권이 완전대체자산인 경우와 불완전대체자산의 경우로 나누어 설명한다.

1) 내외채권이 완전대체자산인 경우

우선, 가장 단순한 자산시장모델로서, 원표시 채권과 달러표시 채권이 완전대체자산인 경우, 즉 커버되지 않은 금리평가조건(UIP)이 성립하는 경우에 대하여 고찰한다. 이 때 사산시장의 스톡균형은,

$$M = L(\underset{\ominus}{i},\ \underset{\oplus}{W}), \qquad \text{(통화의 수급균형)} \tag{7.21}$$

$$B + SB^* = J(\underset{\oplus}{i},\ \underset{\oplus}{W}), \qquad \text{(채권의 수급균형)} \tag{7.22}$$

$$i = i^* + \frac{S^e - S}{S} \qquad \text{(UIP)} \tag{7.23}$$

$$W = M + B + SB^* \qquad \text{(금융자산잔고)} \qquad (7.24)$$

의 4개의 식으로 나타난다. 단, $L(\cdot, \cdot)$, $J(\cdot, \cdot)$은 각각 자국의 투자가에 의한 통화수요함수, 채권수요함수이며,

$$L_i + J_i = 0, \; L_w + J_w = 1$$

이 성립한다.

각 수요함수 아래의 편미계수의 부호는 다음과 같다. 자국금리 i의 상승은 자국채권가격의 상승이라는 자본이득을 예상하여 자국채권수요는 증대하며, 따라서 자국통화수요 감소, 외국채권수요 감소가 생긴다. 물론 자산효과는 (+)이다.

소득이나 물가수준은 단기의 가정으로부터 일정하기 때문에, 자산의 수요함수에 명시적으로 나타나 있지 않다. 여기에서, 원채권과 달러채권의 완전대체성이 가정되고 있으므로 채권의 공급과 수요는 그 어느 것이나 자국통화표시(원표시)로 정의되고 있다.

자산제약식 (7.24)식 하에서는 왈라스법칙으로부터, (7.22), (7.23) 두 개의 균형식 중 독립된 식은 하나뿐이다. 선물환율은 모델가운데 나타나 있지 않지만 기대현물환율 S^e와 일지하는 것으로 가정되어 있다. 이러한 상정은 시장참가자가 리스크에 대해 중립적이라는 암묵의 가정을 반영하는 것이다. 또한 단순화시켜, 기대환율 S^e는 외생적으로 주어지고, 일정하다고 가정한다.

이 때, 독립된 하나의 균형식 및 식 (7.23)으로부터 주어진 M, B, B^*, i하에서 환율 S와 원채권의 금리 i를 내생적으로 결정할 수 있다. 이 모델을 이용하여 정책변수나 외생변수의 변화가 자산시장에 미치는 효과를 분석할 수 있다. 여기에서는 공개시장조작에 의한 통화량의 확장, 비불태화 달러매입개입, 불태화달러매입개입, 달러금리의 상승, 달러채권잔고의 상승을 다룬다. 우선 첫째로, 한국의 통화당국이 매입조작을 행하여, 원채권을 시중으로부터 매입하여 통화량을 확장시키는 경우($dM = -dB > 0$)을 생각해보자.

공개시장조작에 의한 통화량의 증대는 금융자산잔고 W를 변화시키는 것은 아니기 때문에, 통화수요에 직접적인 영향을 미치지 않고, 통화의 초과공급을 발생시킨다. 민간 투자가는 과잉의 원통화를 처분하고 채권으로 바꾸려고 할 것이다. 이것은 환율을 상승시키고, 원금리를 하락시키는 효과를 갖는다. 따라

서 $ds>0$, $di<0$가 된다.

두 번째로, 통화당국이 비불태화적인 달러매입의 개입을 하는 경우, 결국 민간보유의 달러채권을 매입하여, 그것과 반대로 통화량을 증대시키는 경우 ($dM=-SdB^*>0$)를 생각해 보자. 이 경우는 한국의 통화당국이 달러채권의 매입조작을 행하는 것을 의미한다. 이 정책도 첫 번째 경우와 마찬가지로 통화시장에 초과공급을 발생시킴으로서, 투자가가 원통화를 채권으로 바꿈으로써 환율상승과 원금리의 하락을 가져온다. 비불태화매입개입이 원채권의 매입조작과 같은 효과를 갖게 되는 이유는 내외 채권이 완전대체자산이기 때문이다.

세 번째로, 한국의 통화당국이 달러매입개입을 행하고, 그것을 불태화하여 통화량을 당초의 수준으로 유지하는 경우($dB=-SdB^*>0$를 보자. 이 정책은 통화정책의 균형식 (7.21)에 어떤 영향도 미치지 않기 때문에, 환율이나 금리나 변화하지 않는다(따라서 $dS=di=0$)). 내외채권이 완전대체적이므로 채권잔고의 통화구성을 변화시키는데 지나지 않는 불태화개입은 효과를 가져다주지 않는다.

네 번째로, 달러금리의 상승($di^*>0$)은 당초의 환율 하에서 원금리 i의 상승을 재촉하기 때문에, 통화시장에 초과공급을 발생시킨다. 투자가는 원통화로부터 채권으로 바꾸려하기 때문에 원금리에 대한 하락압력이 생기고, 환율이 상승한다($dS>0$). 원금리에는 하락압력이 생기지만 당초의 달러금리상승에 의한 직접적인 효과가 강하기 때문에, 원금리는 균형에 있어서 상승한다($di>0$).

다섯 번째로 달러채권잔고의 증가($dB^*>0$)는, 금융자산잔고 W를 증대시키고, 통화시장에 초과수요를 발생시킨다. 투자가는 채권으로부터 원통화로 바꾸려 하기 때문에 원금리가 상승하며, 환율은 절상된다($dS<0$, $di>0$).

2) 내외채권이 불완전대체자산인 경우

다음으로, 내외의 채권이 서로 불완전대체자산인 경우에 대해 고찰해 보자. 이 경우, 자산시장의 스톡균형은, 다음과 같이 나타낼 수 있다.

$$M=L(\underset{\ominus}{i},\ i^*+\frac{S^e-S}{\ominus S},\ \underset{\oplus}{W}) \qquad \text{(통화의 수급균형)} \qquad (7.25)$$

$$B=H(\underset{\oplus}{i},\ i^*+\frac{S^e-S}{\ominus S},\ \underset{\oplus}{W}) \qquad \text{(원채권의 수급균형)} \qquad (7.26)$$

$$SB^*=K(\underset{\ominus}{i},\ i^*+\frac{S^e-S}{\oplus S},\ \underset{\oplus}{W}) \qquad \text{(달러채권의 수급균형)} \qquad (7.27)$$

$$W = M + B + SB^* \qquad \text{(금융자산잔고)} \qquad (7.28)$$

함수 $L(\cdot, \cdot, \cdot)$, $H(\cdot, \cdot, \cdot)$, $K(\cdot, \cdot, \cdot)$는 각각 한국의 거주자에 의한 통화 원채권 달러채권에 대한 수요함수이며 $L_i + H_i + K_i = 0$, $L_{i^*} + H_{i^*} + K_{i^*} = 0$, $L_W + H_W + K_W = 1$이 성립한다. 각 수요함수의 아래에 표시된 편미계수의 부호는 다음과 같다.

자국금리 i의 상승은 자국채권가격의 하락, 자국채권수요 증대, 자국통화수요 감소, 외국채권수요의 감소를 가져온다. 마찬가지로 달러채권의 수익률 $(i^* + \frac{S^e - S}{S})$이 상승하면 달러채권수요 증대, 자국통화수요 감소, 자국채권 수요의 감소를 가져온다. 자산효과는 모든 수요에 대해 (+)의 효과를 갖는다. 한편, 자국자산총액 W는 자국통화, 자국채권 및 외국채권, 그 어느 것으로 보유되더라도 $L_w + H_w + K_w = 1$이 됨은 당연하다.

자산제약식 (7.28) 하에서는, 균형식 (7.25)~(7.27) 중 독립된 식은 두 개뿐이다. 따라서 이 두 개의 독립식으로부터, M, B, B^*, i^*, S^e를 외생변수로 하여, i와 S를 내생적으로 결정할 수 있다. 여기에서도 S^e는 외생적으로 주어진 것으로 가정한다. 원채권, 달러채권이 불완전대체자산인 이 경우에 대해서도, 앞서와 마찬가지로 비교정학분석을 할 수 있다. 여기에서는 그 결과만을 [표 7-1]에 정리해 두는 것으로 하자.

[표 7-1]의 괄호안의 부호는 이미 분석한, 내외채권이 완전대체자산인 경우(결국 UIP가 성립하는 경우)의 결과를 나타내고 있다.[2)]

[표 7-1] 단기모델에 있어서 정책 · 외생적변화의 효과

정책 · 외생적 변화	내생변수	
	S	i
$dM = -dB > 0$	+	−
$dM = -SdB^* > 0$	+	−
$dB = -SdB^* > 0$	+ (0)	+ (0)
$di^* > 0$	+	(+) (?)
$dB^* > 0$	−	+

주 : 괄호안의 경우는 내외자산이 완전대체인 경우

2) 단, 기대환율이 합리적으로 형성되어 $S^e = S$가 성립할 때에는 달러금리가 외생적으로 상승하는

여기에서 주의할 점은, 내외채권이 불완전대체자산일 때는 불태화 개입($dB = -SdB^* > 0$)이 유효하다는 것이다. 통화당국은 통화량을 일정하게 유지하면서도, 원채권과 달러채권의 구성을 변화시킴으로서, 환율과 금리에 영향을 미칠 수 있는 것이다.

(2) 고정환율제 하의 자산접근 모델

앞서와 마찬가지로 소국의 단기자산시장 모델을 다룬다. 소국의 거주자는, 자국통화 M, 자국채권 B, 외국채권 B^*를 보유하는 것으로 하자. 고정환율제 하에서는 현물환율과 기대환율 S^e는 같게 되며 $S = S^e$가 성립한다.

고정환율제 하에서는 통화량(내지 본원통화, high-powered money) M은, 당국이 조정할 수 있는 국내신용 D와 당국이 조정할 수 없는 준비자산 R로 나눌 수 있다.

$$M = D + R$$

고정환율제 하에서는 준비자산 R이 내생적으로 변화하기 때문에, 통화량 M이 내생변수가 된다.

1) 내외채권이 완전대체자산인 경우

내외자산이 완전대체자산인 경우에는, 자산시장균형은, 다음과 같이 4개의 식으로 나타낼 수 있다.

$$D + R = L(i, W) \qquad \text{(통화의 수급균형)} \qquad (7.29)$$

$$B + SB^* = K(i, W) \qquad \text{(채권의 수급균형)} \qquad (7.30)$$

$$i = i^* + \frac{S^e - S}{S} \qquad \text{(UIP)} \qquad (7.31)$$

$$W = D + R + B + SB^* \qquad \text{(금융자산잔고)} \qquad (7.32)$$

식 (7.29)은, 통화의 수급균형식이다. 통화공급량(M)은 $D + R$과 같고, 화폐

경우($di^* > 0$) 이외에는 모두, $di = 0$가 된다. 달러금리가 외생적으로 상승하는 경우($di^* > 0$)에서는 $di > 0$가 된다.

수요는 $L(\cdot, \cdot)$로 주어진다. 식 (7.30)은 채권시장의 균형수급식이다. 채권의 공급량은, 내외채권이 완전대체자산이므로, $B+SB^*$로 주어지며, 채권수요는 $K(\cdot, \cdot)$로 주어진다.[3)]

식 (7.30)은 금리평가조건(UIP)이며, 내외채권의 완전대체성을 의미한다. 외국금리 i^*, 환율 S, 기대환율 S^e가 외생변수이므로, 이 식이 자국금리 i를 결정한다.

식 (7.32)는 민간투자가가 보유하는 금융자산잔고이다. 환율이 일정하므로 금융자산잔고는 즉각적으로는 변화하지 않는다. W가 변화하기 위해서는 환율이 변화하든지, (+) 또는 (−)의 저축이 이루어질 필요가 있지만, 단기분석에서는 투자의 가능성은 생각하지 않는다. 이것은 준비자산과 외화표시자산이 서로 상쇄하는 방향으로 변화할 수 있음을 시사한다. 자산제약식 (7.32)하에서는, 자산시장균형조건 (7.29), (7.30) 중 독립된 식은 하나뿐이다(왈라스의 법칙).

따라서 독립된 하나의 균형조건, UIP(7.31) 및

$$dD+dB+dR+SdB^*=0$$

로부터, 주어진 D, B, S, S^e, i^* 하에서, 자국금리 i, 준비자산 R, 외화표시채권 B^*를 내생적으로 결정할 수 있다. 이하, 공개시장조작에 의한 국내신용의 증대, 평가절하(devaluation), 장래의 평가절하기대(anticipated future devaluation)가 각각 자산시장에 미치는 효과에 대해 비교정학분석을 하도록 한다.

첫째로, 통화당국이 자국채권의 공개시장조작을 행하여, 국내신용을 증대시키는 경우($dD=-dB>0$)를 검토해보자. 이 경우, 자산시장의 균형조건으로부터 분명하듯이, 우선, 통화시장에 초과공급, 채권시장에 초과수요가 발생한다. 자국금리 i와 금융자산잔고 W는 불변이므로, 통화와 채권의 잔고가 역방향으로 변화하여 균형을 회복시키게 된다.

즉, 투자가는 과잉된 자국통화를 매각하여 채권을 구입하려 하지만, 그것은 금리의 하방압력과 자국통화의 절하압력을 발생시킨다. 통화당국은 평가를 유지할 필요로부터 자국통화매입, 외화매각개입을 행하기 때문에 준비자산 이 감소하고, 민간보유의 외국채권 B^*가 증대하게 된다($dR=-SdB^*<0$). 그 결과,

---

3) 함수 $L(\cdot, \cdot)$, $K(\cdot, \cdot)$은, 다음의 편미분조건을 만족한다. $L_i<0$, $K_i>0$, $L_i+K_i=0$, $0<L_w<1$, $0<K_W<1$, $L_w+K_w=1$

금리는 변함없이 유지된다($di=0$). 준비자산과 외국채권이 역방향으로 동액만큼 변화하기 때문에, 통화공급량과 채권잔고는 모두 당초의 수준을 회복한다 ($dM=dB+SdB^*=0$).

둘째, 현재의 현물환율 S와 장래의 기대현물환율 S^e를 동시에 같은 만큼 상승시키는($dS=dS^e>0$) 평가절하효과를 보자. 이 때, 자국이자율 i는 일정하게 유지된다($di=0$). 평가절하는 금융자산잔고의 자국통화가치를 상승시켜($dW=B^* dS>0$), 각 자산에 대한 수요를 증대시키고 동시에 민간보유의 외국채권의 자국통화가치를 증대시킨다.

그 결과, 통화시장에서는 초과수요가 생기며 채권시장에서는 수요가 증대는 하지만 외국채권의 공급잔고(자국통화표시액)가 그 이상으로 증대함으로 초과공급이 발생한다. 그 결과, 투자가는 과잉의 채권을 매각하고 자국통화를 구입하려 하기 때문에, 자국통화에 절상압력이 더해진다. 통화당국은, 새로운 평가를 유지할 목적으로 자국통화매각, 외화매입의 개입을 행하므로 준비자산 R을 증대시켜, 민간부문이 보유하는 외국채권 B^*를 감소시키게 된다($dR=-SdB^*>0$). 준비자산의 증대는 자국의 통화공급량의 확장($dM>0$)을 의미한다. 외국채권 B^*는 감소하지만 평가절하의 결과, 그 자국통화표시액 SB^*는 증대한다.

셋째로, 평가절하기대가 생기는 경우의 효과를 검토해보자. 현재의 현물환율 S를 일정하게 두고, 기대환율 S^e가 상승한다고 가정하면($dS^e>0$, $dS=0$), S^e의 상승으로 자국금리의 상승($di>0$)이라는 직접적인 효과가 나타난다. 자국금리 i가 상승한 결과, 통화시장에서는 수요가 감소하여 초과공급 상태가 되며, 채권시장에서는 수요가 증대하여 초과수요가 생긴다. 투자가가 과잉의 자국통화를 매각하여 채권을 구입하려고 하면, 자국통화에 절하압력이 더해짐으로, 당국은 평가를 유지할 목적으로 자국통화매입, 외화매각 개입을 한다. 그 결과, 준비자산 R이 감소하여 통화공급량이 축소되는($dM=dR<0$) 한편, 외국채권의 공급잔고 B^*가 증대하여 자산시장의 균형이 회복된다.

통상의 평가절하($dS=dS^e>0$)의 경우가 준비자산을 증대시키는 효과를 갖는데 대해, 장래의 평가절하 기대($dS^e>0$, $dS=0$의 경우)는 준비자산을 감소시키는 효과를 갖는다. 이 분석에서는, 준비자산의 감소폭은 작고, 당국은 고정환율제를 유지할 수 있다는 확신이 시장에서 받아들여진다는 것이 전제되고 있다. 그러나 그와 같은 확신이 시장에서 받아들여지지 않으면 장래의 평가절하의 기대(S^e의 상승)는 통화위기를 야기하고, 평가변경 내지 변동환율제로의 이행으로 쫓기게 된다.

2) 내외자산의 불완전대체자산인 경우

자국채권과 외국채권이 불완전대체자산인 경우에는, 그 채권들을 구별하여, 자산시장의 수급균형조건을 나타낼 필요가 있다. 이 때, 자산시장의 스톡균형은 다음과 같이 나타낼 수 있다.

$$D+R=L\left(i,\ i^*+\frac{S^e-S}{S},\ W\right) \quad \text{(통화의 수급균형)} \tag{7.33}$$

$$B=H\left(i,\ i^*+\frac{S^e-S}{S},\ W\right) \quad \text{(자국채권의 수급균형)} \tag{7.34}$$

$$SB^*=J\left(i,\ i^*+\frac{S^e-S}{S},\ W\right) \quad \text{(외국채권의 수급균형)} \tag{7.35}$$

$$W=D+R+B+SB^* \quad \text{(금융자산잔고)} \tag{7.36}$$

내외채권이 불완전대체이기 때문에, 자국채권과 외국채권의 시장균형조건은, 식 (7.34), (7.35)처럼 별개로 특정화되어 있다. 함수 $L(\cdot,\cdot,\cdot)$, $H(\cdot,\cdot,\cdot)$, $J(\cdot,\cdot,\cdot)$는, 각각, 통화수요, 자국채권수요, 외국채권수요를 나타낸다.[4)]

자산제약식 (7.36)하에서는, 3개의 자산시장균형조건 (7.33)~(7.35) 중 독립된 식은 2개뿐이다. 따라서 독립된 2개의 식과, 자산제약식 (7.36)로부터 얻어지는,

$$dD+dB+dR+SdB^*=0$$

의 조건으로부터 D, B, i^*, S, S^e를 외생변수로 하여, i, R, B^*를 내생적으로 결정할 수 있다. 내외채권이 불완전대체자산이므로, 자국금리 i는 외국금리 i^*로부터 괴리하며, 각종 정책변화는 금리의 변화를 통해 자산시장의 균형에 영향을 미치게 된다.

이 모델에 있어서도 (a) 공개시장조작에 의한 국내신용의 증대($dD=-$

4) 이들 함수는 다음의 편미분조건을 만족하는 것으로 가정한다. $L_i<0$, $H_i>0$, $J_i<0$, $L_i+H_i+J_i=0$, $L_{i^*}<0$, $H_{i^*}<0$, $J_{i^*}>0$, $L_{i^*}+H_{i^*}+J_{i^*}=0$, $0<L_w<1$, $0<H_w<1$, $0<J_w<1$ $L_w+H_w+J_w=1$.

[표 7-2] 고정환율제하의 자산시장 조정 : 소국모델

정책 · 외생적 변화	내생변수		
	i	R	M
$dD=-dB>0$	−(0)	−	+(0)
$dS=dS^e>0$	−(0)	+	+
$dS^e>0,\ dS=0$	+	−	−

주 : 괄호안의 부호는 내외자산이 완전대체자신인 경우.

$dB>0$), (b) 평가절하($dS=dS^e>0$), (c) 평가절하기대($dS^e>0$, $dS=0$)의 각각의 효과를 검토할 수 있다. 여기에서 설명을 되풀이하지 않고 결과만을 [표 7-2]에 정리해 둔다.

[표 7-2]로부터, 정책, 외생적 변화의 효과는 내외채권이 완전대체자산인 경우와 유사함을 알 수 있다. 차이는 두 가지이다. 첫째는 내외채권이 불완전대체자산의 경우, 국내신용의 증대($dD=-dB>0$)와 평가절하($dS=dS^e>0$)가, 금리 i를 하락시킨다는 것이다. 금리평가조건이 성립하지 않기 때문에 자국금리가 외국금리와 꼭 일치한다고는 할 수 없고, 자산시장의 수급균형을 가져오도록 변화하기 때문이다. 둘째는 공개시장조작에 의한 국내신용(D)의 증대는 준비자산(R)을 감소시킨다고는 하나, 그 감소폭은 작기 때문에, 결과적으로 통화공급량($D+R$)을 증대시키는 것이다. 이것은 국내금리의 하락에 의한 통화수요의 증대에 상응한다.

6. 균형접근

개방경제모델에서는 가격의 경직성을 전제로 할 것인지, 아니면 신축적인 가격을 가정하는게 좋은지에 대해 우선 80년대 후반의 논쟁을 간단히 소개하고 환율결정에 관한 균형접근을 설명하자. 뭇사(Mussa)는 고정환율제와 변동환율제 하에서의 환율의 움직임에 관한 이하의 두 개의 특징을 지적하고, 그러한 특징들이 신축가격모델보다도 경직가격모델과 정합적임을 보였다. 뭇사는 그 특징으로서, (1) 실질환율의 변동성(volatility, 단기적으로 예측불가능한 확률적인

변동)은 고정환율제보다도 변동환율제의 경우가 크다는 것, (2) 변동환율제 이행 후 명목, 실질환율의 변동은 물가의 상대비의 변동보다도 크다는 것을 지적하고 있다.

여기에 대해 스톡만(Stockman)은 환율은 통화량 등 명목적인 요인만이 아니고 생산성쇼크나 경제주체의 기호의 변화라는 실물적 요인에 의해 결정된다는 균형접근(equilibrium approach)의 입장에서, 다음과 같은 이유를 근거로 뭇사가 지적한 환율의 특징은 신축가격에 바탕을 둔 균형접근과 정합적임을 주장했다. 즉, (1) 만일 환율제도의 변경에 의해 실물경제가 크게 변화하고 있다고 하면, 실질환율의 변동성은 환율제도의 변경에 의해 크게 변할 수 있다는 것, (2) 실질환율은 자국과 외국의 소비의 한계대체율에 의해 결정되기 때문에 경제주체의 효용함수의 형상을 변화시키는 쇼크에 의해 실질환율의 과잉변동(excess volatility)의 설명이 가능하다는 두 가지 이유를 들고 있다. 실체경제의 변화에 의해 환율의 변동을 설명하려는 균형접근이 어떻게 결정되는지를 보자.

우선, 화폐가 존재하지 않는 순수교환경제를 생각해 보자. 자국과 외국 두 나라를 상정하고, 자국의 대표적 개인은 t기 초에, x_t단위의 X재를, 외국의 대표적 개인은 y_t단위의 Y재를 얻는 것으로 하자.

그리고 자국의 대표적 개인은 다음과 같은 효용함수를 최대화하도록 소비와 보유자산을 선택한다. 마찬가지로 외국의 대표적 개인도 자국과 같은 효용함수, 예산제약식을 갖는 것으로 하며, 외국의 변수를 *로 표시한다.

$$Max\ E\sum_{t=0}^{\infty}\beta^t u(x_t^d,\ y_t^d)$$
$$\text{subject to } \alpha_t'(q_t+d_t)-x_t^d-P_{y_t}y_t^d-\alpha'_{t+1}q_t=0$$

여기에서 α_t는 t기 초에 보유되고 있는 자산(벡터표시), q는 자산가격(벡터표시), d는 배당(벡터 표시), P_y는 Y재의 X재에 대한 상대가격, x^d, y^d는 x, y의 수요를 나타낸다. 여기에서 가격은 모두 X재로 계측한 상대가격이다. 1차 조건에 의해, Y재의 X재에 대한 상대가격은 다음과 같이 구해진다.

$$P_{y_t}=\frac{u_2(x_t^d,\ y_t^d)}{u_1(x_t^d,\ y_t^d)}$$

여기에서 u_1은 x^d에 관한 효용함수의 편미분, u_2는 y^d에 관한 편미분을 나타낸다. 다음으로, 상기의 순수교환경제모델에 화폐를 도입해 보자.

자국의 화폐 M과 외국의 화폐 N은 각각 μ, μ^*의 율로서 각기의 처음에 추가 발행되고, 각각 자국, 외국의 대표적 개인에게 이전된다. 또, 화폐의 보유동기는 CIA(cash in advance)제약[5]에 따르는 것으로 하며, 모든 상품은 생산자 통화로 매매된다고 가정하면 상기의 제약식은 다음처럼 변경된다.

$$\widetilde{m}_{t+1}+s_t\widetilde{n}_{t-1}-M_t-s_tN_t/\pi_{x_t}+\alpha'(q_t+d_t)-\alpha'_{t+1}q_t-(T_t-\mu_tM_{t-1}/\pi_{x_t})=0$$
$$\widetilde{m}_t=M_t-\pi_{x_t}x_t^d$$
$$\widetilde{n}_t=N_t-\pi_{y_t}y_t^d$$

여기에서 $\widetilde{m}$, $\widetilde{n}$은 해당기에서 사용되지 않았던 화폐(다음기로 넘어감), π_x는 X재의 자국통화(M)로 측정한 화폐가격, π_y는 외국통화(N)로 계측한 화폐가격, T는 정액세(lump-sum tax). 여기에서 명목금리가 (+)라면, 화폐보유에 기회비용이 들기 때문에, 보유화폐를 당기에 전부 사용하고 다음기로 넘어가지 않는, 결국, $\widetilde{m}_d=\widetilde{n}_d=0$가 반드시 성립한다.

이 때문에 상기의 예산제약식은 다음과 같이 변형할 수 있다.

$$\alpha'_t(q_t+d_t)-\alpha'_{t+1}q_t-(T_t-\mu_tM_{t-1}/\pi_{x_t})-x_t^d-s_t\pi_{y_t}y_t^d/\pi_{x_t}=0$$

따라서 앞서 나타난 x_t^d, y_t^d에 관한 1차 조건은 다음과 같이 수정된다.

$$\frac{s_t\pi_{y_t}}{\pi_{x_t}}=\frac{u_2(x_t^d,\ y_t^d)}{u_1(x_t^d,\ y_t^d)}$$

더욱이, CIA제약이 등호로서 성립하는 것을 이용하면, 상기의 1차 조건을 고쳐 쓰는 것에 의해, 명목환율은

$$s_t=\frac{\pi_{x_t}}{\pi_{y_t}}=\frac{u_2(x_t^d,\ y_t^d)}{u_1(x_t^d,\ y_t^d)}=\frac{M_t}{N_t}\frac{y_t^d}{x_t^d}\frac{u_2(x_t^d,\ y_t^d)}{u_1(x_t^d,\ y_t^d)}$$

가 된다. 즉 자국과 외국의 통화량, 수요량, 소비의 한계대체율에 의해 명목환율은 결정됨을 알 수 있다. 앞 절의 환율결정이론과 관계된 모네타리 모델과의 공통점은 명목환율이 상대적인 통화량(M_t, N_t), 상대적인 생산물(y_t^d, x_t^d)에 의존

5) CIA제약이란 화폐의 거래수요에 초점을 맞춘 것이기 때문에 해당기에 있어 상품의 구입은 해당기에 보유되고 있는 화폐에 의해 결제되지 않으면 안된다는 제약.

한다는 것이다. 예를 들어 자국에 있어 상대적인 통화량 증가와 상대적으로 낮은 생산물은 S_t의 상승, 즉 자국통화의 가치하락을 가져다 준다는 것이다.

차이점은 두 가지다. 첫째 균형접근에 있어서 명목환율은 개인의 기호(preferences)에도 의존한다는 것이다. 예를 들어 자국재에 비해 외국재에 대한 한계효용이 보다 높다면 자국통화의 가치하락를 가져오게 된다. 두 번째 차이점은, 균형접근에 있어서는 명목환율이 장래에 관한 기대에 의존하지 않는다는 것이다.

7. 버블, 페소문제, 시장심리

거시경제변수로서의 환율의 성격은 합리적 기대의 경우에 더욱 명확해진다. 환율의 수준은 거시경제의 균형을 실현하는 균형환율 수준에 의해 항상 좌우되기 때문이다. 환율의 추세를 좌우하는 것으로서는 그 나라의 경제성장률, 국제수지, 실업률, 인플레이션율, 혹은 재정 · 금융정책의 기본 방침 등, 경제지표로부터 성립하는 기초적 제조건(fundamentals)[6]이 중요한 요인으로 간주된다. 소위 환율의 펀더멘탈즈란 합리적 기대형성 하의 균형환율의 수준을 결정하는 기초적인 거시경제조건이라 생각할 수 있다. 그러나 현실의 환율은 이러한 이론으로 설명가능한 범위를 훨씬 넘어서서 변동하는 경우가 많다. 이러한 측면을 설명하는 것으로 등장하는 것이 버블(bubble), 페소문제(peso problem), 그리고 시장심리(market sentiment)이다.

(1) 버 블

버블(bubble)이란 거품이다. 자산가격이 급등하거나 급락하는 현상으로 나타나는 가격형성경로가, 팽창하여 붕괴하는 비누거품과 닮았다는 것으로부터 명명된 것이다. 단, 단지 버블의 경우에는 조금 넓은 의미로 사용된다. 즉,

6) 펀더멘탈즈(fundamentals)란 용어는 경제학 용어가 아니다. 1978년 7월의 Bonn summit(선진국 수뇌회의)에서 처음으로 사용된 것으로 일컬어지며 summit 참가국의 물가나 경제성장 등을 경제 전체의 종합적 관계에서 생각할 필요가 있다는 합의로부터 사용되기 시작했으며 그 의미에 있어 애매함은 남아 있다.

"자산가격이 본래 당연히 있어야 될 수준으로부터 괴리한 경우, 거기에는 버블이 발생하고 있다"라고 얘기한다. '본래 당연히 있어야 될 수준'은 때로 시장에서의 펀더멘탈즈라 부르며 이론적인 균형 수준을 나타내다.

그러나 현실문제로서 펀더멘탈즈를 엄밀하게 식별한다는 것은 지극히 어려운 경우가 많으며 따라서 버블의 정의도 조금은 애매하다. 버블에는 역사적으로 유명한 사례가 많다. 대표적인 것으로서는 17세기의 네덜란드에서 발생한 튤립재배유행(tulipomania)이나 18세기 영국에서 발생한 남해포말사건(South Sea Bubble) 사건이 있다. 전자의 경우 튤립의 뿌리가 투기대상이 되어 순식간에 믿을 수 없을 정도의 값으로 급등했다가 갑자기 붕괴되어 버림으로써 투기에 참가한 많은 사람들이 파산하고 상업도 큰 타격을 받게 된 것이다.

후자의 경우 18세기 스페인과의 계승전쟁 등으로 재정난에 빠진 영국 정부가 국채인수를 목적으로 설립한 남해회사에 스페인 영토인 남아메리카 및 태평양 제도에 무역 독립권이 주어지고 이것이 유리하다고 선전되면서 회사의 주가가 상승하고, 기타 다수의 포말회사도 주식의 투기대상이 되었다. 사업내용이 빈약하여 갑자기 파산하여, 사회적 혼란을 가져왔다.

1929년 10월 24일(목요일)의 뉴욕증권거래소의 주가 대폭락(Black Thursday, 암흑의 목요일), 1987년 10월 19일(월요일)의 주가 대폭락(Black Monday, 암흑의 월요일)도 버블의 붕괴로서 설명하려는 입장이 있다.

이외에도 1978~80년의 금가격의 급등, 더욱이 일상적으로 보이는 '주식의 급등 · 급락은 버블적 가격형성 경로를 밟아가고 있는 것으로 보인다. 그런데 환율은 서로 다른 통화간의 상대가격이며 통화는 자산으로서의 기능도 있으므로, 환율도 자산가격으로서의 측면을 갖는다. 그래서 환율이 펀더멘탈즈에 의해 규정되는 수준으로부터 괴리하는 것은 버블적인 요인이 관여하고 있다고 생각할 수 있다. 버블은 일견 비합리적인 것으로 결론을 내리기 쉽다. 물론 그런 경우도 있겠지만 이론적 관점에서는 버블의 존재 자체와 합리성은 모순되는 것이 아니다.

이제 t기의 환율(S_t)은

$$S_t = \alpha S_{t+1} + \beta Z \tag{7.37}$$

에서 결정되는 것으로 하자. 단 Z는 환율에 영향을 미치는 기초적 조건의 지표

(에러요인의 벡터로 생각해도 좋다)이며, 여기에서는 단순화시켜 장래도 일정하게 머무는 것으로 가정한다. S_{t+1}은 다음 기의 환율이며 본래 예상되는 것이지만 이것도 단순화 시켜서 완전히 예견되는 것으로 상정해 보자. 파라메터에 대해서는 (7.37)식이 의미를 갖도록 $0<\alpha<1$, $0<\beta Z$을 전제한다. (7.37)식 하에서는 기초적 조건이 변동하지 않으므로, 균형환율도 변동하지 않으며 모든 t에 대해서

$$S_t = e^* = \beta Z/(1-\alpha) \tag{7.38}$$

가 되는 것이 직관적인 해(solution)의 후보가 된다. 실제 (7.38)식은 (7.37)식을 만족함을 확인할 수 있다. e^*가 소위 환율의 펀더멘탈즈에 해당된다. 그런데 (7.38)식은 (7.37)식의 유일한 해는 아니다. 가령

$$S_t = e^* = b_t \tag{7.39}$$

라 하자. 단,

$$b_t = \alpha b_{t+1} \tag{7.40}$$

라 하자. 그렇다면 (7.40)식 하에서는 (7.39)식이나 (7.37)식 모두 만족됨이 쉽게 확인될 수 있다. b_t는 현실의 환율이 펀더멘탈즈로부터 괴리되는 부분이며, 다름아닌 버블이다. 현실의 환율이 펀더멘탈즈로부터 괴리되고 있다 하더라도 당분간은 그 괴리가 동방향으로 확대되리라 예상되면 그 단계에서 과대(내지 과소) 평가된 통화의 수요가 더욱 증가(내지 감소)하며, 펀더멘탈즈로부터의 괴리는 실제로 증폭($0<\alpha<1$이므로 (7.40)식에서 b_t는 발산과정에 있다)된다.

이 직관적인 설명은 펀더멘탈즈는 특정수준에서 정의되는 것에 반해, (7.37)식에서는 환율의 이시점간(intertemporal)의 변화폭 내지 변화율만이 관심사가 된다. 이 과정에서 당초의 예상이 자기실현적(self-fulfilling)이 되는 것도, 합리적인 버블의 특징이기도 하다.

이상의 논의에서는 장래의 일이 완전히 예견가능한 경우를 전제로 하고 있지만 버블의 특징으로서 그 붕괴를 중시한다면 붕괴 전 팽창속도는 보다 빠르게 된다. 붕괴의 리스크를 커버(cover)하기 위해서는 버블이 지속될 때의 자본

이득(capital gain)은 보다 커야하기 때문이다. 당연한 얘기이지만 버블의 붕괴시점은 불확정적이다. 붕괴시점이 확정되어 있는 경우에는 붕괴 직전의 시점에 그 통화를 수요하는 투자가는 존재하지 않으며, 만일 존재한다면 전기에도 수요자는 존재하지 않는다는 의미에서, 결국 현시점에서도 수요자가 존재하지 않게 되기 때문이다.

(2) 페소문제

버블의 이론은 결국 현실의 환율이 펀더멘탈즈의 수준으로부터 괴리하는 경우도 충분히 있을 수 있다는 것을 시사한다. 버블 가운데서도 합리적 버블은 '예상형성에 체계적(systematic)인 오류가 없다' 내지 '예상이 자기실현적'이라는 의미에서 합리적으로 간주되는 경우가 대상이 된다. 그러나 예상형성이 환율이 영향을 미친다는 의미에서는, 그 외에 여러 요인을 생각할 수가 있다. 가령 그때까지 예상되지 않았던 사태가 뉴스(news)로 널리 퍼지고, 그것이 펀더멘탈즈에 섞이는 과정에서, 환율은 펀더멘탈즈로부터 괴리하는 것으로 생각될 수 있다.

그 때에 단기적으로는 '부화뇌동'(band wagon)효과가 작용하여, 괴리가 증폭되는 경우도 있을 수 있다. 새로운 뉴스가 실은 전혀 근거가 없는 가능성도 있다. 경제주체의 합리성을 전제로 하는 것으로 페소문제(peso problem)가 중요한 개념이 된다. 페소문제란 1976년의 멕시코 제도의 절하예상이 시장에 미치는 영향을 분석하는데 있어 명명된 것이다.

그것은 당초 선물환시장의 비효율성의 문제로 고려됐다. 즉, 시장에서는 멕시코 페소의 평가절하가 계속 예상되었기 때문에 선물환율은 대폭적인 디스카운트(discount, 페소의 장래의 가치하락)를 계속 나타냈지만, 페소는 절하되지 않았다. 그 사이 선물환율은 장래의 현물환율을 바르게 예측하지 않았기 때문에 외환시장의 효율성이 의심받게 되었다. 여기에 대해 선물환율은 투자가의 예상을 반영하여 효율적으로 결정됐지만 페소절하가 좀처럼 실행되지 않았기 때문에 사후적으로는 장래의 현물환율의 불편추정량(unbiased estimator)이 아니라는 해석이 제시된 것이다.

버블이 펀더멘탈즈와는 무관계한 자기실현적 기대에 바탕을 둔 환율의 움직임을 관찰하는데 반해, 페소 문제는 중요한 펀더멘탈즈 내지 정책레짐

(regime)[7]의 변화에 관한 민간의 예상을 바탕에 두고, 환율이 변동하는 현상을 나타낸다. 특히 실현되는 확률은 낮지만, 실현되면 환율을 큰 폭으로 변동시키는 큰 변화 — 장래의 외생변수 · 정책변수나 정책레짐의 변경 — 에 관한 기대가 현재의 환율에 영향을 미치는 경우를 지목한다

더욱이 그와 같은 기대가 실제로 실현되지 않으면 환율의 움직임과 사후적으로 관찰되는 펀더멘탈즈와의 사이에 괴리가 생기게 된다. 페소문제가 환율에 미치는 영향의 원천은 이론적으로는 버블의 붕괴 예상에 대해 프리미엄(premium)이 발생하는 것과 같은 원리가 작용한다고 생각할 수 있다(보다 직관적으로 이해하는데는, 화재보험 등에 드는 동기를 생각하면 좋다).

페소문제의 문제점은 이론적 가능성으로서는 충분히 고려될 만하지만 그것이 실제문제로서 얼마나 중요한 것이냐 하는 것은 매우 파악하기 어렵다. 이것은 물론 대상이 될 만한 페소문제 같은 희귀한 사태를 사전적으로 계량화한다는 것이 곤란하기 때문이다. 중대한 일이 발생하고 나서야 비로소 해석이 가능하다는 세상의 이치인지도 모른다.

(3) 시장심리

이상의 논의에서, 투자자가 합리적인 기대형성을 행한다는 것(합리적 버블), 혹은 펀더멘탈즈에 바탕을 둔 기대형성을 행하는 것(페소문제)이 전제가 됐다. 합리적 버블의 경우, 투자가는 펀더멘탈즈에 바탕을 두지 않고 투기를 행하지만, 그 기대형성은 합리적이며, 페소문제의 경우 투자가는 사후적으로 체계적(systematic)으로 잘못된 기대를 형성하지만, 그 행동원리는 펀더멘탈즈에 바탕을 둔 것이다.

그러나 실제로는 투자가는 펀더멘탈즈에 바탕을 두고 있지 않으며 동시에 비합리적인 기대를 형성한 가능성이 있다. 외환시장 등 자산시장에 있어서는 투자가의 기대나 심리가 중요한 역할을 할 수 있다는 것이 몇몇 연구에서 알려져 있다. 가령, 투자가는 펀더멘탈즈를 무시하고 그다지 중요하지 않은 요인에 바탕을 두고 행동하기도 하고 타 투자가가 취하는 행동을 보고 스스로의 기대

7) 여기에서의 정책 레짐(regime)이란 환평가, 환율제도, 통화량 준칙 등 폭 넓은 의미를 함축하고 있다.

형성을 행하는 가능성도 있다.

시장의 대세가 이와 같은 noise—펀더멘탈즈에 바탕을 두지 않은 심리나 행동원리—에 지배되면 환율도 그 영향을 받고 변동한다. 그리고 환율변동 자체가 더욱 괴리될 가능성도 있다. 이러한 '시장심리'(market sentiment)를 일반적으로 모델화 하는 것은 어려우므로 몇 개의 예를 들어 설명하기로 한다.

8. 그 외의 환율결정이론

(1) 미인투표의 문제

자산가격형성의 문제점을 설명하기 위해 케인즈(Keyens)가 이용한 우화로서 미인투표의 문제(paradox of beauty contest)가 있다. 미인 대회에서는 심사원은 자신의 심미관에 비추어 후보자에 대해 순위를 정하는 것이 아니라, 대중의 순위를 예상하여 투표한다.

마찬가지로, 주식시장에서는 전문투자가에 있어 기업의 장기적 예상 수익을 기준으로 하기보다, 일반투자가의 투자태도를 고려하여 투자를 결정하는게 쉽고, 보다 높은 수익을 발생시킬수 있다. 이 때문에 자금을 장래의 산업활동의 담당자에게 공급하는 주식시장 본래의 기능이 저해됨을 의미한다.

물론 '미인'이란 객관적인 기준에 바탕을 두고 정의 할 수 있는 것이 아니며 사람들의 주관적인 판단 만에 의해 결정된다. 그것은 펀더멘탈즈가 존재하지 않을 때의 게임이라 말할 수 있다. 자산시장에서도 마찬가지 일 수 있다. 환투기를 행해 이윤을 올리기 위해서는 자신이 옳다고 믿는 모델을 근거로 행동하는 것이 아니며, 다수의 시장참가자의 견해·평가·심리를 간파하여 행동하지 않으면 안 되는 경우가 있다.

가령 개별투자가가 펀더멘탈즈에 바탕을 두고 자국통화의 가치 증가·외국통화 가치하락이라는 바른 판단을 가지고 있더라도 다른 다수의 투자가가 자국통화의 가치하락·외국통화 가치상승의 지속을 예상하여 자국통화 매각·외국통화 매입을 계속한다면, 실제로 자국통화의 가치 하락·외국통화의 가치 상승이 진행된다. 따라서 자신도 자국통화 매각·외국통화 매입을 행하지 않으면 환차손을 입게 되고, 혹은 얻을 수 있는 투기 이윤도 얻지 못하게 된다.

만일 가령 환율이 펀더멘탈즈만의 영향을 받고 결정되는 것이라면 각 투자가는 펀더멘탈즈만에 주목하여 스스로의 행동을 결정하면 좋겠지만 펀더멘탈즈와는 무관계한 시장심리가 환율에 영향을 미칠 때에는 각 투자가의 관심사는 마치 펀더멘탈즈가 존재하지 않는 미인투표의 게임처럼, 자신 이외의 사람들이 어떤 환율예측을 갖고 있는지를 서로 추측하게 된다. 타 투자가가 갖는 환율예측을 완전히 알 수 없는 경우에는 시장전체에서의 플로우(flow)의 외환수급액이나 환율의 추이 등이 실마리가 될 수도 있다. 이처럼 형성된 기대가 환율을 움직이고, 펀더멘탈즈로부터 대폭적으로 괴리시키더라도 이상한 것은 아니다.

(2) 패즈(fads, 계열상관)

자산시장에 있어서는 타인이 보면 무의미하다고 생각되는 뉴스나 정보에 바탕을 두어 기대형성을 하는 노이즈 투자가(noise trader)가 존재한다고 일컬어진다. 실제 다수의 투자가가 객관적인 펀더멘탈즈에 포함되지 않는 특정한 뉴스나 정보(가령 국내의 정권교체)를 고려하여 환투기를 행하면, 환율이 그 영향을 받아 결정되고 그것이 더욱이 타 투자가의 주목을 모으고, 해당뉴스 · 정보가 시장의 대세를 지배할 수 있다. 그리고 타뉴스나 정보(가령 미국의 보호무역주의의 부활)가 시장에 도달하면 투자가의 관심은 이러한 새로운 뉴스 · 정보로 이동할지도 모른다.

이처럼 투자가가 주목하는 뉴스 · 정보는 변덕스러운(일시적인)유행처럼 다음으로부터 다음으로 이행하는 경우가 있을 수 있다. 그러한 뉴스 · 정보가 펀더멘탈즈에 포함되지 않고 동시에 계열상관을 갖는 정상적인(stationary) 변수일 때 패즈(fads)라 불리운다.

투자가가 펀더멘탈즈 이외의 계열상관을 갖는 요인(fads)을 중시하여 기대형성을 행하면 환율은 실제로 그 영향을 받고 결정된다. 그리고 그와 같은 요인이 변덕스러운 유행처럼 다음으로 이행하면 가령, 국내의 정권교체로부터 미국의 보호주의 부활로, 그 위에 러시아나 중국의 정치정세로, 그것에 따라서 환율도 어지럽게 변동한다. 이처럼, 패즈(fads)는 투자가가 펀더멘탈즈에 바탕을 두지 않고 기대형성을 행하기 때문에 비합리적인 현상이라 말할 수 있다.

(3) 차트분석: 외삽적 기대

넉시(Nurkse)는 시장참가자의 기대나 심리가 때로 자기실현적(self-fulfilling)임을 강조했다. 한 통화가 절하예상으로부터 투기적으로 매각되면, 그 통화가치는 실제로 하락하고, 그것이 더욱 절하예상을 가져와 환율을 누적적으로 가치를 하락시킬 수 있다고 논하였다. 넉시는 투자가가 반드시 펀더멘탈즈에 바탕을 두고 합리적인 행동을 취하는 것이 아니라고 생각했다.[8)]

넉시가 시사했듯이 펀더멘탈즈에 바탕을 두지 않고 행동하는 투자가가 시장에서 다수를 점할 때에는 환율은 한 방향으로 지속적 · 누적적으로 변화하는 경향을 갖는다. 과거의 환율의 추이를 외삽하여 환율예측을 행하는 투자가도 노이즈(noise) 투자가의 일종이다. 구체적으로 외환시장에 두 명의 투자가, 즉 차트(chart)분석을 이용하는 투자가와 펀더멘탈즈분석을 행하는 투자가가 병존한다고 가정해보자. 여기서 차트분석이라 함은 과거의 환율의 초단기, 단기, 중기의 이동평균을 그래프로 나타내어 일정한 규칙성을 찾아내어 장래환율예측을 행하는 것이다. 차트분석가는 펀더멘탈즈를 무시하고 현재 · 과거의 환율의 실현치만을 정보로서 이용한다는 의미에서 '비합리적' 이다. 차트분석을 이용하는 투자가(차트분석가, chartist)는 펀더멘탈즈를 무시하고 최근의 환율의 추이가 향후에도 계속되리라는 기대(외삽적 기대, extrapolatory expectation)를 형성하지만, 펀더멘탈즈 분석을 행하는 투자가(펀더멘탈즈 분석가, fundamentals analysts)는 환율이 펀더멘탈즈율에 가깝게 되도록 움직인다는 기대(회귀적기대, regressive expection)를 형성화하는 것으로 상정해보자. 장래환율예측의 시장조사(survey)에 의하면 투자가는 단기적으로는(장래 1개월 정도) 최근의 환율추이가 계속되리라 예상하지만, 중기적으로는(6개월부터 1년 정도) 과거의 수준으로 회귀한다고 예상하는 경향이 있음을 보여주고 있다.

1985~87년 기간은 일본엔의 가치상승 · 달러의 가치하락기간이었다. [표 7-3]에 1985년 5월부터 1개월 후의 예상, 3개월 후의 예상, 6개월 후의 예상

8) 반면에 프리드만(Friedman)은 통화가 투기적으로 매각된다는 것은 그 가치하락이 예상되기 때문이지만, 환율이 충분히 하락하여 균형수준에 달하면 그 이상의 가치하락은 예상되지 않기 때문에 환율이 누적적으로 불안정화 되는 것은 아니라고 주장하며, 환투기는 환율을 균형치에 접근시킨다는 의미에서 안정화(stabilizing)적인 기능을 한다고 논의했다. 프리드만에 따르면 투자가는 펀더멘탈즈에 바탕을 두고 합리적으로 행동한다.

[표 7-3] 시장참가자의 예상과 실제의 변화(1985~87)

	1개월후	3개월후	6개월후
예상된 변화	−1.420	−1.431	−0.044
실제의 변화	−2.064	−5.970	−11.987

주 : 기간은 1985년 5월부터 87년 6월까지. 관찰개수 51개. 예상된 변화는 44개회사 평균환율의 변화율. 실제의 변화는 예상기간에 대응하는 시기의 사후적 변화율.

자료 : Ito, Takatoshi, "Foreign Exchange Rate Expectations: Micro Survey Data," American Economic Review, Vol.80, Jun. 1990, pp. 434~449.

의 평균치가 나타나있다. 이 시기는 '예기치 않았던' 일본엔의 가치상승이 발생한 시기이다(일본엔의 연치평균치는 85~88년에 걸쳐 달러당 238엔에서 128엔까지 급격한 엔의 가치상승). 사후적으로 보면 시장참가자의 예상은 크게 빗나가고 있지만, 그 중 주목할 만한 것은 엔의 가치상승이 계속되는 가운데도 엔의 증가는 3개월부터 6개월 사이에 반전하여 현상으로 복귀하리라 예상하고 있었던 것이다. 결국 1개월 후부터 3개월에 걸쳐 엔의 증가가 계속되었지만(1.4%), 6개월 후에는 0.04%의 상승 밖에 예상하고 있지 않았음을 [표 7-3]은 묘사하고 있다.

환율이 펀더멘탈즈율로부터 괴리하여 상승(내지 하락)한 경우, 차트분석가는 환율이 향후도 상승(내지 하락)을 계속할 것으로 믿고 환거래를 행하지만, 펀더멘탈즈 분석가는 [표 7-3]에서 보듯이 펀더멘탈즈율이 반전될 것으로 예상하여 역방향의 환거래를 행한다.

환율은 두 투자가의 투자비중으로 가중평균한 기대환율의 영향을 받아 결정되며, 양자의 시장점유율은 각각의 예측성적에 의존하여 변화하는 것으로 가정해보자. 이제 환율이 일시적인 교란에 의해 펀더멘탈즈율로부터 괴리하여 차트분석가의 예측이 맞았다고 하자. 그렇다면 차트분석가의 시장점유율이 증가하고, 그 후의 환율도 그 영향을 받아 펀더멘탈즈율로부터 더욱 괴리한다. 펀더멘탈즈율로부터의 괴리는 더 이상 일시적인 것이 아니며, 그것이 더욱 괴리의 예상을 낳고, 예상이 자기실현적이 되버린다.

그러나 이와 같은 방향이 영속되지는 않는다. 조만간에 상황을 반전시키는 충격이 일어나든지, 혹은 균형회복을 위한 압력이 생기기 때문이다. 환율이 일단 반전하면, 이번에는 차트분석가나 펀더멘탈즈 분석가나 모두 환율이 균형방향으로 움직일 것으로 예상하기 때문에 균형회복이 빠르게 나타난다. 이처럼 어떤 투자가가 우세하느냐에 따라 시장심리는 동요하게 되며 현실의 환율도 거기에 따라 불안정화되기 쉽게 됨을 알 수 있다.

상기의 설명에서는 펀더멘탈즈 분석가는 펀더멘탈즈만에 바탕을 두고 환거래를 행한다고 상정돼 있지만, '합리적'인 펀더멘탈즈 분석가는 차트분석가의 행동을 감안하여 기대를 형성할 것이며, 그 경우 환율변동은 더욱 증폭할 가능성이 있다. '합리적'인 펀더멘탈즈 분석가는 차트분석가에 의한 노이즈(noise, 외삽적기대에 바탕을 둔 환율예측)와 펀더멘탈즈를 식별할 수 있기 때문에 차트분석가보다도 정보량의 면에서 우위에 선다. 그들은 환율이 일시적인 쇼크에 의해 상승(내지 하락)했을 때 차트분석가가 상승(내지 하락)기대로부터 외화매입(내지 외화매각)을 행하는 것을 인식하기 때문에 자신도 대량의 외화매입(내지 외화매각)을 행하고, 환율을 한단계 상승(내지 하락)시키려 할 것이다. 환율이 충분히 상승(내지 하락)하고, 동시에 펀더멘탈즈가 반전함으로써 외화매각(내지 외화매입)을 행하면 다액의 투기이윤을 얻을 수 있기 때문이다.

환언하면, '합리적'인 펀더멘탈즈 분석가는 단기적으로 마치 noise를 갖는 차트분석가인 것처럼 행동하여, 환율을 펀더멘탈즈율로부터 괴리시켜 어느 시점에서 반전시키는 것에 의해 이윤을 얻을 수 있는 것이다. 이 경우 환율은 장기적으로는 펀더멘탈즈와 정합적이지만 단기적으로는 큰 변동이 나타날 가능성이 있다.

단, 이상과 같은 접근을 취할 때에는 노이즈 투자가가 펀더멘탈즈를 무시하고 행동하는 근거를 설명할 필요가 있다. 그 이유로서 두 가지 점에 주목해보자. 첫째는, 개개투자가는 유동성 제약하에 있기 때문에 펀더멘탈즈의 상황으로부터 보아 외화를 보유하는(혹은 계속 보유하는) 것이 유리하더라도 그렇게 할 수 없는 가능성이 있다. 두 번째는 투자가는 펀더멘탈즈의 확률과정이 변할 때, 그것이 어떻게 변화했는가를 학습할 필요가 있다. 그러나 학습에 비용이나 시간이 소요되는 경우, 투자가는 학습기간 중, 사후적으로는 펀더멘탈즈에 바탕을 두지 않는 행동을 취하고 있는 것처럼 보일지도 모른다.

제 8 장

경상수지와 국제자본이동

1. 이시점간 무역모형
2. 누적채무문제의 가능성
3. 국제자본이동의 정도

1. 이시점간 무역모형

이론적으로는 국제자본이동은 차입국, 대출국 모두의 후생을 증가시킨다. 즉, 소비의 시간선호가 낮은 경제 내지 투자의 한계효율이 낮은 경제, 즉 일반적으로 선진국으로부터, 시간선호와 한계효율이 높은 경제, 즉 도상국으로의 자금이동은, 선진국으로부터 도상국으로의 상품의 이전을 가능케 한다. 도상국에서는 현재시점에서의 소비의 수준을 높이는 것이 가능하고, 선진국에서는 장래시점에서 회수한 자금에 의해 보다 높은 소비를 행할 수 있다. 이러한 자금이전의 과정에서 예를 들어, 채무위기가 발생한 것은 이 이론상의 메커니즘이 충분히 가능하지 않았다는 것을 의미한다.

이처럼 한 나라전체의 경상수지는 이시점간(異時點間, intertemporal)의 소비행동과 관련하여 소비평준화(consumption smoothing)를 설명할 수 있다. 여기에 따르면 장래에 갖게 되는 대외채무는 0이 된다는 것(transversality condition, 횡단조건)을 암묵적으로 가정하고 있기 때문에, 현재 발생하고 있는 경상수지의 불균형은 반드시 지속가능(sustainable)하다는 것이다. 국제자본이동에 관한 대표적 이론으로 소위 이시점간 무역(異時點間貿易, intertemporal trade)이론이 있다. 한 나라의 타국에 대한 자금의 공급이란, 자본수지의 적자이며 이것은 경상수지의 흑자에 대응한다. 경상수지의 흑자란, 현재시점에 있어서 국내생산-소비-투자가 (+)임을 의미한다. 자금의 공급국은 생산수준 이하의 지출(소비나 투자)만 행하고, 나머지는 자금의 수요국에 공급된다. 자금수요국은 이 자금에 의해 생산수준 이상의 소비와 투자를 함으로써 경상수지는 적자가 된다. 현재시점에서 공급되는 자금은 장래시점에서 회수되지 않으면 안 된다.

이상 요약하면, 자금공급국에서는 국내저축(국내생산-소비)을 일부 국내에서의 투자로 돌리고 나머지를 타국에 대해 자금을 공급한다. 동일한 상품을 그 이용가능한 시점에 의해 현재재와 장래재로 구별하면 저축이란 현재재의 소비를 단념하고 장래재의 소비를 선택하는 것이므로, 타국에 대한 자금공급이란 현재재를 수출하는 것에 다름아니다. 자금의 회수란 장래재의 수입을 의미한다. 마찬가지로 자금수요국에서는 현재재를 수입하고 장래재를 수출하는 것이 된다. 이러한 의미에서의 현재재와 장래재의 국제거래가 이시점간 무역(intertemporal trade)이다.

이제 현재(시점 1) 및 장래(시점 2)의 두 시점으로부터 이루어지는 세계를 상정하고, 하나의 재가 존재한다고 하자. 또 각국에 있어서, 상품의 초기 부존량 (y), 투자(I)를 장래생산량으로 변환하는 생산가능곡선$(F(I))$ 및 현재재와 장래재간의 무차별곡선은 주어진 것으로 한다. 현재재(장래재)의 생산량을 $Q_1(Q_2)$, 소비를 $C_1(C_2)$라 하고 이자율을 r로 나타내자.

현재재의 생산량이란, 초기 부존량과 수입으로부터 장래재의 생산을 위해 투자되는 부분을 빼고 금기에 있어 소비와 수출에 충당할 수 있는 부분을 말한다. 한 나라에 있어서 기업부문의 균형은

$$Q_1 = y - I$$
$$Q_2 = F(I)$$

의 제약하에서 생산의 현재가치

$$Q_1 + Q_2/(1+r)$$

을 최대화 하도록 투자 I를 결정하는 것이다. 이 최대화 문제로부터 투자 I는 이자율의 함수

$$I = I^*(r)$$

이 된다. 그러므로 Q_1, Q_2도 r의 함수가 된다. 다음으로 가계부분은 이시점간의 예산제약식(intertemporal budget constraint)

$$Q_1 + Q_2/(1+r) = C_1 + C_2/(1+r)$$

하에서 효용함수

$$U(C_1,\ C_2)$$

를 최대가 되도록 C_1, C_2를 결정한다. 그러므로 소비는 이자율의 함수로서

$$C_1 = C_1^*(r),\ C_2 = C_2^*(r)$$

이 된다. 이 나라의 현재의 경상수지는

$$y - I^*(r) - C_1^*(r)$$

로 나타난다.

이상의 설명은 [그림 8-1]에서 보면 다음과 같다. 가로축에 현재재, 세로축에 장래재 그리고 무차별곡선과 생산가능곡선 $F(I)$이 그려져 있다.

투자는 E점을 기점으로 Q_1E의 길이, 현재재의 소비는 O점을 기점으로 OC_1, 생산은 OQ_1의 길이로 나타나 있다. 위 그림은 투자의 한계생산력(F곡선의 기울기)이 작고 소비에 있어서 시간선호율(무차별곡선의 기울기 즉 현재소비와 장래소비간의 한계대체율)이 완만한 선진국의 상황을 묘사하고 있다.

여기서 논의를 계속하기 전에 시간선호율(rate of time preference)에 대해 간단히 설명한다. 무차별곡선의 형상을 규정하는 것을 통상 '시간선호율'이라 부른다. [그림 8-2]처럼, 원점을 지나는 45° 선과 무차별곡선과의 교점 E의 접선의 기울기가 거기에 해당된다. 환언하면 '현재'의 소비를 한계적으로 한 단위 감소시켰을 때에, '장래'의 소비가 얼마만큼 증가하면 만족할 수 있는지의 정도를 나타낸다. 이 값이 클수록 '현재'의 소비를 '장래'에 비해 중요하게 본다는 것이다.

따라서 시간선호율이 높은 가계([그림 8-2]에서 U_AU_A와 같은 무차별곡선을 갖는 가계)가 많은 나라에서는 '현재'의 소비가 상대적으로 많게 되고 경상수지는 적자가 되기 쉽다. 역으로 시간선호율이 낮은 가계가 많은 나라에서는 '현재'의 저축('장래'의 소비)이 증가하기 때문에 흑자가 되기 쉽다. 이처럼 시간선호율이 낮고 저축성향이 높은 나라에서는 경상수지는 항상 흑자압력이 작용하게 되고, 역으로 소비의욕이 강한 나라는 적자압력이 작용하게 된다.

이제 이시점간의 무역, 즉 국제자금이동이 가능하지 않다면 선진국의 균형점은 A점, 도상국의 균형점은 A'점으로 나타난다. A점을 지나는 무차별곡선

그림 8-1 이시점간무역의 이론

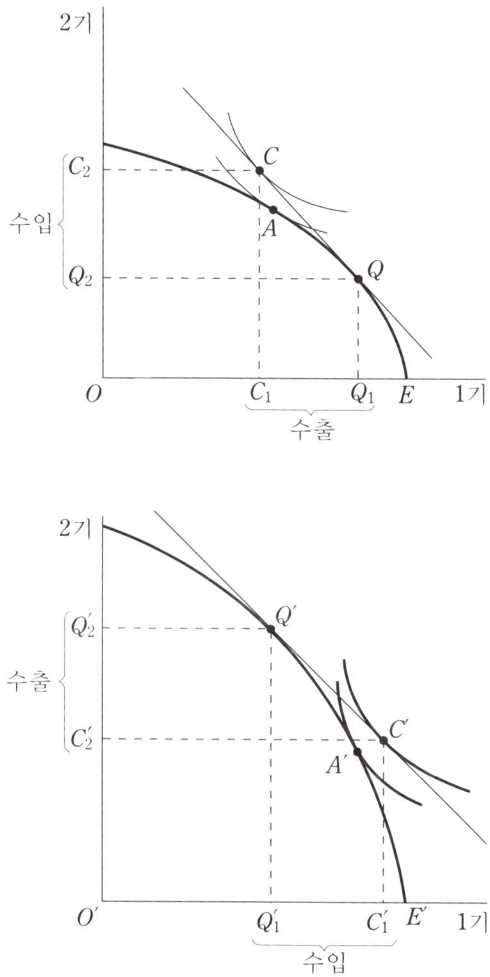

및 생산가능곡선의 접선의 기울기는 도상국의 이자율을 나타낸다. 당연히 전자는 후자보다도 작다. 이제, 이시점간 무역이 가능하다면, 선진국의 생산의 균형점은 Q, 소비의 균형점은 C, 도상국의 생산균형점은 Q', 소비균형점은 C'가 된다. 현재시점에 있어서 선진국은 OE의 초기부존량 중 Q_1E를 투자, OC_1을 소비로 돌리고 현재재의 생산과 소비의 차 C_1Q_1을 수출한다.

그림 8-2 시간선호율

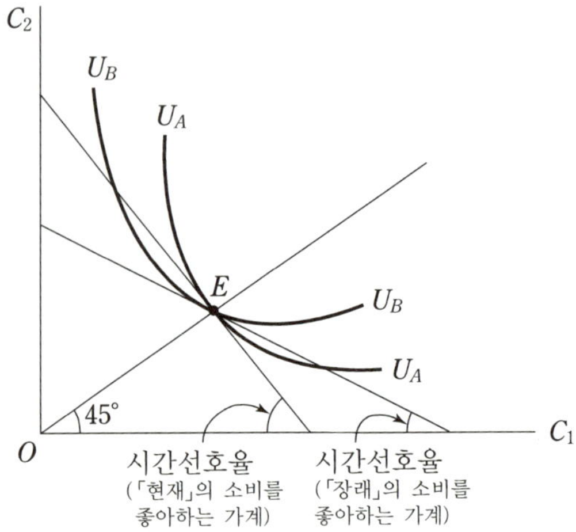

한편 도상국은 $O'E'$의 초기부존량 중 $Q_1'E'$를 투자하고, 현재재의 생산 $O'Q'$와 수입 $Q_1'C_1'$를 합친 $O'C_1'$를 소비한다. 장래시점에서는 선진국은 OQ_2를 생산하고, 이것과 대출의 회수분에 의한 수입 C_2Q_2를 합친 OC_2만큼의 소비를 행한다. 도상국은 $O'Q'$의 생산 중 $C_2'Q_2'$를 차입의 변제로 할당하고, $O'C_2'$만큼의 소비를 행한다. 여기에서 [그림 8-1]로부터 분명하듯이

$$C_2Q_2=(1+r)C_1Q_1$$
$$C_2'Q_2'=(1+r)C_1'Q_1'$$

이며, 무역은 균형이 된다.

[그림 8-1]의 직선 CQ의 기울기와 아래 그림의 직선 $C'Q'$의 기울기는 같으며, 이것이 세계의 균형이자율이다. 세계이자율의 균형치는 수식적으로는 선진국으로부터의 현재재의 수출

$$C_1Q_1=y-I^*(r)-C_1^*(r)$$

과 도상국에 의한 현재재의 수입

$$C_1'Q_1'=I^{*\prime}(r)-C_1^{*\prime}(r)-y'$$

가 같다는 조건으로부터 결정된다. 이 조건의 현재재의 수급균형조건과 같은 값이며, 소비자의 이시점간의 예산제약조건에 의해, 이 때 장래재의 수급도 균형이 된다.

한편, A, A'점과 C, C'점의 비교에서 분명하듯이, 이시점간의 무역이 이루어질 때는 그렇지 않은 경우와 비교하면 선진국, 후진국 모두 소비자의 후생은 개선되고 있음을 알 수 있다. 선진국에서는 현재재의 생산은 많지만 장래재의 생산은 그다지 많지 않다. 도상국에서는 역으로 장래재의 생산이 상대적으로 크다. 또 시간선호율은 도상국의 경우가 선진국보다 크다. 이시점간 무역은 이러한 상황 하에서 선진국에 대해서는 현재재의 소비를 줄이고 장래재의 소비를 늘리는 형태로, 도상국에서는 장래재의 소비를 줄이고 현재재의 소비를 늘리는 형태로 소비의 평준화(consumption smoothing)를 가능케 하는 것이다. 소비의 한계효용은 체감하기 때문에 이러한 평준화는 효용을 높이는 효과를 갖는다. 또한, 균형세계이자율은 이시점간 무역이 없는 경우의 선진국의 이자율보다 높고 도상국의 이자율보다 작다. 이것은 투자의 수익률이 낮은 선진국으로부터 수익률이 높은 도상국으로 자금이 흐른 결과이다.

위에 서술한 이시점간 무역이 갖는 소비의 평준화효과는 국제적 자금이동이 가능한 경우 소비자의 행동은 생산의 시간경로(즉 개개의 Q_1, Q_2의 크기)가 아니고, 생산의 할인 현재가치(즉, $Q_1+Q_2/(1+r)$)에 의해 제약된다는 것이다.

[그림 8-3]은 앞서의 [그림 8-1]의 아래 그림을 간단하게 나타낸 것이다(결과를 알기 쉽게 하기 위해, 현재소비와 장래소비의 비율이 일정한 경우 즉 homogenous한 효용함수를 가정한다. 그림에서 C^P, C^T, C는 원점으로부터 그려지는 직선상에 있어야 함). 이제 생산이 Q점에서 주어져 있을 때의 현재재 및 장래재의 소비의 최적점을 C로 한다. 금기의 경상수지는 CA의 폭만큼 적자이며, 이것은 예산제약식의 기울기로 나타나는 일정한 금리에서의 국제차입으로 메워진다. 이제 생산에 일시적인(즉 금기만의) (−)의 충격(shock)이 있다고 하자. 생산점은 Q^T점이 되고 소비점은 C^T점이 된다. 이 때 현재소비의 감소폭은 금기의 감소폭보다 작고 경상수지의 적자폭은 CA^T로 확대한다. 즉, 일시적인 shock에 대해서는 국제적 차입을 확대하여 메우는 것이 최적이며, 현재소비를 대폭적으로 줄일 필요는 없다.

이제, 생산에 있어 (−)의 충격(shock)이 영구적이며(즉 현재만이 아니라 장

그림 8-3 생산에 있어 외적 충격(shock)의 효과

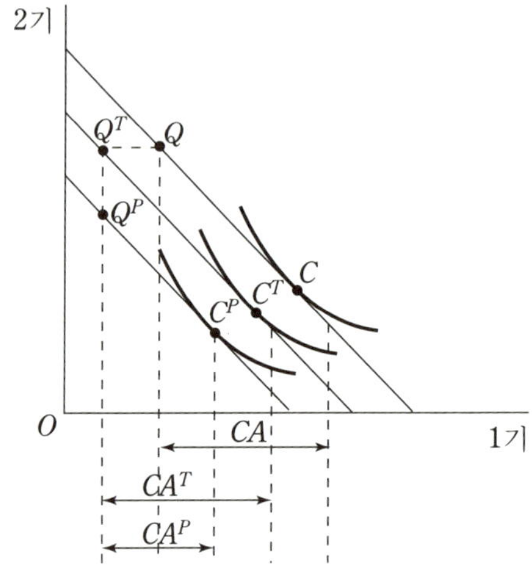

래의 생산에 대해서도 (−)의 충격(shock)이 있다), 생산점이 Q^P로 이동했다고 보자. 이 때 일시적 충격의 경우보다 현재소비의 감소폭은 크게 되고, 경상수지의 적자폭은 CA^P가 되어 CA^T보다 작게 됨을 알 수 있다. 즉 영구적인 충격에 대해서는 총수요를 조정하여 현재소비를 크게 삭감하는 것이 최선이 된다. 이것은 생산의 현재가치가 크게 감소하기 때문에, 소비의 평준화에는 한계가 있음을 보여준다.

2. 누적채무문제의 가능성

이상과 같은 국제간자본이동의 최적성명제가 성립하기 위해서는 다음과 같은 조건들이 만족되지 않으면 안 된다.

① 완전예견 내지 불확실성 하에서의 합리적 기대, ② 사회적 후생함수와 대표적 가계의 효용함수가 같다는 것, ③ 가계와 기업의 자유로운 국제자본시장으로의 접근(access), ④ 사적자본의 한계생산성과 사회적 자본의 한계생산성 사이의 괴리를 가져다주는 조세 등의 왜곡(distortion)의 결여, ⑤ 국내금리와

세계금리의 괴리를 가져다주는 조세 등의 왜곡의 결여 등이다.

이론이 전제로 하는 것과 현실에서 발생한 자본이동 패턴의 상이점에서 채무문제의 원인을 구할 수 있을 것이다. 그러한 상이점을 두 가지로 요약해보면,

① 현실의 자본이동이 분권적 경쟁경제이나 중앙집권적 계획경제도 아닌 혼합경제 시스템 하에서 이루어지고 있다는 것.

② 비무역재가 존재하기 때문에, 단순한 생산과 지출의 차에 있어서의 잉여가 아니라, 국제결제수단(외화)의 이용가능성이 현실적으로는 결정적인 역할을 한다는 것이다.

이하, 이상과 같은 두 가지 점을 검토해보자.

(1) 혼합경제의 문제

앞서 설명한 이론명제는 분권적인 의사결정을 행하는 경쟁시스템이든 중앙집권적 계획경제든 어느 가정이든 성립한다. 그러나 현실의 경제는 정부부문과 민간부문의 복잡한 상호 의존관계에 있는 혼합경제이며 이 경우 상기의 모델과 같은 최적소비와 최적투자가 반드시 실현되는 것은 아니며, 소비·투자 따라서 국제자본시장으로부터의 자금조달이 최적치로부터 괴리할 가능성이 있다. 가령 다음과 같은 경우이다.

① 정부의 사회적 후생함수와 민간의 대표적 가계의 효용함수가 반드시 일치하지 않을 가능성이 있다. 특히 현재소비와 장래의 소비의 선택에 대해서, 민간부문 중에 시간선호가 높은 계층이 존재하여 정부가 그 계층의 후생에 강한 배려를 하지 않으면 안 되는 경우가 중요하다.

가령, 석유쇼크 등의 (−)의 쇼크가 있는 경우 도시노동계급이나 토지 없는 농민에 대한 사회적 보조금지출이 증대하는 경향이 있다.

이러한 상황 하에서의 정부의 행동은 민간부문의 대표적 가계가 최적이라고 생각하는 이상의 현재소비의 확대, 따라서 해외자본의 도입으로 연결될 가능성이 있다. 정부가 이러한 종류의 행동을 취할지는 정부의 자세에 달려 있다(인기 영합적인지 권위주의적인지).

② 민간부문에 있어서의 자본의 한계생산성과 정부부문에 있어서의 그것이 괴리할 가능성이 있다. 공공재인 사회자본에 대해서는 이것은 항상 성립하지

만, 그렇지 않은 자본형성에 대해서도 정부가 여러 계층, 여러 부문의 행동의 협조에 의해 민간 부문만에 의한 경우보다도 더욱 높은 자본의 한계생산성을 달성하려고 생각할 수 있는 경우가 있다.

소위 빅 · 푸쉬(big-push)[1] 이론에 의한 공업화를 목표로 하는 개발지향이 강한 도상국정부는 투자를 확장하며, 원조에 의한 빅 · 푸쉬의 가능성을 믿은 선진국정부는 그 나라의 민간부문이 적정하다고 생각하는 수준을 넘어서는 대외원조의 공급을 행할 가능성이 있다.

③ 징세능력이 불충분하여 탈세가 용이할 수도 있고, 세제가 매우 불공정할 때, 민간부문은 정부의 재정상황에 따라 장래의 세부담을 충분히 고려치 않고 행동할 가능성이 있다. 즉 현재의 소비를 줄여 장래의 조세에 준비하려 하지 않을 경우 대외자금의존도는 최적치로부터 괴리할 가능성이 있다.

(2) 비무역재의 문제

전절의 모델에서는 상품은 하나이며, 그것은 무역거래가능한 상품으로 가정되고 있지만 현실에 있어 비무역재의 문제 내지 국제결제수단의 이용가능성의 문제가 있으며, 이 요인으로부터 대외자금도입의 최적치로부터 괴리할 가능성이 있다. 다음의 두 가지 경우가 중요하다.

① 비무역재가 있는 경우, 상기모델에 있어 도상국은 장래시점, 즉 변제국면에 있어서 자본 · 노동 등의 생산자원을 비무역재부문으로부터 무역재부문으로 이동시키지 않으면 안 된다. 왜냐하면 비무역재의 경우 국제결제수단(외화)을 입수할 수 없으므로 무역재생산을 확대함으로서 변제를 위한 국제결제수단을 입수할 수밖에 없기 때문이다. 그러나 이 자원이동이 반드시 용이한 것은 아니다.

노동의 이동에는 물리적 이동비용뿐만 아니라 재훈련 등의 조정비용이 들 수 있다. 자본재의 대부분은 비가역성(非可逆性, irreversability)[2]이 있기 때문에

1) 빅 · 푸쉬(big-push) 이론이란 개발도상국의 개발에 있어 투자를 어떤 산업에 배분해야 하는가를 결정하는 경우 과잉노동력을 빠르게 흡수할 수 있는 노동집약적 산업에 투자를 집중하지 않고 오히려 철도 · 도로 또는 교육 등 장래의 경제성장의 기반이 되는 분야에 투자를 집중한다는 이론이다.

2) 생산가능집합에 대해 통상 가정되는 성질의 하나로서, 한 투입물의 조합에 의해 산출물의 조합이 생산가능한 경우, 그 역의 생산공정(산출물의 조합을 투입하여 투입물의 조합을 생산하는 것)이 기술적으로 불가능하다는 것.

새로운 투자를 계속적으로 이동시키는 것 외에, 자본의 이동은 불가능하다.

또한, 수출촉진을 위해 환율을 상승(감가)시키더라도, 상대적으로 환율의 하락(가치가 상승)한 상태에서 값싼 수입자본재의 이용을 향유해오던 비무역재 부문은 강하게 반대로 나올 것이다. 환율의 상승(가치하락)에 의한 수입재 물가와 소비재 물가의 상승의 가능성은 비무역재생산에 종사하고 있는 도시노동자 계급이나 빈곤층에 큰 타격을 줄 수 있으며, 정치적으로 용이한 것은 아니다. 비무역재의 존재를 충분히 고려하지 않는 대외자금차입계획은 과대차입이 될 가능성이 크게 된다.

② 정부부문에 국제자본시장으로부터 조달한 국제결제수단(외화)을 민간부문이 많은 경우에 위법으로 대외자산운용으로 돌리는 경우가 있다. 소위 자본도피(capital flight)이다. 이와 같은 경우, 장래시점에서 대외차입의 변제가 국내통화외에 결제가 이루어지지 않을 수 있다. 몇몇 도상국에서 경상수지 불균형의 정도는 심하지 않았지만, 변제를 위한 추가적 대외차입 때문에 채무가 증대한 것은 이 요인에 의한다. 자본도피는 환관리가 충분치 않은 경제에서 국내금융자산의 리스크가 갑자기 높아지기 때문에 생기는 대외투자의 급격한 증가이다. 특히 절하(가치하락)의 예상이 생길 때, 국내금리가 충분히 환율 예상감가율 및 리스크 · 프리미엄분 만큼 상승하지 않을 때 내외자산의 수익률 균형이 무너지면서 자본도피가 생기는 경우가 많다(내외 자산의 수익률 사이에는 통상, 국내금리＝해외금리＋환율의 예상감가율＋리스크 · 프리미엄의 관계가 있다). 이 관계가 무너져 우변이 좌변보다 클 때 자본도피의 유인이 생긴다.[3)]

3. 국제자본이동의 정도

한 나라의 경상수지는 사후적으로 저축과 투자의 차액과 같기 때문에 양자의 영향을 받아 변동하게 된다. 삭스(Sachs)는 1960~70년대의 경상수지는 투자의 영향을 받아 변동했지만, 저축의 영향은 거의 받지 않았다는 실증결과를 보였다. 그는 OECD가맹 14개국의 각각에 대해 경상수지/GNP비율을 피설명변수로 하고 GNP gap과 투자/GNP비율을 설명변수로 하는 회귀식(표본기간은

3) 커버되지 않은 금리평가(UIP)의 경우 리스크프리미엄은 0이다.

1960~79년)을 추정한 결과, 투자/GNP비율의 계수치가 14개국 중 12개국에 있어 (−)였다는 것, 그 중 6개국에 있어 통계적으로 유의하다는 결론을 이끌었다(또 14개국 중 8개국에 있어 GNP gap의 계수치는 (−)가 된다).

저축/GNP 비율을 설명변수에 더하더라도, 추정식의 설명력은 높아지지 않았기 때문에, 경상수지는 투자의 영향을 받아 변동한다고 결론지었다. 이 결과는 국내투자의 적어도 일부가 해외자본의 유입에 의해 보전됐다는 것을 확인한 것이며, 국제자본이동이 각국의 투자초과를 보전하는 데 있어 중요한 역할을 했음을 알 수 있다.

각국의 금융 · 자본시장이 일체화 내지는 글로벌화(globalization)되어가는 과정에서, 활발한 국제자본이동이 이루어진다면, 각 경제주체는 세계금리하에서 합리적인 의사결정을 행할 수 있다.

즉, 가계는 소비와 저축을, 기업은 투자를 각각 독립적으로 결정하기 때문에 각국의 저축과 투자 간에 상관은 존재하지 않게 된다(만일 폐쇄경제라면, 항상 투자율과 저축율은 일치하지 않으면 안 되기 때문에 저축과 투자의 상관계수는 1이다. 즉 국제자본이동이 전혀 이루어지고 있지 않은 상황에서 국내투자의 100%가 국내저축에 의해 충당된다).

펠드슈타인 · 호리오까(Feldstein and Horioka)는 각국의 저축과 투자의 상관도가 국제자본이동의 정도를 나타내는 유용한 지표라는 관점에서, OECD국가들(16개국)에 있어서, 저축과 투자간의 상관의 크기를 계측했다. 그들은 투자/GDP의 비율(I/Y)을 피설명변수로 하고, 저축/GDP비율(S/Y)를 설명변수로 하는 회귀식

$$\left(\frac{I}{Y}\right)_j = \beta_0 + \beta_1\left(\frac{S}{Y}\right)_j + u_j$$

를 추계하여, 계수치가 $\beta_1=0$이라면 자유롭고 동시에 완전한 자본이동이 행해지고, $\beta_1=1$이면 국제자본이동이 전혀 행해지고 있지 않는다고 생각한 것이다. 1960~74년의 기간에 있어서 OECD 16개국을 분석한 결과 β_1의 추계치는 0.85~0.95의 범위에서, 0과 유의하게 다르고, 1과 유의하게 다르지 않다는 것, 그리고 그 값이 시간과 함께 감소하는 경향이 없었음을 확인했다.

그들은 이 결과로부터 OECD국가들의 국제자본이동의 정도는 한정되어 있

으며 동시에 시간과 함께 높아졌다고는 말할 수 없다는 결론을 내렸다. 이것은 한 나라의 국내투자의 대부분이 국내저축에 의해 충당됐음을 의미하며 삭스(Sachs)의 결론—즉, 한 국가의 국내투자는 해외저축에 의해서도 충당된다—와 대립됨과 동시에 1970년 이후, 국제자본이동이 높아졌다는 일반적인 통념과도 상반되는 것이다. 이와 같은 결과를 '펠드슈타인·호리오까 퍼즐(puzzle)' 혹은 '펠드슈타인·호리오까 역설(paradox)'이라 한다.

그 후의 연구결과도 마찬가지로 '펠드슈타인·호리오까 퍼즐(puzzle)'을 지지하고 있다(물론 시간이 경과하면서 저축과 투자의 상관이 조금씩 감소하고 있다고는 하나). 결국, 각국의 저축은 각국시장에서 흡수되는 경향이 강하게 남아 있음을 시사하는 것이다.

옵스펠드와 테일러(Obstfeld and Taylor)는 순(net)국제자본이동의 크기를 역사적으로 검증하고 있다. 국민소득계정상, 경상수지는 국민총투자와 총저축과의 차액이며, 경상수지의 적자, 즉 국내저축의 부족은 해외로부터 순저축(자본) 유입에 의해 충당된다. 따라서 경상수지의 對GDP비율의 추세를 되돌아보는

그림 8-4 순(net)자본이동의 크기(경상수지의 12개국 평균치)

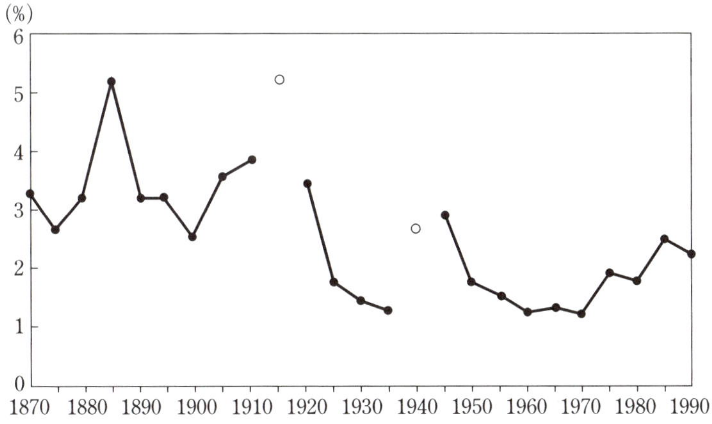

자료 : Obstfeld, Maurice and Alan M. Taylor, "The Great Depression as a Watershed: International Capital Mobility over the Long Run," NBER Working Paper, No. 5960, 1997.

비고 : 1. 흰 동그라미는 전쟁시의 샘플(sample)을 포함한 것,

2. 12개국은 아르헨티나, 호주, 캐나다, 덴마크, 프랑스, 독일, 이탈리아, 일본, 노르웨이, 스웨덴, 영국, 미국.

것은, 순국제자본이동의 추세를 되돌아보는 것에 대응한다고 말할 수 있다.

[그림 8-4]에 의하면, 선진국의 경상수지의 對명목 GDP비율(절대치)은 1870년대 이후 제1차 세계대전 전까지 대체적으로 3%를 넘는 수준이며, 시기에 따라서는 4%~5%에 달하고 있다. 그 후, 1920년대부터 1930년대에 걸친 기간(제1차 · 2차 세계대전 사이)과 1950년대부터 1960년대의 브레튼우즈체제(Bretton Woods system)기에 있어서는 떨어지고 있다. 변동환율제로 이행한 1970년대 이후는 경상수지 對GDP비율이 서서히 상승하여, 최근시점에서는 3% 가까운 수준으로까지 회복되고 있지만, 그래도 제1차 세계대전 전의 수준에 비해 특별히 높다고 할 수는 없다.

이와 같은 순자본이동수준의 변천은 ① 환율의 안정화 ② 자유로운 자본이동 ③ 금융정책의 독립성 이라는 목표 중에서 어떤 것을 추구할 것인가라는 환율제도의 선택과 밀접하게 관련돼 있다.

앞서 얘기했듯이(먼델 · 플레밍 명제로부터 유도된 불가능한 삼위일체(impossible trinity))위의 세 개를 동시에 달성할 수 없다. 선진국의 환율제도 선택의 역사를 되돌아보면, 제1차 세계대전 이전에 있어서는 금본위제하에서 환율의 안정과 자본이동의 자유가 추구되어 있고, 사실, 자본도 전술한대로 국제적으로 활발히 이동했다. 한편, 브레튼우즈체제 하에서는 선진국은 국제자본이동상의 제약을 감수하면서 기본적으로는 국내금융정책과 환율의 고정을 추구하려 했다. 이 결과, 브레튼 우즈체제 하에서는 자본이동은 활발하지 못했다. 브레튼 우즈체제 붕괴 후의 변동환율제하에서는 국내경제의 안정과 자본이동의 자유가 지향되면서 자본은 다시 활발하게 이동하게 되었다. 물론, 선진국에 있어 저축과 투자 갭(gap)의 추세 자체는 여러 요인에 의해 변동하는 부분도 있지만, 위에 서술한 순(net)자본이동의 추세는 일반적으로 일컬어지는 금융의 범세계화(汎世界化, globalization)와 반드시 정합적이지 않음을 보여주고 있다.

(1) 저축 · 투자 상관의 원인

이 퍼즐은 국제자본이동이 활발히 이루어지고 있는 세계경제에 있어서도 저축과 투자가 높은 상관을 가질 수 있다는 인식 하에 풀 수 있다. 즉, 저축과 투자 간의 높은 상관은 자유로운 국제 자본이동과 반드시 모순되는 것은 아니다. 그와 같은 경우로 다음의 세 가지 요인을 들 수 있다.

(a) 정책당국이 경상수지 불균형의 조정을 위해 거시정책을 사용하는 경우, (b) 자유로운 국제자본이동 하에서, 경제체계 내의 쇼크가 저축과 투자를 동방향으로 움직이게 하는 경우, (c) 비무역재가 존재하는 경우이다.

우선 첫째로 각국의 당국이 의도적으로 경상수지를 0의 주변에 머물도록 거시·통상정책을 채택할 때에는 경상수지의 불균형은 생기지 않는다. 혹은 당국이 경기안정을 목적으로, 경기후퇴기(이것은 경상수지흑자기에 해당한다)에 내수확대를 목표로, 경기과열기(경상수지적자)에 내수억제를 목표로 하는 금융·재정정책을 취하면, 대폭적인 불균형은 결과적으로 피할 수 있다. 이것은 당국

그림 8-5 OECD 18개국의 순저축과 순투자(대 GDP비율)의 상관 (1980~1991년 평균치)

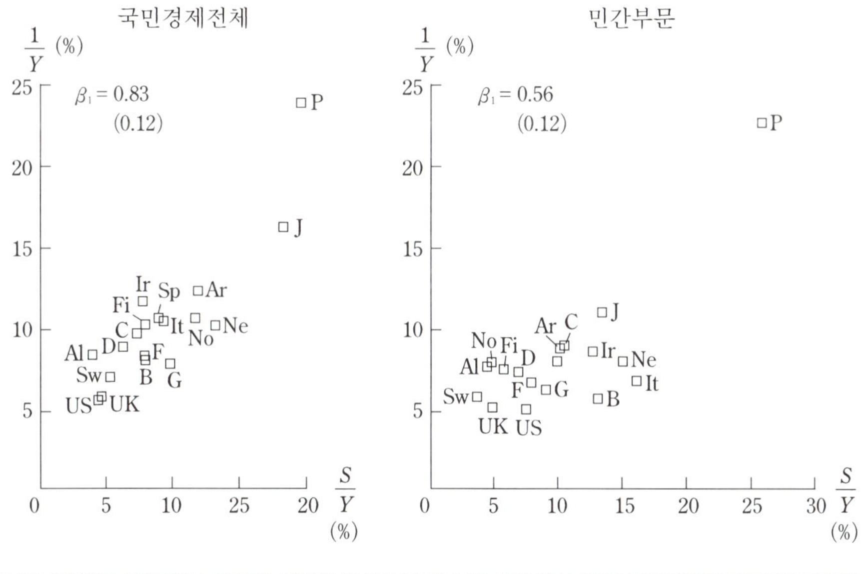

주 : 1. 국민경제전체의 투자는 순자본 형성(고정자본형성+재고투자), 민간부문의 투자는 순고정자본형성(설비투자+주택투자).

2. 그래프에서 β_1은 본문에서 회귀식의 추정치이며 괄호안은 표준오차.

3. 그래프상의 알파벳 표기는 각각 다음의 나라를 나타낸다. Al 호주; Ar 오스트리아; B 벨기에; C 캐나다; D 덴마크; F 프랑스; Fi 핀란드; G 독일; Ir 아일랜드; It 이탈리아; J 일본; Ne 네덜란드; No 노르웨이; P 포르투갈; Sp 스페인; Sw 스웨덴; UK 영국; US 미국.

자료 : OECD, National Accounts, Detailed Tables, 1979–1991(Paris, 1993).

의 경제정책이 의도적 내지 결과적으로 저축과 투자간에 (+)의 상관을 만들어 내는 경우이다.

가령, 다수의 OECD국가들의 경우, [그림 8-5]에서처럼 국민경제전체로 본 순저축과 순투자(모두 GDP에 대한 비율)의 상관은 민간부문의 순저축과 총고정투자(모두 GDP에 대한 비율)저축과 투자간에 존재하는 (+)의 상관은 적어도 일부는 정부의 재정정책에 의해 만들어지고 있음을 시사한다.

혹은 정부의 저축 · 투자를 통하지 않고, 금융정책의 운영에 의해서도 민간부문의 저축과 투자간에 높은 상관을 만들어 낼 수 있다. 가령, 한나라의 통화당국이 경상수지의 흑자로 인한 환율의 증가가 경기후퇴로 연결될 것을 두려워하여 금융완화로 대응할 경우, 금융완화는 민간투자를 자극하고 경상수지흑자의 축소를 가져오게 된다. 이러한 판단이 옳다면 결과적으로 저축과 투자를 크게 괴리시키는 정책을 채택한 결과가 된다.

요컨대, 자유로운 국제자본이동 하에서도 정책당국이 경상수지를 목표로 한 경제정책, 혹은 경제안정을 지향하는 거시정책을 운영하면, 그 결과 국민경제전체의 저축과 투자간에는 (+)의 상관이 존재할 수 있다.

둘째로, 자유로운 국제자본이동 하에서도 경제체계 내의 외생적인 쇼크가 저축과 투자를 동방향으로 변화시킨다면, 양자간에 높은 상관이 만들어질 수 있다. 가령, 자유롭고 완전한 국제자본이동이 존재하는 확률적 균형모델(real business cycle model)을 이용하여, 계열상관을 갖는 생산성쇼크의 효과를 분석하면, 그것이 저축과 투자간에 강한 상관을 만들고 있음을 알 수 있다.

이제, 한 나라에서 (+)의 생산성쇼크가 생겼다고 하자. 그것은 자본의 한계생산성을 상승시키고, 활발한 자본축적(투자의 대폭적인 확대)을 가져온다. 그것은 또 그 나라의 산출량을 증대시키고 자국민으로 하여금 소비가능한 생애소득을 증가시키기 때문에, 현재로부터 장래에 걸친 소비를 증가시키지만(소비의 평준화), 현재시점에 있어서 산출량의 증가가 현재시점의 소비의 증가를 상회하기 때문에 저축을 증대시킬 수 있다. 따라서 생산성 쇼크는 저축과 투자간에 (+)의 상관관계를 만들어 낸다(단, 그것은 동시에 경상수지적자를 초래한다). 이와 같은 생산성쇼크가 국제적으로 연관되어 있다면 각국의 저축 · 투자패턴은 유사하게 되기 때문에 각국 내에 있어 저축 · 투자의 상관은 더욱 높게 될 것이다.

세 번째로, 소비에서 점하는 비무역재의 비중이 높으면 투자가의 포트폴리오는 자국자산에 치우친 경향을 가지며, 국제분산투자의 정도는 낮게 된다. 그 결과, 저축과 투자의 상관관계는 높게 될 것이다.

확실히, 국제자본이동에 여러 가지 제한이나 규제가 부과될 때에는 저축과 투자간에 높은 상관이 나타난다고 볼 수 있다. 1980년대 들어서 저축과 투자의 상관이 조금 낮아진 것은 외환관리 · 자본거래규제의 완화 · 자유화를 반영하고 있다고 볼 수 있다.

그러나 저축과 투자간의 상관이 여전히 (+)의 높은 상관을 보이고 있다는 것은 국제자본이동이 현재도 여전히 불완전하다는 것만을 의미하는 것은 아니다. 당국의 거시정책이나 경기순환적인 요인 · 쇼크가 양자 간의 높은 상관에 관련될 가능성이 있다는 것이다.

(2) 국제분산투자

금융시장에서의 국제적인 가격재정이 활발하고, 자본이동의 자유도가 높아지면서 실제 경제활동면에서의 범세계화(globalization)가 상당히 진전되고 있는 상황에서 투자가의 포트폴리오 구성에 있어 여전히 국내자산보유 비율이 현저히 높다는 사실이 지적되고 있다. 이러한 투자가의 국내자산에 대한 편향(bias)은 국제분산투자에 있어 또 다른 하나의 퍼즐(puzzle)이다(portfolio diversification puzzle 혹은 home bias puzzle이라고도 함). 프렌치 · 포터바(French and Porterba)[2]는 미국, 영국, 일본 3개국의 투자가가 6개국의 주식시장 간에서 주식투자의 국제포트폴리오를 시산하고 있다([표 8-1]).

여기에 의하면, 각 포트폴리오 중에서 국내투자의 share는 1988년 말 시점에서 미국, 일본, 영국에 있어, 각각 94%, 98%, 82%이며 주식투자의 거의가 국내로 향하고 있음을 알 수 있다. 특히 일본의 경우 98%로 가장 높으며 국내주식으로의 편향이 매우 높다.

이러한 일본에 있어서 국내주식보유비율이 높다는 사실은 시계열적으로도 관찰된다. 강 · 스털츠(Kang and Stulz)는 일본의 주식시장에 있어 외국인투자가의 침투도를 시계열적으로 시산하고 있다. 그 결과를 보면, 금융업을 빼고 전

2) French, K., and James Poterba, "Investor Diversification and International Equity Markets," American Economic Review, 81, May 1991, pp. 222–226.

[표 8-1] 미국 · 영국 · 일본 투자가의 국제주식포트폴리오

시 장	각국 투자가의 share(%)			시장가액 (달러 환산)
	미 국	일 본	영 국	
미 국	0.938	0.0131	0.059	2,491.3
일 본	0.031	0.9811	0.048	1,632.9
영 국	0.011	0.0019	0.820	849.8
프 랑 스	0.005	0.0013	0.032	265.4
독 일	0.005	0.0013	0.035	235.8
캐 나 다	0.010	0.0012	0.006	233.5

자료 : French and Poterba(1991), p. 223.

산업의 주식총액에서 점하는 외국투자가의 보유비율은 70년대 말부터 84년에 걸쳐서는 일관되게 상승하고 있지만, 그 이후는 급격히 감소하고, 91년에는 81년과 거의 동등한 수준으로까지 떨어지고 있다([그림 8-6]).

강 · 스털츠는 일본에 있어, 기업규모나 수출비율 등의 여러 가지 기업의 속성과 해외투자가의 투자선호의 관계를 검증하고 있다. 즉 [그림 8-6]에서 두 종류의 외국투자가의 주식보유 비율이 나타나 있다.

그림 8-6 일본의 주식시장에 있어 외국투자가의 침투도

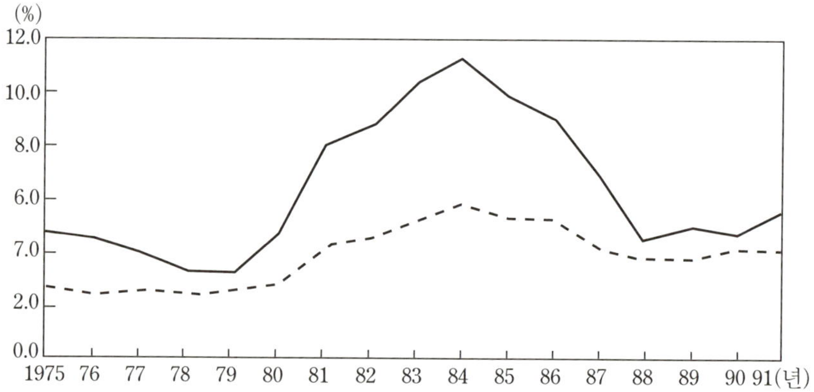

자료 : Kang, Jun-Koo, and Rene M. Stulz. "Why Is There a Home Bias? An Analysis of Foreign Portfolio Equity Ownership in Japan," Journal of Financial Economics, 46(1), 1997.

위쪽에 위치하고 있는 실선은, 각 기업의 주식발행액에서 점하는 외국투자가의 보유비율을 각 기업의 주식시가총액으로 가중평균한 것, 한편 아래쪽에 위치한 점선은 각 기업의 외국투자가가 보유비율의 단순평균치이다. 양자의 추이(trend)를 비교하면, 가중평균치쪽이 단순평가치를 일관되고 상회하고 있으며, 외국투자가 보유비율은 일반적으로 주가시가총액이 큰 기업의 경우가, 외국투자가에게 있어 정보의 입수가능성이 높다고 생각될 수 있기 때문에 이러한 대기업의 주식을 우선적으로 보유하려는 유인을 강하게 갖고 있음을 시사하고 있다. 그러나 그 선호의 정도는 1980년대 전반에 상승한 후 감소하면서 91년에는 81년과 거의 동등한 수준으로까지 떨어졌다는 것은 근년의 국제화의 진전이라는 흐름과 정합적이라고 말할 수 없다. 이러한 퍼즐(puzzle)이 각국의 투자가에 의한 자본시장에서의 최적화행동의 결과인지, 아니면 어떤 요인으로부터 최적화행동이 제약을 받고 있는지를 들여다보는 것이 중요하다. 이를 위해 국내자산으로의 편향의 정도를 현대포트폴리오의 이론으로부터 검증해볼 필요가 있다.

1) 기대수익률의 역산

우선 프렌치 · 포터바는 부분균형 자본자산평가모델(capital asset pricing model, CAPM)을 가정한다. CAPM 가정 하에서 자산의 기대수익률에 관계된 리스크를 투자하는 곳의 분산화에 의해 상쇄할 수 있는 개별리스크(unique risk 또는 diversification risk)와 상쇄 곤란한 시장리스크(market risk 또는 systematic risk)의 두 개로 크게 나누고, 포트폴리오의 초과수익률(risk premium)이 총리스크의 시장리스크에 대한 민감도에 비례함을 보이고 있다. 각국 주식시장에 있어 국내투자자가 비중이 높다는 것을 정당화하기 위해 필요한 기대수익률을 시산하고 있다.([표 8-2])

이 결과를 보면 영국투자가의 국내주식보유비율이 82%([표 8-2])가 됨을 설명하는데 있어, 영국시장에 있어 영국투자가의 기대수익률은 미국시장보다 5%포인트(≒9.6%－4.4%)나 높아야 한다는 필요성이다.

또, 미국투자가는 일본시장보다 2.3%포인트(≒5.5%－3.2%)만큼, 일본투자가는 미국시장보다 3.5%포인트(≒6.6%－3.1%)만큼 높은 기대수익률을 국내시장에 대해 갖고 있다. 이러한 큰 폭의 기대수익률의 격차는 국제적으로 큰 가격재정

[표 8-2] 각국 주식시장의 국내투자가 비중을 정당화하기 위해 필요한 기대수익률

시 장	투 자 가		
	미 국	일 본	영 국
미 국	5.5	3.1	4.4
일 본	3.2	6.6	3.8
영 국	4.5	3.8	9.6
프 랑 스	4.3	3.4	5.3
독 일	3.6	3.0	4.8
캐 나 다	4.7	3.0	4.0

주: 1. 상대적 위험회피도는 3으로 가정.
2. 수익률은 환율변동리스크를 헷지(hedge)하여 산출.
자료 : French and Poterba(1991), p. 223.

의 기회가 존재하고 있음을 의미하며, 국제적인 자본시장의 통합이 진전되고 있다는 현상인식과 모순된 것으로 생각될 수 있다.

2) 일반균형모델과의 정합성

일반균형모델로부터 유도되는 이상과 같은 퍼즐(puzzle)의 의미(implication)는, ① 각국 포트폴리오 구성의 균등화(equalization), ② 소비의 평준화 · 동조적 변동의 두 가지 점으로 집약된다.

아래에서 이용되는 자산가격결정모델은 근년 거시경제학에서 표준적인 틀(framework)이 되고 있는 소비에 바탕을 둔 자본자산평가모델(C-CAPM, consumption based CAPM)과 궤를 같이하고 있다. C-CAPM은 가계의 동학적인 최적화행동의 틀에서 자산수익률을 분석하는 접근이며, 정학적인 미시경제모델의 자원배분이 상품의 상대가격에 의해 결정되듯이 동학모델에 있어서는 이시점간(intertemporal)의 자원배분이 자산의 실질수익률에 의해 결정된다. CAPM은 C-CAPM에서 소비의 한계효용이 시장포트폴리오(market portfolio) 수익률과 완전히 (−)상관이 있다고 가정한 특수한 경우로 이해할 수 있다.

3) 각국 포트폴리오 구성의 균등화

우선 첫째로, 각국의 선호가 같은 이시점간의 대체탄력성을 갖는 효용함수(isoelastic utility function)를 가정하면, 각국의 포트폴리오 구성은 모두 동일하게 된다[4](이시점간의 대체탄력성이란 이 시점 간에 있어 무위험자산의 수익률이 1% 변화했을때 현재와 장래의 소비량비율이 몇 % 변화하는가를 의미한다).

일반적으로, 애로우-뒤브르(Arrow-Debreu)형의 상태조건부상품(state-contingent commodity)[5]시장이 완비되고 있는 상황 하에서는 조건부상품의 거래를 통해, 온갖 리스크가 거래되며, 파레토(Pareto) 효율적인 자원배분이 달성된다. 즉, 사람들은 자신의 경제후생에 큰 영향을 미치는 리스크에 대해, 가령 경제적으로 곤궁한 때에는 높은 배당을 가져다주는 경향이 있는 자산을 구입함으로써 이 리스크를 상쇄할 수 있다.

이러한 리스크를 헷지(hedge)하는 상품으로 대표적인 것은 각종 보험이지만, 주식이나 채권, 통화 또는 이들 상품의 파생상품과 같은 위험자산도 마찬가지로 보험으로서의 기능을 다한다. 따라서 위험자산의 시장가치는 이러한 보험기능의 유효성에도 의존하게 된다. 마찬가지로, 자본의 완전이동성이 성립하고 각국간에 충분히 다양한 상태조건부상품이 거래되면, 상태간에 있어 소비의 한계대체율이 각국간에서 균등하게 된다.

이것은 각국의 리스크부담기능의 비교수위에 따라 국제적인 위험자산의 거래가 이루어지는 것으로 이해할 수도 있다. 이 결과, 이시점간의 탄력성 일정하에서는 각국의 포트폴리오구성이 동일하게 된다. 그러나 이러한 일반균형모델로부터 도출되는 결론은 앞서의 [표 8-2]에 나타난 관찰사실과는 분명히 괴리하고 있다.

---

4) 이시점간의 대체탄력성이 일정(isoelastic)한 효용함수는, 상대적 리스크 회피도(coefficient of relative risk aversion, 한계효용의 소득탄력성과 같은 값)가 일정하게 된다는 특성을 갖고 있다. 이것은 상대적 리스크회피도 일정(constant relative aversion)의 효용함수로도 불리우며, 최근 거시·재무이론에서 많이 이용되고 있다.

5) 상태조건부상품 또는 애로우-뒤브르 증권(Arrow-Debreu security)이란 어느 한 상태(state)가 생긴 경우에 있어서만 일정액의 지불이 이루어지는 조건부청구권(contingent claim)을 가리킨다. 가령, '날씨가 갠다'와 '비가 온다'라는 두 개의 상태가 있을 때 날씨가 개었을 때는 '날씨가 갠다'는 증권만이 효력을 갖고, 일정액의 급부를 받을 수 있고, 비가 올때에는 '비가 온다'라는 증권만이 효력을 갖는다는 시스템을 생각하면 된다.

그림 8-7 자본이동성과 소비행동

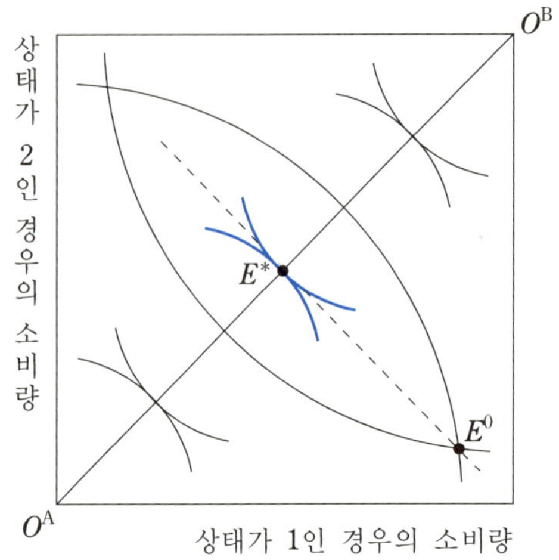

자료 : Obstfeld, Maurice and Kenneth Rogoff, Foundations of International Macroeconomics, Cambridge, MIT Press, 1996, p. 290을 일부수정.

4) 소비의 평준화 · 동조적 변동

일반균형모델로부터 도출되는 두 번째 결론은 국제적으로 소비가 평준화되고, 이것이 동조적으로 변동한다는 것이다. 이러한 소비의 평준화는 나라마다 고유의 소비변동리스크를 국제적으로 분산하여 소비를 안정시킴으로써 소비자의 경제후생을 개선시키는 리스크 쉐어링(risk sharing) 메커니즘으로 이해할 수 있다. [그림 8-7]은 이것을 두 나라모델에 의해 직관적으로 설명한 것이다.

이제 세계가 A, B 두 나라로 성립하며, 상태 1, 2의 각각에 대응한 소비수준이 존재한다고 가정한다. 이 때, 상태 1과 2가 발생하는 확률의 합은 1이다. 또, [그림 8-7]은 정방형으로서 상태 1과 2에서는 세계전체에서의 소비가능한 상품의 양은 동일하며, 분산화할 수 없는 리스크는 존재하지 않는 것으로 생각한다. 이제 초기점을 E_0점으로 하면, E_0점에서는 A국은 상태 1이 생긴 경우에 초기상태에서 많은 소비활동을 가능하게 한다. 만일, 이 초기상태에서 두 나라사이에서 조건부증권의 자유로운 거래가 이루어진다면 A국은 상태 1이 생긴 경우에 일정액의 급부(내지는 수익)를 받게 되는 증권을 수출하는 한편, 상

[표 8-3] 일인당 소비 증가율 및 산출량 증가율의 단상관계수

시 장	상 관	
	소 비	산 출 량
캐 나 다	0.56	0.70
프 랑 스	0.45	0.60
독 일	0.63	0.70
이탈리아	0.27	0.51
일 본	0.38	0.46
영 국	0.63	0.62
미 국	0.52	0.68
OECD 평균	0.43	0.52
발전도상국 평균	−0.10	0.05

자료 : Obstfeld, Maurice and Kenneth Rogoff, Foundations of International Macroeconomics, Cambridge, MIT Press, 1996, p. 291.

태 2가 생긴 경우에 증권을 수입(B국은 반대로)함으로써, 파레토 최적인 E^*점으로 이행하게 된다. 이처럼, 각국 간 자본의 완전한 이동성이 보장되는 경우에는 소비의 예상치 않은 변동을 헷지함으로써 A, B양국 모두 효용을 높이는 것이 가능하게 된다. 그리고 그 결과, 각국의 소비는 평준화되고 각국의 소비는 동조적으로 움직이게 된다. 그러나 [표 8-3]은 상술한 결론과는 정합적이 아님을 보여주고 있다.

[표 8-3]은 세계전체와 선진각국에 있어 일인당 소비 및 GDP증가율의 단상관계수(simple correlation coefficient)이다. 여기에 의하면 선진 7개국 중, 영국을 빼고 모든 나라에서 소비증가율의 상관보다도 산출량 증가율의 상관의 쪽이 높다. 이것은 OECD평균으로 보든, 도상국 평균으로 보든 마찬가지의 결과가 얻어지고 있다. 물론 이러한 소비의 패턴이 평준화에 관한 실증연구에 있어, 통계상 소비활동이 어느 정도 정확히 포착되느냐의 문제도 지적된다. 가령 일반적인 경제모델에서는 소비재는 모두 비내구재(non-durable goods)로 간주되는 경우가 많지만, 실제로는 주거서비스나 가구 등 각종의 내구재로부터의 서비스 플로우(flow)를 소비하고 있는 부분도 크다.

이상의 분석결과를 보면 투자가가 과도하게 국내자산에 편향된 포트폴리오

를 구성한다는 사실[6]은 통상의 CAPM의 틀로부터 보아도 최적화행동의 결과와는 정합적이지 않으며, 또 이러한 국내자산으로의 편향은 일반균형모델로부터 도출되는 결론과도 크게 괴리하고 있음을 알 수 있다. 아직까지는 종래의 이론적 · 실증적 연구의 범위 안에서는 충분히 설득적인 논거는 제시되고 있지 않다.

6) 이것은 국제분산투자에 있어서 하나의 퍼즐이다.

제 9 장

채무문제

1. 채무문제의 위기관리 방식
2. 두 형태의 채무문제
3. 발전도상국의 채무문제
4. 채무문제의 대응

채무문제

채무문제란 일반적으로 자국의 개발을 위한 자금이나 경상수지를 보전하기 위해 선진국, 국제금융기관, 민간은행 등으로부터 자금을 차입하여, 그 채무를 기일내에 변제 할 수 없게 됨을 말한다.

누적채무문제란 한나라가 지속적으로 경상수지를 발생시켜, 대외순채무(=대외부채-대외자산)[1]를 누적시킨 결과 해당국, 채권자, 국제금융·자본시장, 세계경제에 각종 경제적 여러 문제, 악영향을 가져다줌을 의미한다. 한 나라가 지속적으로 경상수지적자를 발생시켜 순채무국이 된다는 것은, 그 자체가 반드시 나쁘다거나 불건전한 것은 아니다. 각 경제주체에 의한 서로 다른 시점간의 최적자원배분(소비의 평준화나 생산적인 투자)이 이루어진 결과, 경상수지 적자가 발생했을 때에는, 그것은 해당국과 세계전체의 경제후생을 높일 수 있을 것이다. 그러나 대외순채무가 과대한 수준으로까지 누적되면, 채권자나 국제금융·자본시장은 그 유지 가능성, 변제능력, 변제의사 등에 관해 의문을 품게 되고, 그것이 여러 가지 문제를 가져다주는 것도 사실이다.

가령, 대외순채무가 누적되면, 채권자는 신용리스크(credit risk, 혹은 default risk, 예를 들어 은행이 대출금의 일부 또는 모두를 회수할 수 없게 되는 가능성을 가리킨다)를 두려워하여 채권보유의 확대를 바라지 않을 수도 있으며, 혹은 채권회수를 하려고 할 때 자금의 유입이 중지될 수도 있고, 대부금리가 급상승할 가능성이 있다.

그와 같은 경우 채무국은 원금변제·이자지불 등의 어려움에 직면하여 본

1) 여기에서 얘기하는 대외순채무란 대외부채와 대외자산의 차액을 의미하며, 채무변제(debt service)를 요구하는 채권, 대부만이 아니라 직접투자나 주식을 포함한다. 환언하면 대외순자산잔고가 (-)인 나라를 대외순채무국(혹은 단순히 채무국)으로 부른다. 단, 이제까지 발전도상국가들의 누적채무문제로서 초점이 맞추어졌을 때는 은행차입(bank loan)의 형태인 총(gross) 채무이며, 대외부채와 자산의 차액이 아니다.

의 아니게 국제무역 · 자본이동을 제한한다거나, 긴축적인 정책을 사용하여 부득이 고용 · 소득수준의 하락을 가져오게 된다. 특히 고정환율제 하에서는 준비자산이 유출되어 통화투기로 인한 위기가 발생할 수 있으며 변동환율제 하에서도 통화가치의 대폭적인 하락에 의해 경제적인 혼란을 가져올 가능성이 있다.

1980년대를 통해 중남미를 비롯한 중소득의 발전도상국가들이 채무변제의 어려움에 빠지면서, 채권자인 선진국상업은행의 자산포지션이 악화되고, 국제금융시스템이 불안정하게 됐다. 80년대 중반 이후에는 미국도 국제투자포지션(International Investment Position) 상에서, 제1차 세계대전 후 처음으로 대외순채무국으로 전락하면서, '달러폭락'이나 '경착륙'(hard landing)의 가능성이 엿보였다. 중남미 국가들정도의 경제적 문제에 직면하지는 않았지만, 호주, 캐나다, 북유럽 등 일련의 선진국가들에 있어서도 대외순채무가 확대되었다.

1. 채무문제의 위기관리 방식

채무문제가 발생한 경우의 긴급대응방안으로서는 1982년 이후의 중남미채무위기에서의 경험을 바탕으로 채무교섭의 틀이 형성되어왔다. 선진국정부를 중심으로 하는 '연계자금'의 공여, IMF를 중심으로 하는 채무구제패키지(package), 파리클럽(Paris Club, 공적채권의 채무재편을 행하는 위원회, 56년 설립), 런던클럽(London Club, 민간금융기관의 공적채무자에 대한 채권의 재편을 행하는 위원회, 60년대에 자연 성립)에서의 공적채무연장교섭, 민간기업채무에 관한 교섭 등이 그것이다. 채무구제 및 채무재편(rescheduling, 기존채권기일의 조정)의 수법에 대해서도 문제의 본질에 대한 인식이 변함에 따라 큰 진전이 있었다.

(1) 81년까지의 채무연장

60년대부터 70년대의 터키, 아르헨티나, 81년의 폴란드의 채무위기에 대해서는 기일도래채무의 재편이 주된 수법이었다. 여기로부터, 채무국은 당면한 채무변제가 경감되고, IMF의 유동성지원으로 대외적 안정을 회복할 수 있었다. 당시는 민간상업은행의 융자잔고가 그렇게 많지도 않았지만, 상업은행으로서는 부담이 경감했다.

(2) 82년 이후의 채무구제 패키지

82년의 멕시코의 채무위기에서 상업은행으로부터의 채무가 거액이었기 때문에 전면적인 채무불이행(breach of contract; default)을 회피하기 위해 새로운 틀이 도입됐다. 우선, IMF의 채무구제 패키지를 전제로, 미국을 중심으로 하는 선진각국이 단기의 '연계자금'을 공여하면서 유동성위기를 극복했다. 또한 채무재편에 있어서는 상업은행의 채권잔고를 유지하는데 주안점을 둠과 동시에 당면한 채무유지가능수준을 상회한 사실로부터 소위 뉴머니(New Money, 채권자단이 임의의 원칙으로 공여하는 신규규제 융자)를 조성하여 이자지불에 지장이 없도록 했다.

(3) 85년의 베이커 구상

85년 10월 IMF · 세계은행합동연차총회에서 미국의 베이커 재무장관이 중남미 채무문제에 관해, 그 때까지의 긴축조정형 경제정책으로부터 지속적 성장을 중시한 경제정책으로 방향을 전환하는 베이커구상(Baker Initiative)을 발표했다. 86년에 멕시코에 대한 4회째의 채무구제조치가 베이커구상의 적용 제1호로 실시됐지만, 여기에서의 기본적인 인식은 채무문제는 더 이상 유동성의 문제로서는 대응불가능하며, 채무국의 채무유지능력 향상을 위한 방책을 사용할 수밖에 없었던 것이다. 그렇다고는 하지만, 베이커구상에서는 본격적인 채무삭감에 의한 채무유지능력향상이라는 것보다는 지속적 경제성장을 위한 환경을 정비하여, 그 결과로서 채무유지능력의 향상을 꾀하는 것이었다고 말할 수 있다.

본 구상에 바탕을 둔 채무구제 패키지는 채무부담의 실질적인 경감을 꾀하기 때문에 복수년분의 기일도래 채무의 일괄채무재편, 상업은행의 부담을 넘어서는 초장기에서의 채무재편, 리스크 프리미엄을 무시한 수준(13~16%)으로의 금리감면, 중소규모채권자의 퇴출을 기대한 실질적인 채무삭감책(채권주식화, DEC=Debt Equity Conversion, 초장기저리의 Exit Bond로의 전환)을 포함하고 있었다. 이것은 그 후 메뉴 · 어프로치(menu approach)로 불리면서, 채무국에 순차적으로 적용됐다.

(4) 89년의 브래디 구상

89년 3월에 열린 브레튼우즈 위원회에서 미국의 재무장관 브래디구상(Brady Initiative)이 나오게 된다. 이 구상에 의해 채무구제는 본격적으로 채무국의 채무유지능력의 회복에 중점을 두게 되었다. 제1호는 89년에 멕시코에 대해 적용됐지만 상업은행에 대한 기존의 중장기공적채무 480억불을 일괄하여, 기간 30년의, 액면을 35% 삭감한 디스카운트 본드(Discount Bond)나, 액면 35%의 삭감에 맞춘 수준까지 표면금리(coupon rate)를 인하한 파 본드(Par Bond)로 전환한다는 것으로 어느 것을 선택하더라도 현재가치 기준으로 채무가 35% 삭감된다는 효과를 가지고 있었다.[2)]

이러한 본드에 대해서는 기간 30년의 제로쿠폰 미국재무성증권이 담보가 됐지만, 30년물 증권의 현재가치는 수 %에 지나지 않았으며, 사실상의 담보가치는 매우 적었다. 브래디구상은 그 후, 90년대 초에 필리핀, 아르헨티나, 브라질, 베네수엘라 등의 채무국에 순차적으로 적용되고, 이들 국가들은 10년간의 누적채무의 중압으로부터 해방되어 경제회복의 길로 복귀하는 토대를 만들었다.

(5) 시장중시의 채무재편

브래디구상 이후의 채무재편에 있어서는 보다 시장정세에 맞는 채무재편을 실행하는 움직임이 나타나고 있다. 브래디 구상에서는 시장의 평가(유통시장에 있어서 해당채무국채권, 혹은 대부채권의 유통가격)에 맞춘 수준까지 채무삭감에 응하지는 않았다. 결국 브래디 · 본드는 유통시장에서 당초의 채무삭감률(멕시코의 경우 35%)을 상회하는 가격으로까지 하락하게 되고 채권자는 장부상에서, 시장의 평가에 맞춘 채무삭감을 받아들이게 되었다.

현재도 채무삭감에 유연하게 대응할 수 없는 채권자가 많지만 아시아위기에 따른 기업채무재편의 과정에서는 보다 시장중시의 즉, 채권자의 채무유지능

2) 이 본드들을 총칭하여 Brady Bond라 부른다.

력에 대한 객관적 평가에 바탕을 둔 채무재편의 수법을 도입한 경우가 나타나고 있다. 가령, 일정금액을 한도로, 채무자에 의한 옥션(auction)방식의 환매(short-covering)[3)]나 우량자산을 지주회사(holding company)에 이전함으로써 채무의 주식화를 행하는 수법 등이 이용되고 있다.

2. 두 형태의 채무문제

현재의 세계경제에는 두 형태의 대외채무문제가 존재하고 있다. 하나는 중남미국가들을 대표로하는 발전도상국의 문제이며, 또 하나는 급격히 확대되어 가는 미국의 문제이다. 채무문제를 분석할 때(최근, 2001년의 아르헨티나와 터키의 채무위기를 포함하여) 하나의 전형적 사례가 되는 경우가 1980년대의 중남미국가들의 채무위기이다. 1980년대의 중남미국가들의 채무위기의 직접적인 원인으로, 미국의 긴축금융정책을 계기로 실질금리의 상승, 원유 등의 일차산품가격의 하락, 선진국의 수요 둔화 등을 들 수 있다.

그러나 이 실질금리 상승을 발단으로 한 세계적인 경제 쇼크는 누적채무문제발생의 계기가 되었으며, 보다 근본적인 원인은 어디까지나 발전도상국의 과대투자와 과대소비에 의한 과대한 대외차입에 있었다. 1960년대부터 1970년대 초까지, 다수의 누적채무국은 경제개발을 국가의 최우선 목표로 하여 정부주도의 수입대체공업화[4)]를 추진했다.

당시의 케인즈주의나 사회주의형 계획경제의 영향도 있었으며, 시장메커니즘 없이 정부의 개입이 선택되었다. 또한, 수출지향형 공업화가 아니라 수입대체품의 공업화를 선택한 것은 과거에 발생했던 일차산품무역의 교역조건악화의 경험으로부터 외국무역에 대한 불신이 지배적이었던 측면이 있었다. 그러나 이 정책은 많은 나라에서 난관에 직면했다. 그 이유로서는 ① 과도한 보호조치가

3) 주식의 신용거래나 상품의 선물거래에서 매도 약정한 그대로 미결제가 되었을 때 현물을 인도하지 않고 반대로 매입하여 약정관계를 해소하는 것을 말한다. 가격이 낮은 것부터 순서대로 환매하는 방식을 Dutch-auction이라 한다.

4) 해외로부터의 공업제품수입을 제한하고, 국산공업제품의 판매시장을 확보하여 공업부문의 투자를 확대하는 정책. 1950년대부터 1960년대에 걸쳐 많은 도상국에서 실시됐다. 도상국의 경우 소득이 낮고 자산의 축적도 결핍되어 있기 때문에 정부의 보호정책으로 공업을 육성하려고 함.

취해졌다는 것, ② 협소한 국내시장과 경쟁의 결여로 인해 비효율적인 생산이나 과도한 투자가 이루어졌다는 것 등을 들 수 있다. 단, 이점은 수입대체정책을 실시할 때부터 충분히 인식되고 있었으며 오히려 실패의 큰 원인은 보호조치가 장기화되면서 그 결과 사회적 · 정치적 조건이 변화하면서 선진국으로부터의 기술이전을 도입하는데 있어 정책의 수행이 더욱 어려워졌다는 것이다.

사회적 · 정치적 조건의 변화란 외국으로부터의 자금을 원조 받음과 동시에 수입대체정책에 대한 자금을 충당하기 위해, 주요농산물의 가격규제나 수출세를 오랫동안 부과한 결과, 농업이 피폐하는 한편, 농민이 급격히 도시로 유출된 것이다. 그러나 이러한 노동력을 수입대체공업에서는 흡수하지 못함으로써 대량의 실업자가 발생하고, 사회정치불안 대책이나 빈곤대책을 위한 정부지출을 실시하는 수밖에 없게 되었다.

1960년 중반 이후, 중남미정권의 대부분은 도시의 공업노동자에 대해서는 값싼 수입소비재를 제공하기 위해 높은 환율을 유지하면서도, 재정적자에 의한 보조금으로 실질임금의 인상을 꾀했다. 한편, 농업부문에 대해서는 대토지소유자의 고소득층에게만 감세나 정책금융을 제공함으로써 재정지출은 지출 · 세입 양면에서 점차 악화되었다.

이처럼 누적채무가 발생한 나라의 대부분은 1970년대 초기에 이미 과잉투자와 정부의 과잉소비로 채무가 비대화되는 계기가 마련되었다고 볼 수 있다. 1970년대에서는 제1차 석유 쇼크 후의 오일 · 머니의 환류(oil money recycling)[5]나, 그 후의 멕시코 등 자원국에 대한 투자와 선진국 경제침체에 의한 실질금리의 대폭적인 하락으로 막아낼 수 있었지만, 1970년대 말의 제2차 석유 쇼크 이후부터 1980년대 전반에 걸쳐 선진국의 금리인상과 거기에 따르는 경기불황으로 드디어 채무부담능력의 한계를 넘어, 누적채무문제가 명확히 나타나게 됐다고 말할 수 있다.

미국은 1983년도 이후 중반은 대폭적인 적자였다. [그림 9-1]을 보면 1990년부터 1998년에 걸쳐 적자가 상대적으로 작았던 시기는 예외적이라 하더라도 이 시기를 빼면 적어도 1970년대 초부터 일관되게 적자는 확대경향을 보이고 있다.

---

5) 제1차 석유 위기 후 산유국에 거액의 잉여자금(=oil dollar)이 누적되는 한편, 비산유개발도상국과 선진국은 심각한 국제수지적자 상태로 돌아섰다. 이러한 여유자금은 미국시장, 유로시장을 통해 도상국 등으로 환류되었다. 그러나 이것이 누적채무문제의 하나의 계기가 됐다.

그림 9-1 미국의 경상수지(1970~2005년)

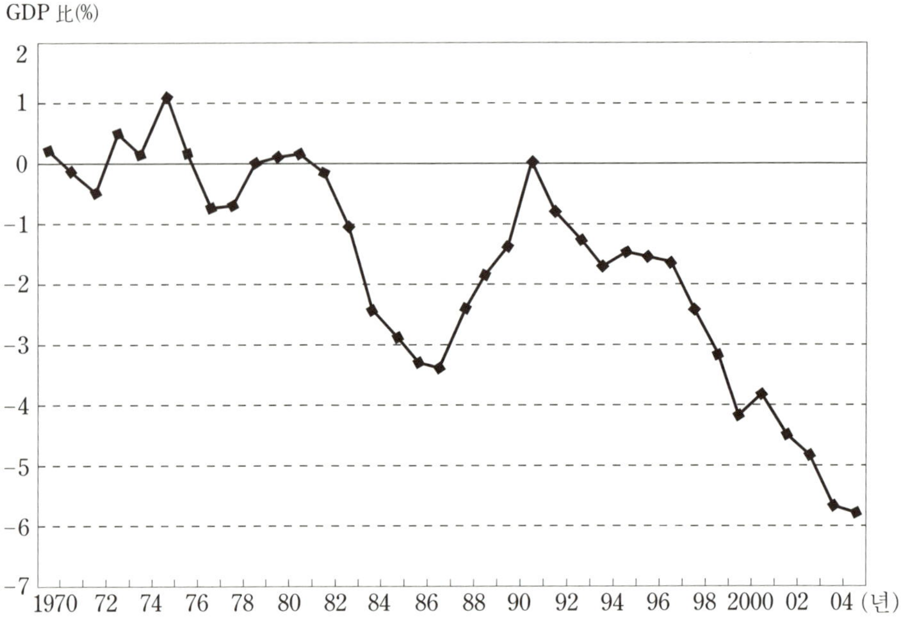

주 : 2005년 계수치에 대해서는 IMF에 의한 2005년 4월의 잠정 예측치.
자료 : U.S. Deprartment of Commerce, Breau of Economic Analysis.

2005년 4월에 발행된 IMF의 세계경제전망(World Economic Outlook)에서는 2005년 미국의 경상수지는 7,250억불의 적자(미국의 GDP비율로 -5.8%)로 예측되고 있으며, 이러한 대폭적인 경상수지의 누적은 미국의 대외순자산을 급격히 감소시켰다. 80년대 중반 이후, 순국제투자포지션(Net International Investment Position, 대외 자산 · 부채의 순포지션)의 스톡(stock) 통계가 (-)가 되었으며, 제1차 세계대전 후 처음으로 순채무국으로 돌아섰다([그림 9-2]).

[그림 9-2]에서 미국의 대외자산 · GDP비율은 현재 약 75%이지만, 대외부채 · GDP비율은 약 100%이다. 이 때문에, 미국 전체의 포트폴리오는 총(gross) 대외채무가 순(net)대외채무의 4배, 총대외채권이 순대외채무의 3배의 크기다. 이들 자산 · 부채의 구성은 —타국과 비교하면— 서로 본질적으로 다르다. 미국은 채권을 가령 기관투자가들이 일정기간 내에 매입액을 상회하는 매각을 행하는(selling on balance) 한편, 주식 등을 위와 반대로 매입을 행함(buying on

그림 9-2 미국의 총대외자산 · 부채 및 순대외자산(1982~2003년)

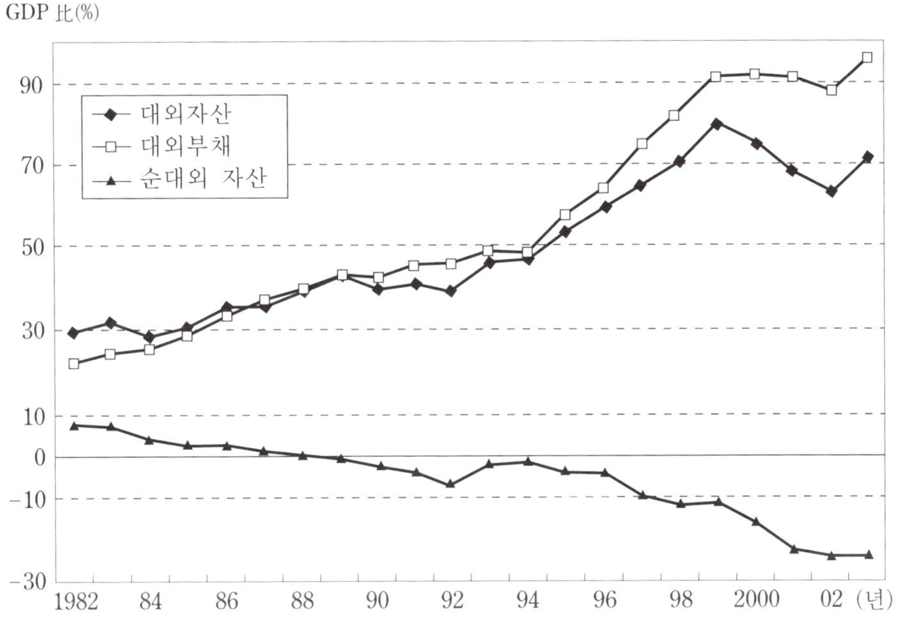

자료 : U.S. Department of Commerce, Bureau of Economic Analysis.

balance)으로써 총자산이 부채에 의해 상쇄되지 않는다는 것이다.[6)]

80년대의 미국과 중남미국가들의 채무문제에 있어 상이한 점과 공통점을 살펴보자. 상이한 점으로 미국의 경우는 채무문제를 가격의 조정에 의해, 중남미 국가들은 수량을 조정함으로써 대응했다고 볼 수 있다. 미국의 경우는, 금융거래의 대상이 되는 상품, 결국 특정한 투자초과주체가 발생하는 채무증서의 품질이 우량하며 동시에 그 정보가 광범위한 시장참가자간에 공유되는 경우에 잘 나타난다. 가령, 채무증서의 발행자가 선진국정부, 경영 · 재무내용이 건전한 은행 · 사업회사 등 —이 모두 변제계약을 높은 확률로 이행한다라는 '명성'을 갖는다— 의 경우가 여기에 타당하다.

6) 미국의 투자수익수지(flow통계)는 80년대 이후 90년대 들어서도 계속 흑자(수취초과)를 나타내고 있으며, 미국이 진정한 의미에서 순채무국인가에 대해 의문의 여지가 남아 있다. 여기에 기술로열티(무형(intangible)의 재산)를 포함하면 투자수익수지는 훨씬 대폭적인 흑자가 된다. 또 순국제투자포지션기준(stock통계)을 보더라도, 미국이 대외순채무국으로 돌아선 연도가 통계처리에 따라 다르다는 것에 유념할 필요가 있다.

이러한 완전정보 · 대칭정보에 가까운 상태에서는 채무증서의 가격(채권가격, 금리)이 유효한 정보전달수단이 되며, 불특정다수의 시장참가자에 의한 가격조정을 통해 자산시장의 수급균형을 가져오며, 효율적인 자원배분이 이루어지게 된다. 미국은 80년대의 경상수지적자를 주로 국제적인 금융 · 자본시장을 통한 채무성의 자금유입이라는 형태로 충당했다. 국제금융 · 자본시장에 있어 자금의 수급조정은 환율, 금리 등 자산가격의 변동에 의해 달성되지만, 어떤 이유로 ―가령, 미국의 경상수지 적자의 누적이 계기가 되어 달러가치하락을 기대― 내외의 투자가가 달러표시 자산으로부터 다른 자산으로 이동시킨다면, 달러환율은 급락하고, 달러금리는 급등할 것이다. 달러금리의 급등은 주가를 붕괴시킬 가능성도 있다. 이처럼, 미국의 누적채무문제는 민간투자가의 기대 · 행동의 변화가 환율, 금리 등 자산가격을 급격히 변화시키는 모습으로 나타난다. 그리고 급격한 자산가격조정은 채무국에 대해 경제적인 어려움을 가져다주게 되며, 채무국이 미국처럼 대국이라면, 세계경제전체에도 악영향을 미칠 수 있다. 그러나 한편으로 자산가격의 내생적이면서도 대폭적인 변화는 생산이나 지출, 저축이나 투자, 수출이나 수입에 있어 플로우(flow)활동에 영향을 주며, 자율적인 경상수지조정을 촉진하는 지렛대(leverage)가 된다.

반면에, 중남미의 수량조정형은 투자초과 주체가 발행하는 채무증서의 품질이 반드시 우량하지는 않으며, 품질을 규정하는 요인이 발행주체의 개별적인 사정과 연관되어 있는 경우에 나타난다. 가령, 신용도가 낮은 발전도상국 정부나 경영 · 정보가 분명치 않은 사업체 · 개인 등 ―이들은, 채무불이행의 확률이 높다― 의 경우가 여기에 해당된다.

채무증서의 품질이 균일하지 않은 경우에는 발행주체와 잠재적인 채권자간에 정보의 비대칭성이 생기기 쉽기 때문에 정보의 수집 · 분석 판단에 비용을 요할 뿐 아니라, 발행주체가 자신에게 유리한 정보내용을 3자에게 전달하는 것도 어렵게 된다. 이와 같은 때에는 자금의 수급조정과 배분은 신용할당 등 수량적인 수단에 맡겨지기 때문에 가격은 정보수집 · 전달을 위한 유효한 신호(signal)가 되지 않는다.

발전도상국의 누적채무문제는 내재적인 요인과 외적인 환경악화로부터 변제불이행의 가능성을 계기로 나타났다. 그것은 한편으로는 도상국에 대부채권을 갖는 상업은행의 대차대조표를 악화시키는 것을 의미하고, 다른 한편으로

도상국으로의 은행자금의 순유입을 중단시켜, 수량적인 제약 —일종의 신용할당, 대부액의 제한— 을 채무국에 부과했다. 그것은 채무국경제를 혼란에 빠뜨려, 생산 · 고용의 축소, 자본도피, 인플레이션을 초래함과 동시에 채무국에 대해 긴축정책의 시행을 압박하며 경제조정을 추진하는 역할을 다했다.

3. 발전도상국의 채무문제

우선 전형적인 도상국의 거시적 불균형을 이해하도록 하자. 기본모델로서 국내수급균형과 경상수지균형이라는 두 개의 정책목표와 실질환율과 재정적자라는 두 개의 정책수단을 갖는 경제를 상정한다. 실질환율은 수출입을 통해 국내수요와 무역수지에 영향을 미치며, 재정적자는 주로 투자수요를 통해 국내수요와 수입수요에 영향을 미친다. [그림 9-3]의 세로축과 가로축에 각각 실질환율과 재정적자라는 두 개의 정책수단이 나타나 있다.

일정한 공급능력 하에서 국내수급균형을 유지하기 위해서는 실질환율의 절상(그림에서는 아랫방향으로의 변화)은 국내재수요를 저하시키기 때문에 재정적

그림 9-3 대내균형과 대외균형

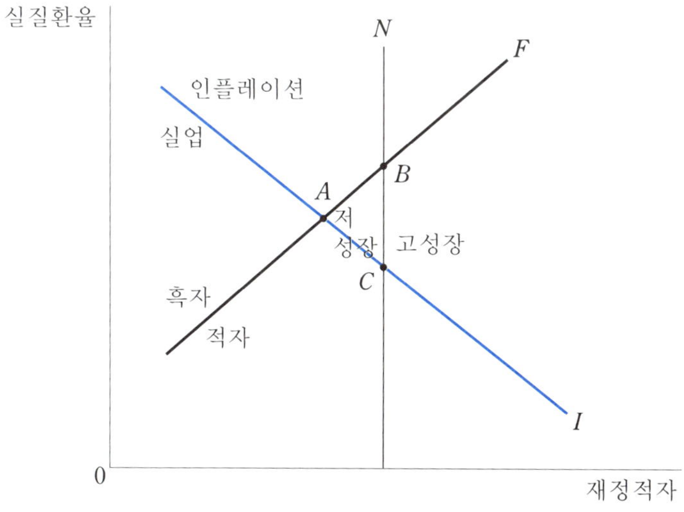

자의 확대가 필요하다. 따라서 국내균형을 위한 조합을 나타내는 I곡선은 우하향하게 된다. I곡선의 우측에서는 초과수요(인플레이션)가 되며, 역으로 좌측에서는 수요부족(실업)이 된다. 경상수지균형을 나타내는 F곡선은 우상향한다. 그 이유는 재정적자의 확대로 인한 무역수지흑자의 감소는 실질환율의 절하를 필요로 하기 때문이다.

F곡선의 우측은 경상수지적자, 좌측은 흑자의 영역이 된다(재정적자의 수준이 일정할 때 실질환율의 가치하락 내지 절하는 경상수지의 흑자를 가져온다). 이상과 같은 경제 하에서는 정책목표와 정책수단의 수가 일치하기 때문에 정책수단을 변화시키는 것에 의해 균형점 A를 달성할 수 있다. 그러나 일반적으로 도상국에서는 심각한 빈곤문제나 계속 증가해나가는 노동공급이 존재하기 때문에 잠재적인 실업문제에 직면하고 있다. 그 결과 정치적 · 사회적 안정을 위해 고성장이나 장래의 고용성장을 확보하려는 정부의 의지는 강하게 된다. 일정한 목표성장률을 실현하는 데는 일정한 투자성장률이 필요로 하며, 도상국에서의 정부, 공공투자의 중요성을 고려하면 여기에 대응하는 재정지출 혹은 재정적자의 수준이 존재할 것이다.

단순화시켜 투자성장이 오로지 공공투자에 의존한다고 하면, 실질환율과는 독립적이 되며 일정한 목표성장률을 실현하는 재정적자의 수준은 수직인 N직선이 된다. 따라서 N직선의 좌측은 말하자면 목표성장률에 비해 저성장, 우측은 고성장의 영역이 된다. 그런데 정부가 이 목표성장률을 위해 재정적자를 우선적으로 사용하면, 정책적으로 실행가능한 것은 N선상뿐이다. 정책할당(policy assignment)의 관점에서 보면, 정책목표가 하나 증가하고 이 목적을 위해 정책수단의 하나가 사용되기 때문에 남은 두 개의 목표를 하나의 수단으로 실현해야 한다는 것을 의미한다. B점에서는 인플레이션이, C점에서는 경상수지적자가 존재하며 두 개의 목표를 동시에 달성할 수 없다. 이와 같은 상황은 80년대의 중남미 채무국들의 현실을 잘 설명하고 있다. 해외로부터의 자금유입이 곤란한 시기에는 경상수지적자를 유지할 수 없고 B점, 혹은 B점에 가까운 곳을 택하는 수밖에 없다. 생산능력확대의 속도가 늦어, 초과수요가 해소되지 않으면 만성적인 인플레이션이 되고 인플레이션으로 인한 폐해가 사회적으로 허용되지 않게 된다.

역으로, 해외자금유입이 용이한 시기에는 경상수지적자가 유지가능하게 되고 실업도 인플레이션도 없는 *C*점을 선택할 수 있다. 따라서 중남미와 같은 도상국으로서는 해외자금이 특별한 비용 없이 유입되는 한, *C*점을 선택함으로써 저성장 혹은 실업이나 인플레이션의 사회적 비용을 면하는 것이 가능하다.

이 의미에서 대외채무에 의존한 정책운영을 선택한 것은 사회적 · 정치적 관점에서 필연적이었다고 말할 수 있다. 그러나 *C*점을 장기적으로 계속 유지할 수는 없다. 결국 채무변제를 위해서는 적어도 경상수지를 균형시킬 필요가 있기 때문이다. 이를 위해 어떤 조정이 필요한가. 단순한 정책할당으로는 해소할 수 없다. 목표성장률을 유지하기 위해 재정수지를 적자로 하지 않으면 남은 정책수단은 실질환율의 절하다. 그러나 절하는 다시 인플레이션을 가져오며 딜레마에 빠진다. 따라서 채무변제가 가능하기 위해서는 구조적인 경제조정이 필요하게 된다.

그것은 대외채무를 지렛대(leverage)로 하여 생산능력의 확대와 수출재부문의 생산성개선이나 수입재부문의 수입대체를 실현하는 것 외에는 없다. 생산능력의 확대란 *I*곡선의 우상방향(우측)의 이동을 의미한다. *I*곡선은 주어진 일정한 생산능력 하에서 묘사됐기 때문에, 생산능력이 확대하면 보다 높은 국내수요가 없으면 수급이 일치하지 않기 때문이다. *B*점까지 이동하면 경상수지적자는 해소된다.

한편, 무역재부문의 개선은 *F*곡선의 우하방향으로의 이동으로 표현된다. 실질환율을 일정하게 두더라도 수출경쟁력의 개선이 재정적자확대에 의한 수입의 증가를 메울 수 있기 때문이다. *C*점까지 이동하면 경상수지는 균형되며 따라서 채무변제능력이 형성될 수 있다는 것은 이상과 같은 동태적인 과정이 순조롭게 진행된다는 것과 같은 의미이다.

그러나 현실에 있어 이 과정의 진전은 순조롭지 않았다. 그러한 이유로, 몇 개의 요인을 생각할 수 있다. 첫째는, 자본도피(capital flight)이다. 모처럼 유입된 자금이 합법적 또는 비합법적인 형태로 해외의 예금이나 부동산구입을 위해 유출되면, 국내의 생산활동의 확대에 공헌하지 않는다. 일반적으로 중남미에서는 달러가 국내경제에 깊이 침투되어 있으며, 사람들의 자산선택에 의해 달러의 유출입이 크게 좌우된다. 따라서 정정불안이나 국내금리정책의 변경, 환율의 절하가 예상될 때에는 자본도피가 발생한다.[7)]

7) 몰건 · 개런티 · 트러스트(Morgan Guaranty Trust)의 추정으로 1976~85년 사이에 멕시코에서는

둘째는, 가령, 유입자금이 소비목적이 아닌 실물투자로 향하더라도 그 효율성과 투자분야에 문제가 있는 경우이다. 브라질의 경우 자금의 일부가 소비목적이나 해외도피로 향한 것은 부정할 수 없지만, 상당부문은 실물투자로 향했다. 대외채무의 거의 7할이 정부, 정부계기업의 차입이라는 사실로부터 이해할 수 있듯이 대부분은 국가프로젝트에 투하되고 있다. 그러나 원자력발전소, 광산개발, 제철소, 철도건설 등의 에너지, 기간산업, 사회적 자본정비(infrastructure) 분야에 대한 투자는 회임기간(gestation period)[8)]이 일반적으로 길고, 생산을 개시하여 수출재산업에 연관효과를 가져올 때까지 장시간을 요한다.

동시에 이들 분야에 대한 투자의 대부분이 편향되고 있다는 사실은 브라질로서 비교우위가 있는 제조업부문이나 농업부문으로의 투자가 희박하게 되면서, 대외채무가 직접적으로 수출재산업의 생산능력확대와 생산성향상에 결부되지 않았다. 더욱이 중요한 점은 이들 프로젝트가 생산활동을 개시하여 채무변제능력이 형성되기 이전에 심각한 대외쇼크를 맞은 것이다.

중남미에 대한 차관은 약 7할 이상이 변동이자율계약 하에서 이루어지며, 국제이자율의 상승에 의해 이자변제부담이 증대했다. 계약이자율의 기준이 되는 LIBOR(London Inter-Bank Offered Rate, 런던유로시장에서의 은행간 자금운용(대출)에 적용되는 금리로서 국제금융시장에서 가장 중요한 금리지표)는 1970년대 중반의 7%대에서 1981년에는 16%까지 상승하고, 여기에 스프레드(Spread, LIBOR와 실제의 적용금리와의 차)와 수수료를 곱한 이자지불이 부담이 됐다. 더욱이, 1980년대 들어서면서 세계적인 일차산품의 공급과잉을 배경으로 일차산품가격은 하락하여 일차산품수출에 의존하던 도상국에 큰 영향을 미쳤다.

중남미의 비석유수출국의 교역조건은 1987~83년 사이에 38%나 악화됐으며, 선진국의 경기후퇴도 도상국으로부터의 수입을 현저히 떨어뜨렸다. 선진국의 실질절상률은 1979년에는 3.4%였던 것이 1980~82년의 평균은 6.8%이고, 수입수량성장률은 동기간에 8.9%로부터 −1.4%까지 하락했다. 클라인(Cline)의 추정에 의하면 1981~82년에 비산유도상국이 직면한 이자율의 상승, 교역조건의 악화, 선진국에 대한 수출의 감소에 의한 영향은 1,410억불에 달하며 이 시기

530억불, 아르헨티나에서는 260억불, 브라질에서 100억불이 유출된 것으로 나타나 있다(Morgan Guaranty Trust Company, World Financial Market, March 1986).

8) 생산요소의 투입으로부터 생산물완성까지의 생산에 필요로 하는 시간.

의 채무잔고의 증가분에 거의 필적한다.[9)]

이상과 같은 대외쇼크는 [그림 9-3]에서 *F*곡선의 좌상방향이동으로 표현할 수 있다. 그 이유는 다음과 같다. 이자지불의 증가는 서비스수지적자의 확대, 교역조건의 악화와 선진국의 수입수요의 하락은 무역수지적자의 확대를 가져오면서 경상수지적자가 확대한다. 따라서 이 경상수지적자를 해소하기 위해서는 실질환율을 보다 더욱 절하시키든지, 아니면 재정적자를 축소시킬 필요가 있다. 그러나 채무변제능력이 충분히 형성되어 있지 않으며, 이자지불을 위한 새로운 차입이 필요하게 되면 이와 같은 차입은 변제능력형성에 공헌하지 않기 때문에 이지지불부담의 확대의 속도가 변제능력형성의 속도를 상회하면서 대외채무가 누적적으로 확대되어 감을 나타내고 있다.

이러한 상황 하에서는 *F*곡선의 우하방향으로의 이동은 더 이상 기대할 수 없게 된다. 1982년의 멕시코위기이래 IMF주도의 위기관리방식이 정착됐지만 그 하나의 큰 기둥이 구제융자조건(conditionality)에 바탕을 둔 채무국의 국내경제조정이다. IMF의 경제조정정책은 기본적으로 통화주의자(monetarist)이론에 바탕을 두고 있으며, 재정적자축소에 의한 경제긴축화와 환율의 절하에 의한 경상수지의 균형을 목적으로 하는 것이 그 기본이다. 따라서 IMF의 경제조정정책이란 [그림 9-3]에 있어서 *C*점으로부터 경상수지적자와 인플레이션이 없는 *A*점으로의 조정으로 표현할 수 있다.

그러나 *A*점은 일정한 높은 성장률을 보장하는 *N*곡선으로부터 좌측의 저성장의 영역에 있고, 채무국정부에 대해 고성장이라는 정책목표를 포기하게 하여, 저성장이라는 비용을 지불하여 채무변제를 가능하게 하는 정책에 다름아니다. 그러나 이미 심각한 빈곤문제를 안고 있는 채무국으로서는 정치적으로 용인되기에 용이하지 않다. 특히 중남미에서는 많은 나라가 이미 민주정권으로 이관하여 일반대중의 정치적 참가가 높아지는 상황에 있어서는 대외채무에 의한 편익이 주로 상류층 · 중간층에 의해 향유되고, 채무변제의 비용이 대중층의 실질면에서의 부담에 의해 지불되어야 한다는 패턴은 대중층으로부터 강한 저항을 받게 되며 민주정권의 유지가 곤란하게 된다(브라질의 경우 1985년에 긴축정책의 국민적 지지를 얻지 못하고 IMF로부터 이반한다).

1987년 2월 브라질은 680억불의 중장기채무의 이자지불정지를 선언하고, 7

9) Cline, William, International Debt : Systemic Risk and Policy Response, MIT Press, 1984, p.13.

월에는 채무변제정지(moratorium, 지불유예)를 선언하기에 이르렀다. 더욱이 중요한 것은 반드시 C점으로부터 A점이라는 I곡선상의 조정과정이 된다는 것은 아니라는 것이다. 재정적자의 축소는 그런대로 진행시키더라도, 실질환율의 절하가 늦어지면 C점에서 I곡선보다 아랫방향으로의 실업의 영역을 지나 A점에 도달한다는 조정과정이 된다.

명목환율의 절하가 수입 인플레이션율을 가져올 수도 있고, 절하예상이 자본도피를 유발하면 안이한 환율의 변경은 어렵게 되며, 실질환율의 절하는 실질임금의 억제에 바탕을 둔 국내재가격의 인하에 의존할 수밖에 없다. 그러나 재정적자의 축소는 투자지출의 삭감뿐 아니라 보조금철폐나 사회보장삭감으로 이루어지고 있는 상황에서, 이미 생활수준은 상당히 하락하고 있는 상태에서 더 이상의 실질임금의 인하는 어렵게 된다. 또 인덱세이션(indexation)[10]과 같은 제도적 요인이 작동하면, 실질임금은 경직적이 된다.

따라서 이러한 실질임금에 의존하는 조정속도가 늦으면 늦을수록 실업, 경기불황이 계속해서 일어나고 그 비용은 크게 된다. 이 때문에 변제를 위한 경제조정은 채무국으로서는 매우 인내하기 어려운 상황이 된다. IMF의 경제조정정책의 또 하나의 문제점은 재정적자에 의해 보다 높은 투자율을 유지하고, 생산능력 혹은 수출경쟁력을 높여 변제능력을 형성하는 과정자체가 저해된다는 것이다. 또한 실질환율의 절하를 행하더라도 선진국의 보호주의에 의해 수출의 확대가 저지된다면, 오로지 수입억제만으로 무역수지흑자를 실현시킬 수 없으며, 수입능력의 감소는 투자활동이나 생산활동에 영향을 미친다. 이러한 사실은 결국 경제조정에 의해 해방된 자원이 투자로 향하지 않고 강제적으로 무역흑자와 채무변제로 전환시키는 것이기 때문에 더 이상 I곡선, F곡선이 우측으로 이동하는 동적인 과정을 기대할 수 없다.

이상을 요약하면 중남미 등의 도상국의 채무문제는 빈곤이나 실업문제를 배경으로 항상 재정적자와 환율의 과대평가로의 압력이 존재하는 것이 기본배경이다. 그러나 재정적자에 의해 투자가 이루어지는 것으로부터 채무변제의 여러 방책은 성장, 생산능력 확대를 저해하며, 빈곤이나 장래의 실업문제를 격화시키기 때문에 그 실현을 어렵게 만든다.

---

10) 임금 · 금리 등을 자동적으로 물가의 변동에 맞춰 자동적으로 조정하는 인플레이션 하에서는 채권자는 불리하게 되고 채무자는 유리하게 된다.

4. 채무문제의 대응

82년의 멕시코 채무위기 이후, 가깝게는 2001년 아르헨티나와 터키에서 대외채무의 지불에 있어 중대한 문제가 발생하여 IMF를 중심으로 하는 국제금융기관 등에 의한 긴급대응이 있었다. 20여 년이 지난 현재에 있어서도 마찬가지로 채무문제가 반복되고 있는 상황에 대해 도상국의 문제를 넘어, 경제발전을 수행하기 위해 어떤 대응이 필요한지를 몇 가지 서술한다.

(1) 채무유지능력의 분석과 처리

첫째로, 채무유지능력의 정확한 분석과 여기에 입각한 채무처리를 행하는 것이다. 과거의 채무처리에서는 채권자의 채권보존을 근본적인 의의로 채무구제책이 만들어졌다. 80년대의 뉴머니(New Money)방식은 유동성의 문제로서, 비교적 단기간에 해결가능하다는 인식하에 당면한 부족자금을 공여해 왔다. 이 방식에서는, 채무자체가 증가하게 되며, 결국채무유지능력이 한계에 달했다. 85년의 베이커(Baker)구상은 채무처리를 채무유지능력 관계와의 관계에서 재검토할 계기가 됐지만 채무부담의 경감은 연장기한의 장기화, 금리감면을 중심으로 이루어지고, 채무 그 자체를 조정하는 데는 다다르지 못했다.

겨우 소규모채권자의 채무교섭과정으로부터의 퇴출과 한정적인 채무의 주식화로 채무부담이 감소했을 뿐이다. 결국, 멕시코 등의 중채무국이 누적채무의 압박으로부터 벗어난 것은 89년의 브래디(Brady)구상에 의한 채무삭감조치에 기대할 수밖에 없었다. 민간채권자(주로 금융기관)는 이 과정에서 문제의 지연사태를 심각하게 깨닫게 되고, 90년대에 시장기준의 채무재편, 채권처리수법을 적극적으로 도입하고 있다. 공적채권자에 관해서는 이 문제는 중채무빈곤국[11]에 대한 채무구제의 수법으로 새삼스럽게 주목을 받고 있지만, 기본적인 문제

11) 중채무빈곤국(Heavily Indebted Poor Countries, HIPCs)이란 세계에서 가장 빈곤하고 과중한 대외채무를 안고 있는 도상국을 가리킨다. 특히 사하라사막 이남의 아프리카국가들을 중심으로 34개국과 중남미지역 4개국, 아시아지역 합계 41개국이 HIPC로 인정받고 있다. HIPC는 민간자금이나 직접투자의 유입 등을 기대할수 없을 뿐 아니라 국내의 내전이나 부족분쟁 등으로 공업화의 진전은 물론 건전한 경제활동조차도 곤란한 상황에 있는 나라가 많다.

는 중채무빈곤국 채무구제구상이 적용되지 않는 다른 중채무국에 대한 채무처리를 채무유지능력의 관점에서 재검토하는 것이다. 그러나 안이한 채무삭감은 채무자측의 도덕적 해이(moral hazard)를 유발시키기 때문에 채무유지능력의 평가수법은 매우 정교하고 치밀하게 함으로써, 그 대응에는 엄한 조건을 달 필요가 있을 것이다. 채무국측에 대해서는 채무관리의 향상을 요구함과 동시에 IMF나 지역국제기관을 중심으로 하는 감시 · 협의(surveillance)의 강화를 꾀할 필요가 있다.

(2) 성장의 중시와 민간경제의 활성화

둘째로, 채무문제로부터 벗어나려 할 때 IMF적인 경제조정 · 구조개혁에 의해 대외수지의 균형회복을 목표로 하는 “Restructuring out”의 사고와 경제개발에 의한 경제활성화를 통해 국민소득수준을 끌어올려, 그 결과 경제규모에 대한 상대적인 채무부담을 경감시킨다는 “Growing out”의 사고가 있다.

“Growing out”방식은 85년의 베이커구상에서 그 사고가 도입된 이래, 아시아 통화위기에서는 당초 IMF의 주도로 “Restructuring out”방식이 적용되어 심각한 경기후퇴를 초래했지만, 그 후 98년 중반 이후 성장중시노선으로 전환하여 빠른 경기회복을 가져왔다.

이와 같은 “Growing out”방식으로 채무문제로부터 벗어나려 할 때 가장 중요한 것은 경제의 엔진인 민간경제를 활성화시키는 것이다. 중남미에 있어서는 브라질, 멕시코 등에서의 채무주식화의 추진을 채무삭감(84년~88년의 5년간 167억불의 채무주식화가 실현되었다)[12]과 함께 변제부담이 따르지 않는 직접투자를 증가시켜 기업활동을 활성화시켰다.

아르헨티나의 경우, 국영기업의 민영화에 있어 채무주식화에 의한 투자를 유연하게 인정함으로써 채무삭감과 외자유치를 동시에 달성했다. 여기에 비해 아시아국가들은 미국의 호경기에 힘입어 대미수출에 경제회복의 활로를 찾으며, 중남미에 비해 채무주식화가 늦어지고 있다. 장기적인 채무유지능력의 향상이라는 관점에서 보는 경우, 아시아에서는 공적채무를 활용한 채무주식화의 활용을 더욱더 검토해 볼 필요가 있다. 민간채권자의 입장에서 채무주식화는

12) World Bank, World Debt Tables, 1990.

채무삭감과 같이 채권의 소각을 의미하지만, 해당채권이 채무주식화로 이용가능하다면 투자수요의 발생으로 채권가격이 상승할 가능성이 있으며, 그 경우 소각부담의 경감으로 연계된다. 또한, 전략적 투자가가 나타나면, 투자대상기업의 경영쇄신이 이루어지고 기업가치가 향상되는 것도 기대할 수 있다.

(3) 시장메커니즘의 활용

셋째로, 조기경계지표, 리스크평가지표로서의 시장메커니즘의 활용이다. 기본적으로 채권자와 채무자의 상대거래인 은행융자의 형태로서는 가격메커니즘이 작동하기 어렵다. 시장기능을 도입하고 있는 신디케이트론(syndicate loan)[13]이라도 리스크는 스프레드(spread)와 기간에 의해 표현될 뿐이다. 이 때문에 리스크가 분명해도 신호(signal)가 전달되기 어렵다. 이것에 대해, 80년대 이후 채무주식화와 함께 활발해진 대출채권의 유통시장에서는, 보다 공사채시장에 가까운 형태로 거래가 이루어지고, 채권자는 할인된 가격으로부터 이상사태를 간파할 수 있다. 할인(discount)폭이 크게 되면, 당연히 신규융자는 유보할 것이다.

가령, 89년에 국가파탄 직전까지 갔던 아르헨티나 정부의 채무의 유통가격은 당시, 액면 1달러에 대해 8~9센트까지 하락했다. 채권자는 자신이 보유하는 채권의 가치가 이처럼 하락했다는 것을 깨닫게 되면서 아르헨티나로 향하는 대출채권의 채무주식화에 채권자가 적극적으로 나서는 계기가 되었다.

대출채권의 유통시장은 공사채시장과 함께, 그 때의 객관적인 지표를 제공한다. 또한 조기에 충분한 (대손)충당금을 준비해두면 채권매각이나 채무주식화 등의 대체적 투자가 쉽게 이루어지게 된다. 유럽이나 미국은행이 도상국의 채무처리를 조기에 결착시킬수 있는 것은 시장메커니즘을 이용한 채무처리를 적극적으로 행하기 때문이다.

13) 복수의 금융기관이 협조융자단(syndicate)을 조성하여 협조를 통해 융자를 행하는 것으로, 복수의 은행이 참가함으로써 위험분산이 꾀해짐과 동시에, 거액의 자금이라도 효율적으로 조달될 수 있기 때문에 1970년대에 유로시장에서 발달했으며 각국 정부 · 공공기관, 대기업을 향한 거액의 융자로 쓰이고 있다.

(4) 직접금융과 국내자본시장육성

마지막으로, 특히 아시아에 대해서는 간접금융에 과도하게 의존하던 자금조달구조를, 자본시장을 활용한 직접금융이나 직접투자를 조합시킨 다양한 자금조달구조로 전환시키기 위해서라도 역내자본시장의 정비를 꾀할 필요가 있다. 중남미에서도 80년대까지는 자금조달은 간접금융주체로 행해졌다. 그 후, 89년 이후의 브래디 본드(Brady Bond)로의 전환을 계기로 자금조달의 직접금융으로의 이동이 진척되고, 90년대의 자본시장조달 및 직접투자로 주류가 변했다. 아시아에서는 여전히 간접금융이 중심이지만 직접금융으로의 이동의 필요성, 이를 위한 역내자본시장의 정비, 육성은 치앙마이 · 이니시어티브(Chiang Mai Initiative)에 의해 제기되었다.

아시아의 경우 1997년 태국을 발단으로 한 통화위기 이후, 아시아 지역의 금융안정을 위해서는 역내국가들의 협조가 필요하다는 인식하에 2000년 5월태국의 치앙마이에서 개최된 ASEAN 3국(태국, 필리핀, 말레이시아)과 한국, 일본, 중국 모두 6개국간에서의 2국간 통화스왑협정과 환매채(repurchase agreement)[14)]협정에 합의했다. 이러한 지역적인 금융협정도 중요하지만, 아시아국가들의 경우 중장기자금조달을 외국으로부터의 조달에 과도하게 의존하지 않도록 자국의 저축을 활용한 국내자본시장의 정비 · 육성을 꾀할 필요가 있다.

14) 환매조건부채권으로서, 일정기간이 지난 후에 다시 매입하는 조건으로 채권을 매도함으로써 수요자가 단기자금을 조달하는 금융거래 방식의 하나.

제10장

통화위기 이론

1. 아시아 통화위기의 발생원인
2. 통화위기에 관한 경제이론
3. 모리스 · 신 모델

통화위기 이론

1990년대는 서로 다른 지역에서 통화위기가 반복되어 발생했다. 대표적으로 1992년의 유럽통화위기, 1994년의 멕시코통화위기, 그리고 1997년 아시아 통화위기를 들 수 있다. 통화위기란 통화가치의 급격한 하락과 그로 인한 외화유동성의 현저한 부족으로 인해 생긴다고 말할 수 있다. 1997년 7월 태국으로부터 시작된 아시아 통화위기는 인도네시아, 한국 등으로 그리고 러시아, 브라질로 이어졌다.

우선 아시아 통화위기 발생을 이해하는 데 중요하다고 생각되는 몇 가지 포인트는 다음과 같다.

① 대부분의 아시아 국가들이 고정적인 환율제도(실질적으로 달러 페그(peg), 달러의 비중이 지극히 큰 바스켓 페그(peg))를 채택하여, 외화유동성 리스크를 안기 쉬운 체질이었다는 것.

② 경상수지적자기조 → 계속적인 자본유입 → 거액의 외화표시채무를 형성(달러peg로 인해).

③ 은행시스템의 취약성.

④ 80년대 중남미 국가들의 채무위기나 94년 멕시코통화위기에 있어서 재정적자의 문제는 거의 존재하지 않았으며, 따라서 종래의 통화위기 이론(가령, 추후에 설명할 1세대모델과 2세대모델)으로는 설명될 수 없었다는 것 등을 들 수 있다.

위기발생 이전의 아시아국가들의 경제정세를 보면,

① 대외균형(경상수지의 GDP비율)에 있어 대만·중국에서는 적자기조였으며, 특히 한국, 태국, 말레이시아는 위기 전에 있어 대외밸런스(balance)가 급격히 악화됐다.

② 저축·투자 밸런스(balance)의 움직임을 보면 대만, 싱가포르를 제외하

고, 투자율(투자/GDP)이 저축률을 상회(90년대 들어 특히) → 국내의 적극적인 투자활동 → 자본재수입증가 → 경상수지적자의 확대로 이어졌다. 이 적자를 보전하기 위해 계속적인 자본유입이 필요하게 되었다.

이러한 자본유입의 특징을 살펴보자. 수출의존도(수출/총수요)가 높은 아시아(특히 동아시아)에서는 수출경쟁력의 유지의 관점으로부터 고정적인 환율제(달러 peg)가 취해졌지만, 한편 경상수지의 적자를 원활히 보전하기 위해 80년대부터 90년대에 걸쳐 자본이동의 자유화가 적극적으로 추진됐다. 그런데 금융정책의 자유도, 자유로운 자본이동, 환율의 안정을 모두 만족시킬 수 없다(불가능한 삼위일체(impossible trinity) 혹은 트릴레마(trilemma)).

그러나 아시아(특히 동아시아)의 경우 오랜 기간 트릴레마(trilemma)의 문제에 빠지지 않고 고성장을 계속했다(선진국으로부터 계속적인 자본흐름이 존재했기 때문에). 동아시아의 자본수지를 보면 85~89년에 태국, 인도네시아의 경우 이미 GDP比 3~4% 정도의 자본유입이 있었다. 이들 나라는 빠른 시기부터 자본이동의 자유화가 진전된 나라들이었다. 반면에 한국과 말레이시아는 순(net)자본유출이 발생했다. 90년대 들어서면서 동아시아로의 자본유입은 그 규모가 점차 확대되면서 무역흑자국인 대만과 싱가포르를 제외하고 한국을 포함한 모든 나라가 자본유입초과의 상황에 있었다.

자본수지의 주요 항목을 보면 태국과 필리핀이 은행차입을 주로 하는 기타 투자비율이 높고, 한국과 말레이시아도 90년대 들어서면서 은행차입의존도가 급상승했다. 특히 한국에 있어 증권투자의 유입초과폭의 확대가 두드러졌으며, 적극적인 포트폴리오투자가 이루어졌다. 결국, 경상수지적자의 보전에 있어 은행차입이나 증권투자 등 단기자금의 비중이 상대적으로 높았으며 따라서 채무구조가 불안정하게 되면서 유동성 리스크가 발생했다.

국가별로 보면, GDP대비 대외채무규모가 96년 말 시점에서 태국(50.1%), 인도네시아(56.8%) 그리고 필리핀이 50% 전후로 가장 높고, 다음이 한국(33.9%)이었다. 이 중 단기채무비율을 보면 한국(19.2%), 태국(20.7%)이 가장 높았다. 유동성위기가 발생한 경우의 내구력에 있어 단기채무잔고와 외화보유고(준비자산증감 96년말)를 비교하면 그 비율이 한국에서 2.7배로 가장 높았으며, 인도네시아 1.7배, 태국 1배의 순서였다.

아울러 지적되는 것이 은행부문의 취약성이다. 은행부문이 취약한 경우에는 위기발생에 의해 국내경제가 입는 경제적 손실은 크게 증폭된다. 은행이 해외로부터의 차입에 의존한 자금조달구조 하에서 기업부문에 자금공급을 행하는 경우에는 은행이 직접 유동성 리스크에 휘말린다.

한편, 해외의 단기자금의 유입이 은행을 통하지 않고, 직접 기업으로 향하는 경우에는 기업부문이 재무면에서 손상을 받게 되고, 은행의 대출자산이 불량화되고, 은행경영의 악화를 초래하지 않는다. 동아시아의 경우, 양쪽의 경로를 통해, 은행부문이 심각한 손상을 받으면서 신용수축(credit crunch)이 발생했다.

특히 한국의 경우, 자산 측면에서는 경기후퇴에 따르는 불량채권의 증가, 부채 측면에서는 단기채무의 변제부담이 늘었다(해외로부터의 은행차입의 채무자별 구성에서는 은행부문의 비율이 상대적으로 높았다).

이로부터 은행부문이 내외시장에서 유동성리스크에 직면하게 되고, 그 결과 국내에서의 신용수축을 더욱 가속화시켰다. 기업부문은 수지악화에 더해 심각한 부채문제에 휩쓸리고 그 결과 은행부문도 불량채권의 급증에 직면하면서 잠재되었던 모순이 일제히 현실로 나타나게 된다. 더욱이 통화방어를 위해 고금리정책을 취함으로써 국내의 경제활동의 심각한 정체, 부동산 가격의 하락, 경기후퇴의 심각화를 초래하면서 1997년 12월에 IMF에 금융지원을 요청하기에 이른다.

1. 아시아통화위기의 발생원인

아시아통화위기가 왜 발생했느냐의 문제에 대해서는 이제까지 수많은 논의가 이루어져 왔으나 현시점에서는 크게 두 가지 점으로 집약될 수 있다.

첫째는, 아시아자체의 펀더멘탈즈(fundamentals)에 문제에 있었다는 견해이다. 미시적인 관점(micro level)에서는 아시아의 금융기관의 취약성이나 기업의 자금조달에 있어 기간이나 통화의 불일치(mismatch), 또 거시적인 관점(macro level)에서는 경상적자나 단기채무의 급증을 들 수 있다.

두 번째는 대규모 자본이동의 비정상적인 변화에 의해 통화위기가 발생했다는 견해이다. 단기자본이 아시아로 대량유입되고, 그것이 역류(reversal)한 것이 위기의 본질이며 자본의 공급측에서 헷지펀드(hedge fund)에 의한 고레버릿지 기관(Highly Leveraged Institutions, HLIs)[1)]의 투자에, 그리고 자본의 수요측인 아시아 국가들에 대해서는 달러 페그($ peg)라는 외환정책이나 외환관리에 각각 문제가 있었다는 의견이 거의 정설이 되었다.

이하 아시아통화위기의 발생원인에 대해 단기채무문제와 달러 페그($ peg)의 두 가지 측면에서 분석하도록 한다.

(1) 과대한 대외단기채무

태국, 인도네시아, 한국에 공통되는 통화위기의 요인으로 민간의 대외단기채무가 거액에 이르렀다는 것이다.

[표 10-1]은 아시아 국가들의 민간대외채무잔고를 나타낸다. 통화위기로 경제 및 금융시장에 있어 영향이 가장 심각했던 한국, 태국, 인도네시아 세 나라가 잔고에 있어 상위를 점하고 있다. 민간대외채무가 국제수지위기를 대규모로 발생시킨 전례가 없다. 70년대의 인도네시아 채무위기나 80년대의 중남미 채무위기는 어디까지나 공적채무가 주체였다. 94년의 멕시코위기도 정부단기증권시장의 폭락이 원인이 되었다. IMF는 아시아의 위기를 '21세기형 금융위기'

[표 10-1] 아시아국가들의 민간대외채무잔고 (1997년 6월말, 단위: 백만불)

	총액(A)	기한 1년이내(B)	B/A(%)	GDP(C):1995년치	C/A(%)
한 국	103,432	70,182	67.8	456,357	22.7
인도네시아	58,726	34,661	59.1	202,132	29.1
태 국	69,382	45,567	65.7	167,489	41.4
말레이시아	28,820	16,268	56.4	87,327	33.1
필 리 핀	14,115	8,293	58.7	74,134	19.1
중 국	57,992	30,137	51.9	697,619	8.3

자료 : Bank for International Settlements, "The Maturity, Sectoral and Nationality Distribution of International Bank Lending, First Half 1997", Basle, January 1998.

1) 헷지펀드란 사모형투자신탁으로서 조세회피지(tax haven)에 설립되어 있으며 법적인 규제 · 감독을 거의 받지 않는다. HLIs는 바젤은행감독위원회(Basel Committee의 Banking Supervision)의 정의에 의하면 leverage(지렛대원리를 이용하여 자금의 몇배의 자금거래를 하는 것)가 상당히 높고, 직접적인 규제감독을 거의 받지 않고, disclosure(정보공개)의 업무를 거의 책임지지 않는 대규모기관을 일컫는다.

라 부르고 있는데, 이것은 정당한 인식이라 말할 수 있다(통화위기를 설명하는 고전적인 1세대 모델이나 2세대 모델로는 아시아위기를 설명할 수 없다. 이 모델들은 후술함).

[표 10-1]에서 태국의 경우 융자잔고·GDP비율을 보면 제일 높은 값(41.4%)을 보이고 있다. 한국의 경우는 단기채무(기한 1년이내, B)의 비율이 높고, 그 대부분은 한국의 은행에 의한 것이었다. BIS(Bank for International Settlements, 국제결제은행)통계에서는 1997년 6월말에 대 국제업무를 차지하는 은행의 채무합계가 1,034억불, 이중 단기채무가 700억불, 약 7할에 이르고 있다. 또한 은행부문의 차입이 대부분이다.

레이드릿(Radelet)과 삭스(Sachs)는 대외단기채무의 증가와 외화유동성위기와의 관련성을 강조하고 있다. 그들에 의하면 90년대 전반의 멕시코와 아르헨티나 및 80년대 초기의 칠레와 마찬가지로 아시아국가들의 통화위기도 금융시장의 자유화와 개혁의 과정에서 발생했다. 외부적인 금융쇼크에 대한 아시아국가들의 취약성을 초래한 일부의 원인은 1990년대의 시장지향의 금융개혁에 있었다. 이러한 개혁은 국내금융기관을 급증시켜 국내금융기관과 국제경제간의 연계를 깊게 맺는 결과를 가져왔으며, 이것이 원인이 되어 이들 나라의 경제는 국제적 금융쇼크에 방치되어 버린 것이다. 이러한 가운데 특히 단기차입의 급증은 아시아국가들의 경제에 취약성을 가져다주었다.[2)]

그리고 과도한 단기자본유입에 의한 문제로서 준비자산에 대한 대외단기채무잔고의 비율의 상승을 지적한다. 즉, 이 비율이 높을수록 한 나라의 통화방어능력이 감소하며 그것은 결국 시장의 예상을 악화시켜 그 경제에 취약성을 가져다주게 된다. 통화위기가 발생하기 직전에 아시아국가들의 채무변제능력은 거의 의심되지 않았음에도 외국의 투자가들이 투자를 철수시킨 원인은 일단 단기자본의 철수가 일제히 발생하면 외화수요에 대한 준비자산의 부족에 의해 환율이 폭락하고(가치의 폭락) 채무불이행(default)이 발생할지도 모른다는 시장의 전망에 있었다.

[표 10-2]에서 대외단기채무잔고·준비자산 비율을 보면 한국이 2를 넘어서고, 인도네시아가 1.7, 태국이 1.4로서 그 어느 경우든 1을 넘어서고 있다.

2) Radelet, S and Jeffrey Sachs(1999), "What Have We Learned From the Asian Financial Crises?", Harvard Institute for International Developement, mimeo.

[표 10-2] 준비자산에 대한 대외단기채무잔고의 비율

	1994년 6월	1997년 6월	1998년 6월
멕 시 코	1.721	1.187	0.920
아르헨티나	1.325	1.210	1.518
브 라 질	0.702	0.792	0.761
칠 레	0.506	0.447	0.664
콜럼비아	0.515	0.674	0.784
태 국	0.992	1.453	1.077
인도네시아	1.724	1.704	1.541
한 국	1.623	2.073	0.821
말레이시아	0.250	0.612	0.568
필 리 핀	0.405	0.848	1.127
인 도	0.303	0.301	0.286
파키스탄	0.740	2.440	2.996
대 만	0.189	0.244	0.223
러 시 아	—	1.878	3.105

자료 : Radelet, S and Jeffrey Sachs(1998), "The East Asian Financial Crisis: Diagonosis, Remedies, Prospects" Harvard Institute for International Developement, mimeo, p. 13.

외국은행으로부터의 차입이 거의 달러표시로 이루어지는 사실로부터 외국은행이 단기자금의 만기연장(roll over)을 거부하면 민간의 은행이나 기업은 달러를 조달하여 변제하지 않으면 안 된다. 매우 드문 사태이지만 중앙은행이 준비자산을 대부하는 상황이 1997년 11월부터 12월에 걸쳐 한국에서 일어난 것이다. 그러나 단기잔고 · 준비자산비가 2를 넘는 상황에서는 아무런 효과가 없었다. 단기잔고 · 준비자산비가 높다는 것은 투자가의 돌연한 군중행동 혹은 군집행동(herd behavior, 케인즈의 미인투표의 이론에서처럼 투자자가 '좋은 투자인지 아닌지' 보다도 '다른 사람이 좋은 투자라고 판단할 것인지 아닌지'를 기준으로 행동한다. 즉 군집행동이란 한 경제주체의 행동을 다른 경제주체가 모방함으로써 일어나는 경제주체간의 상관으로 정의된다)에 대해 무방비상태일 뿐 아니라, 그와 같은 군집행동을 유발하기 쉽다고 말할 수 있다.

(2) 달러 페그(peg)의 문제

통화위기 당시 아시아국가들의 다수는 사실상의 달러 페그($ peg)를 채택하고 있었다. 태국이나 한국에서는 바스켓제이면서도, 바스켓통화 중 달러비중이 매우 높다는 의미에서 사실상의 달러 페그였다. 90년대는 아시아 각국에 있어서 외자유입이 본격화된 시기이다. 달러에 대한 고정적 환율운영(달러 peg)으로의 방향전환은 이 외자유입의 증가를 배경으로 한 것으로 생각할 수 있다. 이 메커니즘을 자본유입의 여러 형태로 들여다보자.

우선 첫째로 생각할 수 있는 것은 환리스크의 담당자이다. 직접투자와 증권투자에 대해서는 환리스크는 투자가에게 귀속된다. 그러나 투자회수기간에 있어서 양자의 사이에는 큰 차이가 있기 때문에 환리스크는 직접투자의 경우 크게 유의할 필요는 없다. 그러므로 증권투자의 경우에는 강하게 인식된다. 환언하면 플로우(flow)로서의 증권투자는 환율에 대해 하방경직성을 갖는다. 따라서 도상국의 증권투자 유입에 대한 의존도가 높아짐에 따라 환율의 하방조정은 어렵게 된다. 한편 국제은행신용의 경우는 환리스크는 차용인에게 귀속되므로 환율조정에 의해 이용가능성(availability, 자금의 차용인 입장에서 보면 자금획득의 난이의 정도를 나타내는 개념으로 보면 된다)이 변화하는 것은 아니다.

그러나 환율의 하방조정은 개개의 투자채산성에 큰 악영향을 미친다. 이것은 불량채권 증가를 통해 금융중개를 행하고 있는 금융시스템 전체의 안정성을 해치는 결과가 된다. 즉, 증권투자유입과 국제은행신용은 환율조정에 대해 강한 하방경직성을 갖는다. 90년대 들어와 아시아(특히 ASEAN국가들) 각국이 자본유입에 대한 의존도를 높인 것이 결과적으로 환율의 하방조정을 어렵게 만든 것이다. 외수의 유지·확대는 경제성장의 모멘텀(momentum)을 높여나가는데 불가결한 요소이다. 외수는 당연히 환율조정에 대해 상방경직성을 갖는다. 환율의 상방조정에 대해서는 증권투자나 은행신용은 양(+)의 탄성치를 갖지만, 외수는 음(−)의 탄성치를 갖는다. 한국와 ASEAN에서는 그 성장전략과 경로는 크게 다르지만 90년대 들어 수출외수의 유지·확대를 진행해 나가는 가운데 어느 나라든 증권투자 유입이나 은행신용에 대한 의존을 높여나갔다([표 10-3]). 확실히 이것이 환율조정을 상하(上下)의 그 어떤 방향으로도 곤란하게 만들고 결과적으로 고정적 환율운용(달러 페그)으로 방향전환하게 된 것이다.

[표 10-3] ASEAN 4개국과 한국의 경상수지 보전 추이 (단위: 백만불)

		1990	1991	1992	1993	1994	1995	1996	계
태국	경상수지	-7,281	-7,571	-6,303	-6,364	-8,085	-13,554	-14,692	-63,850
	직접투자	2,444	2,014	2,113	1,804	1,366	2,068	2,336	14,145
	증권투자	-38	-81	924	5,455	2,486	4,083	3,585	16,414
	은행신용지	1,027	213	1,758	6,589	14,295	13,218	2,909	40,009
인도네시아	경상수지	-2,988	-4,260	-2,780	-2,106	-2,792	-7,023	NA	-21,949
	직접투자	1,093	1,482	1,777	2,004	2,109	4,248	NA	12,713
	증권투자	-98	-12	-88	1,805	3,877	4,100	NA	9,584
	은행신용지	NA	NA	NA	1,357	527	1,953	NA	3,837
말레이시아	경상수지	-870	-4,183	-2,167	-2,991	-4,520	-7,362	NA	-22,093
	직접투자	2,332	3,998	5,183	5,006	4,342	4,132	NA	24,993
	증권투자	8,504	8,808	8,136	7,777	7,238	NA	NA	40,463
	은행신용지	-3,023	4,788	7,155	11,656	6,647	6,244	NA	33,467
필리핀	경상수지	-2,695	-1,034	-1,000	-3,016	-2,950	-1,980	NA	-12,675
	직접투자	530	544	228	1,238	1,591	1,478	NA	5,609
	증권투자	-50	125	155	897	901	2,619	NA	4,647
	은행신용지	307	473	1,921	-229	1,694	1,648	NA	5,814
한국	경상수지	-1,745	-8,291	-3,939	1,016	-3,855	-8,250	-23,061	-48,125
	직접투자	-268	-320	-481	-773	-1,715	-1,753	-2,099	-7,409
	증권투자	-158	1,950	4,012	10,066	7,327	11,447	19,201	53,845
	은행신용지	7,472	16,856	6,778	1,879	20,712	34,317	35,395	123,409

자료: IMF, International Financial Statistics.

이러한 페그제는 환율의 변동에 의해 자국과 외국과의 가격을 조정하는 기능을 갖고 있지 않다. 만일 확장재정정책이나 금융완화정책 등에 의해 인플레이션이 발생하여 자국의 상품 · 서비스가격이 외국보다 상대적으로 높게 되면, 실질환율의 과대평가가 생기고 무역수지 및 경상수지의 악화를 초래하게 된다. 경상수지를 대외채무의 증가에 의해 보전하는 상태가 지속되면 해당통화표시자산에 관계하는 리스크 프리미엄(risk premium)이 높아지고 외국자본유출초과가 되어 통화가치는 하락한다. 이처럼 실질환율의 과대평가는 자국과 외국의 인플레이션율의 괴리에 의해 발생하지만, 보다 직접적인 원인은 무역재부문과 비무역재부문에 있어 생산성상승률의 차이에 기인하는 내외가격차가 존재할 때이다.

이제 페그제 하에서 실질환율의 과대평가가 아시아통화위기 상황과 어떻게 연계되는지를 알기위해 잘 알려진 생산성과 실질환율의 관계를 설명한 발라사 · 사무엘슨(Balassa-Samuelson) 모델을 다시금 생각해 보자. 실질환율(q)는 다음과 같이 정의된다.

$$q = SP_t^*/P_t \qquad (10.1)$$

q : 실질환율, S : 명목환율, P_t^*, P_t : 각각 외국 및 자국의 무역재 가격

그러나 실질환율(q)은 (10.1)식에 있어서 외국 및 자국에 있어서 무역재가격(P_t^*, P_t)만이 아니고 비무역재 가격(P_n^*, P_n)을 더한 종합물가수준(P_g^*, P_g)로 생각하면 다음과 같이 나타낼 수 있다.

$$q_1 = SP_g^*/P_g \qquad (10.2)$$

q_1 : 실질환율, S : 명목환율, P_g^*, P_g : 각각 외국 및 자국의 종합물가수준을 나타내고 무역재가격(P_t^*, P_t)과 비무역재 가격(P_n^*, P_n)의 가중평균치이다.

여기에서는 자국이 페그제를 채택하고 있는 발전도상국, 외국은 편의상 미국으로 가정하여, 자국과 미국에 있어 국내부문 간의 생산성격차, 나아가 가격의 상대적 격차에 의해 실질환율을 설명한다. 자국에 있어서는 상대적으로 무역재부문의 생산성이 높고, 비무역재부문의 생산성이 낮기 때문에, 생산성 격차가 크며, 따라서 양 부문에 있어서 가격의 가중평균치인 종합물가수준(P_g)은 높게 된다.

한편, 미국에 있어서는 상대적으로 무역재부문과 비무역재부문의 생산성 격차가 작기 때문에 양 부문에 있어서 가격의 가중평균치는 종합물가지수(P_g^*)는 낮게 된다. 결국, 자국과 외국간에 생산성을 규정하는 생산요소가격의 내외격차가 존재하고 있는 경우 페그제 하에서 S의 값은 변화하지 않기 때문에 (10.1), (10.2)식을 비교하면 P_g가 P_g^*보다 상대적으로 상회하므로 q_1의 값은 q의 값을 하회한다.

그 결과 무역재부문과 비무역재부문에 있어서 각각의 가격의 가중평균치인 실질환율(q_1)은 무역재부문의 가격만으로부터 산출되는 실질환율(q)에 비해 작은 값이 된다. 결국 실질환율의 과대평가가 생기는 것이다. 이 이론모델을 아

시아국가들의 통화위기 상황으로부터 검증해 보자

1992~97년의 기간에 있어 아시아국가들의 무역재부문과 비무역재부문의 생산성상승률 격차 및 1982~97년의 기간에 있어 명목환율과 실질환율의 괴리를 나타내는 두 개의 데이터를 서로 대조해 보자. [표 10-4]의 산업부문, 서비스부문의 부가가치증감률을 각각 무역재부문, 비무역재부문의 생산성상승률의 대리변수로 간주하고 있다. [표 10-4]에 의하면 산업부문과 서비스부문의 부가가치증감률의 격차가 큰나라는 인도네시아, 말레이시아, 태국, 한국의 순으로 나타나 있다.

한편, [표 10-5]에 의하면 통화위기 전후에 있어, 실질환율과 명목환율과의 괴리율이 크고, 실질환율의 과대평가가 발생하고 있는 나라는 말레이시아, 인도네시아, 태국, 한국이다.

물론 실질환율의 과대평가의 발생을 생산성 격차요인만으로 설명할 수는 없지만, 그 상당부분은 내외가격차로 귀결하는 국내부문 간의 생산성 격차, 특히 비무역재부문의 낮은 생산성과 상관이 있음을 고찰할 수 있다. 따라서 국내부문 간의 생산성 격차에 기인하는 실질환율의 과대평가는 국제경쟁력의 하락, 나아가 경상수지의 악화라는 과정을 거쳐 통화가치의 하락을 가져오는 것으로 생각할 수 있다.

[표 10-4] 산업부문과 서비스부문의 부가가치증감률 (단위 : 연율 %)

국명 \ 연도	1992	1993	1994	1995	1996	1997	부가가치 격차 누계
인도네시아	8.2 6.8	9.8 7.4	11.2 7.1	10.4 7.6	10.6 7.3	5.4 5.3	14.1
말레이시아	8.9 8.5	10.1 9.7	12.4 9.5	13.8 9.2	11.2 9.5	10.5 8.5	12.0
태국	9.9 7.2	10.4 9.6	10.2 8.8	10.5 9.0	7.0 4.6	−0.1 −1.1	9.8
한국	3.4 7.6	6.2 7.4	9.0 8.6	10.3 7.6	6.2 8.1	5.4 7.1	−5.9

주 : 부가가치 격차=산업부문−서비스부문
상단의 숫자는 산업부문, 하단은 서비스부문
자료 : ADB, "Asian Development Outlook", 1998, pp. 237~238로부터 작성.

[표 10-5] 명목환율과 실질환율의 괴리율 (대 전년비 증감의 기간평균, %)

국명 \ 연도	1982~84	1985~89	1990~94	1995~96	1997
말레이시아	0.23	−0.16	1.11	−1.08	0.02
인도네시아	0.54	0.22	0.88	1.59	0.10
태 국	6.33	0.16	0.88	9.00	0.08
한 국	−10.00	23.00	0.65	1.17	0.07

주 : 괴리율＝(명목환율－실질환율)/명목환율
% 포인트 값이 클수록 실질환율의 과대평가가 크다는 것을 의미한다.
자료 : Pradumna B. Rana, "The East Asian Financial Crisis", ADB, October. 1998, p.7, Table 3 및 4 로부터 작성.

2. 통화위기에 관한 경제이론

본 절에서는 아시아통화위기 이전에 발생한 통화위기를 설명하는 제1세대 모델, 제2세대 모델을 설명하고 차세대 모델의 대표 이론으로 모리스·신(Morris and Shin)의 모델을 다룬다.

(1) 펀더멘탈즈에 기인한 통화위기 이론 - 제1세대 모델 -

1) 통화공급과 준비자산

발전도상국 중에는 세제가 충분히 정비되지 않은 국가가 있다. 그와 같은 나라에서는 정부가 정부지출을 보전하기 위해 통화를 발행하고 그것으로부터 얻어지는 통화발행이익(seignorage)에 의해 세수를 메우는 경향이 있다. 그러나 통화에 대한 수요를 초과하여 통화가 대량으로 공급되기 때문에 인플레이션이 발생한다(과거의 남미국가들에서는 100%가 넘는 hyper-inflation이 발생했다). 이와 같은 재정적자와 인플레이션에 직면하고 있는 나라에서는 자국통화의 가치를 하락시키는 압력이 작용한다. 그럼에도 불구하고 고정환율제가 채용되면 통화위기가 발생할 가능성이 높아진다.

통화당국이 유지하려고 하는 고정환율과 거시경제정책 등의 펀더멘탈즈(fundamentals, 경제의 기초적 제조건)에 의해 결정되는 환율 사이에 모순이 있는 경우에 투기가에 의한 투기적 공격(speculative attack)을 받고 발생하는 통화위기를 펀더멘탈즈에 기인한 통화위기라 부른다. 또 이 발생메커니즘을 설명하는 모델을 통화위기의 제1세대 모델(first generation model)이라 부른다.

고정환율제 하에서 재정적자가 계속 증가하고 그 자금조달을 위해 통화당국이 통화를 계속 발행하면 통화위기가 발생할 가능성이 높게 된다. 정부가 재정적자의 자금조달을 위해 국채를 계속 발행하고, 그 국채를 중앙은행이 계속 구입하면 중앙은행의 신용잔고가 계속 성장하게 된다. 준비자산잔고에 변화가 없다면 국내신용잔고의 성장에 따라 통화공급잔고가 성장한다. 통화공급잔고가 성장하면 금리가 하락하고 소비 · 투자가 자극되어 물가가 상승한다.

금리의 하락과 물가의 상승은(금리평가나 구매력 평가보다) 외환시장에서 자국통화의 가치를 하락시키는 압력을 발생시킨다. 고정환율제를 유지하기 위해 통화당국은 외환시장에서 자국통화를 매입하고, 외국통화를 매각하는 개입을 행한다. 이 개입에 의해 통화당국은 증가된 국내신용잔고를 상쇄시키는 만큼의 준비자산잔고를 감소시키게 된다. 그 결과 통화공급잔고가 일정수준으로 유지된다. 그러나 통화당국이 국내신용잔고를 성장시키는 한, 준비자산잔고는 계속 감소한다.

당초의 준비자산잔고에 상당하는 만큼 국내신용잔고를 증가시키면 준비자산잔고는 고갈된다. 그렇게 되면 더 이상 통화당국은 외환시장에 개입할 수 없게 되며 그 경우 통화당국은 고정환율제를 포기하고 변동환율제로 이행할 수밖에 없게 된다.

이상의 펀더멘탈즈에 기인한 통화위기 모델은 크루그만(Krugman), 프럿 · 가버(Flood and Garber)에 의해 전개됐다. 위에서 보듯, 그들의 기본적인 생각은 통화당국이 유지하려는 고정환율과 거시경제정책 등의 펀더멘탈즈에 의해 결정되는 환율 사이에 모순이 있는 경우에 통화위기가 발생한다는 것이다. 이하 펀더멘탈즈에 기인한 통화위기의 기본모델을 설명한다.

우선 소국개방경제를 상정한다. 그 경제에는 단 하나의 동질적인 무역재외에는 존재하지 않으며, 그 가격이 완전히 신축적이라 가정한다. 따라서 항상 일물일가의 법칙이 성립하게 된다. 만일 변동환율제라면 모네타리 모델(monetary model)에 기인하여 환율이 결정된다. 그러나 고정환율제에서는 변동환율제라면 성립하리라는 환율과 다른 수준으로 고정돼 있을 가능성이 있다.

그 경우에는 민간부문의 외국통화에 대한 수급은 불균형이 되기 때문에 통화당국은 외환시장에 개입하여 고정환율의 수준에서 수급을 균형시키지 않으면 안 된다. 외환시장개입이 불태화되지 않는다고 가정하면, 외환시장개입은 준비자산의 증감을 통해, 화폐공급량에 영향을 미치게 된다. 더욱이, 국제적인 자본이동이 완전하고 내외자산이 완전대체임을 가정한다. 완전예견의 가정 하에서 커버되지 않은(uncovered) 금리재정(UIP)이 행해진다. 투기공격의 기본모델은 다음과 같은 체계로 나타낼 수 있다.

$$\log \frac{M_t}{P_t} = \psi \log \overline{Y} - \alpha i_t \tag{10.3}$$

$$M_t = D_t + R_t \tag{10.4}$$

$$P_t = S_t P^* \tag{10.5}$$

$$i_t = i^* + \dot{s}_t^e \tag{10.6}$$

단, M : 명목화폐공급잔고, P : 자국의 물가수준, $\overline{Y}$: 실질국내총생산(완전고용산출량으로 시간을 통해 일정하다고 가정), i : 자국통화표시 명목이자율, D : 국내신용잔고, R : 준비자산잔고, S : 외국통화의 자국통화표시 명목환율, P^* : 외국의 물가수준, i^* : 외국통화표시 명목이자율, $\dot{s}^e$: 예상환율 변화율

(10.3) 식은 대수표시한 화폐의 수급균형식을 나타낸다. (10.4)식은 화폐공급잔고가 국내신용과 준비자산으로부터 구성되고 있음을 나타낸다. (10.5)식은 상품가격의 일물일가의 법칙을 나타낸다. (10.6)식은 커버되지 않은 금리재정의 결과로서 성립하는 UIP(Uncovered Interest Parity)를 나타낸다. 한편, 소국의 가정에 의해, 외국의 물가수준과 명목환율은 주어져 있다. (10.3), (10.6)식을 (10.5)에 대입하면 환율은 다음의 식에 따라 결정된다.

$$s_t = \log S_t = \log M_t + \alpha s^e - (\psi \log \overline{Y} - \alpha i^* + \log P^*) \tag{10.7}$$

고정환율제 하에 있어, 환율이 $\overline{s}$ 로 고정돼 있고, 장래에 걸쳐서도 고정환율이 유지될 것으로 민간부문에 의해 신뢰되고 있는 것으로 가정한다. 그 경우에는 $s_t = \overline{s}$ 및 $\dot{s}^e = 0$이므로 (10.7)식은 다음과 같이 고쳐 쓸 수 있다.

$$\overline{s} = \log M_t - (\psi \log \overline{Y} - \alpha i^* + \log P^*) \tag{10.8}$$

따라서 (10.8)식에 의해 명목화폐공급잔고는 다음의 식처럼 항상 일정하게

된다.

$$\log M_t = \overline{s} + (\psi \log \overline{Y} - \alpha i^* + \log P^*) \tag{10.9}$$

그리고 통화당국이 국내신용잔고를 μ의 성장률로 성장시키는 것으로 가정한다.

$$\dot{D}_t = \mu D_t \tag{10.10}$$

(10.4)식을 변화율로 표현하면 다음의 식이 된다.

$$\frac{\dot{M}_t}{M_t} = \frac{D_t}{M_t}\frac{\dot{D}_t}{D_t} + \frac{R_t}{M_t}\frac{\dot{R}_t}{R_t} \tag{10.11}$$

고정환율제 하에서는 명목화폐공급잔고의 성장률($\dot{M}_t/M_t$)이 0이라는 것과 (왜냐하면 화폐공급잔고에 변화가 없기 때문에) (10.10)로부터 준비자산잔고는 다음의 식처럼, 국내신용의 성장과는 반대로, 감소해 나가게 된다.

$$\frac{\dot{R}_t}{R_t} = -\frac{D_t}{R_t}\mu \tag{10.12}$$

이처럼 고정환율제 하에서 국내신용을 일정한 성장률로 성장시키면, 준비자산잔고를 주어진 것으로 하면, 화폐공급잔고가 증대하고, 물가가 상승한다. 이것은 자국통화의 가치를 하락시키는 압력을 가져오며, 당국은 자국통화를 매입하기 위해 외화를 매각하여야 한다. 즉 준비자산잔고를 감소시켜야 한다. 그리고 최종적으로는 준비자산이 고갈돼 버린다.

준비자산이 고갈된 시점에서 당국은 고정환율제를 더 이상 유지할 수 없게 됨으로서, 변동환율제로 이행할 수밖에 없게 된다. 이제 기본모델을 이용하여 투기공격의 타이밍(timing)을 고찰해 보자.

투기가는 준비자산이 고갈되는 시점까지 투기공격을 기다리면, 투기에 의한 이득은 얻어지지 않는다. 오히려, 변동환율제라면 실현되리라는 환율, 즉 쉐도우(shadow)변동환율이 고정환율을 넘어서자마자 투기공격을 행하지 않으면 투기에 의한 이득은 얻어지지 않는다. 투기공격에 의해 고정환율제로부터 변동환율제로 이행한 후에는 준비자산잔고가 고갈된 것으로부터 화폐공급잔고는 국내신용잔고와 같게 된다. 그리고 환율변화율은 국내신용성장률과 같고, 화폐공급성장률과 같다. 따라서 쉐도우(shadow)변동환율은 다음 식에 따라 변화한다.

그림 10-1 통화위기의 타이밍

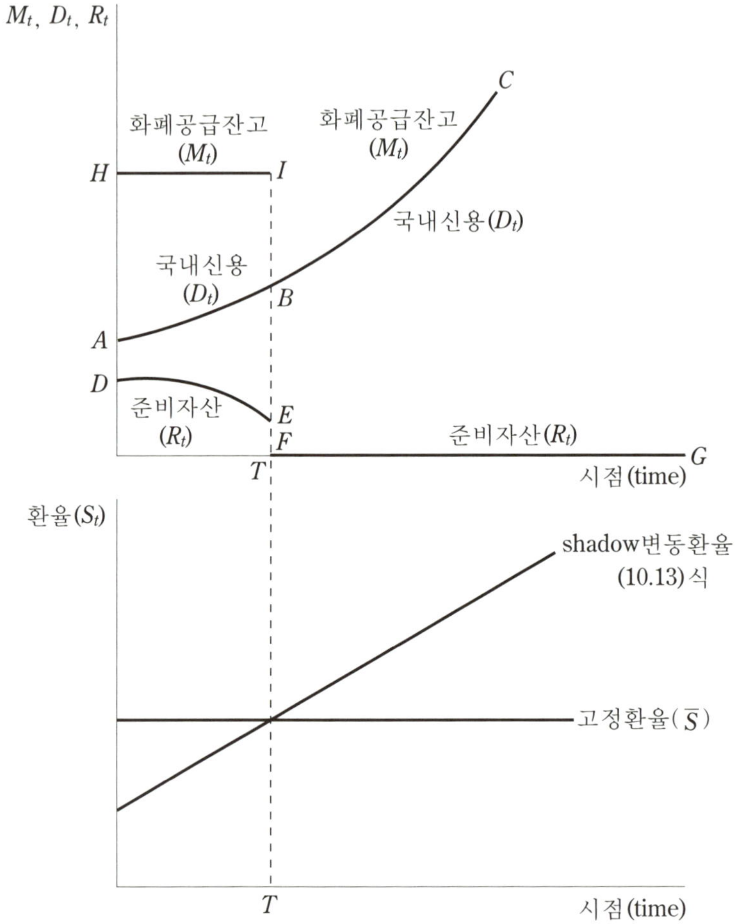

$$s_t^s = \log D_t + \alpha\mu - (\psi \log \overline{Y} - \alpha i^* + \log P^*) \tag{10.13}$$

(10.13)식으로부터 분명하듯이, 쉐도우(shadow)변동환율은 국내신용잔고의 변화에 대응하여 변화한다. 통화당국이 국내신용을 성장시키고 있는 상황([그림 10-1]의 ABC)에 있어서는 쉐도우(shadow)변동환율은, 당초 자국통화의 가치가 상승하는 수준에 있었다 하더라도, 서서히 가치가 하락해 나가는 것이 된다.

쉐도우(shadow)변동환율과 고정환율의 추이(trend)가 [그림 10-1]의 아래

부분에 묘사돼 있다. 이 그림에서는 국내신용의 성장에 따라 시점 T에서 쉐도우변동환율이 고정환율을 넘어서고 자국통화의 가치가 계속 하락하고 있다. 이 쉐도우변동환율이 고정환율에 도달한 시점 T에서 투기공격이 이루어지게 된다.

투기자는 시점 T보다도 빠른 단계에서 투기공격을 하여 변동환율제로 이행시켜도, 투기자는 고정환율의 수준에서 자국통화를 매입하고, 쉐도우변동환율에서 자국통화를 매각할 수밖에 없기 때문에 투기에 의해 손실을 입게 된다. 한편, 시점 T를 지난 늦은 단계에서 투기공격을 하여 변동환율제로 이행시키면, 투기가는 고정환율과 쉐도우변동환율의 차이만큼 투기에 의한 이득을 얻을 수 있다.

그러나 어느 한 투기가가 투기에 의한 이득을 크게 하기 위해 투기공격의 타이밍을 늦춘 경우에, 만일 다른 투기가가 그 투기가의 투기공격 직전에 투기공격을 하여 변동환율제로 이행해 버리면, 투기에 의한 이득은 전혀 얻어지지 않는다. 따라서 투기공격의 타이밍에 대해서는 쉐도우변동환율이 고정환율을 넘어서자마자 투기공격이 발생하게 된다.

[그림 10-1]의 윗부분에 국내신용의 성장에 대해 준비자산잔고와 화폐공급잔고의 동향이 묘사돼 있다. 쉐도우변동환율이 고정환율에 도달하는 시점 T까지는 고정환율제가 유지되고 있으므로, 국내신용잔고의 증가에 대해 준비자산잔고가 계속 감소한다(점 D에서 점 E). 한편, 국내신용잔고의 증가가 준비자산잔고의 감소에 의해 상쇄되기 때문에, 화폐공급잔고는 일정수준으로 추이한다(점 H에서 점 I). 그러나 쉐도우변동환율이 고정환율에 도달한 시점 T에서 투기공격이 이루어지고, 이것에 대해 통화당국이 통화방어를 하지만, 준비자산은 고갈된다(점 E에서 점 F). 이 시점 이후, 변동환율제로 이행한다.

준비자산이 고갈되어 있기 때문에(점 F에서 점 G) 화폐공급잔고는 국내신용잔고와 같고, 국내신용성장률과 같은 성장률로 화폐공급잔고가 성장하게 된다(점 B에서 점 C).

이처럼, 펀더멘탈즈에 기인한 통화위기 모델에 있어서는 쉐도우변동환율의 동향과 고정환율의 수준이 투기공격의 타이밍(timing), 나아가 통화위기의 타이밍(timing)을 결정하게 된다.

쉐도우변동환율의 동향에 영향을 미치는 요인의 하나로 국내신용성장률이 있다. 국내신용성장률이 높으면 높을수록 쉐도우변동환율은 고정환율수준으로

빨리 도달하기 때문에 그 만큼 통화위기의 타이밍(timing)을 앞당기게 된다. 또, 국내신용성장률에 영향을 미치는 재정적자도 크면 클수록, 통화위기의 타이밍(timing)을 앞당기게 된다.

2) 1982년 멕시코 채무위기의 사례

펀더멘탈즈에 기인한 통화위기이론이 적용된 사례의 하나로서 1982년의 멕시코 채무위기의 경우를 보자(제9장 채무문제를 참고할 것). 1970년대의 후반부터 1980년에 걸쳐 멕시코 정부는 지출을 확대하고 석유수출의 수입을 상회하는 정부지출의 재원을 화폐발행과 대외차입에 의해 보전하고 있었다. 이것은 그 나라의 인플레이션을 유발했으며 對달러명목환율이 고정되어 있던 멕시코 통화 페소의 실질환율은 가치가 상승했다. 그러나 한편으로는 재정지출의 확대에 의해 멕시코 경제성장률은 올라가고, 미국을 비롯한 외국의 은행으로부터 대량의 대부가 이루어졌다. 1981년의 세계불황에 따른 석유수요의 침체에 의해 석유수입이 감소하고, 이것을 보전하기 위해 정부는 대외차입을 증가시켰다. 이러한 가운데 페소의 절하를 두려워하여 자본도피(capital flight)가 생기고, 여기에 대해 통화당국은 페소의 對달러환율을 유지하기 위해 개입을 계속하면서 준비자산은 감소했다.

1982년 2월에 멕시코는 페소의 절하를 실시했지만 경상수지적자나 대외차입을 축소시키는 근본적인 지출삭감정책(재정지출의 삭감 등)을 취하지 않았기 때문에 인플레이션율은 더욱 높아졌다. 그리고 1982년 8월에 준비자산이 고갈된 멕시코 정부는 대외채무지불불능에 빠졌으며, IMF, BIS 및 채권자은행에 의한 긴급규제조치가 취해졌다. 이 조치는 IMF와 협의하여 채무국이 경제조정정책을 실시하며, IMF는 융자를 행하고, 채권자은행은 IMF융자를 전제로 하여 기존채권 기일의 조정(rescheduling)을 통해 신규융자를 공여하게 되었다. 이때 멕시코의 대은행채무는 644억불에 달했다.

(2) 자기실현적 통화위기이론 – 제2세대 모델 –

1) 복수균형의 발생

통화당국이 유지하려고 하는 고정환율과 거시경제정책 등 펀더멘탈즈에 의해 결정되는 환율과의 사이에 모순이 없는 경우에 있어서도 통화위기는 발생한다. 즉 거시경제정책이 방만하게 이루어지지 않고 그 나라의 경제펀더멘탈즈가 악화되지 않더라도 어떤 시점을 계기로 통화가치가 하락한다는 주관적인 예상에 바탕을 두고 투기공격을 하는 투기가가 다수 존재할 때에 실제로 통화가치 하락의 위기가 발생한다. 장래에 있어서 자국통화의 가치가 하락하고, 외국통화의 가치가 상승할 것으로 예상되는 경우에는 외화를 매입하고 자국통화를 매입하는 투기에 의해 이익이 얻어지는 것이다. 이러한 투기가 많은 투기가에 의해 이루어질 경우 현재시점에 있어서 이미 외화의 가치가 상승하고 자국통화의 가치는 하락한다.

이 움직임은 장래의 일어날 상황의 예상이 현재에 있어 실현된다는 것으로부터 자기실현적(self-fulfilling, 자기충족적, 자기달성적) 투기라 부른다. 통화위기에서도 마찬가지로 일어난다. 투기가에 의한 통화가치하락의 예상에 바탕을 둔 투기에 의해, 실제로 통화가치가 하락하여 통화위기가 발생한다.

옵스펠트(Obstfeld)는 자기실현적 통화위기모델(제2세대 모델, second-generation model)을 제시하고 있다. 그에 의하면 펀더멘탈즈에 기인한 통화위기이론과 달리 펀더멘탈즈의 악화를 동반하지 않더라도, 정책의 변경을 예상하는 투기가의 군집행동(herd behavior, 군중행동이라고도 함)에 의해 펀더멘탈즈요인으로부터 벗어난 투기공격이 발생하여, 사후적으로 그들의 예상이 실현된다는 것이다.

옵스펠트(Obstfeld)로 대표되는 제2세대 모델은 자기실현적 기대가 복수균형(multiple equilibria)의 발생을 가능하게 하는 특성이 강조되고 있다. 즉 투기공격이 발생하는 균형도 성립할 수 있고, 발생하지 않는 균형도 성립할 수 있다는 것이다. 누군가가 통화의 가치하락을 예상하여, 통화를 매각하기 때문에 실제로 통화가치의 하락이 발생하는 균형과, 누군가가 통화가치가 유지되리라는 것을 예상하여 통화를 매각하지 않음으로써 실제로 통화가치가 유지되는 균형도 성립할 수 있다는 것이다. 이제 옵스펠트(Obstfeld) 모델을 이용하여 자기실현적 통화위기를 게임이론의 틀을 이용하여 설명해 보자.

정부와 두 명의 투자가(1, 2)가 존재하는 세계를 생각해 보자. 두 명의 투자가는 투기의 대상이 되는 자국통화를 각각 6단위씩 보유하고 있으며 그대로 보유할 것인지(hold), 팔 것인지(sell)의 행동을 취할 수 있다. 보유하는 경우에는 0의 이득(보수)이 보증된다. 한편 자국통화를 팔고 외화를 입수하는 경우에는 1단위의 거래비용이 걸리는 것으로 한다. 고정환율제가 유지되는 경우에는 거래비용분이 손실이 된다. 2인의 투자가가가 살려는 외화의 합계가 정부가 보유하는 준비자산(*R*)을 하회할 때는 고정환율제를 유지할 수 있지만 상회할 때는 포기될 수밖에 없다. [그림 10-2]에 2인의 투자가가 일회한(一回限)게임이 펀더멘탈즈인 3개의 준비자산(*R*)의 수준에 따라 표준형으로 나타나 있다. 최초의 숫자가 제1의 투자가의 이득, 두 번째 숫자가 제2의 투자가의 이득이다.

(a)의 경우 준비자산이 높은 수준, *R*=20인 경우의 게임을 보여주고 있다. 각 투자가가 자국통화를 팔아도 통화당국에는 아직 8의 준비자산이 남아 있고 고정환율을 유지할 수 있다. 양자의 이득이 대칭형이므로 내쉬균형은 (hold, hold)의 조합이 되며 통화투기는 발생하지 않는다(한 투자가가 어떤 행동으로 나오더라도, 다른 투자가의 이득은 −1이다. 물론 자국통화를 계속보유하면 이득은 0이다).

내쉬균형은 자기구속성(self-enforcement)을 갖으며, 모든 투자가는 다른 투자가도 내쉬균형의 전략을 따른다는 예상 하에서 스스로 균형전략으로부터 이탈하려 하지 않으므로 투자가의 사전예상은 사후적으로 만족된다. 이 때 투자가가 갖는 다른 투자가의 행동에 관한 예상을 자기실현적(self-fulfilling)이라 말하며, 자기실현성을 만족시키는 전략의 조합이 내쉬균형이다. 즉 자신이 갖는 예상에 대한 최적대응, 결국 실제로 선택되는 전략이 상대가 예상하는 전략과 일치할 때 자기 실현적 내지는 충족적인 예상이 된다.

준비자산이 비교적 적은 (b)의 경우(R=6)를 보면, 한 투자가가 자국통화를 파는 것만으로 고정환율제를 붕괴시킬 수 있다. 고정환율제가 포기된 경우에

그림 10-2 준비자산과 투기적 공격

(a) R=20

1 \ 2	hold	sell
hold	0, 0	0, −1
sell	−1, 0	−1, −1

(b) R=6

1 \ 2	hold	sell
hold	0, 0	0, 2
sell	2, 0	1/2, 1/2

(c) R=10

1 \ 2	hold	sell
hold	0, 0	0, −1
sell	−1, 0	3/2, 3/2

자료 : Obstfeld, M, "Models of Currency Crises with Self-Fulfilling Features," European Economic Review, 40(1), 1996, p.1039.

자국통화는 50% 절하되었다고 하자. 한 투자가보다 먼저 6단위의 자국통화를 팔면, 다른 투자가는 3단위의 환차익을 얻을 수 있다. 거래비용을 빼더라도 이득은 2이다. 한편 두 투자가가 동시에 자국통화를 팔려고 내놓으면 정부의 준비자산 6을 서로 나누는 것이 되고, 양자의 이득은 3/2－1=1/2이 된다. 이 경우 내쉬균형은 (sell, sell)의 조합이 되어 고정환율제는 붕괴된다. 문제는 준비자산이 많지도 적지도 않은 중간수준의 경우 (c)의 경우(R=10)이다. 1인의 투자가만이 팔 경우에는 투기는 실패한다. 왜냐하면, 10은 6보다도 크기 때문이다. 그러나 2인의 투자가가 5단위씩 동시에 팔 경우 고정환율제는 붕괴한다. 그 때의 이득은 5/2－1=3/2이며 보유(hold)하는 경우의 이득 0보다도 크다.

이 조정(coordination)게임에서는 두 개의 내쉬해가 존재한다. (hold, hold)와 (sell, sell)이다. 2인의 투자가는 투기를 할지도, 안할지도 모른다. 결국 고정환율제가 존속할 수 있는지 아닌지는 투자가의 기대 내지 신념에 따른다.

2) 1992년의 ERM위기의 사례

1990년 7월 동·서독의 통화통합이 이루어지고 동독재건을 위한 재정적자의 확대와 화폐잔고가 증가하게 되었다. 독일정부는 물가안정을 위해 긴축금융정책(고금리정책)으로 돌아서면서 금리는 상승경향에 있었다. 또한 EMU(Economic and Monetary Union, EU통화통합의 정식명칭으로 통상 경제 · 통화통합으로 쓴다)의 제1단계로 역내자본이동이 자유화 됐다. 독일의 금리가 상승하면서 환율의 안정화를 위해 다른 나라도 금리를 올리지 않으면 안 되는 상황이 되었다. 그러나 높은 실업률에 직면하고 있는 나라의 입장에서 보면 금리를 올리는 것보다는 내리려고 생각할 것이다. 이처럼 고정환율제의 제약으로부터 이탈하여 금리를 자유롭게 하고 싶다는 유인이 생긴다. 금융정책의 자립성, 고정환율 및 자유로운 국제자본이동을 동시에 달성할 수 없다는 trilemma(Impossible Trinity, 불가능한 삼위일체) 상황에서 투기적 자본이동이 생겼을 때에 국내균형(고용)에 금융정책을 할당하면 고정환율제는 포기될 수밖에 없다.

이런 가운데 1990년에 ERM(Exchange Rate Mechanism, 유로를 도입하지 않은 EU국가들 통화와 유로간의 고정환율제)에 가맹한 영국은 국내경기가 불황상태에 있었다. 이러한 불황 하에서 환율을 유지하기 위해 금리인하를 실시할 수 없었으며 결국 고금리정책에 의한 실업의 증가와 투자의 정체를 초래했다. 이런 상황에서 92년 8월에 일부 헷지펀드(hedge fund)에 의한 투기공격(대량의 파운드매각)과 또 다른 투기가들의 대량의 파운드매각이 이루어졌다. 여기에 대해 ERM을 유지하려는 영국정부는 대량의 외환시장개입을 실시했지만 파운드가치의 하락을 막을 수 없었고 같은 해 9월 영국은 ERM을 이탈하여 변동환율제로 이행했다. 뒤이어 이탈리아가 ERM으로부터 이탈하고, 스페인의 평가절하가 뒤따르며, 많은 회원국도 적지 않은 준비자산을 잃어버리는 결과를 가져왔다. 당시 유럽통화위기에서 각국의 펀더멘탈즈는 그렇게 나쁘지는 않았다.

옵스펠트 이론은 1992년의 ERM위기의 메커니즘을 설명하는 이론으로서 유효성이 주목되었기 때문에, 고정환율제와 확장금융정책의 목적의 대립에 주목한 이론으로서 해석할 수 있다. 즉, 한 나라에 있어 금융정책이 기본적으로는 고정환율 유지에 이용되고 있는 상황에서, 중앙은행에 대해 단기적인 경기자극책을 요구하는 유인(예: 높은 실업률)이 높아지면, 금융완화가 예상된다. 여기에 의해, 환율의 상승(가치의 하락) 압력이 생긴다. 이 와중에, 통화당국의 개입 등에 의해 통화의 하락압력에 대항하는게 어렵게 되고, 결국은 환율이 절하될 것이라는 기대가 대두하면, 통화의 가치의 하락압력은 더욱 높아지게 된다. 이러한 기대 하에서 고정환율을 유지하기 위해서는 금리인상을 필요로 하지만, 이것은 금융완화의 효과를 상쇄시키게 된다. 이러한 정책목적의 대립의 결과, 고정환율제를 유지하는 비용이 그 이익을 상회하면 고정환율제는 포기될 수밖에 없다.

3. 모리스·신 모델

옵스펠트(Obstfeld) 모델의 복수균형에 의한 통화위기의 설명에서, 복수균형 중에 어떤 균형이 실현되는지의 문제에 대해 결론이 나지 않는다. 왜냐하면, 동일한 펀더멘탈즈 상태에 있더라도, 투자가의 기대형성에 따라, 통화위기가 발생하는 균형과, 발생하지 않는 균형, 그 어느 것이라도 생길 수 있기 때문이다.

이러한 문제점에 대해 모리스 · 신(Morris and Shin)[3]은 상술한 복수균형모델

3) Morris, S., and H.S. Shin, "Unique Equilibrium in a Model of Self-Fulfilling Currency Attacks,"

의 정보구조를 확장한 틀(framework)에 있어, 한 나라의 펀더멘탈즈의 상태를 파라메터(parameter)로 나타낼 때, 통화위기가 발생하는 펀더멘탈즈의 경계상태가 존재함을 주장하고 있다. 결국, 그들의 이론모델에서는 어떤 펀더멘탈즈의 상태에서도, 위에 기술한 복수균형의 가능성은 없어진다. 그들의 이론모델에서도 복수균형모델과 마찬가지로, 투자가가 자신의 기대를 형성하는데 있어, 다른 투자가의 기대형성을 예상한다.

더욱이, 투자가의 기대형성의 과정에 있어 각각의 투자가에 주어지는 정보에 차이가 존재한다라는 보다 현실적인 가정을 도입하고 있다. 즉, 협조의 실패(coordination failure)나 현금인출사태(bank run)에 관한 이론을 응용한 이제까지의 연구에서는 투자가의 펀더멘탈즈에 대해서의 정보에 관해, 완전정보와 공유 지식(common knowledge)이 가정돼 있으며, 누군가가 통화가치하락을 예상하여 통화를 매각하기 때문에 실제로 통화가치의 하락이 발생하는 균형과, 누군가가 통화가치가 유지되리라는 것을 예상하여 통화를 매각하지 않음으로써 실제로 통화가치가 유지되는 균형이라는, 동일한 펀더멘탈즈하에서의 복수의 균형의 발생이 가능하다.

여기에 대해 모리스 · 신은 각 투자가가 관찰하는 펀더멘탈즈의 상태에 차이가 존재한다라는 보다 현실적인 가정을 설정함으로써 통화위기가 발생하는 펀더멘탈즈의 상태와 통화위기가 발생하지 않는 펀더멘탈즈의 상태를 분할하는 경계상태가 존재함을 증명하고 있다.

이러한 배후에 있는 논리(logic)는, 직감적으로 다음과 같다. 이제 나라의 정부가 통화가치를 방어함으로써 이익을 얻으며 아울러 통화가치를 방어하는 데는 비용이 발생하는 것으로 하자. 그리고 통화방어의 비용은 그 나라의 펀더멘탈즈와 통화매각을 행하는 투자가의 수에 의해 변화한다고 가정한다. 구체적으로는 펀더멘탈즈가 나빠지면 나빠질수록, 또는, 그 나라 통화를 매각하는 투자가의 수가 증가할수록 통화가치 방어의 비용은 높게 된다.

투자가는 다른 투자가가 펀더멘탈즈를 어떻게 관찰하고 있는가를 생각할 필요가 있다. 자신이 얻은 펀더멘탈즈에 관한 신호(참값에 noise를 더한 것)에 바탕을 두고, 다른 투자가의 펀더멘탈즈에 관한 견해를 예상하면, 통화를 매각하는 투자가의 수가 얼마만큼인지를 추측할 수 있다. 이러한 정보에 바탕을 두

American economic Review, 88(3), 1998, pp. 587-597.

고 투자가는 자신의 이득을 계산하고, 자신의 행동을 결정한다. 그 결과, 펀더멘탈즈의 악화에 따라 통화를 매각하는 투자가의 수가 증가한다. 그리고 통화위기가 발생하는 펀더멘탈즈의 경계상태는 정부에 통화가치의 방어보다도 통화가치의 절하를 선택하게 하는 만큼에 꼭 충분한 수의 투자가가 그 나라의 통화를 매각하는 펀더멘탈즈의 상태가 된다.

이처럼, 모리스 · 신은 이론적인 기초에 불충분하게 남아 있던 펀더멘탈즈와 투자가의 기대형성의 관계를 고찰가능케 했으며 통화위기에 관해서의 펀더멘탈즈위기와 자기실현적인 위기의 대립이라는 도식을 뛰어넘는 뛰어난 이론적인 틀(framework)을 제시했다고 평가할 수 있다. 즉, 어느 한 펀더멘탈즈의 상태에 대해서는 통화위기가 발생하는 균형인지, 발생하지 않는 균형인지 그 어느 것 하나가 대응하며, 복수균형의 가능성은 없다. 그러나 펀더멘탈즈가 악화하여, 경계상태에 가깝게 되면, 펀더멘탈즈의 조그마한 변화에 의해서도 통화위기가 발생할 가능성이 생기게 된다.

또 펀더멘탈즈가 경계상태부근에 있는 상황에서의 작은 쇼크의 발생이, 투자가에게 통화의 매각을 재촉할지도 모른다는 의미(implication)도 갖고 있다. 이하 모리스 · 신 모델의 기초가 되는 불완전정보 하에서의 균형의 선택에 관한 논의(global game)를 소개한다.

(1) 불완전정보 하에서의 균형의 선택: 글로벌 게임(global game)

이제, 2인의 참가자(player) A와 B가 각각 2종류의 action 1과 action 2 둘 중의 하나를 선택하고, 각 참가자의 이득(payoff)이 [그림 10-6]처럼 되는 게임을 생각한다. 여기에서 이 게임을 게임 $g(x)$로 부른다. 그리고 a는 $a>0$이 되는 정수이다. 게임 $g(x)$에 있어 $x<0$이면, $a>0$이기 때문에 참가자 A, B 모두 action 2를 선택하는 한편, $x>a$이면, 참가자 A, B 모두 action 1을 선택한다. 결국, $x<0$ 또는 $x>a$인 경우, 게임 $g(x)$에서는 유일한 내쉬균형이 존재한다.

그러나, $x\in[0, a]$의 경우에는, 양 참가자가 모두 action 1을 선택하는 경우와, 양 참가자가 모두 action 2를 선택하는 경우의 2개의 내쉬균형이 존재한다. 여기에서, 각 참가자의 이득에 관한 정보의 불완전성을 도입하여, 참가자의 행동이 어떻게 변화하는가에 대해 생각한다. 여기에서는 x의 값이 $[x^-, x^+]$의 범위에서 단일분포(uniform distribution, 연속형 확률분포의 일종으로, 취할 수 있는 값은 일정구간 내에서만이고, 각 값을 취하는 확률밀도가 일정하게 되는 분포)에 따르는 확률변수이고, $[0,\ a]$는 $[x^-,\ x^+]$에 포함되는 것으로 한다.

결국, x의 값은 완전정보 하에서 유일한 내쉬균형이 존재하는 경우와 복수의 내쉬균형이 존재하는 경우의 양자를 포함하고 있다. 또, 참가자 A는 참(眞)값 x에 노이즈(noise)가 더해진 신호(signal) S^A를 관찰하고 S^A는 $[x-\varepsilon,\ x+\varepsilon]$의 범위에서 단일분포에 따르는 확률변수로 한다.

이 게임에서는 참가자 A와 참가자 B는 동일한 이득(payoff)구조를 갖기 때문에, 참가자 A의 행동을 분석하는 것이나 참가자 B의 행동을 분석하는 것은 같다. 이 때문에, 이하 참가자 A의 행동에 대해 생각하도록 하자.

각 참가자가 관찰하는 신호(signal)는 x와 상관하고 있기 때문에, 참가자 A는 S^A를 관찰함으로서 x의 참값에 관한 정보뿐 아니라, 참가자 B가 관찰한 신호 S^B에 관한 정보도 얻게 된다. 이 상황에서는 각 참가자는 action을 선택하는 데 있어 다른 참가자가 관찰하는 신호(signal)를 추측할 필요가 있다.

환언하면, 각 참가자는 다른 참가자가 관찰한 신호가 그 참가자에 특정한 action을 반드시 선택시키는(결국 다른 참가자에 있어 지배전략이 존재한다) 값이 되는 확률을 계산하지 않으면 안 된다. 이것이 x에 관한 정보가 완전한 경우에는 복수균형이 발생하는 $x \in [0,\ a]$의 범위에 있어, 균형이 유일하게 결정되는 것으로 연결된다. 우선 참가자 A가 $S^A<0$을 관찰한 경우를 생각할 수 있다. 여기에서 x와 S^A가 단일분포를 따르기 때문에 A가 계산하는 x의 기대치 x^e는 S^A가 된다. 따라서 A는 x의 기대치를 $x^e=S^A<0$으로 생각하기 때문에, B가 선택하는 action이 1, 2 어느 것이든 상관없이 action 2를 반드시 선택한다.

이제, 신호의 값이 겨우 0을 상회하는 $S^A=S_1^A$의 경우를 생각한다. 이 때, A는 x의 기대치를 $x^e=S_1^A>0$으로 계산함과 동시에 B가 $S^B<0$의 신호를 관찰하

[표 10-6] 복수균형의 가능성이 존재하는 게임 $g(x)$

		player B	
		action 1	action 2
player A	action 1	(x, x)	$(x, 0)$
	action 2	$(0, x)$	(a, a)

는 확률을 계산한다. $S^B<0$의 경우에는 B의 x의 기대치를 $x^e=S^B<0$으로 계산하기 때문에 반드시 action 2를 선택한다. A는 그 확률을 계산하는 것에 의해, 자신이 action 2를 선택한 경우의 기대이득을 계산할 수 있다. B가 action 2를 선택하는 확률에 대해서의 참가자 A에 의한 추측치를 $P(0\leq P\leq 1)$라 하면, A에 있어 action 2를 선택하는 것의 기대이득 r^e는 $r^e=(1-P)\times 0+P\times a=Pa$가 된다.

한편 action 1을 선택하는 것의 기대이득은 P가 어떤 값이라도 $x^e=S_1^A$이다. A는 Pa와 S_1^A의 크기를 비교하여 action을 선택한다. S^A가 $S_1^A<S_2^A<S_3^A$ …로 상승함에 따라 B가 관찰하는 신호 S^B에 대해서의 A에 의한 추측의 분포 $f(S^B|S^A)$는 보다 큰 값을 포함하는 분포가 된다. 이 때문에, S^A의 상승에 따라, A에 의한 $S^B<0$이 되는 확률의 추측치 P는 하락한다. 따라서 A에 있어 action 2를 선택하는 것의 기대이득 Pa는 S^A의 상승에 따라 하락한다. 한편, action 1을 선택하는 것의 기대이득 $x^e=S^A$는, S^A의 상승에 따라 상승한다. 그리고 어느 한 신호의 값 S^{-*}에 있어, 양자 간의 대소 관계가 역전하여 $Pa<x$가 되고, A는 action 2로부터 action 1로 선택을 변경한다.

마찬가지로 A가 신호 $S^A>a$를 관찰하는 경우에는 action 1을 선택하고, S^A의 하락에 따라 action 1의 기대이득과 action 2의 기대이득의 차가 작아지게 되고, 어느 한 신호 S^{+*}에서 양자가 역전함을 보일 수 있다.

칼슨과 반담(Carlsson and van Damme)[4)]은 정보의 noise가 지극히 작다면($\varepsilon\rightarrow 0$), S^{-*}와 S^{+*}가 일치하고, 각 참가자의 action의 선택을 action 1과 action 2로 분할하는 경계신호 S^*가 존재한다는 것을 증명하고 있다. 그리고 $\varepsilon\rightarrow 0$으로부터, 신호가 x의 참값으로 수렴하기 때문에 x에 대해서도 같은 경계치 x^*가 $x\in[0,\ a]$의 범위에 존재함을 증명하고 있다. 이상의 결과로부터 게임 $g(x)$에 있어, $x\in[0,\ a]$이더라도 유일한 균형이 선택된다.

이상의 모리스 · 신이론은 통화위기의 전파 내지 전염, 그리고 통화위기로 인한 한 나라의 채무변제능력과 일시적인 유동성의 고갈이라는 문제에 있어서의 이론적인 분석에도 응용되고 있다.

---

4) Carlsson and van Damme, “Global Games and Equilibrium Selection,” Econometrica, 61(5), 1993 pp. 989–1018.

(2) 통화위기의 전염효과

통화위기가 발생한 나라의 통화가치가 하락하면, 그 나라의 수출산업의 국제가격경쟁력은 높아지게 되며, 동시에 통화위기가 발생한 나라와 무역면에 있어 경쟁관계에 있는 다른 나라에서는 상대적으로 그 나라의 통화가치가 상승하고 과대하게 평가 된다. 이 때, 이제까지 유지되어온 고정환율제에서는 이 경쟁관계에 있던 나라의 무역수지적자가 증가하고 중앙은행의 준비자산이 감소하여, 이 나라의 통화도 투기공격을 받게 된다. 각국 간의 거시경제정책이나 거시경제 환경에 있어서 유사성이 원인이 되어 통화위기가 전염 내지 전파(contagion)되는 경우가 있다.

가령, 몇 개 나라의 통화당국이 공통으로 달러에 대해 고정시킨다는 공통의 환율제도(달러peg제도)를 채택하고 있다고 상정해보자. 미국에서 금리를 상승시키는 외생적 쇼크가 발생하면, 고정환율을 유지하기 위해서는 달러peg제도를 채택하고 있는 나라에서도 금리를 마찬가지로 상승시키지 않으면 안 된다. 그러나 그 나라들이 모두 경제가 불황 하에 있고, 금리를 상승시키는 것이 바람직하지 않은 거시경제 환경에 있는 경우에는 금리를 상승시키는 것은 곤란하게 된다.

이와 같은 공통된 거시경제 환경이 투기가에 의해 인식되면, 투기가는, 이들 나라의 통화당국은 고정환율을 유지할 수 없다고 예상하고, 이들 나라의 통화에 대해 투기공격을 시작하게 된다. 이처럼, 공통의 거시경제 환경에 있는 나라들에 있어 통화위기가 동시에 발생하게 된다. 위의 설명 중 금리의 외생적 쇼크를 환율의 외생적 쇼크로 치환하는 것에 의해, 아시아통화위기에 있어 전염효과의 일부를 설명할 수 있다. 97년의 아시아통화위기가 발생할 때까지는 아시아의 통화당국은 실제로 사실상의 달러 페그($ peg)제도를 채택하고 있었다. 이들 아시아국가들로서는 미국과 나란히 일본이 주된 무역상대국이었기 때문에, 각국 통화의 對엔환율의 변동이 수출산업이나 무역수지에 영향을 미쳤다. 특히, 95년 이후의 달러의 가치상승 · 일본 엔의 가치하락은 이들 나라로서는 외생적 쇼크로 나타나고 수출산업 및 무역수지를 악화시켰다. 이리하여, 아시아 통화위기가 연쇄적으로 발생했음을 설명할 수 있다. 앞서의 통화위기의 이론모델에서 설명된 모리스 · 신이론은 통화위기의 전염에 대해서의 이론적인 분석에도 응용되고 있다.

예를 들어, 투자가가 두 나라(A, B)에 포트폴리오를 분산하고 있는 상황에, 펀더멘탈즈가 서로 전혀 관계가 없는 두 나라 사이에서의 전염(contagion)의 발생을 설명할 수 있다. 투자가는 투자자금을 투자 프로젝트(project)의 도중에서 회수함으로써 얻어지는 수익률은 일정하지만 투자자금을 회수하지 않음으로써 얻어지는 수익률은 다른 투자가가 얼마만큼의 자금회수를 하느냐에 따라 다르게 된다. 투자상대의 하나인 A국에서의 통화위기는 투자가가 A국에 보유하는 자산의 가치를 감소시킨다. 투자가는 보유자산액의 감소에 따라 리스크회피도가 높아지게 되기 때문에, A국에서의 보유자산액의 감소는 다른 투자상대국인 B국에 있어, 투자가가 투자자금의 회수라는 리스크 없는 선택을 하는 유인을 높이게 된다.

그 결과, B국에서 통화위기가 발생하는 펀더멘탈즈의 경계상태가 변화하게 된다. 펀더멘탈즈의 경계상태가 변화하는 것으로부터 B국의 펀더멘탈즈가 불변이더라도, B국에서 통화위기가 발생할 가능성이 있다는 것을 보여준다.

(3) 채무변제능력과 유동성고갈

앞서 설명한 통화위기의 제1세대 모델과 제2세대 모델의 차이는 한 나라의 통화위기가 발생한 이유를, 그 나라가 채무변제능력(solvency)이 없다는 견해와, 채무변제능력은 있어도 일시적인 유동성의 고갈(illiquidity) 때문이라는 견해의 차이로 요약할 수 있다. 이제, 한 나라가 자국 내의 임금만이 아니라, 다수의 해외투자가로부터 차입된 자금도 투자프로젝트에 투자하고 있다고 하자. 투자프로젝트의 산출량은 투자자금액이 크면 클수록 크다. 단, 프로젝트의 완성까지는 당분간 시간이 걸리고(예를 들어, 공장완성까지 시간이 걸린다), 해외투자가는 투자프로젝트의 완성 이전에 대부금을 회수할 수 있다. 여기에서, 프로젝트 도중에서의 자금회수는 프로젝트의 산출량을 감소시킨다고 하자.

해외차입금의 변제기일은 투자프로젝트완성의 시점이며, 이 시점에서 해외차입금의 변제에 충분한 산출량이 없는 경우는 채무불이행(default)이 된다. 이 나라 경제의 펀더멘탈즈를 투자 프로젝트의 생산성(한 단위의 자금투입이 만들어 내는 생산량의 크기)으로 생각하고, 그것을 θ라는 변수로 나타내는 경우, 펀더멘탈즈의 상태 θ와 채무변제능력 및 일시적인 유동성의 고갈은 다음과 같이 정리할 수 있다.

우선, 해외투자가 대부분이 프로젝트완성 전에 대부금을 회수하는 경우를 생각해보자. 대부금이 회수되면, 그 나라의 산출량은 크게 감소한다고는 하지만, 펀더멘탈즈가 상당히 강하다면(θ의 값이 상당히 크다), 채무의 변제에 충분한 산출량이 있으며, 채무불이행은 발생하지 않는다. 거의 모든 해외투자가가 대부금을 회수하더라도 채무불이행이 없을 정도로 강한 펀더멘탈즈의 수준을 $\overline{\theta}$로 나타내면, $\theta>\overline{\theta}$이면 채무불이행은 발생하지 않는다. 그리고 그 사실을 알고 있는 투자가는 프로젝트완성 전에 대부금을 회수하는게 아니라, 금리수입을 획득하려 할 것이다. 즉, 채무변제능력이 있는 나라는 통화위기가 발생할 일은 없을 것이라는 주장이 타당한 상황이라 말할 수 있다.

다음으로, 해외투자가 전원이 대부금을 거치하는 경우를 생각해보자. 이 경우에는 대부금의 회수에 의한 산출량의 감소는 발생하지 않지만, 펀더멘탈즈가 매우 약하다면, 채무의 변제에 충분한 산출량이 얻어지지 않고, 채무불이행이 발생한다. 모든 해외투자가가 대부금을 거치하더라도 채무불이행이 발생할 정도로 약한 펀더멘탈즈의 수준을 $\underline{\theta}$로 나타내면, $\theta<\underline{\theta}$이면 채무불이행이 반드시 발생한다. 그리고 그 사실을 알고 있는 투자가는 프로젝트완성 전에 대부금을 회수하려 할 것이다. 이런 상황에서는 그 나라는 채무변제불능에 빠진다.

환언하면, 통화위기의 원인은 차입국의 펀더멘탈즈의 약화에 있다는 주장이 타당한 상황이라고 말할 수 있다. 마지막으로 흥미 깊은 상황은 펀더멘탈즈가 강하지도 약하지도 않은 $\underline{\theta}<\theta<\overline{\theta}$의 상황이다. 이러한 펀더멘탈즈상태 하에서는 프로젝트완성 전에서의 대부금 회수액이 크게 되면 채무불이행이 되지만, 대부금의 회수가 작게 되면 채무불이행은 발생하지 않는다. 그러므로 $\underline{\theta}<\theta<\overline{\theta}$라는 상태에서는, 대부금의 회수에 의한 유동성의 고갈(illiquidity)이 채무불이행, 결국 채무변제불능(insolvency)으로 연결되는 가능성이 있다.

$\underline{\theta}<\theta<\overline{\theta}$ 상태에서는 동일한 펀더멘탈즈에 대해, 누군가가 채무불이행의 발생을 예상함으로써 대부금을 회수하여, 실제로 채무불이행이 발생하는 사태와, 누군가가 채무불이행의 발생을 예상하지 않고, 대부금을 거치함으로써 실제로 채무불이행이 발생하지 않는 사태라는 그 어느 것이라도 발생할 수 있다. 이러한 의미에서 복수균형이 인정되는 펀더멘탈즈의 범위가 존재한다고 이해되어

왔다(투자가의 기대변화에 의한 자기실현적 위기). 이러한 이해에 대해, 모리스 · 신의 논의를 응용하면, 각 투자가가 관찰하는 펀더멘탈즈의 상태에 차이가 존재하는 상황을 상정하여, $\theta<\theta^*$라면 대부금의 회수가 최적행동이며, $\theta>\theta^*$라면 대부금을 회수하지 않는 것이 최적행동이 되는 펀더멘탈즈의 경계상태 θ^*가 $\underline{\theta}<\theta<\overline{\theta}$의 범위 내에 존재함이 증명된다([그림 10-3]).

이와 같은 사고에 따르면, 한 나라가 채무변제불능의 상태에 빠지지 않는, 즉 $\theta>\underline{\theta}$의 상태일지라도 펀더멘탈즈가 경계치 θ^*를 하회한 곳에서 투자가의 행동이 급격히 변화하여, 통화위기가 발생하게 된다. 일단 위기가 발생하면, 프로젝트로부터 자금이 철수됨에 따라 생산성이 저하하기 때문에, 펀더멘탈즈가 더욱 악화되고, 그 결과 채무변제불능의 상태, 즉 $\theta<\underline{\theta}$의 상태에 빠질 수 있는 경우도 생각할 수 있다.

그림 10-3 채무변제능력과 유동성 고갈의 개념정리

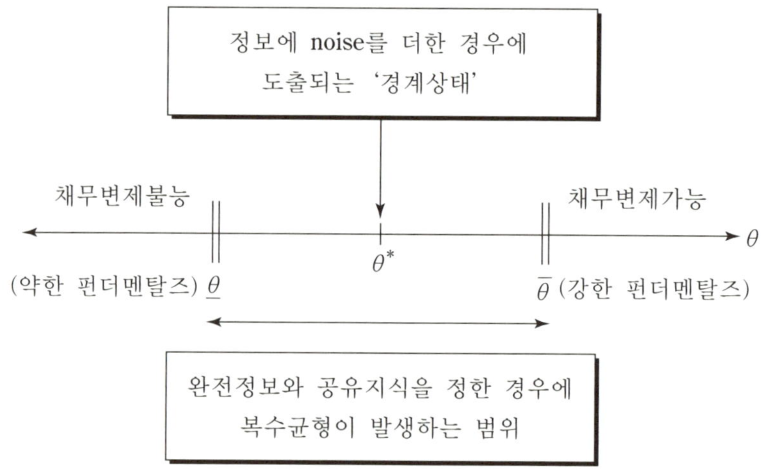

제11장

환율제도

1. 외환개입과 불태화정책
2. 고정환율제와 변동환율제
3. 환율제도의 정의와 선택
4. 목표환율대제
5. 최적통화권이론

환율제도

1971년 브레튼우즈(Bretton Woods) 체제 붕괴 후, 현재의 국제통화제도는 다양한 모습을 보이고 있다. 즉, 달러 등의 주요 통화국에 자국통화의 환율을 고정하는 고정환율제를 유지하는 국가가 있는 한편, 주요 선진국에서는 변동환율제를 채택하고 있다. 더욱이, 고정환율제와 변동환율제 이외에도 환율제도에는 여러 형태의 제도가 존재하며, 반드시 고정환율제와 변동환율제라는 양극단의 환율제도만이 존재하는 것은 아니다.

이러한 환율제도 가운데, 어떤 환율제도가 가장 적합한가에 대한 논의는, 현재까지도 활발하게 진행 중에 있다. 가령, 시장원리주의자의 대표격인 프리드만(Friedman) 교수는 변동환율제가 가장 우량한 환율제도라고 주장한다. 또는 근년의 통화위기를 경험하면서, 국제적으로는 자본이동이 자유롭다는 가정하에서 변동환율제와 엄격한 고정환율제(Hard peg, 커런시 보드제나 달러화) 중 어느 하나를 선택할 수밖에 없다는 '양극의 환율제' (Two Corner Solutions/Bipolar View/Law of excluding the middle)나 혹은 통화바스켓제가 바람직하다는 주장도 있다.

아예 환율제도로서 채택할 만한 것은 없다는 주장마저도 있다. 본 장에서는 환율제도에 대해 여러 관점에서 고찰하기로 한다. 제 1 절에서는 고정환율제에 있어 통화당국이 환율을 어떻게 목표수준으로 유도하는가를 고찰하기 위해, 외환개입의 효과에 초점을 맞춘다. 불태화정책을 동반하는 외환개입과 불태화정책을 동반하지 않는 외환개입을 구별하여, 외환개입의 효과에 대해 고찰한다.

제 2 절에서는 고정환율제와 변동환율제의 강점(merit)과 약점(demerit)을 고찰한다. 이러한 강점과 약점은 표리의 관계에 있다. 가령, 고정환율제하에서는 금융정책의 자유도가 실종되고, 변동환율제하에서는 금융정책의 자유도가 유지된다. 이것이 각국에 있어 강점인지 약점인지는 각국의 중앙은행이 독립하여

인플레이션을 억제하려는 금융정책을 실행하는지의 여부에 달려 있다.

제 3 절에서는 IMF의 분류에 의한 여러 환율제도의 정의와 환율제도의 선택문제에 대해 논하기로 한다.

제 4 절과 5 절에서는 환율제도를 이론적으로 고찰할 때 유용한 환율제도의 일반이론이라 할 수 있는 환율밴드(band)제의 대표적인 이론인 크루그만(Krugman)의 목표환율대(Target Zone) 모델을 설명하고, 경제에 관한 조건에 따라서 몇 개의 나라는 고정환율제를 유지함으로써 보다 많은 장점(merit)을 얻을 수 있다고 지적하고 있는 먼델(Mundell)과 매키넌(McKinnon) 등에 의해 전개된 최적통화권(Optimum Currency Area)이론을 고찰한다.

1. 외환개입과 불태화정책

통화당국이 환율을 스스로의 목표수준으로 유도하려고 할 때에는 외환시장에 개입하여, 자국통화와 외국통화의 외환거래에 참가할 필요가 있다. 가령, 민간경제주체간의 외환거래에 있어, 통화당국이 목표수준으로 하는 환율을 주어진 것으로 하고, 자국통화와 교환하여 외국통화를 사고 싶다는 외국통화수요가 외국통화공급보다도 많은 경우에, 통화당국이 외환시장에 개입하지 않으면, 외국통화의 초과수요 및 자국통화의 초과공급이 발생한다.

이와 같은 외환시장에 있어 외국통화의 초과수요 및 자국통화의 초과공급에 의해 외국통화 가치를 상승시키고, 자국통화 가치를 낮추는 압력이 움직인다. 이 압력을 억제하기 위해, 통화당국은 민간경제주체간의 외환거래에 있어 초과수요 · 초과공급을 상쇄시키는 외환거래를 행할 필요가 있다. 이 경우 통화당국은 민간부문에 의한 외국통화의 초과수요액과 같은 만큼의 외국통화를 팔고 자국통화를 사는 개입을 행함으로써 환율을 목표수준으로 유지할 수 있다.

외환개입의 목적으로는 환율의 변동을 억제하려는 환율안정화의 목적과, 적극적으로 어느 한 목표수준으로 환율을 유도하려는 환율 타겟(target)의 목적이 있다. 환율안정화를 목적으로 개입하는 경우에는 외환시장에서 환율의 변화의 방향에 대해 역방향으로 개입이 이루어진다. 이처럼 외환시장에서 환율의 변화의 방향에 대해 역방향으로 이루어지는 개입을 역풍개입(leaning against the wind)이라 부른다. 예를 들어, 자국통화 가치가 높을 때에는 외화를 매입하고 자국통화를 매각함으로써 환율하락을 억제하고, 역으로 자국통화 가치가 낮을 때는 외화를 매도하고 자국통화를 매입함으로서 환율상승을 억제하려는 개입행동이다.

반면에 어느 한 목표수준으로 향해 환율을 적극적으로 유도하려는 경우에, 때로는, 외환시장에 있어 환율의 방향과 동방향으로 개입이 이루어지는 경우도 있다. 이처럼, 외환시장에 있어 환율의 변화와 동방향으로 이루어지는 개입을 순풍개입(leaning behind the wind)이라 부른다.

이처럼 통화당국이 외환시장에 개입을 행하는 것은 외국통화를 매매하는 것을 의미하므로 개입의 결과 통화당국이 보유하는 준비자산잔고가 증감한다. 외국통화의 초과수요에 의한 외국통화 가치상승·자국통화 가치하락의 압력에 대해 환율을 고정시키기 위해, 외국통화를 매각하고 자국통화를 매입하는 개입에 의하여, 통화당국보유의 준비자산이 감소한다.

역으로, 외국통화의 초과공급에 의한 외국통화 가치하락·자국통화 가치상승의 압력에 대해 환율을 고정시키려고 자국통화를 매각하고 외국통화를 매입하면 통화당국보유의 준비자산이 증가한다. 만일 통화당국이 국내신용잔고를 일정하게 유지하려면 준비자산잔고의 증감은 그대로 본원통화의 증감으로 연결된다([표 11-1]).

국제금융에서 흥미 있는 변수는 준비자산이다. 준비자산은 두 가지 요인에 의해 변화한다.

① 외환시장을 통하지 않는 거래에 있어 이자수입을 10억원 올리는 경우, 준비자산은 10억 증가하고, 자기자본계정도 10억 증가하면서 본원통화에는 변함이 없다. 또 환율의 변동에 의한 원가치의 변화도 마찬가지로 준비자산과 자기자본계정을 동액 변화시키며, 본원통화에는 영향을 미치지 않는다.

[표 11-1] 중앙은행의 대차대조표

자　산	부　채
준비자산	본원통화(monetary base)
국내신용	기타(정부예금, 자기자본)

② 외환시장을 통한 거래(통화당국의 외환시장조작)에서, 예를 들어, 고정환율제의 경우 절하를 예방하기 위해 외환시장에서 외화를 3억불 매각하는 경우 준비자산이 3억불 감소하고 본원통화 중 시중은행예금(원)이 감소한다.

따라서 통화량은 통화승수배 만큼 감소한다. 이 의미에서 고정환율제는 본원통화가 대외적 요인에 의해 영향을 받는 환율제도라 말할 수 있다. 변동환율제에서는 통화당국은 기본적으로는 외환시장조작을 하지 않기 때문에 (△준비자산=0, △국내신용=△본원통화) 변동환율제란 본원통화의 움직임이 국내요인에만 의존하는 통화제도라 말할 수 있다.

환언하면, 변동환율제에서는 환율의 변동으로 수급이 조정되는 것에 비하여 고정환율제에서는 본원통화 또는 통화량의 변동으로 조정된다. 따라서 환율의 변동폭이 작을수록 통화량을 조절하는 금융정책의 독립성(자유도)은 낮게 되는 것이다.

한편, 통화당국이 보유하는 준비자산잔고의 증감이 본원통화의 증감으로 연결되지 않도록 일정하게 유지하기 위해서, 국내신용잔고를 변화시켜 준비자산잔고의 증감을 상쇄하는 것을 불태화(sterilization)정책이라 한다. 불태화정책을 취하지 않는 경우에는 통화당국이 외환시장에서 외화를 팔고 자국통화를 매입하는 개입을 행하면 준비자산이 감소하고 본원통화가 감소한다. 한편, 통화당국이 외화를 매입하고 자국통화를 파는 개입을 하면 준비자산잔고가 증가하고 본원통화가 증가한다. 이 때 통화당국의 개입에 있어 불태화정책을 동반하는 경우가 있다. 통화당국이 외화를 팔고 자국통화를 매입하는 개입을 하면 준비자산이 감소한다. 이 준비자산의 감소에 의해 본원통화가 감소하는 것을 회피하여, 그 수준을 일정하게 유지하기 위해서는 국채매입 등에 의해 국내신용을 증가시키는 불태화정책을 시행할 필요가 있다.

불태화정책을 동반하지 않는 개입을 하면 본원통화가 변하므로 당국이 목표수준으로 하는 환율과 일치하도록 환율의 펀더멘탈즈(fundamentals)요인이 변화한다. 가령, 당국이 자국통화를 절상하도록 외화를 매각하고 자국통화를 매입하는 개입을 하면 준비자산 그리고 본원통화가 감소하여 물가수준이 하락하고, 이자율이 상승한다. 그러나 불태화정책을 동반하면서 개입을 하면, 본원통화가 변하지 않으므로, 당국이 목표수준으로 하는 환율과 펀더멘탈즈 사이에는 언제나 괴리가 생긴다. 가령 당국이 자국통화를 절상하려고 외화를 매각하고 자국통화를 매입하는 개입을 하면, 준비자산이 감소하는 것으로부터 본원통화를 일정하게 유지하기 위해 국내신용을 증가시키는 것에 의해 불태화정책을 시행한다. 그 때문에 당국이 목표수준으로 하는 환율과 펀더멘탈즈와는 여전히 괴리된 상태이기 때문에, 당국은 외환시장에 계속 개입하지 않으면 안 된다. 그 때문에 외화를 매각하는 개입을 계속하기 때문에 준비자산이 계속 감소한다. 그리고 언젠가는 준비자산이 고갈되어 더 이상 당국은 외환시장에 개입을 계속할 수 없게 된다.

통화당국이 외한시장에 개입함으로써, 통화당국이 기대하는 대로 환율이 실효적으로 변화할지 어떨지는 통화당국이 개입에 따르는 준비자산잔고의 변화를 불태화하여 펀더멘탈즈를 변화시키지 않는지, 또는 준비자산잔고의 변화를 불태화시키지 않고 펀더멘탈즈를 변화시키는가에 의존한다. 그래서 개입의 효과에 대해 불태화정책을 동반하지 않는 경우와 불태화정책을 동반하는 경우로 나누어 보자.

(1) 불태화정책을 동반하지 않는 개입

개입의 결과, 준비자산잔고의 변화에 대해 불태화정책을 사용하지 않으면 본원통화 및 통화량의 화폐공급잔고를 변화시키는 것이 된다. 이 화폐공급잔고의 변화는 환율의 기본적인 결정요인인 금리평가나 구매력평가를 통해 환율을 통화당국이 유도하고 싶은 방향으로 변화시키는 것이 된다.

가령, 통화당국이 자국통화의 가치를 상승시키는 방향으로 유도하려는 것으로 생각해보자. 이 경우에는 통화당국은 외환시장에서 외국통화를 매각하고, 자국통화를 매입하는 개입을 행한다. 이 외국통화 매각을 불태화하지 않으면 통화당국이 보유하는 외화준비잔고는 감소하고 동시에 본원통화 및 통화량의 화폐공급잔고가 감소한다. 화폐공급잔고의 감소는 화폐시장에 있어 화폐의 초과수요를 가져옴에 따라, 자국이자율에 상승압력을 가져다 준다. 이러한 자국이자율의 상승압력에 의해 자본이 외국으로부터 자국으로 유입되면, 이 자본유입에 따라 외국통화를 매각하고 자국통화를 매입하는 수요가 증대한다. 이 때 자국통화는 가치가 상승하는 방향으로 변화한다. 또, 자국이자율의 상승에 의해 금리감응적인 국내수요가 감소하면, 소득의 감소를 통해 수입량이 감소함과 동시에, 국내물가의 하락을 통해 외국재에 대한 자국재의 상대가격을 인하하여, 수출량을 증가시키는 한편, 수입량이 감소한다. 따라서, 무역수지면에 있어서도 외국통화를 매각하고 자국통화를 매입하는 수요가 증대한다.

이처럼, 통화당국이 외환시장에 개입한 결과 변화한 준비자산잔고를 불태화하지 않는한, 화폐공급잔고의 변화를 통해, 환율의 펀더멘탈즈요인을 변화시켜 통화당국이 의도하는 방향으로 환율을 유도할 수 있다. 따라서, 통화당국의 개입은 환율의 펀더멘탈즈요인과 모순되지 않는 수준으로 환율을 유도할 수 있기 때문에 그 효과는 유효하게 된다.

(2) 불태화정책을 동반하는 개입

이제 개입의 결과 생긴 준비자산잔고의 변화를 국내신용잔고의 증감에 의해 상쇄하는 것으로 불태화하는 상황을 가정한다. 통화당국이 개입에 동반하여 불태화정책을 취하는 이유에는 개입에 의한 준비자산잔고의 변화를 본원통화 및 통화량의 화폐공급잔고의 변화로 연결되지 않는 것이 있다. 이것은, 불태화정책을 동반하지 않는 개입이, 개입에 의해 유도하려는 환율의 수준과 모순되지 않는 수준으로 환율의 펀더멘탈즈요인을 변화시키는 것과는 다른 상황이다. 즉 불태화정책을 동반하는 개입은 더 이상 환율의 펀더멘탈즈요인을 변화시키지 않고, 환율의 변동을 유도하려는 것을 의미한다.

이러한 불태화정책을 동반하는 개입이 환율에 영향을 미치는 경로(route)로서, 민간경제주체의 예상환율을 변화시키는 것을 통해 환율에 영향을 미치는 경로와, 내외자산이 불완전대체인 경우에 나타나는 리스크 프리미엄(risk premium)을 통하는 경로가 있다. 전자의 경로는 신호효과(signalling effect)라 부른다.

내외자산이 완전대체인 경우에, 불태화정책을 동반하는 개입은 민간경제주체의 예상환율에 영향을 미치지 않는한, 환율에 영향을 미칠 수 없다. 이것은 내외자산이 완전대체인 경우의 금리평가식(UIP)을 이용하면 분명하게 된다.

$$i = i^* + \frac{S_1^e - S_0}{S_0}, \quad S_1^e: \text{ 예상장래환율}$$

위 식으로 나타난 금리평가식이 성립하고 있는 한, 외국이자율을 주어진 것으로 가정하면, 자국이자율의 변화 혹은 예상장래환율의 변화에 의해 외환시장개입은 현재의 환율에 영향을 미친다.

불태화정책을 동반하는 개입은 화폐공급잔고를 불변으로 두고 있기 때문에 화폐시장에 영향을 미치지 않으므로 자국이자율은 변화하지 않는다. 따라서, 금리평가식 중에서 예상장래환율이 변화하지 않는 한 현재의 환율은 변화하지 않기 때문에, 내외자산이 완전대체인 상황에 있어서는 개입은 예상장래환율을 통해 현재의 환율에 영향을 미칠 수밖에 없다.

통화당국이 외환시장에 개입한 결과 생기는 준비자산잔고의 변화가 현재에 있어 불태화되고, 화폐공급잔고를 불변으로 유지했다하더라도 장래 화폐공급잔고를 증가시키고, 장래의 환율에 영향을 미치는 것이 민간경제주체에 의해 예상된다면 예상장래환율을 통해 현재의 환율에 영향을 미칠 수 있다. 가령, 통화당국이 자국통화의 가치를 상승시키기 위해 개입하는 경우에 준비자산잔고가 감소한다. 이 준비자산잔고의 감소를 일시적으로 불태화했더라도 외화준비잔고가 고갈되면 더 이상 통화당국은 시장에 개입할 수 없다.

이로 인해 장래에 있어 통화당국이 불태화정책을 행할 수 없게 되어, 화폐공급잔고에 영향을 미치게 된다는 것이 민간경제주체에 의해 예상될지도 모른다. 이처럼, 장래의 화폐공급잔고의 변화가 민간경제주체에 의하여 예상되면 통화당국은 예상장래환율의 변화를 통해 현재의 환율에 영향을 미칠 수 있다. 이러한 효과를 신호효과(signalling effect)라 부른다.

다음으로, 환리스크(risk) 등의 존재 때문에 내외자산이 불완전대체인 상황을 가정해보자. 내외자산이 불완전한 경우에는 투자가는 환리스크 등의 리스크를 경감하도록 내외자산에 분산투자하고 포트폴리오(portfolio)로서 보유한다. 이 상황에서 있어서는 환율은 포트폴리오 밸런스 접근(portfolio balance approach)에 의해 결정되게 된다. 포트폴리오 밸런스 접근(portfolio balance approach)에 의하면, 자국통화표시 자산과 외국통화표시 자산은 아래 식처럼 포트폴리오로서 수급균형이 나타난다.

$$\frac{B}{S_0F} = D(i-i^* - \frac{S_1^e - S_0}{S_0}) = exp\{\alpha + \beta(i-i^* - \frac{S_1^e - S_0}{S_0})\}$$

단, B: 자국통화표시 자산의 공급잔고, F: 외국통화표시 자산의 공급잔고, exp(·)은 지수함수를 나타낸다. α와 β는 (+)의 파라메터이다.

위 식의 좌변은, 외국통화표시 자산에 대한 자국통화표시 자산의 공급잔고의 비율을 의미한다. 우변은 자국통화표시 자산과 외국통화표시 자산의 포트폴리오 밸런스(portfolio balance) 수요를 의미한다. 이 포트폴리오 밸런스(portfolio balance) 수요를 위 식대로 지수함수에 의해 특정화한다. 위의 식을 대수로 변화하면,[1)]

$$b - s_0 - f = \alpha + \beta\{i - i^* - (s_1^e - s_0)\}$$

단, b, f, s는 각각 B, F, S의 대수이다. 위 식을 다시 고쳐 쓰면

$$i = i^* + (s_1^e - s_0) + \frac{b - s_0 - f - \alpha}{\beta}$$

단, 위 식의 우변에 있어 제 3항 $\frac{b - s_0 - f - \alpha}{\beta}$는 리스크 프리미엄(risk premium)을 나타낸다.

불태화정책을 동반하는 개입은 국내신용잔고를 변화시켜 준비자산잔고의 변화를 상쇄하는 것을 의미한다. 통화당국이 개입을 행하는 데 있어 외국통화표시 증권을 매매하는 한편 불태화정책을 행하는 데 있어 자국통화표시 증권을 매매한다고 상정하면, 이와 같은 불태화정책을 동반하는 개입은, 통화당국이 외국통화표시 증권과 자국통화표시 증권과의 스왑(swap)거래를 행하는 것을 의미한다. 이것에 의해, 통화당국은 화폐공급잔고를 불변으로 유지할 수 있다.

한편으로, 이와 같은 불태화정책을 동반하는 개입은 위 식의 리스크 프리미엄에 영향을 미치게 된다. 가령, 통화당국이 자국통화의 가치를 상승시키기 위해 개입한다고 보자. 통화당국은 외화표시 증권을 매각하고, 자국통화표시 증권을 매입하는 것에 의해 불태화정책을 동반하는 개입을 행할 수 있다. 이와 같은 외화표시 증권과 자국통화표시 증권과의 스왑(swap)거래는 민간경제주체

---

1) 참고로, $i_t + 1 = \frac{S_{t+1}^e}{S_t}(1 + i_t^*) \rightarrow ln(i_t + 1) = ln(\frac{S_{t+1}^e}{S_t}) + ln(1 + i_t^*) \rightarrow i_t - i^* = s^e - s$ 이다.

가 이용 가능한 외화표시 증권의 공급잔고를 증가시키는 한편, 자국통화표시 증권의 공급잔고를 감소시킨다. 따라서 위식의 리스크 프리미엄은 감소한다. 이 감소는 현재의 환율을 하락시켜, 자국통화의 가치를 상승시킨다.

이상, 변동환율제하에서의 개입의 관점으로부터 환율수준의 조작과 본원통화의 조작과의 독립성을 분석했다. 고정환율제가 무제한의 개입에 의해 환율수준을 고정하는 환율제도임을 생각하면, 이상의 논의는 모두 고정환율제에 있어 통화당국이 통화량을 설정하는 능력(monetary control)의 문제에 맞추어 볼 수 있다.

우선, 외화자산과 자국통화자산이 완전대체제인 경우, 당국이 통화량을 증가할 목적으로 국내신용을 공급한다고 가정해보자. 소득이 일정하고, 국내금리와 외국금리가 같다면, 국내신용의 증가는 통화의 초과공급을 가져오고 투자가는 포트폴리오 발란스(portfolio balance)의 회복을 위해 외국자산을 수입한다.[2)]

이 결과 국내신용의 증가와 동액의 준비자산이 감소하고 본원통화(그리고 통화량)는 이전 수준으로 돌아온다. 외국통화자산과 자국통화자산이 완전대체인 경우 고정환율제에서의 통화량은 통화수요에 의해 결정되고, 통화량을 설정하는 능력(monetary control)은 없다.

이제 외국통화자산과 자국통화자산이 불완전대체인 경우에 통화당국이 국내신용을 공급할 경우도 앞서의 예와 마찬가지로, 통화의 초과공급이 생기지만 나머지 통화를 처분하려는 국내투자가의 자산선택행동은 외국통화자산의 수입을 가져오게 할 뿐만 아니라, 자국통화자산에 대해 초과수요를 발생시키는 것에 의해 국내금리를 하락시킨다. 내외자산이 불완전대체이기 때문에 국내금리가 하락한다. 국내금리의 하락은 통화보유의 기회비용이 내려가므로 수요되는 통화량은 이전보다도 증가한다. 그분만큼 통화량을 설정하는 능력(monetary control)이 생긴다.

상기의 논의로부터 국외로 유출(국내로 유입)되는 준비자산액(△준비자산)과 국내신용의 증가(감소)액(△국내신용)과의 관계는 다음과 같이 나타낼 수 있다.

$$\triangle\text{준비자산} = -\Phi(\triangle\text{국내신용})$$

---

2) 자국이 소국이라면 내외자산이 완전대체이기 때문에 금리는 변화하지 않는다.

여기에서 Φ는 내외자산의 대체성의 정도에 의해 결정되는 상쇄계수이며, $\Phi=1$이면 내외자산은 완전대체이고 통화량을 설정하는 능력(monetary control)은 전혀 없다(이것이 모네타리 모델의 세계이다). 만일에 $\Phi=0$이면, 내외자산은 전혀 대체성을 갖지 않으며, 완전한 monetary control이 존재한다.

많은 실증연구에서, 고정환율제 하에서 자본이동에 규제가 없는, 선진국간의 상쇄계수는 1에 가깝고, 또 발전도상국이라도 해외의 자본시장과 고도로 통합되고 있는 나라에서는 고정환율제 하에서의 상쇄계수는 1에 가까운 결과를 보여주고 있다. 상쇄계수 Φ가 1에 가깝다는 것은 국내신용의 증감이 거의 완전히 준비자산의 움직임에 의해 상쇄되는 것을 의미하며, monetary control은 지극히 한정돼 있다는 것이다.

이제 자본이동에 규제가 없는 자유로운 자본이동과 고정환율제 하에서, 중앙은행의 자국통화표시국채의 매입조작 → 국내신용⇧ → 본원통화⇧ → 자국금리⇩ → 자본은 외국으로 유출 → 준비자산⇩(→적자)를 가져온다. 이 과정은 당초의 국내신용 증가분만큼 준비자산이 감소하여 본원통화가 원래의 수준으로 돌아오고, 자국금리가 원래의 수준으로 상승할 때까지 계속된다.

이처럼 고정환율제 하에서는 자본이동이 자유로울 때 독자적인 금융정책을 실시할 수 없다. 사실 이와 같은 과정에 의해 1970년대 전반에 고정환율제는 붕괴되었다(제4장을 참고할 것).

2. 고정환율제와 변동환율제

(1) 고정환율제

환율제도에는 각각 강점(merit)과 약점(demerit)이 있다. 고정환율제를 채택하면, 국제거래를 행하는 당사자로서는 환리스크가 없기 때문에, 경제적 효율이 높아진다. 또한 해당국으로의 투자도 환변동리스크를 고려하지 않아도 되므로, 외국투자가로서는 그만큼 매력 있는 시장이 된다. 한편, 고정환율제를 채택하고 있는 나라의 통화당국은 실제의 환율이 설정된 고정환율로부터 괴리한 경우에는 무제한으로 외환시장에 개입하여 고정환율을 유지하지 않으면 안 된다. 또한, 그러기 위해서는 해당국은 충분한 준비자산을 확보할 필요가 있다. 더욱이, 외환시장 개입의 경우 국내통화공급량이 변동하지만, 그것을 회피하기 위해 불태화정책을 사용할 경우, 충분한 규모의 발달된 국내금융 · 자본시장이 존재하지 않으면 안 된다.

그리고 시장개입에 의해 고정환율을 유지할 수 없게 되면, 해당 정부는 금융정책을 이용하여 경제정세를 변화시켜, 경상수지에 영향을 미치든지, 국제적 자본이동에 영향을 미치든지 하여 고정환율을 유지할 필요가 있다. 그러나 이러한 정책은 국내경제정세와 항상 부합하지는 않는다.

자본이동이 자유로운 경우, 고정환율제 하에서 확장금융정책은 국내금리를 하락시켜 자본이 외국으로 유출된다. 이 때 준비자산이 고갈되기 시작하면 긴축금융정책으로 돌아서 금리가 상승하여 자본의 유입으로 인하여 국내의 유동성이 증가하기 때문에 긴축금융정책도 유지될 수 없다. 결국 고정환율제를 유지하기 위해서는 금융정책은 환율유지를 위해 포기되지 않으면 안 된다.

먼델 · 플레밍 모델로부터 유도된 명제, 즉 자유로운 자본이동을 전제로 하면, 고정환율제(환율의 안정성)와 금융정책의 유효성(독립성, 자유도)을 양립시킬 수 없다(이것을 때로 open-economy trilemma, 혹은 impossible trinity(불가능한 삼위일체)라 부른다). 1997~98년에 아시아 통화위기가 발생한 것은 이들 3개의 정책을 끝까지 동시에 유지하려고 했기 때문이다. 해당국이 끝까지 고정환율제를 유지하려면, 자유로운 금융정책을 포기하든지, 국제거래를 규제하는 것 외에는 없다. 전자를 선택하면, 해당국은 자국의 금융정책을, 자국통화를 고정시킨 상대국의 금융정책에 맞추든가, 혹은 통화바스켓에 대한 고정환율유지를 위해 금융정책을 우선적으로 사용하는것이 된다. 후자의 선택은 국제거래를 규제함으로써 외환시장 및 금융시장에 대한 동일한 거래의 영향을 차단하고, 고정환율제를 유지함과 동시에, 자국의 경제정세에 맞추어 금융정책을 운영하는 것이다.

물론 고정환율제를 선택하는 경우에는 해당국이 설정한 고정환율이 타당한 수준인가라는 문제가 생기게 된다. 국제자본이동을 규제하고 경상거래를 자유롭게 하면, 자국통화의 환율을 과소평가된 상태로 지속하고 있는 경우에는, 과도한 경상수지 흑자를 누적시켜 국제무역마찰의 원인이 될 수 있다. 또, 환율이 과대평가된 상태에 있으면 경상적자가 누적되고, 준비자산이 감소, 고정환율유지에 지장을 초래한다. 고정환율제를 포기한 제도로서는 ① 환율을 기본적으로 시장의 수급에 맡기는 자유변동환율제나(independent floating), ② 활발한 개입에 의해 환율의 변동에 영향을 미치는 관리변동환율제(managed floating)가 있다. 어쨌든, 고정환율을 유지해야 할 이유가 없기 때문에 국제거래를 자유롭게 하더라도 기본적으로는 국내금융정책의 자유가 확보된다. 그러나 이 때에도 금융정책의 자유도는 환율의 변동을 어느 정도 자유롭게 하느냐에 따라 달라지게 된다.

(2) 변동환율제

1) 변동환율제에 대한 기대

1973년에 주요 선진국은, 그 때까지의 고정환율제에서 벗어나, 변동환율제로 이행했다. 당시 변동환율제로의 이행은 일시적일 것으로 생각됐지만, 현재에 이르러서도 기본적으로 큰 변화는 없다. 그러나 변동환율제로 이행 후, 환율은 때때로 크게 변동하고, 실물경제에 있어 중대한 교란요인으로 인식되고 있다. 게다가, 변동환율제에 기대되었던 거시경제적인 효과는 당초 예상만큼 제대로 작용하지 않았다고 말할 수 있다.

브레튼우즈체제 말기에는 많은 경제학자가 환율의 신축성의 확대를 주장하며 변동환율제로 이행함으로써 세계경제에 도움을 줄 것으로 예측했었다. 우선 변동환율제로 이행할 때 기대되었던 효과를 경상수지의 조정능력, 금융정책의 자립성, 대칭성, 환투기라는 4가지 측면에서 회고해 보자.

i) 경상수지의 조정능력

변동환율제는 뛰어난 경상수지 조정능력을 갖고 있다고 생각되었다. 이러한 사고는 소위 탄력성 접근방법에 기인하고 있다. 즉, 변동환율제하에서는 경상수지흑자국의 통화는 가치가 상승하여, 그 나라의 수출재가격을 상승시키고, 수입재가격을 하락시키기 때문에 수출의 감소와 수입의 증가를 가져온다. 역으로, 경상수지가 적자가 되면, 그 나라의 통화는 가치가 하락하여 수출의 증가와 수입의 감소를 가져와 경상수지는 개선될 것으로 예상됐다.

ii) 금융정책의 자립성

고정환율제 하에서는 금융정책을 국내균형(고용과 물가의 안정)을 위해 사용되는 것은 거의 불가능하다. 가령 고정환율제 하에서 확장금융정책을 채택하면, 국제수지적자[3]로 나타나기 때문에, 외환시장의 개입을 통한 긴축금융정책을 실행함으로써 본래의 상태로 돌아 올 수밖에 없다. 그 결과 생긴 것은 준비자산의 감소뿐이다. 따라서 금융정책은 국제수지의 균형을 유지하도록 운영되지 않으면 안 된다. 한편, 변동환율제하에서는 국제수지의 불균형은 환율의 변동에 의해 조정되기 때문에, 각국은 대외균형의 유지라는 목표에 금융정책을 종속시킬 필요가 없고, 자국의 경제목표를 위해 이용할 수 있다. 또, 타국에서 발생한 경제적 교란이나 변화도 환율의 변동에 의해 흡수되고, 자국으로 파급하지 않는다는 격리효과(insulation effect)가 작용함으로서, 금융정책의 자립성은 더욱 높아질 것으로 생각되었다.

iii) 대 칭 성

브레튼우즈 체제 하에서 각국은 대(對)달러 평가를 유지하기 위해 외환시장에 개입하여 달러를 준비자산으로 보유했다. 그 결과, 미국은 자국의 경제목표에 비추어 화폐공급량을 결정할 수 있지만, 그 밖의 나라가 국내화폐공급량을 독자적으로 결정하는 것은 거의 불가능했다. 따라서 금융정책의 자립성에 대해서는 정확히 얘기하면, 미국만이 금융정책의 자립성을 향유했지만, 미국 이외의 나라에서는 자립성은 존재하지 않았다.

단, 브레튼우즈 체제말기에는 미국의 재정적자(특히 군사지출)에 기인한 화폐공급량의 증가가 경상수지 적자를 발생시켜, 고정환율을 유지하기 위해 미국 이외의 여러 나라가 개입(달러매입)을 행한 결과, 이들 나라의 화폐공급량도 증가시켜, 그 결과, 미국에서 발생한 인플레이션이 고정환율을 통해 미국 이외의 나라로 조정 인플레이션으로 파급하는 구도가 명확하게 되었다. 또, 가령 경상수지 적자에 직면하더라도 미국은 자국통화인 달러를 그대로 대외결제수단으로 이용(부채결제)할 수 있기 때문에 대외불균형을 시정하려는 유인(incentive)이 생기기 어렵다. 변동환율제하에서 각국은 더 이상 자국통화를 달러에 페그(peg)

3) 당시는 현재처럼 자본이동의 자유화가 진전되고 있지 않았기 때문에 문제가 되었던 것은 주로 경상수지의 적자이다.

하지 않아도 되므로 이러한 비대칭성은 제거될 것으로 기대 되었다.

iv) 환 투 기

고정환율제 또는 평가재조정이 가능한 고정환율제(adjustable peg) 하에서는 평가의 변경이 예상되면, 대규모의 환투기가 발생한다. 가령, 한 통화의 절하가 예상되는 경우, 투기가는 큰 리스크를 부담하지 않고 이 통화를 팔 수 있다. 왜냐하면, 예상이 벗어나 이 통화가 절하가 안됐다 하더라도 팔았을 때와 같은 환율(변경되지 않았던 평가수준)로 되살 수 있기 때문이다.

이처럼 고정환율제 하에서는 한 방향으로의 예상(one-way option)이 성립하기 때문에 공격적인 환투기(speculative attack)가 발생하는 경우가 있다. 고정환율을 유지하기 위해 자국통화를 매입하여야 하므로, 항상 충분한 준비자산을 보유하고 있지 않으면 안 된다. 한편, 변동환율제하에서는 환투기는 일상화돼 있으며, 환율이 항상 변동하기 때문에, 투자가는 리스크 없이 통화의 매매를 행할 수 있다. 게다가 프리드만(Friedman) 등 변동환율제의 지지자는 변동환율제하에서의 환투기는 오히려 환율의 큰 변동을 억제한다고 주장했다. 이것이 투기의 안정화효과이다.

투기에 관한 논의를 이해하기 위해 [그림 11-1]을 보자. 우선 [그림 11-1]에서, 투기가 없을 때의 가격변동이 실선으로 묘사되어 있다. 여기에서 만일

그림 11-1 안정적인 환투기

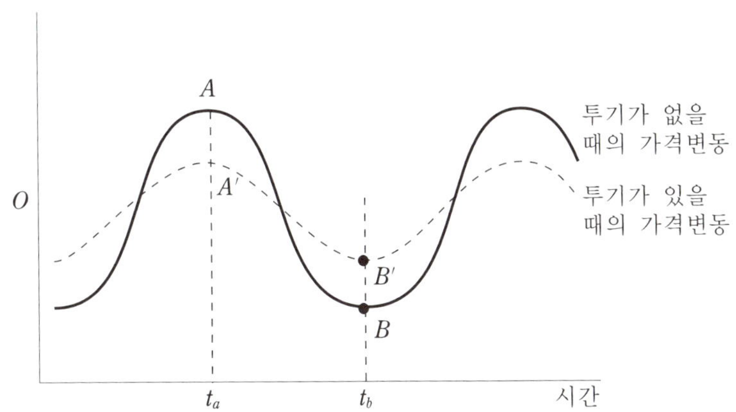

현재의 시간이 t_a라 하고, 투기가가 장래의 가격이 하락할 것으로 정확히 예측했다고 하자. 그렇다면 투기가는 가격이 하락하기 전에 외환을 팔려고 하기 때문에 가격은 점 A에서 A'까지 하락한다. 한편, 현재의 시간이 t_b라 하고, 투기가가 장래의 가격이 상승할 것으로 정확히 예측했다고 하면 투기가는 가격이 상승하기 전에 외환을 매입하기 때문에 가격은 점 B에서 점 B'까지 오른다. 이 예에서는 투기가 있을 때의 가격변동은 점선처럼 된다.

반대로 [그림 11-2]에 있어, 현재의 시간을 t_c로 하고, 투기가가 장래의 가격이 올라갈 것이라고 잘못된 예측을 했다고 하자. 그렇다면 투기가는 가격이 올라가기 전에 외환을 매입하려고 하기 때문에, 가격은 점 C에서 점 C'까지 올라갈 것이다. 한편, 현재의 시간이 t_d, 그리고 투기가가 장래의 가격이 내려갈 것으로 잘못 예측했을 때 투기가는 가격이 내려가기 전에 외환을 매각하려 하기 때문에 가격은 점 D에서 D'까지 내려갈 것이다.

이 예에서는 투기가 있을 때의 가격변동은 점선이 된다. 전자는 안정적인 투기의 예로서 가격이 높을 때 팔고, 가격이 낮을 때 사기 때문에, 투기가가 수익을 올리는 경우다. 반대로 후자는 불안정적인 예로서 가격이 낮을 때 팔고, 가격이 높을 때 사기 때문에, 투기가는 손실을 입는 경우이다.

(−)수익은 지속될 수 없으므로, (+)의 수익을 올릴 수 있는 투기만이 남

그림 11-2 불안정적인 투기

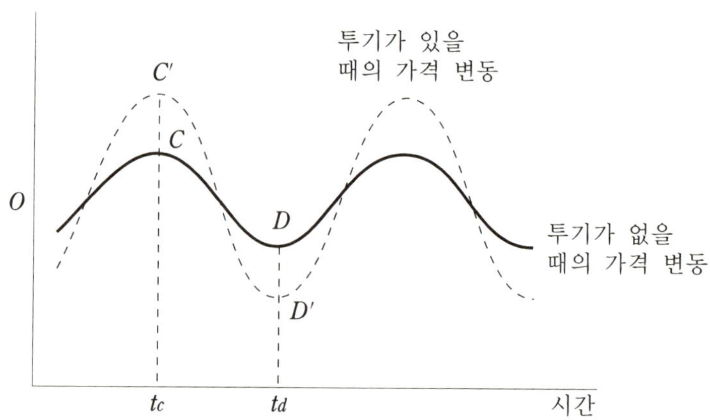

게 된다(환언하면, 수익률이 (-)가 되는 행동을 계속할 수 없기 때문에, 자연도태에 의해 수익을 올릴 수 있는 투기만이 남게 된다). 이러한 논의로부터 투기는 가격변동을 안정화시킨다는 것이 경제학자의 통설이다.

2) 변동환율제의 평가

이상과 같은 이론상의 장점에 대해 현실에 있어 변동환율제는 어떻게 평가될 수 있는지를 앞 절에서 대응시킨 형태로 고찰해 보자.

i) 경상수지의 조정능력

변동환율제로 이행 후, 경상수지의 불균형은 당초의 예상과는 달리 오히려 축소되기보다 확대됐다고 말할 수 있다. 이와 같은 현상에 대해서는 당초, 탄력성 접근방법의 견지에서 환율의 움직임이 경상수지를 균형시키는 데 상당한 시간을 요하고, 경상수지 조정능력에는 한계가 있다는 설명이 일반적이었다. 가령 J-커브 효과에 의해 설명되듯이 수출수량이나 수입수량은 단기적으로는 환율의 변화에 대해 탄력적이 아니기 때문에, 환율의 변화는 경상수지 불균형을 일시적으로 오히려 확대시킨다. 또, 수출기업이 매몰비용을 고려하여 시장별가격형성(PTM)을 행하는 결과, 환율의 변동을 수입국의 통화로 측정한(measured) 수입가격에 반드시 100% 전가하지 않는 경우도 있다는 것도 분명하다. 그러나 변동환율제로 이행 후 자본이동이 상당히 자유화되고 활발하게 된 사실은 중요하다. 이 결과, 환율은 경상거래를 반영하는 것이 아니고 오히려 자본거래를 반영하여 변동하게 됨을 간과해서는 안 된다. 또한 경상수지 불균형은 각국의 국내저축·국내투자의 차액을 반영했다는 사실도 점차로 인식됐다.

ii) 금융정책의 자립성

고정환율제 하에서처럼, 대외균형을 유지하기 위해 금융정책을 종속시키지 않으면 안 되는 사태는 없어졌다. 그러나 자본이동이 활발하게 됨에 따라 금리재정거래를 통화 각국간의 금리의 연동성이 높아지고, 각국의 통화당국은 금융정책과 환율의 관계에 유의하지 않으면 안 되게 되었다. 가령, 자국의 긴축금융정책은 국내금리에 상승압력을 가져와 해외로부터의 자본유입을 야기시키기 때문에, 환율 하락(가치의 상승), 경상수지의 악화를 통해, 당초 예상된 이상의 경기 긴축효과를 가져다 줄 가능성이 있다. 또, 자국의 금융정책이 환율을 통해 외국의 경제변수에 미치는 영향이나, 외국의 정책이 자국의 경제변수에 미치는 영향도 무시할 수 없게 되었다.

요컨대, 변동환율제로 이행함에 따라 각국은 어느 정도 금융정책의 자립성을 확보했다고는 하나, 경제정책의 상호의존도가 높아짐에 따라, 국내의 상황과 외국의 상황을 모두 주목할 필요가 생겼다. 즉, 이전보다 복잡한 정책운영이 요구된다.

iii) 대 칭 성

변동환율제 이행 후에도, 각국은 과도한 환율의 변동을 억제할 목적으로 달러개입을 실시하고, 달러를 준비자산으로 보유했다. 한편, 미국은 변동환율제 이행 후에도 외환정책에 대해 무관심한 태도를 계속 취해왔다. 특히 1980년대 전반의 대폭적인 경상수지적자가 발생했을 때도, 대미투자에 의한 달러자금의 환류에 의해 용이하게 보전되기 때문에 경상수지를 개선하려는 필요성이 부족한 것이 아니냐는 인식이 남아 있다. 단, 각국은 자국의 경제목표에 비추어 비교적 자유롭게 화폐공급량을 결정하고, 자국의 인플레이션율을 선택하게 되었다.

iv) 환 투 기

변동환율제 하에서의 환율은 당초 생각보다도 상당히 크게 변동했다. 투기의 안정화효과도 이론대로는 작용하지 않았다. 투기가가 경제의 기초적 제조건(fundamentals)을 바르게 인식하고 있는 경우, 투기는 안정적일 수 있지만, 현실에 있어 급격한 환율의 변동이 장래의 전망을 불투명하게 하면서 투기가를 불안정적인 투기로 몰고 가는 버블(bubble)현상이 발생한 것도 드물지는 않았다. 환율의 급격한 변동은 펀더멘탈즈에 대한 잘못된 인식이나 펀더멘탈즈에 기인하지 않은 버블적 환투기에 의해서만 생기는 것이 아니고, 환율이 뉴스의 영향을 받고 끊임없이 예측불가능한 변동을 하기도 하고, 펀더멘탈즈의 변화이상으로 변동하는 오버슈팅(overshooting)현상도 목격했다.

3. 환율제도의 정의와 선택

(1) 환율제도의 정의

현재 IMF가맹국이 채택하고 있는 환율제도는 8개로 나누어 분류하고 있다(2001년 3월 31일 현재).

① 타국통화가 유일한 법정통화로서 유통, 혹은 금융, 통화동맹에 속해 공통의 법정통화를 가맹국 사이에서 공유하는 제도(exchange arrangements with no separate legal tender): 후자의 경우 유로참가국인 EU12개국(2001년 말 시점에서 독일, 프랑스, 이탈리아, 네덜란드, 벨기에, 룩셈브르그, 오스트리아, 핀란드, 아일랜드, 포루투갈, 스페인, 그리스)이 포함된다(39개국).

② 커런시 보드제(currency board arrangements): 특정의 외국통화와 자국통화를 고정시킨 환율로 교환하는 것을 법률로 명시적으로 정하고 있는 나라. 이 의무를 다하기 위해, 해당국의 통화발행량은 준비자산에 의해 제한된다. 홍콩을 포함하여 8개국이 이 제도를 채택하고 있다(아르헨티나의 경우는 2002년 2월까지).

③ 통상적인 고정환율제(other conventional fixed peg arrangements): 커런시 보드제를 채택하고 있지 않지만, 자국통화의 환율을 주요통화 또는 통화바스켓에 대해 정식으로 내지는 사실상 고정시키고, 그 변동폭을 중심환율(혹은 목표치)로부터 최대 ±1%라는 좁은 범위에서 변동을 인정하는 제도(중국을 포함한 44개국)

④ 통상적인 고정환율제보다 허용 변동폭이 넓은 고정환율제(pegged exchange rates within horizontal bands): 정식 내지는 사실상의 고정환율제를 채택하고 있지만, '통상적인 고정환율제' 보다도 넓은 변동폭(중심환율의 상하 각 1% 이상)을 허용하고 있는 나라(6개국).

⑤ 크러어링 페그제도(crawling pegs): 미리 공표한 일정한 율에서, 내지는 일정한 경제지표의 움직임에 따라 정기적으로 변경하는 제도(볼리비아, 코스타리카 등 4개국).

⑥ 크러어링 밴드제(exchange rates with crawling bands): 중심환율을 특정 경제지표의 변동에 대응하여 정기적으로 동시에 사전에 공표한 일정률로 개정

하고, 그 중심치주변의 한 변동폭 내에 환율을 유지하는 제도(이스라엘을 포함하여 5개국).

⑦ 관리변동환율제(managed floating with no preannounced path for exchange rate): 통화당국이 환율의 수준을 특정화하거나, 사전에 환율의 경로를 명시하지 않고, 외환시장에 적극적인 개입을 통해 환율의 움직임에 영향을 주는 제도(러시아, 인도, 인도네시아, 싱가폴 등을 포함하여 33개국).

⑧ 자유변동환율제 혹은 독립변동환율제(independent floating): 환율을 외환시장의 결정에 맡기는 나라. 개입은 하지만 그것이 특정한 환율수준을 실현시키려는 것이 아니라 환율의 변동을 완화시키기 위해, 혹은 부당한 변동을 회피하기 위한 제도(한국을 포함한 OECD가맹국 등 47개국)가 있다.

피셔(S. Fisher)는 이상과 같은 분류를 엄격한 페그제(상기 ①과 ②로서 45개국), 중간그룹(상기 ③~⑥의 63개국), 변동환율제(상기 ⑦과 ⑧로서 77개국)의 세 그룹으로 나누고 있다. 피셔는 과거 10년간, 환율제도의 중간그룹에 속하는 나라의 수가 감소하고 엄격한 페그제와 변동환율제의 경우 상승하고 있음을 지적하고 있다([그림 11-3]).

(2) 환율제도의 선택

1997년의 태국, 인도네시아, 한국 등 아시아 지역, 또 1998년의 러시아, 브라질, 2000년의 터키, 아르헨티나 등 넓은 의미의 혹은 통상적인 고정환율제를 채택하고 있던 국가[4]에서 통화위기가 발생하였다. 이에 대해 국제금융사회는 위기예방을 위해 환율제도의 역할의 중요성에 대해 새로운 시각에서 분석이 이루어지기 시작했다.

이 문제에 대해 학계·국제기관 등은 "자유로운 자본이동 하에서는 존속가능한 환율제도는 엄격한 고정환율제(hard peg, 달러화나 커런시 보드제의 도입)와 변동환율제 중 하나이며, 이들의 중간적인 제도(앞서의 IMF에 의한 8분류 중에서 ③~⑥에 해당)는 지속적이 아니다"라는 소위 '양극의 환율제'(Two Corner

4) 아르헨티나의 경우는 엄격한 고정환율제의 하나인 커런시 보드제를 채택하고 있었다.

그림 11-3 1991년과 1999년의 환율제도

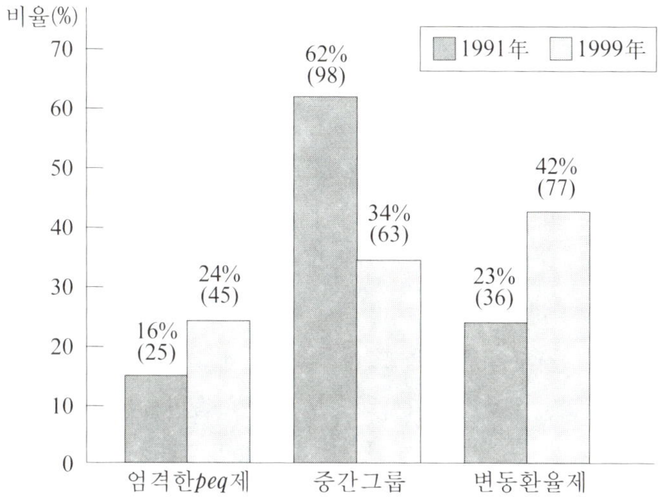

자료: Fisher, Stanley, "Exchange Rate Regimes: Is the Bipolar View Correct?," Journal of Economic Perspectives, 15(2), 2001, Figure 1.

Solutions/Bipolar View/Law of excluding the middle)를 제창했다. '양극의 환율제'는 고정환율제 · 독립된 금융정책 · 자유로운 자본이동이 동시에 실현 불가능하다는 먼델 · 플레밍명제 즉, '개방경제의 트릴레마'(open-economy trilemma)를 진일보시킨 것으로, 정부가 (통상적인) 고정환율제에서는 금융정책을 장래에 걸쳐 환율안정유지를 위해 이용한다는 보증이 없기 때문에 기본적으로 기능을 하고 있지 못한다는 것이다.

즉, 국내사정으로부터 고정환율제를 포기한다 라고 하는 의심이 생기면 거액의 자본이동이 생기고, 싫든 좋든 고정환율제에서 이탈할 수밖에 없다. 그러한 자본이동을 발생시키지 않기 위해서는 고정환율제에 대한 완전한 신뢰가 필요하지만 그러기 위해서는 정부가 금융정책을 국내목적을 위해 전혀 이용할 수 없는 엄격한 틀(framework)이 필요하고, 준비자산의 변동과 국내통화공급의 변동이 완전히 1:1에 대응하는 커런시 보드(currency board)제나 외국통화를 국내법정통화로 사용하는 달러화(dollarization)정책을 취하는 것 외에는 다른 정책은 없게 된다. 엄격한 고정환율제를 선택하지 않는다면, 금융정책을 국내의 정책

목표에 할당하고 환율은 시장에 맡기는 변동환율제를 취할 수밖에 없으며 결국 통화위기를 피하려면 엄격한 고정환율제 아니면 변동환율제의 둘 중 하나 밖에 현실적인 선택의 여지는 없게 된다.

윌리암슨(Williamson)은 환율제도의 중간적인 제도로서 BBC rule을 제창하고 있다. BBC란 환율(Band), 통화바스켓(Basket), 크러어링(Crawling)의 첫자를 딴 것이다. 환율밴드에 의해 금융정책의 자유도의 여지가 남으며, 통화바스켓에 의해 달러 페그(peg)제의 폐해가 제거되고, 크러어링에 의해 기준환율을 일정한 율로 변화시켜, 인플레이션율 격차에 의한 실질환율의 하락(가치상승)을 예방할 수 있음을 주장하고 있다.

무엇보다도 중요한 것은 환율제도(내지는 금융제도)의 선택이 이론적으로 결정되는 사안이 아니라, 실무적 · 역사적 · 실증적인 측면을 가질 수밖에 없다는 것이다. 이하, 엄격한 고정환율제인 달러화(dollarization)와 커런시 보드제(currency board system)의 강점(merit)과 약점(demerit)을 고찰하면서 환율제도선택의 이해에 도움이 됐으면 한다.

1) 달러화(dollarization)

달러가 미국 이외의 나라에서 자국통화와 병행하여 유통하는 현상, 혹은 자국통화에 대신해 법화(法貨)로 인정하는 정책을 총칭하여 '달러化' (dollarization)라 부른다. 마찬가지로 유럽단일통화 유로에 대해서도 '유로化' (euroization)라 부르는 현상이 나타나고 있다.

'달러化'는 국가의 정책과는 별도로 민간경제주체의 합리적인 선택으로서 달러가 자국통화와 나란히 선택되고, 국가가 그것을 사실상 묵인한다는 '비공식적인 달러化'와 국가가 정책적으로 달러를 선택한다는 '공식적인 달러化' (official dollarization)로 이루어진다. 비공식적인 달러化에는 예금수준에서의 달러화와 현금통화수준에서의 달러화가 있으며, 전자는 간접적 통화대체(indirect currency substitution) 혹은 자산대체(asset substitution)라 부르며 후자는 직접적 통화대체(direct currency substitution) 혹은 통화대체(currency substitution)라 부른다.

이 중 통화대체(currency substitution)는 달러가 지불수단으로서 사용되는 경우로서 초인플레이션(hyper-inflation) 하에서 생기기 쉽다. 자산대체(asset substitution)는 달러가 가치보존의 수단으로서 사용되는 경우를 가리킨다. 남미의 파나마, 엘살바도르, 에콰도르 등에서 이루어지고 있는 달러화는 미국의 통화당국과의 두 나라간 협정을 맺지 않고 일방적으로 국내에서 달러가 유통되고 있다.

달러化의 편익으로, 신뢰(credibility)가 없는 자국통화나 자국중앙은행을 폐지하고 달러화에 의해 달러나 미국연방준비은행의 신뢰가 국내경제에 수입되는 효과가 기대된다. 자국통화를 폐지하는 것에 의해 통화위기의 가능성이 배제되기 때문에 통화위기에 의한 통화절하리스크가 제거된다. 국내금리에 대한 통화절하 리스크 · 프리미엄이 소실되고 국내금리가 하락한다.

한편, 달러化의 비용으로서, 미국과 달러화 경제국이 최적통화권이 아닌 경우의 비용, 자국 중앙은행의 폐지에 의한 금융정책의 독립성이나 통화발행이익(seignorage)의 상실이나 최후의 대부자(lender of last resort)로서의 상실 등이 있다. 버그스텐(Bergsten)은 달러화가 바람직한 나라는, ① 매우 작은 개방경제로서 환율의 자율성이 거의 없는 나라, ② 초인플레이션을 경험한 나라, ③ 미국과 경제통합이 상당히 진전되고 있는 나라에 한한다고 주장하고 있다.

2) 커런시 보드제(currency board system)

커런시 보드란 자국통화와 외국통화간의 고정환율을 유지한다는 것을 법적으로 의무화시킴과 동시에 통화공급량을 준비자산잔고(외화보유고) 내에서 제한하는 엄격한 고정환율제다. 즉, 통화공급의 변동과 준비자산의 변동이 1:1로 대응한다. 관리통화제와 달리 커런시 보드제에서는 통화당국은 통화공급량을 수량적으로 관리할 수 없다. 임금이나 가격이 탄력적으로 변화하는 경제라면, 커런시 보드제는 국제수지의 자동조정기능을 갖는다. 그러나 임금이나 가격이 경직적인 경제에서는 국제수지적자는 자동적인 긴축금융정책을 통해 경기를 악화시키고 실업은 증가한다.

커런시 보드제에서는 금융정책에 있어 자유도가 전혀 없기 때문에 방만한 금융정책을 행했기 때문에 높은 인플레이션율을 경험해 온 나라에 대해서는 인플레이션율을 하락시키는 효과를 갖는다. 중앙은행이 방만한 금융정책을 행하지 않기 때문에 통화위기에 직면하지는 않을 것으로 생각되며, 커런시 보드제는 통화위기를 견뎌낼 수 있는 통화제도로 볼 수도 있다.

한편, 중앙은행은 준비자산잔고에 의해 보증된 화폐밖에 공급할 수 없기 때문에 관리통화제도 하에 있어 중앙은행이 갖고 있는 최후의 대부자(lender of last resort)로서의 기능이 커런시 보드제 하에서는 존재하지 않는다. 최후의 대부자로서의 기능이 존재하지 않는 상황에 있어서는 국내금융기관이 유동성부족에 빠졌을 때, 중앙은행이 그와 같은 국내금융기관에 유동성을 공급할 수 없기 때문에 유동성위기가 발생할 수 있다. 그 때문에 커런시 보드제를 채택하는 나라는 금융시스템이 안정되고 건전함이 요망된다.

이상을 정리하여 커런시 보드제의 강점과 약점을 요약해보면, 강점으로서는

① 커런시 보드제의 채택이 환율의 절하예상을 제거할 수 있다는 사실로부터 통화투기를 억제할 수 있다.

② 통화공급량이 준비자산에 의해 제약되기 때문에 인플레이션을 억제할 수 있다.

③ 재정적자를 통화증발에 의하여 충당하는 것을 차단할 수 있다.

④ 환리스크의 감소로 국제자본유입이 기대될 수 있다는 것이다.

그러나, ① 독자적인 금융정책을 실시할 수 없고, ② 자국의 중앙은행이 최후의 대부자 기능을 할 수 없다는 것, ③ 대상통화국(달러)과 경기순환이 다른 경우에는 국내균형이 희생될 수밖에 없다는 약점이 따른다.

이상과 같은 커런시 보드의 강점과 약점을 생각할 때, 아르헨티나의 커런시·보드제의 경험은 좋은 교훈이 된다. 80년대에 초인플레이션(hyper-inflation)을 경험한 아르헨티나는 91년 커런시·보드를 채택했다. 그 결과 90년에 1343.9%였던 인플레이션율이 95년에는 1.6%까지 하락하고, 실질 GDP성장률도 97년에는 8.1%를 기록했다. 그러나 90년대 후반에 발생한 일련의 통화위기에 의해 對달러 페그(peg)를 유지한 아르헨티나 페소는 상대적으로 비싸게 되고 더욱이 재정적자가 계속되었다. 국내에서의 통화증발에 의한 재정적자 보전이 금지되었기 때문에 재정적자는 대외차입에 의해 충당되면서 대외채무의 누적을 초래했다.

또, 통화의 과대평가에 의한 수출의 부진으로 성장률이 하락하는 가운데, 신흥시장(emerging markets, 남미, 옛 동유럽국가들, ASEAN, NIEs 등의 아시아국가들)에서 통화위기를 방어하기 위해 금리가 높아지는 현상이 되풀이 됐다(커버되지 않은 금리평가 하에서는 자국통화방어를 위해서는 절하예상과 같은 금리차가

필요하다). 1999년 4월 아르헨티나 정부는 커런시 보드제 대신 '달러化'(dollarization)를 실시할 용의가 있다는 성명을 냈다.

'달러化'는 환율절하예상을 완전히 소멸시켜 금리를 하락시키는 효과를 갖고 있다. '달러化'는 자국의 통화발행이익(seignorage)이 소멸한다는 것을 의미하고 금융정책을 완전히 위임하는 결과가 된다. 결국 아르헨티나는 커런시 보드제를 포기하고 2002년 2월에 변동환율제도 이행했다. 아르헨티나의 경험은 커런시 보드제가 만능이 아니고, 그것과 일치하는(consistent) 거시정책을 필요로 한다는 것, 아울러, 하나의 제도가 영원히 최적인 제도가 아닐 수 있음을 교훈으로 남겼다.

4. 목표환율대제

목표환율대(Target Zone)제란, 환율을 안정시키기 위해, 평가 내지 중심환율과 변동허용범위의 상한 및 하한을 미리 설정하고 시장개입에 의해 환율의 변동을 그 범위 내에서 억제하려는 제도이다. 허용변동폭을 갖는 환율 밴드(band)제는 기본적으로는 고정환율제이지만, 허용변동폭 내에 있어서는 환율이 변동할 수 있는 제도이다.

고정환율제인 환율 밴드제를 유지하기 위해서는, 환율의 펀더멘탈즈를 허용변동폭 내에서 유지할 필요가 있으며, 그것을 달성하기 위해서는 거시경제정책의 국제정책협조를 필요로 한다. 목표환율대 하에서의 정책룰(rule)을 가장 체계적으로 제시한 것은 윌리암슨 · 밀러(Williamson and Miller)의 주장이다. 그 골자는, ① 각국의 시간 선호율과 투자의 수익성을 반영한 자본수지와 같은 경상수지를 실현하는 환율을 기초적 균형환율이라 부르고, 이것을 중심환율로서 설정한다, ② 중심환율로부터 상하 10%이상 괴리시키지 않는다는 목표를 설정한다, ③ 외환시장 개입을 보강하기 위해, 단기금리의 국제적 격차를 이용한다, ④ 중심환율과 허용변동폭은 경제의 구조적 변화에 따라 변경가능하도록 한다, ⑤ 재정정책은 국내수요성장율 목표에 이용된다 라는 것이다.

목표환율대 구상에서는 각국 간에 외환개입정책이나 금융정책의 협조를 필요로 한다. 따라서 금융정책의 자립성은 어느 정도 제한되지만, 고정환율제와 비교하면 상대적으로 자립성의 여지는 남아 있다(앞에서 나온 윌리암슨의 *BBC*룰(rule)을 참고할 것). 또, 환율을 허용변동폭 내에서 유지하기 위해 모든 국가가 개입부담을 짊어지기 때문에, 대칭성도 겸비하고 있다. 재정정책은 국내총수요의 관리에 이용되지만, 중장기적으로는 경상수지목표와 모순되지 않는 절도 있는 행동이 가맹국 모두에게 요구된다.

이와 같은 의미에서도 각국은 대칭적인 입장에 있다. 아울러, 환율이 변동폭의 한계에 도달하기 전에 중심환율의 재조정을 꾀할 수 있고, 특별한 경우에는 환율이 변동폭 밖으로 움직이는 것을 허용하는 '소프트 버퍼'(soft buffer)를 갖춤으로써, 공격적인 환투기에 대한 위험도 회피할 수 있을 것으로 기대된다. 단, 목표환율대 방식에 의해 환투기를 회피할 수 있는지에 대해 의문시하는 견해도 있다.

아이켄그린(Eichengreen)은 투기에 휩쓸려 위험한 상태가 되기 전에 변동폭이 이동할 수도 있고, '소프트 버퍼'가 빈번하게 사용된다면 목표환율대방식은 관리변동환율제와 다름없고, 역으로 엄격한 목표환율대를 채택하면 어저스터블 페그(adjustable peg, 평가재조정이 가능한 고정환율제)와 다름없기 때문에 환투기를 회피할 수 없으며 목표환율대 구상의 실현성에 대해 부정적이다.

하지만, 실현성이 부정적인지 아닌지의 여부를 떠나, 목표환율대제의 모델화는 크루그만(Krugman)의 선구적인 이론연구에 의해 시작됐다. 크루그만은, ① 통화당국은 환율이 밴드(band) 내에 머무는 한 시장개입을 안하지만, 환율이 밴드의 상한 또는 하한에 달했을 때는 개입을 행하여 목표환율대제를 유지한다, ② 당국은 목표환율대제를 유지한다는 것을 약속 내지 공표(commit)를 하고, 민간투자가도 그것을 믿고 기대를 형성한다 라는 두 개의 가정을 설정하여 목표환율대제 하의 환율동학(exchange rate dynamics)을 이론적으로 분석했다. 그 주목할 만한 결론은, 당국이 밴드 내에서 전혀 시장개입을 안하더라도, 밴드내의 환율이 안정화된다는 것이다. 즉 밴드 내에서 개입을 안 해도, 환율의 변동성(volatility, 단기적인 예측 불가능한 확률적인 변동)은 순수한 변동환율제(clean float) 하에서의 그것보다도 작게 될 가능성이 존재한다는 것이다.

크루그만은 목표환율대 하에서 환율의 변화와 펀더멘탈즈(fundamentals)의 관계를 분명히 했다. 그에 따르면 환율(S)은 펀더멘탈즈와 투기적 항목의 합으로 나타난다. 우선, 펀더멘탈즈(f)는 내외정책당국에 의해 통제(control)되는 통화량 비율 $m-m^*$와 정책당국에 있어 외생변수인 내외화폐수요 교란요인비율(가령 화폐의 유통속도) $v-v^*$와의 합이다(이상 모두 대수치, *는 외국을 표시). 즉, $f=m-m^*+v-v^*$이다.

여기에서 하나 주의할 점은 통화량으로 표현되는 화폐정책이 목표환율대에서는 수동적이라는 것이다. 정책당국은 환율이 목표환율대 상한을 넘어서지 않도록 통화량을 감소시키고, 하한을 넘어서지 않도록 통화량을 증가시키며 환율이 목표환율대 내에 들어가 있는 한 통화량을 변화시키는 개입을 하지 않는다. 그 의미에서 수동적이다. 따라서 목표환율대의 변동폭 내에서의 환율의 움직임은 (개입이 없는) 변동환율제의 그것과 같다고 말할 수 있다. 변동폭 내에서 펀더멘탈즈를 이동(shift)시키는 요인은 전술한 내외화폐수요 교란요인비율의 변화가 가져오는 외생적 충격(shock)이다.

다음으로 투기적 항목을 보자. 이것은 환율의 기대변화율을 나타낸다고 볼 수 있다. 기대는 t시점에서의 정보집합에 의해 형성되지만, 정보의 내용은 현재시점의 펀더멘탈즈에 관한 정보와 장래의 펀더멘탈즈의 움직임에 대해 정책당국이 의도하고 있다고 생각되는 각종 정책정보의 두 가지로부터 구성된다. 크루그만의 결론에 앞서 한 가지 부연한다. 즉, 목표환율대 하에서는 환율의 변동성(volatility)이 억제되는 대신에, 금리의 변동성이 크게 된다는 것에 주의해야 한다는 것이다. 금리변화가 큰 폭이 되는 이유는 목표환율대 하에서 환율이 변동폭 내에 있을 때 각국의 통화량은 수동적이며, 금리수준의 분산이 크게 되기 때문이다.

목표환율대와 관련하여 크루그만이 주목한 것은 목표환율대의 존재가 환율의 움직임에 미치는 영향이며 허용변동폭 내에서의 환율의 움직임이다. 논의를 간소화시켜, 초기시점의 환율이 균형환율수준(중심환율수준)에 있고, $m^*=v^*=0$이라 가정하자. 이 경우 앞에서 보았듯이, 통화량은 불변, 결국 $m=0$이므로 펀더멘탈즈에 관련하는 환율의 움직임은 오로지 v에 의존하게 된다. v가 증가함에 따라 환율(S)은 목표환율대의 상한으로 향해 변화하지만 v가 증가할 때 그것과 같은 크기만큼 환율은 상승하지 않는다. 왜냐하면, 전술한 바와 같이 환율은 펀더멘탈즈와 투기적항목 혹은 환율의 기대변화율의 합이지만, 여기에서 환율의 기대변화율의 부호는 (−)가 된다.

마찬가지로 중심환율의 원점에서 본 좌하(左下)의 영역에서는 v가 감소할 때 환율의 기대변화율의 부호는 (+)이므로 v의 감소와 같은 크기만큼 환율은 하락하지 않는다. 환언하면, 허용변동폭 내에서의 환율의 움직임이 S자형곡선이 되며 그 기울기는 항상 1보다 작다는 것이다([그림 11-4]). 이것을 크루그만은 '허니문효과' (honeymoon effect)라 불렀다.

결국 '허니문효과' 란, 투기자 등에 의한 민간경제주체가 통화당국에 의한 환율 밴드(band) 내지 목표환율대제를 신뢰한다면, 통화당국이 외환개입을 하지 않더라도, 환율의 변동성(volatility)는 변동환율제 하에서의 경우보다도 작게 되어 환율의 안정화에 공헌한다는 것을 의미한다.

이제 기울기가 항상 1보다 작다는 이유를 확인해 보자. 즉 환율이 상승(가치하락)하게 되어 변동폭의 상한에 가깝게 되면, 어느 한 주어진 시간 내에 상한에 도달하는 확률이 높게 된다. 거기에 따라 시장은 정책당국이 통화량을 감소시켜 통화가치를 높이기 위해 개입할 것이라고 예상할 것이다. 이 예상에는 장래의 환율의 하락(가치상승)기대가 포함되어 있으므로, 기대되는 환율수준은 펀더멘탈즈만으로 상정되는 수준, 결국 변동환율제 하에서의 수준보다도 항상 아래에 위치한다. 변동환율제 하에서의 환율의 움직임은 45° 선으로 나타나므로 기대되는 환율의 움직임을 나타내는 S자형곡선의 기울기는 항상 1보다 작게 된다.

또, 환율이 상한 또는 하한에 가깝게 되면 가까울수록 기대환율수준의 수

그림 11-4 목표환율대에 있어서 환율의 움직임

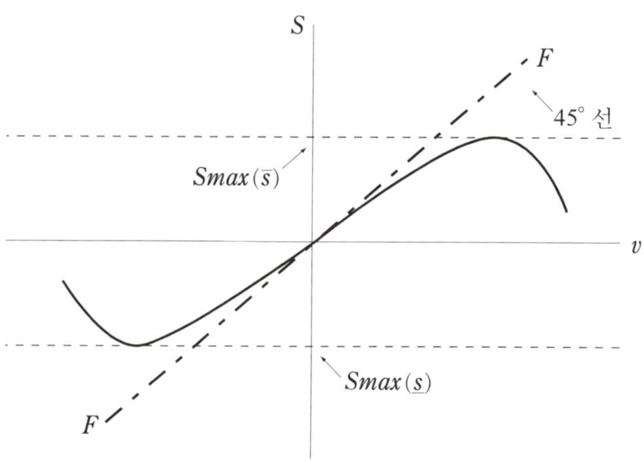

정이 되풀이됨에 따라 선 *FF*로부터 멀어지며, 변동폭의 상한 또는 하한에서 접하는 것이 된다. 이것이 크루그만이 말하는 smoothing pasting condition이다. 이 조건은 *S*자형곡선의 기울기가 변동폭의 상·하한에서 0이 되는, 즉 환율이 밴드(band)의 상한 및 하한에 도달했을 때에 수평선에 접하는 조건이다.

5. 최적통화권이론

케인즈는 '국내적인 안정'(물가수준의 안정)과 '대외적인 안정'(환율의 안정과 국제수지의 균형)을 구별하는 필요성을 지적하면서 국내물가에 명목경직성이 있는 경우에는 전자를 중시할 만하며, 그 경우에는 변동환율제가 바람직하다고 주장하고 있다. 당시, 많은 경제학자는 변동환율제에 대해 회의적이었다. 그 중 가장 저명한 비판으로 넉시(Nurkse)는 변동환율제 하에서는 일반적으로 불안정화를 가져온다고 지적하고 있다.

또, 1944년의 브레튼우즈(Bretton Woods) 창설시에도, 미국의 금준비로 뒷받침된 달러에 대한 조정가능한 고정환율제를 선택했다. 브레튼우즈 체제 하에서, 환율제도 분석의 기초가 되는 2개의 다른 견해가 탄생했다. 프리드만(Friedman)은 변동환율제옹호론을 전개했다. 프리드만은 국내물가, 특히 임금의 경직성이나, 주요 정책목표로서의 완전고용의 달성—혹은 국내금융정책의 독립성—을 위해 국내물가나 소득의 변동은 바람직하지 않다고 주장하면서 환율은 투기적 거래 때문에 불안정화되는게 아니라 안정화된다고 지적하고 있다.

여기에 대해 먼델(Mundell)이나 매키넌(McKinnon)은 최적통화지역(Optimum Currency Areas) 이론을 전개하며, 프리드만의 변동환율제 옹호론에 유력한 반론을 제기했다.

즉, 분석이 대상이 되는 나라의 경제적인 성격·특성에 따라서는, 대외적으로 환율을 변동시킴 없이, 고정환율제 또는 공통통화를 채택하는 것이 바람직한 경우가 있다는 것을 주장했다. 고정환율제 또는 공통통화로 맺어진 지역은, 기존의 국가의 지리적 범위와 일치할 필요는 없고, 복수의 국가가 뭉쳐 하나의 통화지역을 형성하든지, 역으로, 기존의 국가가 복수의 통화지역으로 나눠지는 것이 바람직한 경우가 있다고 논의를 전개한다.

(1) 최적통화권 형성의 조건

통화지역의 최적인 지리적 범위를 결정할 때의 가장 기본적인 사고는 명목 임금 · 상품가격의 신축성 정도에 착안하는 것이다. 만일 몇 나라의 내부에 있어 임금 · 가격이 탄력적으로 변동한다면 그들 나라마다에 다른 쇼크가 생기더라도 완전고용을 손상시키지 않고, 실물적인 조정(생산요소의 재분배와 생산 · 소비에 있어 상품구성의 변화)를 실현시킬 수 있다. 그 때문에, 그들 국가들 간에서는 변동환율제를 채택할 만한 이유는 없다.

환언하면, 임금 · 가격이 탄력적으로 변동하는 지리적 범위는, 일반적으로는 엄격한 고정환율제 내지 공통통화로 연결되는 것이 바람직하다. 단, 그 경우에도 매키넌(McKinnon)은 상품시장의 통합의 정도에 따라 변동환율제를 채택하는 것이 바람직한 경우가 있다고 주장한다. 그렇다면, 각국에 있어 임금 · 가격이 충분히 신축적이지 못할 경우에는 국내균형과 대외균형을 양립시키기 위한 수단으로서, 상호간에 변동환율제를 채택할 만한가에 대한 의문에 대해 최적통화권이론은 다음의 5가지 조건이 만족되면 변동환율제가 아니라 고정환율제를 채택하는 것이 바람직하다고 생각한다.

① 생산요소의 시장의 통합, ② 상품시장의 통합, ③ 경제구조 · 실물충격의 대칭성, ④ 금융시장의 통합, ⑤ 거시정책의 협조가 그것이다.

1) 생산요소시장의 통합

먼델(Mundell)은 생산요소의 이동성(factor mobility)이라는 관점으로부터, 최적통화권형성의 조건을 제시했다. 통화지역 내에서는 노동이나 자본 등 생산요소시장이 충분히 통합되어 있으면, 역내의 한 나라에 실물쇼크가 발생하여 호황 또는 불황이 되고, 수지 불균형이 생기더라도, 노동이나 자본이 자유롭게 유입 또는 유출함으로써, 조정이 부드럽게 진행된다. 환언하면, 생산요소의 이동성이 높으면 대외불균형의 조정수단으로서의 환율변화는 불필요하게 되고, 따라서 생산요소시장이 통합된 여러 나라는 하나의 통화지역을 구성하는 것이 바람직하게 된다.

그러나 다른 지역과의 사이에는 변동환율제를 채택하는 것에 의해 대외불균형의 시정을 꾀할 수 있다. 단, 생산요소 특히 노동의 이동은 빠르게 진행되는 것이 아니고 시간을 통해 서서히 실현된다. 이 때문에 생산요소시장의 통합은 장기적·지속적인 불균형에 대해 높은 조정기능을 발휘하지만, 단기적·일시적인 쇼크에 대해서는 충분한 조정기능을 다 한다고는 생각하기 어려운 부분이 있다.

2) 상품시장의 통합

매키넌(McKinnon)은 최적통화권의 조건으로, 상품거래에 있어 경제의 개방성(openness) 즉, 상품시장의 통합의 중요성을 강조한다. 경제의 개방도는 역내의 생산·수요에서 점하는 무역재의 비중의 크기에 의해 나타나며, 상품시장의 통합도는 역내의 상품가격이 같게 되는 정도에 따라 나타낼 수 있다. 대외적으로 개방적인 나라에 있어 대표적인 상품의 바스켓은 무역재로부터 이루어지므로 환율의 변경은 대외불균형의 조정수단으로서는 유효하지 않다.

환율의 변경은 무역재의 명목가격을 상승·하락시킴과 동시에 명목임금이나 비무역재가격을 같은 정도로 변화시킬 가능성이 높기 때문이다(통화착각의 부재). 그와 같은 나라가 변동환율제를 채택하면, 환율변동에 따라 국내물가수준이 크게 변동하기 때문에 물가안정을 위해서는 오히려 국제무역에 있어 결속이 강하고, 동시에 물가가 안정되어 있는 국제통화국의 통화로 환율을 고정시키는 것이 바람직하다(단, 국제무역에 있어 결속이 강한 외국이 인플레이션적(inflationary)인 금융정책을 취하고, 그 무역재가격이 불안정할 때에는, 자국으로서는 오히려 변동환율제를 채택하여, 스스로의 통화가치의 안정을 꾀하는 것이 바람직하다. 이것은 최적통화권형성의 조건 ⑤와 관계된 문제다).

여기에 대해 대외적인 개방도가 낮은 나라에 있어서는 그 대표적인 상품의 바스켓은 비무역재이므로 금융정책을, 기본적으로는 비무역재가격의 안정화에 사용하고, 대외불균형의 조정수단으로 환율을 이용하는 것이 바람직하게 된다.

매키넌의 사고의 배후에는 금융정책은 인플레이션을 조절하는데 유용한 수단이지만 실업률이나 실질산출량에 장기적인 영향을 미칠 수 없다는 견해(자연실업률 가설)가 존재함을 알 수 있다. 가령, 명목임금·가격이 신축적이라 하더라도 경제의 개방도가 제한돼 있으면 변동환율제를 채용하는 것이 바람직할 수도 있다는 것이다.

3) 경제구조 · 실물쇼크의 대칭성

최적통화지역의 제3의 조건으로 경제구조와 실물쇼크의 대칭성을 들 수 있다. 두 나라의 경제구조가 동질적[5]일 때, 양국의 공통된 실물 쇼크는 양국에 같은 영향을 미치기 때문에 환율의 변화에 의해 쇼크를 흡수할 수 없다.

따라서, 대칭적인 경제구조와 실물쇼크를 공유하는 지리적 범위는 변동환율제를 채용하더라도 강점(merit)이 없으며 고정환율제 내지 공통통화를 사용하여 하나의 통화지역을 형성하는 것이 바람직하다. 역으로 얘기하면, 경제구조가 크게 다르다거나, 지배적인 실물쇼크가 각국 간에서 비대칭적인 경우에는, 환율변화에 의한 조정이 유효하기 때문에 각국은 변동환율제를 실시할 만하다.

4) 금융시장의 통합

잉그람(Ingram)은, 미국국내(혹은 미국과 푸에르토리코사이)에 있어 지방간 수지의 불균형이 왜 중대한 문제를 야기시키지 않는가를 검토하면서, 금융자산의 이동성, 즉 금융시장의 통합(financial integration)이 갖는 중요성에 착안했다. 한 국내에 있어 지방간의 수지불균형은 단기자금의 자유로운 이동을 통해, 용이하게 충당될 수 있다는 것을 강조했다. 그의 견해를 최적통화지역의 관점에서 정리하면, 금융시장이 충분히 통합돼 있는 지리적 범위는, 하나의 통화지역을 구성할 만하다. 실제, 통화지역 내에서 자유로운 금융거래가 이루어진다면, 역내 국가 · 지방간의 수지불균형은, 그것이 유지가능한 한, 자동적으로 충당될 수 있다. 게다가, 역내의 자금이동은 적자국 · 지방의 채무증대, 흑자국 · 지방의 채권증대로 연결되고, 그것이 전자의 지출감소((−)의 자산효과)와 후자의 지출확대((+)의 자산효과)를 가져오며, 점차 불균형을 조정하는 효과를 갖는다.

하지만, 그것은 시간이 걸리는 과정이며, 금융시장의 역할은 역내에서의 불균형을 우선 충당하여, 시간을 벌고, 조정을 위한 비용을 완화시키는 것이라 말할 수 있다.

---

5) 예를 들면, 유사한 산업을 갖고 있으며, 유사한 상품을 생산하거나, 혹은 모델의 파라메터가 같은 경우이다.

5) 경제정책의 협조

최적통화지역의 마지막 조건으로, 거시정책의 협조를 들 수 있다(타워 · 윌렛(Tower and Willet)). 우선 금융정책을 보면, 역내에서의 금융시장이 통합되어 자본이동이 완전히 자유로운 경우에는, 역내 각국의 금융정책이 일치하지 않고서는 엄격한 고정환율제 내지 공통통화를 유지할 수 없다. 환언하면, 통화지역을 구성하기 위해서는 각 구성국이 독자적인 금융정책을 포기해야 한다.

재정정책에 대해서는 역내에서의 완전한 협조가 필요하지는 않지만, 통화지역을 구성하는 각국이 지나치게 다른 재정정책을 채택할 수 없다. 그것은 각국에 있어 다른 수요패턴을 만들어낼 뿐만 아니라. 정부채무를 증대 · 누적시킨 국가가 채무를 통화化할 목적에서, 고정환율제로부터 이탈하지 않을까라는 예상을 만들어내고, 통화투기를 일으킬 가능성이 있기 때문이다. 당국이 재정정책을 역내에서의 수지불균형의 시정이나, 실물쇼크에 대한 조정비용의 경감으로 전용하면, 통화지역의 유지는 용이하게 될 것이다. 특히, 역내에서 경기가 호황인 나라로부터 불황인 나라로 재정이전(fiscal transfer)을 행하고, 경제조정을 촉진시키는 메커니즘이 갖추어져 있으면 통화지역은 더욱 원활히 기능할 수 있을 것이다.

이상 5개의 '통합도' 내지는 '동질성'에 바탕을 둔 조건과는 별개로 케넨(Kenen)은 '생산물의 다양성'(product diversification)에 착안하여 논의를 전개했다. 한 나라에 있어 생산물의 다양화가 충분히 진전되면, 개개 산업에 대한 (−)의 교란과 (+)의 교란은 서로 상쇄되므로, 타국과의 사이에서, 환율의 변동을 조정수단으로 이용할 필요성이 작아지게 된다고 주장했다. 그와 같은 국가들은 서로 하나의 통화지역을 형성하는 것이 바람직하다고 주장한다.

그러나 경제가 다양화되면 될수록, 그 개방도는 상대적으로 저하하고 국제무역의 비중은 상대적으로 작아지게 된다고 생각될 수 있다. 매키넌의 '상품시장의 통합' 조건에 따르면, 다양화된 경제에서는 오히려 금융정책을 역내의 상품바스켓으로 측정한 통화가치의 안정에 사용하고, 역외와의 관계에서는 변동환율제를 채택하는 쪽이 바람직하다. 케넨의 '다양성' 조건은 매키넌의 조건과 반드시 부합하지는 않는다.

(2) 유로(euro)와 최적통화권

EU통화통합에 의해 도입된 유럽단일통화인 유로(euro)가 법화(legal tender)로서 사용되는 영역을 유로역 혹은 유로권(Euro Area)이라 한다. 2002년 말 시점에서, 유로를 도입하고 있는 EU 12개국이 유로권에 속한다. 그런데 유로도입시 논의되었던 것 중의 하나가 유로권이 최적통화권이냐 하는 문제였다. 유로라는 단일통화를 사용하는 경제권이 창설된 것이 최적통화권을 형성하려는 경제적 발상에 의한 것이 아니고 정치적 의지가 강하게 작용한 때문이다.

마스트리히트 조약(Maastricht Treaty)에 나타나 있듯이, EU의 최종목표는 정치통합에 있으며, 경제통화통합은 거기에 다다르기 위한 하나의 과정에 지나지 않는다. 그러나 EU를 최적통화권이라는 시점에서 보았을 때, EU의 경제통화통합의 성질을 고찰하는 데 있어 하나의 단서를 제공할 수 있다.

통화통합에 의해 몇 개국이 공통통화를 사용할 것을 결정한 경우, 거기에 참가하는 나라들에 있어, ① 독자적인 금융정책의 실시와, ② 환율의 변동에 의한 대외불균형의 조정이 불가능하게 되겠지만, 그러한 조건하에서도, 해당국가들의 국내경제균형(즉, 물가의 안정과 완전고용의 실현)과 대외경제균형(국제수지의 균형)이 동시에 달성가능한 공통통화지역의 범위를 설정하려 할 것이다. 이것은 다름 아닌 최적통화권이다.

따라서 최적통화권을 형성하는 데 있어 예를 들어, 그것을 형성하는 국가들의 경제가 동질성을 가질 필요가 있다. 위에 서술한 5개의 조건 내지 기준을 만족하는 국가들이 단일통화를 도입, 단일 금융정책을 실시한 경우의 강점(merit)으로서는, ① 공통통화를 채택함으로써 해당공통통화의 유통범위가 확대하고 그 유용성이 증대한다, ② 공통통화를 사용하는 국가 간에 더 이상 환투기는 일어나지 않는다, 따라서, ③ 환리스크나 외환거래에 따르는 비용이 없어지며 자원배분이 보다 효율적이 된다, ④ 환투기나 환율의 변동성(volatility), 즉 환율의 단기적인 예측불가능한 확률적인 변동이 없어지기 때문에 금융정책의 운영이 보다 원활하게 된다, ⑤ 보다 적은 준비자산의 보유액을 필요로 한다 등을 꼽을 수 있다.

최적통화권의 시점에서 본 경우, EU경제권은 다음과 같은 특징을 갖고 있다고 말할 수 있다.

첫째, EU국가들의 산업은 매우 유사적이며 동질적이다. 결국, 외적 쇼크로부터의 영향은 대칭적이며 최적통화권이론에 있어서 공통통화 도입조건을 만족하고 있다.

둘째, 각국 모두 경제개방도가 높아 무역의존도가 강하고 또한 역내거래의 비율이 지극히 크다. 따라서 공통통화의 도입에 의해 환율변동리스크와 외환거래의 비용을 배제시키는 강점(merit)이 크다.

셋째, 시장통합에 의해 노동, 상품, 서비스, 자본의 이동이 자유롭다. 단, 이 중에서, 노동력의 이동은 그다지 진전되고 있지 않다. EU에 있어 노동력의 유동성이 충분하다고 말할 수 없다는 것은 언어나 문화의 차이가 장애가 되고 있기 때문이며, 이 점을 개선한다는 것은 결코 쉬운 일은 아니다. 그러나 자본의 유동성은 높으며, EU기업의 직접투자 등에 의한 자본이동이 활발하게 이루어짐에 따라 낮은 노동력의 유동성을 어느 정도 보완될 수 있는 것으로 기대할 수 있다.

이상의 점을 종합적으로 판단하면, EU 경제권은 과거 몇 십년에 걸쳐 시장통합을 진전시킨 결과, 최적통화권을 형성하기 위한 조건을 비교적 잘 갖춘 지역으로 평가받고 있다.

제12장

국제통화의 정의와 기능

1. 국제통화의 선택
2. 국제통화 시스템의 여러 유형
3. 통화위기와 국제금융의 아키텍쳐
4. 유럽통화통합

국제통화의 정의와 기능

국제통화란, 국제경제거래나 외환거래의 목적으로 사용 · 보유되는 국민통화, 유동성자산이다. 한 통화가 국제통화로서의 기능을 다하기 위해서는 (a) 경상계정 및 자본계정에 있어서 교환성의 유지, (b) 가치의 안정성, 사용 · 보유상의 편리성, 국제적인 통용성 내지는 수령성이라는 두 개의 기본적인 조건을 만족해야 한다.

첫째로, 경상계정 · 자본계정에 있어서 교환성이란 거주자 · 비거주자를 불문하고 그 통화를 이용하여 통화 발행국으로부터 상품 · 서비스 · 자산을 구입할 때, 외환관리상의 제약을 받지 않는 것을 의미한다.

둘째로, 민간의 경제주체가 한 통화를 국제통화로 사용 · 보유하기 위해서는 그 가치(대내적 · 대외적인 구매력)가 안정되고, 그 사용 · 보유가 효율적이며 용이하게 이루어져 국제적인 통용성을 가질 수 있어야 한다. 우선, 통화가치의 안정성을 유지하기 위해서는 당국이 오랜 기간에 걸쳐 안정적인 거시정책을 운영하고, 인플레이션율을 낮추며, 그 변동폭을 작게 억제할 필요가 있다. 그것이 거주자 · 비거주자에 의한 해당국에 대한 신뢰감과 통화가치의 안정성에 관한 신뢰를 높이기 때문이다. 또, 통화의 사용 · 보유상의 편리성 · 효율성을 증진시키기 위해서는 해당국에 자유 · 개방적인 금융 · 자본시장이 형성될 필요가 있다. 질 높은 금융자산 · 부채수단을 폭넓게 제공할 수 있는 자유롭고 개방된 시장이 존재하여, 해당국통화에 의한 무역금융, 결제, 자금의 조달 · 운용이 용이하게 되고, 그 사용 · 보유의 편리성 · 효율성이 증가하기 때문이다.

그리고 통화의 국제적 통용성을 확보하기 위해서는 당국의 제한 · 규제 없이 누구라도 그 통화에 의한 지불이 거부되지 않는 신뢰감을 줄 필요가 있다. 해당국의 경제규모가 실물면 · 금융면에서 크다는 사실도 통화의 통용성을 높이는데 유리한 조건이다. 경제규모가 크다면, 세계경제전체에서 점하는 그 나라

[표 12-1] 국제통화의 6개의 기능

기능 \ 경제주체	민간부문	공적부문
계산단위	표시통화 · 계약통화	공적기준통화
지불수단	매개통화 · 거래통화 · 결제통화	개입통화 · 공적결제통화
가치저장수단	자산통화(투자 · 조달통화)	준비통화

의 상품 · 서비스 · 자산거래의 비율이 높아지게 되며, 따라서 그 나라의 통화가 사용 · 통용되는 지리적 · 경제적인 범위가 넓어지기 때문이다.

국제통화는 국내통화와 마찬가지로 계산단위(가치기준기능, unit of account), 지불수단(means of payment), 가치저장수단(store of value)이라는 세 가지 기본적인 기능을 수행한다. 민간부문과 공적부문(통화당국) 모두 이들 세 개의 목적을 만족시키기 위해 국제통화를 사용 · 보유한다.

따라서 국제통화는 합계 6가지의 다른 기능을 갖게 된다. [표 12-1]은 민간부문과 공적부문이 여러 가지 용도로 국제통화를 사용 · 보유하고 있음을 보여주고 있다.

1. 국제통화의 선택

국제통화의 선택문제는 많은 경제학자에 의해 다루어져 왔다. 그것은 기본적으로는 몇 개의 국민통화중으로부터 특정통화가 국제통화로서 선택되는 이유를 각종 '마찰' — 거래비용, 계산비용, 탐색비용, 정보비용 등 — 이나 '규모의 경제성' 에서 찾고 있다.

우선 국제통화는 상품 · 서비스무역이나 자본거래에 있어서 표시통화 · 계약통화(invoice currency)로서 사용된다. 특히 통화의 국제성이 높아지면, 자국의 무역 · 자본거래에서 뿐만 아니고 제3국간의 거래에 있어서도 표시 · 계약통화로 이용하게 된다. 무역거래에 있어 수출자, 수입자 모두 자기나라의 통화를 선호한다. 환언하여 환리스크를 회피하려 한다고 가정하면, 교섭력이 강한 거래자 국가의 통화가 선택될 것이다. 단, 수출자와 수입자간에서 환리스크가 사후적으로 최적인 상태에서 배분되거나 혹은 사전에 그와 같은 계약이 맺어진다면, 결제(invoice) 통화의 선택 그 자체는 그다지 중요한 의미를 갖지 않지만, 그 경우에도 리스크배분의 방식은 당사자의 교섭력을 반영한 것으로 볼 수 있다.

환리스크의 배분은 수출자와 수입자의 교섭력의 차이만이 아니고, 리스크회피도의 차이, 환리스크의 확률분포에 대한 견해의 차이 등의 영향을 받는다. 그리고 양자의 교섭력을 결정하는 요인으로서는 해당상품의 성질, 비가격경쟁력, 시장지배력, 거래에 있어서 금융적 편의성 등을 들 수 있다.

매키넌(McKinnon)은 무역재를 무역재Ⅰ과 무역재Ⅱ로 나누고, 각각의 통화결제의 상태에 대해 검토했다. 무역재Ⅰ이란 생산자에 의한 제품의 차별화, 가격지배가 가능한 이질재이며 고부가가치의 공업제품이 그 전형이다. 무역재Ⅱ란 생산자에 의한 차별화, 가격지배가 곤란한 동질재이며, 소맥 · 철광석 · 원유 등 주로 일차산품이다.

매키넌은 무역재Ⅰ에 대해서는 생산자의 교섭력이 강하기 때문에, 생산자국가의 통화로 결제되는 경향이 강하고 또 무역재Ⅱ에 대해서는 미국달러표시(내지 영국파운드 표시) 국제상품시장이 존재하는 경우가 많다는 사실로부터, 달러(내지 파운드)로 결제되는 경향이 강하다고 주장하고 있다. 무역재Ⅱ의 수출자(발전도상국 등의 일차산품 생산자)의 경우, 그 국내에 발달된 무역금융시장이 존재하지 않는 경우가 많기 때문에 조건이 유리한 미국(내지 영국)의 무역금융시장을 이용할 목적으로 달러(내지 파운드)표시 결제를 선호하는 경향이 있다. 단, 미국에 대한 수출은 무역재Ⅰ의 경우에도 달러표시로 결제되는 경향이 강하다.

미국 시장은 해외의 수출기업에 있어 매력적임과 동시에 경쟁적이라는 것, 발달된 달러표시의 무역금융시장을 갖고 있다는 것, 달러를 유리하게 운용하기 위해 발달된 금융 · 자본 시장을 갖고 있다는 사실 등을, 그 이유로 꼽을 수 있다.

공적부문은 평가(내지 중심환율)를 설정할 때에, 국제통화를 기준통화로 이용한다. 공적기준통화의 선택은 그 나라에 있어 어느 외국통화가 개입 · 준비통화[1]로서 기능하고 있는지와 크게 관련돼 있다. 그것은 그 나라의 무역 · 자본 ·

1) 의미에 대해서는 곧 후술함(특히 본장의 4절에서 그 의미를 분명히 이해할 수 있음).

금융거래가 어느 나라에 강하게 의존하고 있는지 외환시장거래에서 어느 나라의 통화가 가장 중요한 외화로 매매되고, 국제적인 가치척도재(numeraire)로 간주되고 있는지에 따라 결정된다. 한 통화가 공적기준 통화로서 선택되기 위해서는 그 대외가치(무역재 바스켓으로 측정한 통화의 구매력)가 당연히 안정되어 있어야 한다.

무역 · 자본 · 외환거래가 제 3국의 통화를 이용하여 행해질 때, 그 통화는 매개통화(vehicle currency)로서의 기능을 한다고 말한다. 가령, 한국에 소맥을 수출하는 호주의 유통업자가 미국달러를 결제(invoice)통화로 이용하는 경우, 미국달러는 매개통화로서 기능한다. 이와 같은 매개통화의 사용은 외환시장의 거래에 있어 빈번하게 나타난다. 민간의 외환거래에 있어서는 하나(내지 소수)의 통화가 매개통화로서 선택되고, 그것이 임의의 두 개의 통화의 중개를 하는 경향이 강하다. 특히 달러의 중개로 매매된다. 이와 같은 경향은, 특히 선물환거래의 경우에 현저히 나타난다. 시장참가자는 하나(내지 소수)의 통화를 매개통화로서 사용함으로써 거래비용 · 정보수집비용 등을 절약할 수 있기 때문이다.

스워보다(Swoboda)는 매개통화로서 기능을 할 수 있는 통화는, ① 통용성이 높은 통화, ② 외환거래량이 큰 통화, ③ 거래비용 · 정보비용이 낮은 통화, ④ 환변동리스크가 작은 통화, ⑤ 자유로운 무역 · 외환거래를 행하고 있는 국가의 통화 라고 제안했다.

크루그만(Krugman)은 '규모의 경제성' 이 갖는 역할을 중시하여, ⑥ 타국과 무역거래량이 큰 나라, 또는 경제규모가 큰 나라의 통화가 매개통화로서 시장에 의해 선택되는 경향이 있다고 논의하고 있다. 또 일단 매개통화로 선택되면, 해당국의 무역거래량 · 경제규모가 축소한 후에도 그 통화는 매개통화로서 그 기능을 다한다(관성효과 · 이력효과, hysteresis)고 주장한다. 이상의 논의를 요약하면, '넓고, 깊고, 탄력성 있는' 금융 · 자본시장을 갖고 있으면, 경제규모가 큰 나라의 통화가 매개통화가 될 가능성이 매우 높게 된다.

고정환율제를 채택하고 있는 나라들이나, 환율변동의 움직임을 좁은 범위안으로 제한하고 있는 나라들은 끊임없이 외환시장개입을 할 필요가 있다. 변동환율제를 채택하고 있는 나라들도 환율을 조정하기 위한 목적으로 개입을 행하는 경우가 있다. 혹은 어떤 나라든, 국제수지의 대폭 적자, 국제금융불안, 통화위기에 대비해서 적정액의 국제유동성을 보유하는 게 바람직하다.

이처럼 각국의 통화당국은 외환시장개입에 있어 국제통화를 개입통화(intervention currency)로 사용하고, 또는 국제수지적자에 대처할 목적으로 국제통화를 준비통화(reserve currency)로 보유한다. 민간의 은행 간 외환거래에 있어, 한 통화가 매개통화로서 기능하고 있는 경우에는 공적시장개입에 있어서도 그 통화를 이용하는 것이 편리하다. 그 통화를 중심으로 하는 외환거래량이 많기 때문에, 효과적인 시장개입을 행하기 쉽기 때문이다.

자국의 통화가치를 특정통화에 고정시키고 있는 나라는 그것을 공적기준통화로 간주함과 동시에, 개입통화로서 이용한다. 그리고 개입통화는 통상 준비통화로서의 기능을 다한다. 준비통화의 보유에 있어서는 포트폴리오 관리의 관점으로부터 어느 통화를 조합하는 것이 최적인지, 그것이 중요한 관심사가 된다. 포트폴리오 선택에 영향을 미치는 주된 요인은 통화보유의 수익성(return)과 통화가치의 안정성(또는 리스크)이다. 민간의 투자가는 한 통화를 자산으로 보유할 때, 그 수익성, 보유비용(기회비용 등 재고유지 비용), 거래비용, 가치의 안정성, 유동성(시장에서 충분한 거래량), 운용 · 조정의 용이함(편리성), 정보의 효율성 등을 고려한다. 동시에 각국의 외환정책에 관한 정보의 불확실성을 최소화 해가면서 유동성을 높이는 통화를 자산으로 보유하려 할 것이다.

이처럼 자산통화의 선택에 있어서는 리스크 · 리턴(risk · return)의 배려뿐 아니라, 해당통화표시의 금융 · 자본의 유동성, 편리성, 당국의 외환정책이라는 요인이 중요한 역할을 다하게 된다. 한 나라의 경제규모가 크고, 자유로운 금융 · 자본 · 외환시장이 존재하고, 거기에 따라 해당국통화표시의 금융 · 자본거래가 크게 되면, 규모의 경제성으로부터 거래비용 · 탐색비용 · 정보비용이 감소하고, 유동성, 운용 · 조달의 편리성이 증대할 것이다. 그와 같은 나라의 통화가 자산통화로서, 다수의 국가가 이용 · 보유할 수 있을 것이다.

2. 국제통화 시스템의 여러 유형

(1) 고정환율제

고정환율제에 바탕을 둔 국제통화시스템으로서 국제금본위제와 IMF · 브레튼우즈(Bretton Woods) 체제, 두 가지를 들 수 있다.

국제금본위제는 화폐단위의 가치와 금의 일정량의 가치가 등가관계에 있는 제도로서, 한 나라의 지불초과가 생긴 경우 환율이 금수출점 이하로 내려가면, 금 유출 → 국내통화수축 → 국내소득감소 → 물가하락 → 수입품물가의 상대적 상승, 수출품가격의 상대적 하락 → 수출증가 · 수입 감소라는 경과를 거쳐 결국 지불초과가 해소된다(금본위제의 두 나라간 환율이 금의 수송비용을 넘어 상하로 움직이는 경우 금의 수송에 의한 결제가 외환거래에 의한 결제보다 유리하게 되며, 환율이 변동할 수 있는 한계점을 금의 수송점(gold points)이라 하며 그 상한을 금 수출점, 하한을 금 수입점이라 한다).

결국 금본위제 하에서 국제수지의 흑자 · 적자는 금의 유입 · 유출을 가져오고 중앙은행이 금불태화정책을 사용하지 않는한, 자동적으로 통화량을 증감시킨다. 그 결과 내외의 물가수준을 역방향으로 변화시켜 국제수지를 조정하기 때문에(이것을 흄(Humm)의 물가 · 정화이동의 메커니즘, price-specie-flow mechanism 이라 부른다), 국제수지 문제는 자동적으로 해결된다.

그러나 현실적으로는, ① 금의 공급이 세계경제성장이나 무역의 확대에 맞추어 증가했다고 볼 수 없고, 금의 공급과 경제성장의 차이에 의해 지속적인 인플레이션 내지 디플레이션이 일어날 수 있다, ② 국내에 유통되고 있는 통화량과 국내물가 수준, 수출입가격의 변화와 수출입 증감의 연결고리가 단기적으로는 반드시 강하지 않다 라는 문제가 있으며, 상기의 메커니즘이 이론대로 기능하지는 못했다. 금본위제는 19세기 말에 국제적 통화제도로서 확립되었으며, 그 후 제1차 세계대전을 거치고, 각국은 금의 필요량을 절약하기 위해 금화본위제[2]로부터 금지금본위제,[3] 금환본위제[4]로 이행하였다. 그러나 1929년 10월, 뉴욕의 주식폭락을 계기로 세계공황이 발생하고, 각국은 수입억제를 위한 고관세 장벽, 수출확대를 위한 경쟁적 평가절하라는 보호주의의 길로 들어서면서, 금본위제는 제1차 세계대전 후 10년 정도 밖에 지속되지 못했다. 1944년 7월, 미국의 브레튼우즈(Bretton Woods)에서 연합국 45개국 대표가 참가하여 소위 브레튼우즈 회의가 개최되고 '국제통화기금(IMF)협정'과 '국제부흥개발은행(세계은행)'의 협정에 합의했다. 양 협정은 1945년 12월 27일에 효력이 발생하고,

2) 금만이 통화로서 유통되는 제도.
3) 국내의 중심적 화폐는 금이고 정부가 대외적 결제수단으로 금을 보유하는 제도.
4) 통화당국이 상기 두 제도를 채택하는 국가의 통화와 교환을 약속하는 지폐를 발행하는 제도.

IMF는 47년 3월 1일부터 업무를 개시했다. IMF의 목적은, (1) 통화에 관한 국제협력기관, (2) 국제무역의 확대와 고용 · 소득의 확대, (3) 외환의 안정, (4) 경상거래에 관한 다각적지불제도의 수립과 외환의 자유화, (5) IMF의 자금을 가맹국으로 하여금 이용하게 하고, 국내적 · 국제적 번영을 파괴하려는 조치에 호소함이 없이 국제수지의 불균형을 시정할 기회를 주고 가맹국을 안심시킨다. (6) 국제수지 불균형의 지속기간을 단축하고 그 정도를 경감한다는 것이다.

새로운 국제통화제도로 구축된 브레튼우즈 체제는 금 · 달러본위의 고정환율제에 입각했기 때문에, IMF는 그 체제를 받쳐주는 중심적인 국제기관으로서 통화에 관한 국제협력을 촉진시킬 것으로 기대됐다. 이 체제는, 원래 대칭적인 국제통화시스템으로서 고안됐지만, 미국의 압도적인 경제력과 금보유고를 배경으로 사실상 비대칭적인 고정환율제로서 기능하게 되었다. 즉, 미국은 금평가(금 1온스=35불)를 유지하면서, 국내균형(물가안정, 높은 고용의 실현)을 추구하는 한편, 미국 이외의 $n-1$개국(미국은 n번째 나라)은 달러에 대한 평가를 설정 · 유지하고(변동폭은 ±1%) 미국의 낮은 인플레이션을 수입하면서, 대외균형(중기적으로 유지가 가능한 국제수지의 실현)을 추구하게 되었다. 그것은 미국이 환율이나 국제수지의 목표(target)를 갖고 있지 않으며, 나머지 $(n-1)$개국의 환율정책과 국제수지 정책의 귀결을 받아들이는 것에 의해 'n번째의 나라'의 역할을 했다.

단, IMF · 브레튼우즈 체제는 각국에 '기초적 불균형'(fundamental disequilibrium, 항구적 · 불가역적인 국제수지 불균형으로서 국제수지가 장기에 걸쳐 불균형상태에 있어 국제균형을 꾀하기 위해서는 국내균형을 희생할 수밖에 없는 상태를 말한다. 구조적 불균형이라고도 함)이 생겼을 때, 그것을 시정할 목적으로 평가변경을 인정하고 있기 때문에 엄격한 고정환율제는 아니며, 평가 재조정이 가능한 고정환율제(adjustable peg)인 측면보다도 고정(peg)의 측면이 강하게 나타났다. IMF · 브레튼우즈 체제는 자유 · 무차별 · 다각적인 결제제도를 수립할 것을 지향했지만, 제2차 세계대전 이전의 국제단기자금이동(hot money, 국제금융시장에서 투기적 자금)이 교란적이었다는 인식으로부터 자본거래규제나 자본거래에 관한 외환제한에 대해서는 이것을 인정했다. 그 때문에, 국제자본이동은 완전히 자유롭지 못하고, 미국이외의 비준비통화국가들은 고정환율제의 유지를 위협받지 않는 범위 내에서 어느 정도 독립된 금융정책을 추구하는 것이 가능했다고는 하나, 금융정책을 국내균형을 위해 채택된다는 것은 거의 불가능했다고 볼 수 있다. 브레튼우즈 체제는 전후의 세계경제의 회복과 발전에 기여했다고 하지만, 1958년 유럽국가들의 통화의 교환성이 회복되기 시작하면서, 이미 브레튼우즈 체제의 문제점이 나타나기 시작했다. 즉, 유럽국가들 및 일본의 결제력의 회복 · 증대와 함께 미국의 경제력은 상대적으로 하락하면서, 달러에 대한 신뢰가 흔들리기 시작했다.

또, 준비통화국인 미국의 국제수지가 적자가 되지 않으면 국제유동성은 공급이 되지를 않고, 역으로 국제유동성을 공급하기 위해 적자를 계속하면 달러에 대한 신인 내지 신뢰를 잃게 되고, 준비통화로서의 조건이 결여되는 모순[5] 도 지적되었다.

미국의 국제수지는 58년부터, 무역수지적자의 확대 등에 의해 악화의 경향을 보이면서, 미국의 금 준비도 60년에는, 180억불을 밑돌면서(그 전까지는 예를 들어 45~58년까지는 매해 200억불을 초과하고, 59년에는 195억불을 나타냄) 달러에 대한 불안이 조장되고, 미국으로부터의 단기자본 유출을 초래했다. 이것은 금 투기를 초래하여 금가격이 상승했지만, 이 때는 런던의 금시장에 대한 금의 방출을 포함하는 미국의 달러 방어책(61년 1월)에 의해 진정되었다. 그 후 67년말 영국의 파운드 절하 후, 달러의 절하를 두려워하는 투기자가 달러를 금으로 교환한 결과, 68년 초에는, 민간과의 사이의 금거래에 대해서는 공정가격이 아니고 시장가격이 적용되게 되고(금의 이중가격제), 금 · 달러 본위제평가제도의 붕괴에 대한 우려가 현실로 나타나게 됐다. 한편, 브레튼우즈 체제의 또 하나의 문제점인 국제유동성이 세계경제의 확대에 따라 반드시 공급되지는 않는다는 문제에 대해서는 63년부터 준비자산창출을 위한 공식(formula)의 검토가 G10(미국, 일본, 독일, 영국, 프랑스, 이탈리아, 캐나다, 벨기에, 네덜란드, 룩셈브르크)을 중심으로 진행됐다.

그 결과, 69년의 IMF협정 제1차 개정에 의해, 기존의 준비자산을 보충하기 위해 새로운 준비자산으로 IMF의 특별인출권(special drawing rights)이 창설됐다. SDR은 70년 1월 및 81년 1월의 2회로 나누어 배분이 이루어졌지만(근년에는 배분이 이루어지고 있지 않다) 브레튼우즈 체제를 유지할 수 없었다.

---

5) 이것을 유동성 딜레마 (liquidity dilemma)라 하며, 특정국통화에 의한 국제유동성의 증가와 그 통화의 신뢰와는 양립할 수 없다는 것이다.

1971년 8월 15일 닉슨(Nixon) 미국대통령은 오랜 기간 현안이었던 국제수지문제를 해결하기 위해, ① 달러와 금의 교환성의 정지, ② 수입과징금 부과, ③ 대외원조의 10% 삭감 등을 골자로 하는 일련의 경제정책을 발표했다. 이것을 받아들여 각국 통화당국은 변동환율제 또는 이중외환시장을 서둘러 채택하는 한편, G10 등은 고정환율제로의 복귀의 방법을 모색했다. 그 결과, 동년 12월 17~18일 워싱턴에서 개최된 G10에서, ① 달러의 금에 대한 절하를 포함하는 다국간 통화조정, ② 환율변동폭의 확대(상하 각 1%로부터 2.25%로)가 합의되었다(Smithsonian Agreements). 이것은 달러와 금과의 교환성이나 IMF체제의 개혁이라는 중장기적인 문제는 장래의 검토사항으로 넘기고, 고정환율제를 전제로 긴급을 요하는 당면의 통화조정을 행한다는 사고에 바탕을 두고 있다.

그러나 그 후에도 미국의 국제수지는 개선되지 않고, 73년 3월 1일 다시 달러매각이 격화되면서, 2일부터 약 2주간 주요국시장은 폐쇄되고, 그 후 주요국통화는 전면적으로 변동환율제로 이행했다.

(2) 변동환율제

1973년 변동환율제로 이행한 당초에는 ① 국제수지 불균형의 시정과 국내금융 · 재정독립성 확보, ② 인플레이션 차단, ③ 투기적 단기자본 이동의 억제, ④ 환율의 안정화, ⑤ 평가변경에 따르는 자의적 재량의 배제, ⑥ 준비자산의 절약, ⑦ 국제거래의 규제배제, ⑧ 적정한 자원배분이라는 기능이 기대되었다.

그러나 현실적으로는 변동환율제 이행 후, ① 환율은 단기적으로 예견하기 어려운 큰 폭의 변동을 보이고 그 방향도 불규칙, 또 시장관계자의 기대가 환율의 변동을 보다 증폭시키고 무역, 물가, 고용 등에 악영향을 미침(volatility의 문제), ② 중기적으로 경제의 펀더멘탈즈의 동향과 서로 양립하지 않는 수준이 지속(misallignment의 문제), ③ 대폭적인 대외불균형이 계속(자본이동이 큰 경우에는 환율이 경상수지를 균형시키는 필연성이 없음), ④ 금융정책은 변동환율제하에서도 제약, ⑤ 양극화현상의 발생(흑자국은 변동환율제의 해외인플레이션 차단기능에 의해 물가 안정, 적자국은 수입물가 상승에 의해 인플레이션 촉진), ⑥ ①,② 등의 변동환율제가 갖고 있는 결함으로부터 각국의 준비자산의 수요는 그 만큼 감소하지 않음 등의 문제점이 생겼다.

변동환율제 하에서 생긴 위와 같은 문제점들에 대해 85년 6월에 발표된 G10의 보고서 중에, 변동환율제에 대신할 만한 체제는 없다는 인식 하에 변동환율제에 있어서 여러 가지 문제에 대처하기 위해 그 기능개선이 필요하다는 점이 지적되었다. 구체적인 개선책으로는 경제정책 및 외환시장에 있어서 주요국간의 긴밀하면서 계속적인 협력이 중요하다는 취지가 강조되고 있다.

이러한 G10의 보고서의 취지를 받아들여, 85년 9월 G5(미국, 영국, 독일, 일본, 프랑스)에 의한 플라자 합의(Plaza Accord), 87년 2월의 루불합의(Louvre Accord), 그 후의 G7(G5+이탈리아, 캐나다)에 있어서의 합의 등을 통해, 정책협조의 실현 · 강화를 통하여, 변동환율제의 기능개선을 위한 노력이 계속되고 일정한 성과를 올렸다. 현재, 정책협조라고 하는 것은 1985년 9월 22일의 소위 플라자 합의를 계기로 시작됐으며, 주요 선진국가들간에서 이루어지고 있는 인플레이션 없는 경제성장 하에서 대외불균형 시정 및 환율안정을 꾀하기 위해 협조적 정책운영을 말한다. 현재 그 활동의 중심이 G7이다.

그 후 86년 5월 동경써미트(summit) (G7+러시아)에서 정책협조추진의 중요성이 확인되고 G7서베일런스(감시, surveillance)의 도입이 합의됐다. 루불합의에서는 환율의 안정을 위해서는 외환시장에 있어서 협력과 함께 정책협조가 중요하다는 인식이 정착되고, G7서베일런스의 수법이 확정됐다. 서벨일런스란 IMF가 가맹국과의 사이에서 행하는 외환정책 · 경제정책에 관한 감시 · 협의를 말한다. IMF는 국제통화금융시스템을 안정화시킬 목적에서 각 가맹국, 지역, 전 세계라는 다른 수준에서, 서베일런스를 실시하고 있다. 각 가맹국과의 수준에서는 협정 제 4 조를 근거로, IMF는 매년 각국 통화당국과 각국의 경제상황과 외환정책 · 경제정책이 거시 안정이 있어 정합적(consistent)인지를 협의하고, 그 결과는 이사회의 검토를 거쳐 공표된다. 특정지표가 목표로부터 괴리했다고 자동적으로 정책변경을 할 수 없다.

일련의 통화위기를 거쳐 IMF의 서베일런스는 위기의 예방에 중점을 옮기고, 거시경제정책뿐 아니라, 금융시스템이나 자본이동을 중시하고 있다. IMF는 각국 수준에서의 서베일런스를 보완할 목적으로, EU나 서아프리카 경제통화동맹, 중부아프리카 경제통화동맹 등의 지역기관과의 사이에서도 지역적 약정에 바탕을 둔 정책의 서베일런스를 실시하고 있다. 세계수준에서의 서베일런스로서, IMF는 연 2회의 '세계경제전망'(World Economic Outlook)과 '국제금융시장'(International Capital Markets)을 공표하고 있다.

이상과 같은 정책협조가 시작된 것은 첫째로, 각국 경제의 상호의존관계가 강하게 된 현재에 있어 한 나라가 취하는 정책의 효과가 타국에도 파급되기 때문에 각국이 개별적으로 정책을 전개하는 것보다도, 정책협조를 행하는 것이 각국의 경제후생을 증대 시킬 수 있다는 인식과, 둘째로, 당초 기대되었던 변동환율제의 국제수지효과가 성과를 거두지 못하고 오히려 환율이 상하로 심하게 변동하기 때문에, 변동환율제 하에서도 환율안정을 위해 정책협조의 필요성이 인식되었기 때문이다.

3. 통화위기와 국제금융의 아키텍처

(1) 통화위기와 IMF의 대응

1990년대에 들어서, 94년의 멕시코, 97년의 아시아 국가들, 98년의 러시아, 99년의 브라질, 나아가 2001년의 아르헨티나 등의 발전도상국에서 통화위기가 빈발했다. 위기구조의 중심에 위치한 것은 80년대의 채무위기와 마찬가지로 IMF였다. 멕시코 통화위기에서는 시장에 대한 신뢰의 결여가, 멕시코로부터의 단기자금유출이 원인이었던 것으로부터 국제금융계가 채택한 대책은, 총액 498억불이 넘는 긴급금융지원패키지(package)에 의한 유동성의 공급이었다. 그 중 IMF는 178억불을 제공했다.

1997년의 아시아 통화위기에 대해서도 태국, 인도네시아, 한국에 대한 IMF의 융자액은 350억불로 늘어났다. 그러나 아시아 통화위기의 경우 IMF의 위기관리자로서의 역할은 감소했다. 90년대의 통화위기는 단기자금의 돌연한 유출이 원인이 된 자본수지의 적자가 문제이다. 발단은 경상수지의 적자이지만 그것을 메우기 위해 지나치게 단기자금에 의존했기 때문에 돌연한 유출에 의한 자본수지의 적자를 초래한 것이다. 아시아국가들에서는 단기의 은행자금이 유입되었고 이러한 유출을 일으킨 것은, 아시아에서는 버블경제의 파탄의 결과인 금융 불안이었다.

그럼에도 불구하고, IMF는 일률적으로 재정정책(증세와 정부지출의 삭감)과 신용긴축이라는 전통적인 경상수지 적자 대책과 마찬가지의 컨디셔널리티(conditionality)[6]를 부과함으로써 문제를 악화시켰다. 경기가 불황인데, 긴축정책을 취하면 불량채권이 증가하고 금융기관이나 기업의 파탄으로 연결되어 더욱 경기를 악화시켰다.

통화위기는 갑작스러운 자본유출에 의한 일시적 외화부족을 가져온다. 따라서, IMF대책도 당면한 위기에 대한 일시적 조치로 한정됐어야 했다. 금융지원이 필요하더라도 그것과 교환하여 금융시스템의 개혁이나 경제구조 더욱이 정치개혁을 포함하는 프로그램을 강요할 만한 것은 아니었다. IMF에 대한 비판이 높아지는 가운데 통화위기의 예방과 해결에 새로운 접근이 필요하게 되었다.

(2) 국제금융 아키텍처

98년 4월에 당시의 미국 재무장관 루빈(Rubin)은, ① 정보공개와 투명성확대, ② 글로벌(global)기준의 형성, ③ 도덕적 해이(moral hazard)의 방지를 내용으로 하는 국제금융시스템의 개혁구상을 밝혔다. 그것을 '국제금융시스템의 아키텍처(architecture)의 강화' 라 불렀다. 아시아통화위기 이후 시장의 폭주에 대한 비판이 높아지는 가운데, 새로운 국제적 합의에 바탕을 둔 국제금융의 통치시스템이 필요하다고 판단된 것이다. 국제금융 아키텍처의 논의는 첫째로, 위기예방(① 국제적인 기준과 투명성, ② 금융규제와 감독, ③ 자본계정의 관리, ④ 환율제도, ⑤ 거시경제정책의 감시)와 둘째로, 위기해결(⑥ 국제유동성의 공급, ⑦ 채무처리에 대한 민간의 참가)으로 분류할 수 있다.

이들 문제에 관해서, 금융기관이나 자본이동을 규제하고 감독하는 새로운 국제기관의 설립을 포함하는 많은 제안이 나왔지만, 논의는 국제기준과 투명성, 다음으로 금융규제와 감독으로 향했다.

1998년 10월의 워싱턴에서의 G7에 있어 국제금융시스템의 안정을 감시하고, 촉진하기 위한 국제금융규제감독기관끼리의 협력과 협조를 어떻게 진전시킬 것인가에 대한 조사가 당시의 독일연방준비은행 총재에게 위탁되었다. 그리

6) 가맹국에 단기자금을 공여할 때 IMF가 가맹국에게 요구하는 경제정책 운영의 조건.

고 1999년 2월의 본(Bonn)에서의 G7에서, 금융부문의 감독규제당국간의 국제적협력과 정보교환을 촉진하기 위해, 금융안정화포럼(Financial Stability Forum: FSF)의 설립이 필요하다는 총재의 보고가 승인되었다. 1999년 6월의 쾰른(Koeln) 써미트에서는 글로벌한 금융안정을 촉진하기 위해서는 국제협조 및 국제금융기관과 민간금융기관과의 책임분담이 필요하다는 입장에서 새로운 국제기관의 창설은 뒤로 물러서게 됐다.

그 결과, ① 국제금융기관의 강화와 개혁, ② 투명성의 향상, ③ 선진국에 있어서 금융규제의 강화, ④ 도상국에 있어서 거시경제정책과 금융시스템의 강화, ⑤ 위기예방과 관리의 개선 및 민간부문의 참가, ⑥ 빈곤층을 보호하기 위한 사회정책의 촉진이라는 6개의 우선영역을 제안했다.

이처럼 국제금융 아키텍처란 새로운 국제기관을 만드는 것이 아니라 국내외의 금융감독규제당국이 협력하여 국제금융시스템의 안정을 촉진하고 시장의 기능을 개선하는 것이었다.

(3) 금융안정화포럼의 창설과 국제기준형성

국제적인 기준과 투명성을 확립하는 기관이 1999년 2월의 G7에서 창설이 승인된 금융안정화포럼이었다. FSF의 목적은, ① 국제금융시스템에 영향을 미치는 취약성을 확인, ② 거기에 대처하기 위해 필요한 행동을 확인하고 감독하는 것, ③ 금융안정에 책임 있는 여러 당사자 간의 협조와 정보교환을 개선하는 것이다.

FSF는 40인의 멤버로부터 성립하고 있다. 구성은 각국 대표 25명(G7로부터 각 3명, 호주, 홍콩, 네덜란드, 싱가포르로부터 각 1명), 국제금융기관으로부터 6명(IMF, 세계은행 각 2명, 국제결제은행인 BIS, OECD 각 1명), 국제감독자조직대표 6명(바젤은행감독위원회, 국제증권감독자 기구, 보험감독자국제협회 각 2명), 중앙은행조직대표 2명(국제금융안정위원회, 국제결제안정화위원회 각 1명)이다. 본부는 스위스의 바젤(Basel)에 있는 BIS(Bank for International Settlements, 국제결제은행)에 두고, BIS총재를 의장으로 했다. FSF의 토의내용은, 헷지펀드로 대표되는 고레버릿지기관(Highly Leveraged Institutions, HLIs),[7] 단기자본이동의 국

7) HLIs란 자기자본에 대해 차입을 행하고 이것을 지렛대(leverage)로 자기자본에 대한 수익률의

제금융의 안정성에 대한 영향, 오프쇼어(offshore)금융센터,[8] 국제기준의 이행, 예금보험 등이며, 각각의 분야에서의 제안이 연 2회 전체회의에서 토의되고 승인된 것이 국제기준으로 공표된다.

이제까지 우선적으로 실행될 만한 12분야의 국제기준(Compendium of Standards, 국제표준 대강)이 공표되었고 각각 관계된 국제기관에 의해 실행되고 있다. 이처럼 FSF는 스스로가 행동하는 권한을 갖는 기관이 아니고, 당국 간의 협력과 협조를 원활히 진전시키기 위한 것이다. 그 때문에 전원일치의 운영방법이 채택되고 있다. 참가멤버가 G7과 옵저버로 참가하는 4개국으로 제한되어 있는 것도 형식을 갖추지 않는 관습 때문이다. 따라서 FSF는 많은 발전도상국을 배제하고, 소수의 이해관계자에 의해 국제기준을 형성하고 있다는 비판을 받게 되는 것이다. 합의형성에 참가하고 있지 않음에도 불구하고 도상국은 국제기준에 따를 것을 요구받는다. 그러나 국제기준의 이행에 있어 모든 나라를 똑같이 취급하는 것은 제도적·법적 인프라 스트럭처(infrastructure)가 정비돼 있지 않은 도상국에 있어서 무리가 따르고 도상국이 그 기준을 이행하는데 있어 예산상의 비용도 부담해야 한다. 적용에 있어서도 각 국가수준에서의 다양성과 유연성을 인정하지 않으면, 국제기준책정은 무분별한 협조를 강요하지 않는다고 말할 수 없다.

증대를 꾀하는 투자전략이나 파생금융상품거래를 이용하여 고수익을 획득하려는 기관투자가를 일컬으며, 그 대표가 헷지펀드(hedge fund) 등의 투기적인 국제투자신탁이다. 그뿐 아니라 대규모의 자기계정 트레이딩(trading)을 행하는 대(大)상업은행이나 대 투자은행(증권회사)도 포함된다. 한마디로 레버리지(leverage)가 높은 업무를 행하는 기관이다. 바젤은행감독위원회(Basel Committee Banking)의 정의에 의하면, ① 레버리지(leverage)가 상당히 높고, ② offshore 금융센터에 있기 때문에 직접적인 규제감독을 거의 받지 않고, ③ disclosure(주주, 채권자 및 기타 이해관계자에 대한 기업의 재무내용의 공개)의 업무를 거의 책임지지 않는 대규모기관이다.

8) offshore시장이란, 일반적으로 비거주자로부터의 자금조달 및 비거주자에 대한 자금운용(소위 외-외거래)을 제도상의 제약이 적은 자유로운 거래로 이루어지는 시장이다. 세계 각 지역에 존재하는 offshore 시장의 공통된 특징으로, 예금금리규제, 지불준비 등 금융상의 제약이나 원천이자과세 상의 제약, 외환관리 등 각종 제도상의 제약이 완화되는 점을 들 수 있다. 형태를 구조별로 보면, ① 런던이나 홍콩처럼 offshore시장과 국내시장 간의 자금교류가 자유롭고, 동시에 양 시장에서의 규제상의 취급이 동등한 소위 내외일체형 시장, ② 뉴욕이나 싱가포르처럼 offshore시장과 국내시장 간에, 금융상, 세제상, 외환관리상의 규제에 대해 격차가 존재하기 때문에 양자를 차단하고 있는 내외분리형 시장, ③ 바하마, 케이만처럼 저세율만을 목적으로 설립된 paper company(등기만 있고, 실체는 없음)가 주체로서, 실질적인 의미에서의 금융시장이라고 말하기는 어려운 조세도피지(tax haven)형 시장으로 나뉜다.

4. 유럽통화통합

2002년 1월, 경제 · 통화통합(Economic and Monetary Union, EMU, EU통화통합의 정식명칭)참가의 유럽연합(European Union, EU) 12개국에서 140억매의 유로(Euro)지폐와 500억매의 유로경화가 유통을 개시했다. 동년 2월말에 12개국의 지폐 · 경화가 전환되고 EMU계획은 완료됐다.

이제까지 두 번의 세계전쟁의 주요무대였던 유럽의 선진국들이, 통화주권을 포기하고 공통통화를 도입한다는 역사적 대사업은 일조일석(一朝一夕)에 실현된 것은 아니다. 이제까지 4반세기에 걸쳐 계속돼온 통화협력의 과정과, 통화통합의 실현을 위해서는 어떤 조건이 필요한지를 고찰한다.

(1) 유럽통화통합의 역사적 배경

1958년, 서독, 이탈리아, 프랑스, 베네룩스 3국은 역내의 경제통합을 위해 EEC(유럽경제공동체)를 창설했다. 67년에 EEC와 Euratom(유럽원자력공동체), ECSC(유럽석탄철강공동체)가 통합되고, ECC(유럽공동체)가 성립했다. 69년 12월 네덜란드에서 열린 헤이그 회담에서 경제 · 통화동맹의 단계적 실현을 향한 최초의 목표가 설정되고, 70년 10월에는 '워너보고' (Werner Report)가 발표됐다. 이 보고는 경제 · 통화통합을 10년 사이에 실현시킨다는 것이었다(경제정책 · 통화정책의 협조를 강화함과 동시에 환율의 변동폭을 점차 축소시켜 나가고, 최종적으로는 단일통화를 도입하여 유럽공동체(European Communities: EC) 중앙은행을 설립한다는 선구적인 제안이었음).

그러나 IMF · 브레튼우즈 체제의 동요에 따른 1971년 8월의 금 · 달러교환정지, 같은 해 12월에 체결된 스미소니안(Smithonian)협정에 의해 환율변동폭이 상하 2.25%(합계 4.5%)로 정해졌지만 유럽의 통화 상호간의 변동폭은 최대 9%였다. 그래서 EC는 1972년 4월부터 유럽통화 상호간의 변동폭을 상하 1.125%(합계 2.5%) 제한하는(snake in the tunnel) 독자적인 환율동맹을 출발시켰다. 이것이 스네이크(snake)제도이다.

그 후 스네이크(snake)제도는 73년 3월(스미소니안체제 붕괴)에 역내의 변동

그림 12-1 스네이크 제도

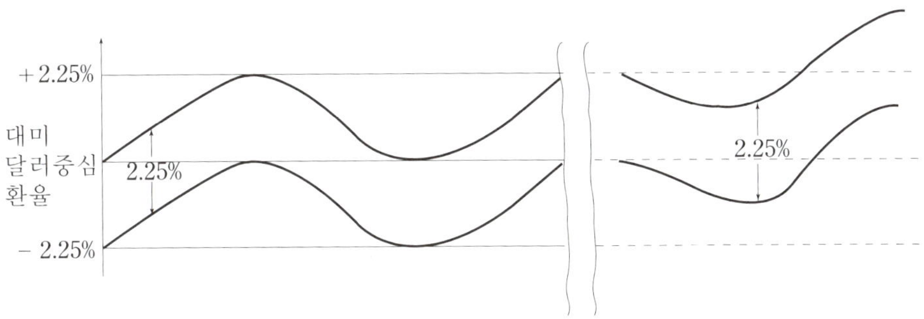

폭은 유지하면서도 달러에 대해서는 변동(float)으로 이행하게 된다. 이것은 공동 float로서 tunnel로 부터 나온 snake를 의미한다([그림 12-1]).

하지만, 서독의 물가안정정책과 다른 국가들의 성장정책의 충돌이 반복되는 가운데, 영국, 이탈리아, 프랑스 등이 스네이크제도로부터 이탈한 결과, EC의 고정환율제로서의 기능을 상실하게 되었다.

(2) 유럽통화제도(EMS)와 시장통합

스네이크(snake)제도로부터 이탈한 국가들은 또 한번 EC역내의 고정환율제의 틀안으로 복귀시켜 통화통합의 기초를 쌓은 것이, 1979년에 창설된 EMS (European Monetary System, 유럽통화제도)이다. EMS에서는 새로이 ECU (European Currency Unit, 유럽통화단위)가 도입되었다. ECU란 EMS참가 제 통화를 GDP나 EC역내무역에서 점하는 비중 등을 감안하여 합성한 바스켓통화로서 기준환율의 계산이나 개입 후의 결제수단으로 이용된다.

EMS에 있어서 환율의 고정은 ERM(Exchange Rate Mechanism, 환율 메커니즘, 환율개입제도)을 통해 이루어진다. ERM에 참가하고 있는 나라들은 각각 두 나라의 통화 사이에서, 환율의 변동폭이 일정한 한계(당초 2.25% 내지 일부국가에서 6%, 1993년 8월 이후에는 15%)에 달했을 때에 금리정책의 활용과 병행하여 상한에 도달한 통화의 중앙은행과 하한에 도달한 통화의 중앙은행이 함께 무제한의 외환시장개입을 행하는 의무를 지웠다.

개입시에는 초단기, 단기, 중기의 신용공여(facility)의 이용이 가능하지만, 실제로는 통화방어를 위해 변동폭의 하한에 달하기 이전에 해당 중앙은행이 자발적으로 변동폭 내 개입을 행하는 경우가 많았기 때문에 평가조정으로 연결되는 대규모적인 위기상황의 경우를 제하고는 신용공여는 그렇게 빈번하게 이용되지는 않았다.

이상을 정리하면, EMS의 특징은 ① 참가국통화간의 환율의 변동폭을 일정범위 내에서 억제하는 환율 메커니즘(ERM), ② 새로운 가치기준으로서의 ECU의 창출, ③ 결제수단으로서의 ECU의 사용, ④ 개입자금을 충당하는 신용공여제도의 확충이라는 점이다. EMS의 20년간은 다음과 같은 5개의 시기로 구분할 수 있다.

Ⅰ. 불안정기(1979년 3월～): 독일 마르크권과 프랑스·이탈리아간의 인플레이션격차로 인해 생기는 환율의 긴장을 7회에 걸친 빈번한 평가변경에 의해 조정

Ⅱ. 수렴기(1983년 3월～): 프랑스의 물가안정정책으로의 전환을 계기로 인플레이션율·금리 등이 역내에서 수렴

Ⅲ. 안정기(1988년 6월～): 자본이동자유화 하에서 4년간 전반적 평가 조정 없이 안정

Ⅳ. 혼란기(1992년 9월～): 안정기에 누적된 모순이 유럽통화위기로 분출

Ⅴ. 재수렴기(1993년 8월～98년 말): 확대변동폭 하에서 EMU(Economic and Monetary Union, 경제·통화통합)실현을 향해 높은 수준의 수렴을 달성

이처럼 우여곡절은 있었다고 하나, EMS는 유럽통화협력의 새로운 단계를 열었다고 평가할 수 있다. 그 최대의 공적은, EMS의 틀 안에서 서독, 프랑스를 축으로 한 역내정책협조가 서독의 통화안정정책으로의 수렴이라는 형태로 성립하여, 역내에 경제 펀더멘탈즈의 수렴을 가져다 준 점이다. 서독에는 네덜란드 등 마르크권의 소국이 따르고 프랑스는 이탈리아, 스페인 등의 남유럽 국가들의 이해를 대표하고 있다. 따라서 서독, 프랑스 양국의 정책협조는 영국과 북유럽을 제외한 대륙의 유럽국가 전체가 정책적으로 수렴하는 것을 의미한다. 많은 나라에 있어 EMS에 있어서의 20년에 걸친 정책협조의 경험 없이는 후술할 통화통합의 수렴기준의 달성은 불가능했을 것이다.

서독의 정책상의 수렴의 과정에 있어서 '닻' (anchor, 최후의 희망을 붙일 곳)으로서의 역할을 다한 독일마르크가 EMS 내의 개입 · 준비통화로서의 역할을 증대시켜 1980년대 후반에는 달러에 대신했다. 이러한 EMS의 안정을 기초로 EC는 1980년대 중반에 92년을 목표로 노동 · 상품 · 자본 · 서비스의 역내단일시장을 목표로 시장통합계획을 진전시켰다. 그 일환으로 1988년에 '제 4 차 자본자유화 조치' 가 채택되고, 90년까지는 역내외의 자본이동이 완전히 자유화됐다.

(3) EMU와 마스트리히트 조약

1980년대 후반의 시장통합과 EMS가 안정되어 가는 가운데, 통화통합을 향한 두 번째의 도전이 개시됐다. 1988년 6월에 독일의 하노버에서 개최된 회의에서 EMU로 향한 구체적인 검토에 들어가 EMU검토위원회가 설치됐다.

동 위원회가 다음 해 1989년 4월에 공표한 통칭 '드롤(Delors)위원회보고' 는 경제동맹과 통화동맹을 병행하여 진행시킬 것을 제안했다. EMU는 경제동맹(Economic Union)과 통화동맹(Monetary Union)의 두 개의 부분으로 구성되며 드롤(Delors)보고에 의하면 각각 다음과 같이 정의된다. 우선, 경제동맹은, (1) 상품 · 서비스 · 노동 · 자본이 자유롭게 이동할 수 있는 단일시장(역내시장)의 완성, (2) 시장메커니즘의 완전한 기능과 공정한 경쟁을 보장하는 경쟁정책의 강화, (3) 지역개발의 촉진이나 지역간 불균형의 시정을 목적으로 한 구조기금 등에 의한 지역 · 구조정책의 강화, (4) 재정정책의 운영에 관한 강제적인 룰(rule)의 설정을 포함하는 거시경제정책의 협조 라는 네 가지의 기본적 요소로 구성된다. 한편, 통화동맹은, (1) 자본이동의 완전자유화와 금융 · 자본시장의 통합, (2) 환율의 불가역적인 고정과 단일통화의 도입, (3) 유럽중앙은행의 설립과 중앙은행에 의한 금융정책의 통할 이라는 세 가지의 기본적 요소로 구성된다.

경제동맹과 통화동맹의 기본적인 차이는 경제동맹의 경우에는 통합의 최종단계에서도 동맹내 전체의 경제정책을 통할하는 초국가적 기관이 창설되는 것이 아니며, 제도의 조화나 기존의 조직 · 기관의 강화를 목적으로 한 국가 간의 협조의 추진에 머무르는데 대해 통화동맹의 경우에는 단일통화의 도입이나 금융정책의 주권이 유럽중앙은행으로 위양된다는 불가역적이면서 초국가적인 통합이 최종목적으로 설정되고 있다. 결국 전자의 경우에는 각 단계, 특히 단일 통화의 도입과 동맹 내의 금융정책을 통할하는 유럽중앙은행의 설립에 의해 근본적인 제도의 변화, 질적인 전환이 생긴다.

경제통합이 우선돼야 하는지 통화통합이 우선돼야 하는지에 대한 대립이 계속됐지만 양자는 서로 불가결한 구성부분이며, 상호제약성 때문에 양자는 병행적으로 동시에 점진적으로 추진되지 않으면 안 되었다. 드롤보고서는 EMU의 달성을 위해 3단계를 취할 것을 제안했다.

제 1 단계는 90년 7월 1일에 시작하여, 91년 12월에는 마스트리히트(Maastricht)유럽이사회에서 향후의 EMU의 진행방향을 정하는 로마조약(Rome Treaty, 58년 1월부터 발효한 유럽경제공동체의 설립에 관한 조약과 유럽원자력 공동체의 설립에 관한 조약의 속칭)의 개정에 합의에 도달하고, 1992년 2월 '유럽연합(EU)조약' (통칭 Maastricht Treaty)가 조인되고 각국의 비준을 거쳐 93년 11월에 발효했다. 이제 EMU는 각 구성국에 있어서 조약상의 의무가 되었다. 동 조약은 EMU실현에 이르는 다음의 3단계의 내용과 실시기한을 정했다.

제 1 단계(1990년 7월 1일~): 자본이동의 완전자유화

제 2 단계(1994년 1월 1일~): 각국의 금융정책의 협조를 촉진하는 EMI(European Monetary Institute, 유럽통화기관)창설

제 3 단계(늦어도 1999년 1월 1일~): 제 3 단계로의 이행을 '수렴기준(convergence criteria)' 으로 일컬어지는 어느 일정한 경제적 기준(물가, 재정적자, 금리, 환율, 채무)의 달성이 조건이다.

96년 말까지 EU가맹국 15개국 중 적어도 8개국이 조건을 만족하고 있는 경우에는 위원회의 특정다수결에 의해 이행을 결정하고 결정할 수 없는 경우라도 99년 1월 1일부터 조건을 달성한 나라만으로 자동적으로 제 3 단계로 이행한다. 그 직후에, EMI를 승계한 통일금융정책을 실시하는 유럽중앙은행(ECB, European Central Bank)를 설립하고, 제 3 단계 개시와 함께 환율을 고정하고, 단일 통화로서 ECU(European Currency Unit)을 도입한다. 새롭게 탄생할 통화의 가치를 지키기 위해, 마스트리히트 조약은 EMU 제 3 단계에 참가하기 위한 수렴기준으로 다음과 같은 조건을 정했다. 이를 마스트리히트 조건이라고도 한다.

① 물가(인플레이션율): 소비자물가상승률이 가맹국 중에서 가장 낮은 3개국의 평균상승률로부터, 과거 1년 이상에 걸쳐 +1.5%이내에 있을 것

② 장기금리: 장기금리가 가맹국 중에서 인플레이션율이 가장 낮은 3개국의 평균장기금리로부터, 과거 1년 이상에 걸쳐 +2%이내의 수준에 있을 것

③ 환율: 과거 2년 이상, 자국의 사정에 의해 절하를 행함이 없이 ERM(환율 메커니즘)의 허용변동폭 내(중심환율의 상하 15%이내)에 머무를 것

④ 재정적자: 일반정부부문의 재정적자가 GDP비 3%이내일 것

⑤ 정부총채무잔고: 일반정부부문의 총채무잔고가 GDP비 60%이내 일 것

92년 9월에 영국, 이탈리아가 ERM을 이탈하고, 93년 8월에는 ERM의 변동폭이 잠정적으로 15%로 확대하는 조치가 취해지는 등, 지역통화의 안정에 혼란을 가져왔지만 94년 1월부터는 예정대로 EMI가 설립되고, 제2단계로 이행했다. 95년 12월의 마드리드 유럽이사회에서는 단일통화로의 이행에 관한 시나리오를 채택하고, 통화통합의 제3단계를 99년 1월 1일에 개시하는 것에 대해 정식으로 합의함과 동시에 단일통화의 명칭을 '유로(Euro)'로 결정했다.

1998년 5월 2일에 브루셀에서 개최된 EU임시회의에서 상기한 수렴조건을 만족한 11개국—독일, 프랑스, 베네룩스 3국, 오스트리아, 이탈리아, 스페인, 포루투갈, 핀란드, 아일랜드—가 정식으로 확정됐다. 더욱이 당초 기준을 만족시키지 못했던 그리스도 2001년에는 수렴조건을 만족하고 EMU에 참가했다.

[표 12-2] 삼국의 경제 규모(2000년)

지표(단위)	EU15(a)/EUR(b)(1)	미국	일본
인구(100만)	378(a)/304(b)	275	127
GDP(10억유로)	8,526(a)/6,553(b)	10,640	5,145
일인당 GDP(유로)	22,322(b)	35,034	24,922
세계무역에서 점하는 비율(%) (2)	15.2(b)	20.3	8.1
상품 · 서비스수출(GDP 비 %)	19.1(b)	10.7	9.2
상품 · 서비스수입(GDP 비 %)	18.7(b)	14.4	11.1
내국채시장규모(10억불) (3)	6,792(a)/5,451(b)	14,572	6,089

주: (1) EU 15:유럽연합구성 15개국, EUR:유로역 12개국(그리스포함)
(2) 1999년. EUR의항은 EU역내 무역을 제한 것임.
(3) 2000년말 잔고
자료: European Economy, BIS Quarterly Review, ECB

EMU참가 수렴조건을 충족시키기 위한 과정에서 역내의 인플레이션율, 금리, 환율은 고도로 수렴됐다. 또, 이탈리아를 필두로 재정적자삭감을 위한 대규모의 개혁이 일제히 시행됐다. 아울러 유로도입 후에 대비하여 노동협약의 재검토를 비롯한 노동시장유연화를 위한 일련의 개혁도 실시되었다. 이처럼 유로도입은 유럽경제에 시장통합에 연이어 구조개혁의 제2파를 가져오게 된다.

1999년 1월, EU가맹국 중 수렴조건기준을 만족시킨 11개국에서 단일통화 '유로'가 도입되고, 2001년 1월 그리스가 유로를 도입했다. 2002년 1월에는 유로지폐 · 화폐의 유통이 개시되고, 이것과 병행하여 각국 지폐 · 화폐의 회수작업이 진행되면서 2002년 2월 28일 모든 작업이 종료됐다. 그 결과, 유로는 유로지역(Euro Area) 12개국에 있어 유일한 법화(legal tender)가 되었고, 지역전체에서 강제통용력을 갖게 되었다.

최초의 구상(1970년)으로부터 32년, 제2차 EMU구상(1988년)부터는 15년의 세월을 보내면서, 유럽에서의 EMU는 이렇게 완성됐다. '유로역'의 경제규모는 미국 다음으로 세계 2위이다([표 12-2]).

(4) 유로의 대외적 측면

유로를 자국내에서 강제통용력을 갖는 법화(legal tender)로서 이용하는 국가들을 '유로역'(Euro area)이라 하면, 유로를 국제통화로서 이용하는 지역을 '유로권'(Euro zone)이라 부를 수 있다. 이 중 '유로권'에 대해서는 국제통화로서 유로를 이용하고 있는 존(zone)이라는 거래규모시점과, 환율정책의 기준으로서 유로를 이용하고 있는 존(zone)이라는 환율시점과의 쌍방으로부터 평가할 필요가 있다.

(5) 국제통화로서의 유로

유로의 대 달러환율이 향후 어떻게 추이할 것인가는 흥미 깊은 사안이다. 그러나 통화의 환율, 즉 대외가치의 강약과 그 통화가 기축통화인지, 아닌지는 1대 1의 관계가 아니다. 이것은 달러가 브레튼우즈 체제 붕괴 후에 가치가 하락한 사이에도 기축통화로서 계속적인 역할을 했다. 제2차 세계대전 후의 세계에서는 달러가 기축통화로서 압도적 지위를 점해왔다.

'기축통화' (key currency)란 국제통화중에서도 중심적인 역할을 하는 통화이다. 국제적인 무역·자본거래가 특정국의 통화를 이용하여 집중적으로 결제될 때, 그 통화를 기축통화, 해당국을 기축통화국이라 한다. 제1차 세계대전 전의 파운드, 제2차 세계대전 후 현재에 이르기까지의 달러가 거기에 해당된다. 국제결제가 특정통화로 집중적으로 결제된다는 것은 다음의 두 가지 경우이다.

첫째는, 국제적인 무역·자본거래가 특정통화국으로 계약되는 경우이며, 이 때 특정국 통화는 제3국간의 무역·자본거래에도 계약통화로 이용된다. 제1차 세계대전 전의 파운드가 그 전형이다.

두 번째는 무역·자본거래는 복수의 통화로 계약되고 있지만, 은행간 결제단계에서는 특정국 통화로 이루어지는 경우이며 이 때 특정국통화는 외환매개통화로서 기능한다. 변동환율제하의 달러가 그 전형이다.

IMF체제 하의 달러나 EMS에 있어 마르크에서 보듯이, 기준통화·개입통화·준비통화 등 공적수준의 국제통화의 역할을 다하는 통화를 기축통화로 정의하기도 한다. 기축통화국은 이와 같은 국제적인 결제수단(메커니즘)을 제공함과 동시에 신용창조에 의한 국제유동성의 공급, 국제적인 금융중개를 담당하는 '세계의 은행'으로서 역할을 담당한다. 또, 기축통화국의 금융정책이 주변국의 금융정책에도 파급하기 때문에, 기축통화국의 금융정책, 국제수지구조가 국제통화·금융시스템의 안정성에 중요한 영향을 미친다. 세계적으로는 여전히 달러가 기축통화이다. 유로는 장래, EU경제의 강화와 발전에 기여하며, 국제통화로서의 중요성을 증대시켜 나가리라 생각되지만, 현재에 있어서의 역할은 달러의 역할을 침식하고 있지는 않다. 경제규모를 GDP로 보면 약 8.5조달러(2000년)로 미국(약 10조달러)을 하회한다. 국제채무증권의 발행잔고(1999년 말)에 관해서는 유로표시는 달료표시와 비교하여 약 60%의 수준, 외화표시 은행대출잔고(2000년 3월말)는 유로표시가 달러표시의 약 38%였다.[9]

금융·자본시장에 관해서는 유로도입이전의 유로권은 시장이 각국별로 12개로 분단돼 있고, 각각의 규모가 작았기 때문에 미국의 시장에 대해 열위에 있었다. 그러나 유로도입에 의해 유로권의 금융·자본시장의 일체화가 진전되고 있으며, 채권시장도 급속도로 확대되고 있다. 향후, 유로권 각국의 감독·

9) ECB, Euro Bond Market, 2002.

규제나 관행이 통일된다면 장래 미국의 금융 · 자본시장에 필적할 만한 시장이 형성될 수 있다. 달러 · 유로는 국제거래에 있어, 계산단위, 지불수단, 가치저장수단으로서의 역할을 다하고 있지만 현실적으로 보면, 달러, 유로 나아가 엔의 3통화의 역할에는 큰 차가 있다. 달러는 국제기축통화로서의 필요조건을 3통화 중 제일 잘 만족하고 있다.

미국의 GDP는 약 10조달러(2000년)로 경제규모가 지극히 클 뿐 아니라, 군사력, 정치력에 있어서도, 냉전구조 붕괴 후 유일의 초대국이었다. 더욱이 미국의 국내금융 · 자본시장의 규모뿐 아니라 외국투자가에게 있어 알맞은 자금조달과 운용의 장으로서 타 주요국에 비할 바 아니다. 달러의 경우 제2차 세계대전 후에 확립된 국제기축통화로서의 관성효과도 강하게 작용하고 있다. 미국은 전후, 세계의 공장, 식료창고로서의 역할을 수행했지만, 그 결과, 세계의 무역은 미국을 중심으로 돌아가게 되고, 달러가 국제적으로 더욱 넓게 수용되는 통화가 되었다. 한 나라의 통화가 국제기축통화가 되기 위해서는, 국제적 수용성의 크기가 중요한 요건의 하나가 되지만, 일단 수용성이 높으면, 해당통화에는 '수용성이 크므로 사용되고, 사용자가 증가하므로 수용성이 더욱 커지게 된다' 라는 스파이럴(spiral)이 생긴다. 그 결과 계산단위, 지불수단으로서의 압도적 우위성을 쉽게 잃지 않는다.

주요 선진국이 변동환율제로 이행한 후, 달러환율은 독일 마르크 및 일본 엔에 대해 가치가 하락하고, 가치저장수단으로서의 기능은 양 통화에 비하여 상대적으로 감소됐지만, IMF가맹국의 준비자산에서 점하는 달러의 몫(share)은 2000년 말로 68.2%로, 유로의 12.7%, 엔 5.3%를 대폭적으로 상회하고 있다.

장래의 국제통화제도에 대해서는 견해가 나뉜다. 그 하나는 장래의 국제통화제도가 달러, 유로, 엔의 삼극통화제도[10]가 되리라는 견해이다. 이런 관점에 서있다 하더라도 "달러와 유로, 그리고 그 주요경쟁상대인 엔과의 사이에서, 국제통화의 패권을 둘러싸고 공연한 싸움이 전개될 가능성이 있다"라고 주장하는 측이 있는가 하면, "장래의 국제통화제도가 달러, 유로, 엔을 축으로 형성된다는 것을 전망하고, 이제부터 삼극의 통화당국이 IMF와 년 2, 3회 회합을 가질만하다"라는 주장도 있다.

두 번째 견해는, 달러와 유로 두 통화가 병존하는 이극통화체제가 도래한

10) 이 제도는 오랫동안 일본통화당국의 국제통화제도 구상이었다.

다는 예측이다. 이 예측은 엔을 완전히 무시하는 것은 아니지만, 엔이 끼어들 '가능성'은 있을 수 있다는 정도로 보는데 지나지 않는다. 달러권과 유로권이 모두 자기완결도가 큰 경제권이라는 것만으로, 미국과 EU의 환율정책이 모두 '우아한 무시(優雅한 無視, benign neglect)' 상태가 될 가능성이 충분히 있다. 바꾸어 말하면, 국제수지적자나 자국통화변동에 대해 스스로는 어떤 대책도 실시하지 않을 가능성이 있다는 것이다. 그와 같은 경우, 엔이 양통화 사이에서 농락당할 가능성이 적다고 말할 수는 없다.

(6) 유로의 대외가치

1999년 1월 1일 단일통화유로의 도입은 미국의 대외채무와 일본에 있어서의 정부채권의 증대를 근거로, 달러나 엔에 대해 가치가 상승할 것이라는 예상이 지배적이었다. 98년 12월 31일 EU이사회는 유로와 각 가맹통화와의 교환비율과 함께, 달러와 엔에 대한 참고비율(reference rates)을 발표했다. 달러에 대해서는 1유로당 1.6675달러, 엔에 대해서는 1유로가 132.80엔이다.

세계의 외환시장에서 거래가 본격화된 것은 1월 4일부터이지만, 그 이전에 런던에서는 1유로 1.1685달러로부터 1.1690달러에서 거래가 시작됐다. 일본의 동경시장에서는 132.58엔으로부터 132.63엔으로 거래가 개시되고, 종가는 134.95엔이 됐다. 그러나 99년 1월의 탄생 후의 유로는 달러나 엔에 대해 모두 가치하락의 경향을 보여주고 있다. [그림 12-2]와 [그림 12-3]에서 분명하듯이 유로는 엔에 대해 2000년 11월, 달러에 대해서는 2002년부터 가치가 상승하는 경향을 보이면서, 2003년 5월에는 도입당초의 대외가치를 회복했다. 어쨌든 도입 후의 유로의 가치하락은 너무나 예상 밖이었고, 시장참가자의 기대에 반해 유로의 가치를 전혀 회복할 수 없었던 유로는 한때 'toilet currency'라는 이름이 붙었다.

유로도입 후 거의 모든 분석가가 똑같이 유로의 가치상승을 예상했지만 그 예상이 빗나간 유로의 가치하락의 원인에 대해 해석을 해보자.

환율은 시장참가자가 비대칭성에 반응하는 것으로부터 변동한다. 결국 환율의 변화는 비대칭성에 의해 설명할 수 있다. 유로도입으로부터 거의 3년에 걸쳐 유로가 가치하락한 것에 대한 공통된 원인으로 다음의 4가지 비대칭성을

그림 12-2 유로에 대한 달러환율의 변화

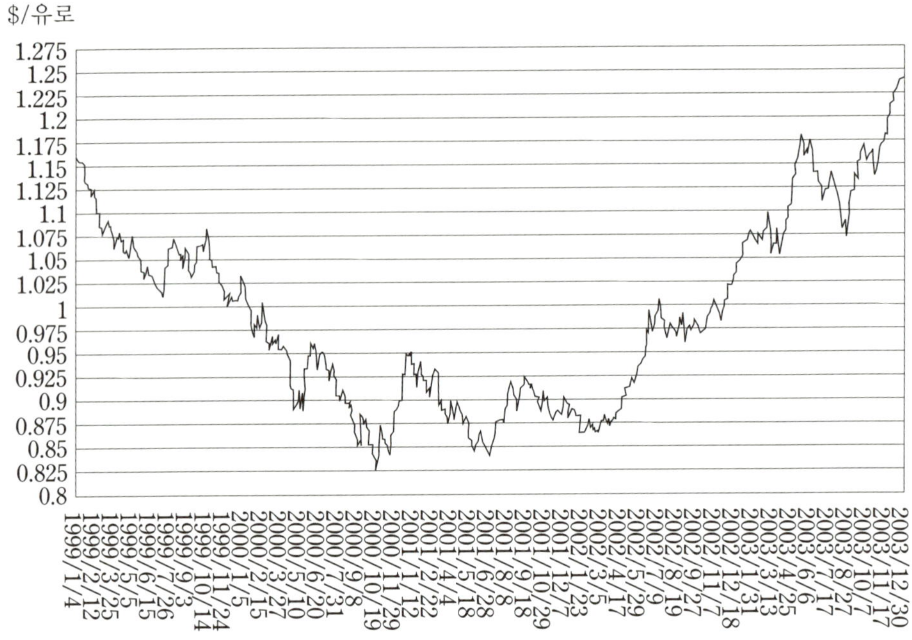

자료: De Nederlandsche Bank, http://www.statistics. dnb.nl/indexuk.html.

지적할 수 있다. (1) 환율수준에 관한 장래기대의 비대칭성, (2) 투자대상으로서의 매력의 비대칭성, (3) 통화당국의 신빙성의 비대칭성, 그리고 (4) 헷지펀드의 일시적 쇠퇴로 인한 비대칭성이 지적된다.

1) 환율수준에 관한 장래기대의 비대칭성

이것은 유로에 대해서는 당초, 장래 가치상승의 기대가 있었음에 대해 달러나 엔에 대해서는 장래 가치상승의 기대가 없었다는 비대칭성이다. 이 기대는 정반대였다. 환율의 장래의 기대에 대한 어긋난 결과가 환율에 미치는 영향은 그 같은 기대를 안고 있던 시장참가자의 비율이 클수록 크게 된다. 유럽의 새로운 통화에 큰 기대를 걸었던 투자가는 유로가 제대로 움직이고 있지 않음에 대해 유로표시 자산을 매각했으며, 그것이 더욱 유로의 가치하락을 가속화시키는 순환을 가져왔다.

그림 12-3 유로에 대한 엔환율의 변화

자료 : De Nederlandsche Bank, http://www.statistics.dnb.nl/indexuk.html

2) 투자대상으로서의 매력의 비대칭성

특히 달러에 대한 유로의 가치하락은 미국경제의 미증유의 성공이라는 비대칭성이 있었다. 인플레이션율, 실업률 모두 낮고, 주가 폭락도 없이 재정적자로부터 흑자로 전환했을 뿐 아니라 그 흑자가 더욱 확대했다. 이처럼 양호한 상태에 있는 미국 경제와 비교하면 타 지역 내의 국가의 경제가 열등한 위치에 있게 됨은 당연할 것이다. 세계의 투자자, 그 중에서도 유럽의 투자자는 높은 수익률을 쫓아 미국에 투자했다. 미국기업과의 제휴·매수를 통해 유럽으로부터 미국으로의 자본이동은 유로탄생 후 증대했다.

3) 통화당국의 신빙성의 비대칭성

유로의 가치하락의 세 번째 요인으로서 유럽중앙은행(ECB)에 있어 미국의 연방준비제도에는 없는 여러 문제의 비대칭성을 들 수 있다. 하나의 문제는 유럽중앙은행의 신빙성(credibility) 내지 시장과의 전달(communication)의 문제이다. 통화매각의 배경에는 때로 그 통화나 통화당국에 대한 불신감이 있다. 시장참가자는 그 통화의 통화당국에 대한 불신임투표라고도 할 수 있는 형태로 통화를 매각하는 경향을 가지고 있다. 유로지역에서는 각국 중앙은행도 여전히 존속하고 있으며, 재정당국은 각국 별개이다. 특히 도입 직후 수년간은 국가원수를 포함하여 책임 있는 지위에 있는 사람들이 끊임없이 시장을 혼란시켰다. 또 ECB자체가 위임된 업무(mandate)의 범위를 넘어선 업무를 하지 않고서는 안 되는 경우도 있었다.

앞에서 강조했듯이 마스트리히트 조약에 명기된 기준으로서 ECB의 업무는 물가의 안정[11]이 첫째다. 그러나 ECB가 정책금리를 변경할 때 물가안정만을 염두에 두는 것이 아니라 적어도 어느 정도는 유로의 대외가치를 배려할 필요가 있으며 이것을 통해 유로역내의 구조개혁이나 경직성도 계산해야 한다. 이와 같이 특히 미국과 비교하여 구조개혁이 늦고 경직성이 높다는 인식이 시장에서 받아들여지지 않고 그 만큼 미국으로의 투자는 확대하고 시장에서 유로매각 · 달러매입도 증대 · 가속화 됐다. 이러한 현실은 유로의 가치하락으로 이어졌다.

이와 같은 상황 하에서 시장참가자는 유로의 환율에 대한 최종책임을 지는 '당국'은 누구인가. '당국'은 유로의 환율에 대해 어떻게 생각하고 있는가, 정책의 목표를 어디에 두고 있는가에 대해 정보가 혼란스럽다고 느낄 수밖에 없다. 여기에 반해 미국연방준비제도의 의장은, (적어도 당시에는) 중앙은행가로서의 명성에 걸맞게 확실한 자세를 취하고 있었다. ECB에 있어 미국의 연방준비제도에 없는 또 하나의 문제는 환율 혹은 각각 독자적인 금융정책을 대신 할 조정변수가 없는 유로역내에서는 노동의 이동이 적기 때문에 실업이나 경기는 평준화되지 않은 반면, 미국은 자국내의 노동이동이 활발하고 노동시장의 경직성도 적다는 것이다.

4) 헷지펀드의 일시적 쇠퇴에 의한 비대칭성

네 번째로 유로 탄생 전후 헷지펀드의 성질이 변했다는 것이다. 실제 헷지

11) 물가안정이란 HICP(Harmonized Indices of Consumer Prices, EU조정소비자물가지수의 상승률)를 전년비 2% 이하로 하는 것을 말한다.

펀드는 통화위기 이후 99년부터 2000년에 걸쳐 거의 활동을 중지 내지 축소시켰다. 헷지펀드는 각국 경제의 거시변수의 변화에 반응하여 투자 상대를 결정한다. 그 외환의 수요 · 공급은 거시경제변수의 변화에 반응하여 스스로 유리하게 되는 방향으로 환율을 움직이도록 하는 수급이다.

물론 거시경제변수의 변화에 반응하여 투자상대를 결정하는 것은 헷지펀드만은 아니다. 포트폴리오 매니저(portfolio manager) 등에 의한 외환수급도 거시변수에 반응한다. 그러나 포트폴리오 매니저와 달리 헷지펀드는 단기적으로 환율이 자신의 예상대로 변동하는 것 자체로부터 이익을 올린다(포트폴리오 매니저의 경우 환율수준을 움직이는 것에 의해 단기적으로 이익을 올리지는 않는다).

헷지펀드는 92년, 93년의 유럽통화위기, 97년의 아시아 통화위기를 비롯해 많은 통화위기의 주범으로서 때로 비난을 받아 왔다. 아시아위기 경우에 헷지펀드가 주목했던 것은 단기대외채무의 준비자산잔고에 대한 비율이었지만, 경상수지나 인플레이션율, 재정적자 등에 착안하는 경우도 있다. 이러한 헷지펀드는 여러 위기와의 관련이 지적되고 있음에도 불구하고 안정화적인 요소도 갖고 있음을 부인할 수 없다.

시장이 이미 한 방향으로 계속 변화할 때 그 반전의 계기를 만든다는 의미에서 안정적 요소이다. 이것은 프리드만(Friedman)이 이야기한 '안정화적 투기' (stabilizing foreign exchange speculation)이다. 한편, 아시아위기 이후, 자본이동을 자유화하면서 통화를 고정하는 것은 위험하다는 인식이 넓어진 결과 헷지펀드로서는 이익추구의 기회가 축소돼버렸다. 유로도입 후 수년간의 유로의 가치 하락의 배후에는 유로매입의 계기를 만들었어야 할 헷지펀드의 활동이 감소했다는 의미에서 시장의 성질이 일시적으로 변화한 것으로 생각할 수 있다.

(7) 유로도입의 조건

2004년 5월 EU는 역사적이라고 말할 수 있는 확대를 실현했다. 즉, 가맹국수는 종래의 15개국으로부터 25개국으로 증가했다.[12] 중동유럽(중부유럽과 동부유럽) 8개국(폴란드, 체고, 헝가리, 슬로바키아, 슬로베니아, 발트 3국으로 불리는 리투아니아, 라트비아, 에스토니아)과 지중해의 말타, 키프로스 2개국 모두 10

12) 2007년 1월에 루마니아, 불가리아가 가맹함으로써 회원국은 27개국으로 늘어남.

개국이 신규가입했다.

중동유럽의 유로도입문제는 1999년의 유로탄생에 의해 EU가맹국 12개국이 유로를 도입한 것과는 같은 유로도입일지라도 소득수준의 차이라는 점에서 크게 다르다. 즉, 유로권(Euro zone, 유로가 국제통화로서 무역 · 투자 · 외환거래 등에 사용되는 영역)의 상호간의 소득 격차를 비교하여, 유로도입을 목표로 하는 중동유럽과 유로권과의 소득격차가 분명이 크다. 실제환율을 실세환율이 아니고, 구매력평가를 이용하여 일인당 GDP를 비교하면 EU가맹국 15개국 평균에 대해, 슬로베니아가 7할, 헝가리가 5할, 폴란드가 4할, 라트비아가 3할의 수준이다. 이러한 소득격차의 존재는, 후술하지만, 유로도입의 시기와 방법에 영향

[표 12-3] EU 신규가맹국의 수렴조건 상황과 환율제도(2003년)

항 목	인플레이션율	장기금리	일반정부재정수지/GDP	정부 총채무잔고/GDP	환율제도
기준	2.7이하	6.1이하	−3.0보다소폭	60이하	ERM
신규 EU가맹국					
폴란드	0.7	5.6	−4.1	45.4	변동환율제
체코	−0.1	3.9	−12.9	37.6	변동환율제
헝가리	4.7	6.6	−5.9	59.0	유로 · 페그, 허용변동폭 상하 15%
슬로베키아	8.5	5.0	−3.6	45.4	관리변동환율제
슬로베니아	5.7	5.5	−1.8	27.1	관리변동환율제
리투아니아	−1.1	5.3	−1.7	21.9	유로 · 페그 커런시 · 보드제
라트비아	2.9	4.9	−1.8	15.6	SDR · 페그제
에스토니아	1.4	4.3	2.6	5.8	유로 · 페그, 커런시 · 보드제

주 : 1. 지중해의 말타, 키프로스는 제외
2. 인플레이션, 장기금리의 기준은 2003년의 유로권의 데이터를 근거로 수렴조건(마스트리히트 기준)에 바탕을 두어 산출한 것.

자료: European Commission, *Economic Outlook*, Spring, 2004.

을 미친다.

이 절에서는 이러한 소득격차의 존재에 주목하여 중동유럽이 유로를 도입할 시기는 언제가 바람직한가에 대해 고찰하고자 한다. 소득격차가 있는 나라들이 단일 내지는 공통통화를 도입한다는 문제는 아시아에 있어서는 상당히 먼 장래의 얘기일지도 모른다. 그러나 공통통화의 도입에 이르지는 못할지라도, 그 전단계에 있어서도 소득 격차가 존재하는 나라와 금융협력을 진전시켜나가는데 있어 어떤 점에 주의하지 않으면 안되는가라는 점에 대해서는 소득격차는 유럽보다도 아시아의 경우가 크다는 것을 근거로 한다면 중동유럽의 유로도입 문제는 장래의 아시아에 시사하는 바가 적지 않을 것이다.

중동유럽전체의 환율제도의 역사를 되돌아보면, 일부 예외를 빼고 전체적인 경향은, 베를린 장벽붕괴 이후의 사회주의 경제로부터 시장경제로, 이행의 초기에는 나라에 따라 정도의 차이는 있더라도, 경제의 불안정, 그리고 높은 인플레이션율로 대표된다고 할 수 있다. 그 결과 각국 모두 전통적인 고정환율제나 크러어링 페그(crawling peg)제 등, 고정환율제에 가까운 제도를 채택하는 나라가 많고 또 통화의 발행이 준비자산에 의해 제약되는 엄격한 고정환율제인 커런시 보드제를 채택하는 나라도 있었다.

이것은 이들 나라에 있어 인플레이션기대의 형성에 있어, 환율이 명목 닻(anchor)으로서 중요한 역할을 다하고 있다는 사실로부터 고정환율제 내지 그것에 가까운 제도를 채택하여, 환율을 통제하는 것이 인플레이션기대의 억제에 유효했기 때문이다. 실제, 이들 나라들은 사회주의 경제로부터 이행의 초기단계였기 때문에 금융시장은 아직 발달되지 않았다. 이 때문에 금리를 통제하여 금리감응도가 높은 수요의 억제를 통해 인플레이션율에 영향을 미치는 것에는 한계가 있었다. 한편, 환율을 내외인플레율의 격차를 고려한 적정한 수준으로 통제함으로써 수입물가의 안정을 통해 인플레이션율을 억제한다는 경로는 유효하게 기능을 해왔다. 그 결과, 금리가 아니라 환율을 통제하는 것이 인플레이션 기대나 인플레이션율에 영향을 미치는데 훨씬 유효했다. 그러나 그 후, 중동유럽의 환율제도는 이분화됐다. 즉 보다 엄격한 고정환율제인 커런시 보드제(대 유로)와 역으로 보다 유연한 제도인 관리변동환율제로 나뉘게 된다.

환율제도에는 달러화 등의 엄격한 고정환율제로부터 완전변동환율제까지 다양하지만(11장 참조) 중간제도인 전통적인 고정환율제나 크롤링 페그제 등의 모습은 사라지고 '양극의 환율제' 가 남아 있는 모습이다([표 12-3]).

중동유럽국가들은 조건이 정비되면 유로를 도입(EMU에 가입)할 의무가 생긴다. 이것은 EU에 가맹하더라도 유로도입의 의무가 면제되고 있는 영국과 덴마크와는 사정이 다르다. 만족되지 않으면 안 되는 조건이란 마스트리히트기준, 즉 수렴기준(convergence criteria), 즉 인플레이션율, 장기금리, 환율, 재정적자, 정부채무로부터 구성되는 조건이다.

유로도입시 문제가 되는 것은 인플레이션율과 재정적자일 것이다. 조건이 만족되고 있는 나라도 있지만 그렇지 않은 나라도 상당히 엿보인다[13]([표 12-3]). 이 때문에 이들 조건을 만족하기 위해 인플레이션율의 하락과 재정적자의 삭감을 어떻게 해결해 나가느냐가 문제다. 이들 조건이 만족되는 시점에서 유로를 도입하는 것이 정말로 중동유럽에 있어 바람직한 것인지를 검토할 필요가 있다. 중장기적인 관점에서 안정을 확보한 가운데 경제성장률을 최대화시킴으로서 서유럽의 소득수준을 따라간다는 것이 본래의 목적일 것이며 유로도입은 그 목적달성을 위한 하나의 수단에 지나지 않는다. 이러한 관점으로부터 중동유럽의 유로도입은 서유럽의 소득수준의 격차에 기인한 문제로 부상한다. 우선 이 메커니즘에 대해 고찰해 보자.

1) 발라사 · 사무엘슨 효과의 메커니즘

EU 신가맹국의 중동유럽국가들의 소득수준은 전술한대로 현재의 유로권과 비교하면 기존 EU 가맹국의 평균수준 3할에서 7할 사이에 분포하고 있다. 소득수준이 낮은 것은 일인당 생산량, 즉 생산성이 낮다는 것을 의미한다. 이것은 견해를 달리하면, 생산 · 경영기술의 도입을 통해 유로권보다도 용이하게 생산성향상을 꾀하는 여지가 크다는 것을 의미한다. 실제, 이 메커니즘이 근년 작동하고 있으며 중동유럽의 생산성상승률은 유로권을 포함하는 서유럽의 생산성상승률을 상회하고 있다. 이것을 제조업 등의 무역재산업과 서비스업 등의 비무역재산업으로 나누어 생각하면, 중동유럽에서는 무역재산업의 생산성상승률은 상당히 높지만 비무역재산업의 생산성상승률은 높지 않다.

한편, 임금상승률은 무역재산업과 비무역재간에서 그다지 격차가 없다. 물가상승률은 임금상승률로부터 생산성상승률을 제외한 것과 같기 때문에, 비무

13) 슬로베니아는 2007년 1월에 유로도입 예정.

역재산업의 물가상승률은 무역재산업의 물가상승률을 크게 상회하게 된다. 유로권에서는 이와 같은 경향은 그다지 보이지 않는다. 무역재산업의 물가상승률은 명목환율이 일정하다면 유로권과 중동유럽간의 격차는 없기 때문에 비무역재산업의 물가상승률은 중동유럽이 유로권을 크게 상회한다. 그 결과, 비무역재산업과 무역재산업을 합계한 전체의 물가 상승률은 중동유럽이 유로권보다도 크게 된다. 이러한 경제현상은, 본 서의 제6장에서 배운, 발라사·사무엘슨 효과를 의미한다.

현실적으로 중동유럽의 물가상승률이 유로권보다도 2%정도 더 올라가는 효과가 있는 것으로 나타나고 있다. 명목환율이 일정하다면 중동유럽의 물가상승률이 유로권보다도 높아진다는 사실은 명목환율을 물가상승률 격차로 조정한 실질환률이 지속적으로 가치가 상승함을 의미한다. 이 효과는 중동유럽의 소득수준이 유로권의 수준으로 가까워짐에 따라 감소해 나간다고는 하나, 중동유럽과 유로권과의 소득격차가 충분히 줄어든다는 것은 먼 장래의 일이며 중장기적으로 이 효과는 무시할 수 없다. 가령, 현재의 인플레이션률이 유로권을 상회하지 않는다 하더라도 그것은 긴축금융정책 등 일시적 요인에 의해 효과가 있을 가능성은 있지만, 중장기적으로는 이 효과는 무시할 수 없다.

그런데 유로도입의 조건인 '소비자 물가상승률이 가맹국 중에서 가장 낮은 3개국의 평균 소비자 물가상승률로부터 과거 1년 이상에 걸쳐 +1.5%이내에 있을 것'을 단순화시켜 '소비자 물가상승률이 유로권과 같다는 것'으로 바꿔 생각하면 중동유럽이 이 조건을 만족하기 위해서는 발라사·사무엘슨 효과에 의한 물가상승효과를 억제할 필요가 있다. 그렇다면 이 물가상승효과를 어떻게 억제하면 좋을까. 방법은 두 가지다. 첫째 방법은 명목환율이 일정하다는 것을 전제로 한다면 국내수요의 억제를 통해 물가상승효과를 억제하는 것이며, 둘째 방법은 이 물가상승효과는 통화의 실질가치를 상승시키는 효과로 바꿔 읽을 수 있기 때문에 명목환율이 실질환율과 같은 보조(pace)로 상승하는 것을 용인하는 것이다. 명목환율이 상승하기 때문에 수입물가의 하락을 통해 국내물가 상승률은 억제된다. 이상을 정리하면 다음과 같다.

전략 A: 긴축재정 등을 통해 국내수요를 억제하고, 인플레이션률의 억제를 꾀한다. 이 경우 경제성장은 희생되지만, 재정적자 삭감을 꾀할 수 있는 이

점(merit)이 있다. 확실히 정부부문의 인건비 삭감, 행정개혁, 사회보장제도 개혁 등을 통해 재정적자를 삭감시킨다는 것은 중장기적인 경제성장력을 높이는데 중요하다. 그러나 단기간에 무리하게 달성하려면 디플레이션효과가 나타난다. 또한, 경제성장에 중요한 사회기간산업(infrastructure)의 정비 때문에 세출까지 삭감해 버리면 본말전도가 될 수 있음에 주의가 필요하다.

전략 B: 명목환율의 가치상승을 용인 내지 유도한다. 이 환율의 가치상승은 무역재산업의 생산성상승률이 유로권보다도 상대적으로 높다는 사실에 기인하는 실질환율의 가치상승이라는 펀더멘탈즈의 변화에 따른 것이기 때문에 환율의 안정은 희생되지만, 경제성장을 거의 희생시키지 않는다.

현재, 변동환율제 내지 관리변동환율제를 채택하고 있는 중유럽국가들(폴란드, 체고, 슬로바키아 등)에 대해서는 재정적자의 GDP에 대한 비율이 마스트리히트 기준인 3%를 상회하고 있지 않는 경우에는 전략 B를 채택하는 것이 바람직하다고 말할 수 있다. 유로도입까지는 환율이 완만하게 가치가 상승하지만, 유로 도입 전 2년간의 참가가 의무화 되는 ERM (환율 메커니즘)의 유로에 대한 중심환율의 상하 15% 이내로 환율이 머물면 유로도입에 있어 장애가 되지는 않는다. 그러나 대부분의 중유럽국가들의 재정적자는 마스트리히트 기준을 상회하기 때문에 유로도입을 목표로 하는 것이라면 전략 A를 선택하게 될 것이다. 한편, 발트국가들(리투아니아, 라트비아, 에스토니아)의 경우는 재정적자는 마스트리히트 기준을 만족하고 있지만 커런시 보드제 내지 페그제를 채택하고 있기 때문에 변동환율제로 이행하고 나서 유로를 도입한다는 선택은 생각하기 어렵다. 따라서 전략 B가 선택되기보다는 그대로 유로도입으로 이행하는 것이 현실적이며, 전략 A를 선택하게 된다. 전략 A와 전략 B, 그 어느 것이 선택되더라도 유로도입 후에는 환율은 고정되기 때문에 중동유럽의 물가상승률이 서유럽보다도 높아지는 경향이 계속된다. 유로도입시의 소비자물가 상승률의 관리에 대해서도 발라사 · 사무엘슨 효과를 고려하여 중동유럽에 대해서는 유로권보다도 높은 인플레이션율을 허용할 만하다는 제안도 있지만 현실적으로는 EU 재무장관이사회, 혹은 유럽중앙은행(ECB)이사회에서 이 효과를 고려치 않고 인플레이션율의 통제를 요구할 수 있는 가능성도 있다.

또한 유로도입 후에는 EMU의 제 3 단계에 있어 재정적자를 GDP대비 3%이

내로 억제하여 EU구성국의 재정의 건전화를 목적으로 하는, '안정성장협정'(Stability and Growth Pact)에도 구속된다. 경제가 성숙하고 있는 유로권에 부과되는 '안정성장협정'이 그대로 발전도상에 있는 중동유럽에 부과되는 데는 문제가 있다고 생각되지만 이러한 고려는 생각하기 어렵다. 따라서 유로도입 후에 있어서도 발라사 · 사무엘슨 효과가 계속되는 기간은 실태적으로는 전략 A라는 긴축경제정책을 계속할 필요가 있고, 그 결과로서 경제성장이나 소득수준의 향상이 희생될 가능성이 있다.

또 하나의 선택은 유로도입을 당면의 목표로 하지 않고 전략 B를 계속 선택하면서 중동유럽과 서유럽과의 소득격차를 충분히 축소하여 발라사 · 사무엘슨 효과가 충분히 감소할 것을 기다려 유로를 도입하는 것이다. 그것까지는 유로권보다도 상대적으로 높은 소비자 물가상승률을 용인한다. 물론, 이 사이에 재정적자가 바람직하지 않은 수준이었다면 재정적자를 삭감하려는 노력은 필요하지만, 발라사 · 사무엘슨 효과에 의한 물가 상승효과를 상쇄하기 위해 재정적자삭감을 실시할 필요는 없다. 이 정책은 경제성장을 희생하지 않아도 되므로 중장기적인 경제성장을 최대화한다는 관점에서 가장 바람직한 결론이 된다. 물론, 유로도입의 조건이나 도입후의 정책운영에 있어 인플레이션율이나 재정적자의 억제에 관한 속박을 중동유럽에 있어서는 현재의 유로권보다도 약하게 하는 것이 인정되는 것을 전제로 할 수 있다면, 유로를 도입하더라도 발라사 · 사무엘슨 효과에 대응하기 위해 경제성장이 희생되는 것은 아니지만 이 전제는 현실적이지 못할 것이다.

이제까지의 논의에서는 "경제성장을 손상하지 않기 위해서는 유로권과의 소득격차가 충분히 감소할 때까지 유로도입을 기다리는 게 좋다"라는 결론이다. 그러나 유로라는 단일통화의 이점(merit)이 경제성장을 손상시키는 결점(demerit)을 상회하면 유로를 도입하는 것은 바람직하게 된다. 이 단일통화도입의 이점은 단일통화도입에 의한 금융정책의 독립성이나 환율이라는 조정수단을 잃는 비용을 환율변동의 소멸이나 무역거래비용의 감소 등의 편익이 상회하면 생기는 것이며 그것은 최적통화권의 조건을 잘 만족시킬수록 크게 된다.

이상은 경제적 측면으로부터 검토한 경우 유로도입의 시기는 언제가 바람직한가에 대한 논의를 했지만 현실의 유로도입의 결정에는 정치적 의지가 강하게 작용하는 것도 잊어서는 안 된다. 1999년 유로의 탄생은 '워너(Werner)보고' 이후 30여 년간에 걸친 금융협력의 역사의 축적과 유럽통합의 추진에 대한 정치적인 의지의 결과로 실현된 것이다. 이 때문에 경제적 조건을 만족시키고 있는 것보다도, 될 수 있는 한 많은 나라에서 유로를 도입하고 싶다는 정치적 의사가 강하게 작동했다.

마지막으로, 중동유럽의 유로도입의 움직임은 소득격차가 큰 아시아에서의 금융협력추진이라는 과제에 있어 적지 않은 시사점을 주고 있다. 예를 들어, 아시아 역내의 각국 간의 환율의 안정화를 지향한다고 하면, 각국 간의 소득격차로부터 생기는 발라사 · 사무엘슨 효과가 어느 정도의 크기인가를 확인해보는 것은 역내 각국이 서로 금융 · 재정 · 경제정책의 감시(surveillance)를 행하는 경우에 고려할 만한 요인의 하나가 될지도 모른다. 그런 의미에서도 향후 중동유럽의 유로도입문제의 추이를 주의깊게 지켜 볼 필요가 있을 것이다.

2) 통화통합의 편익과 비용

한 나라가 타국의 통화지역에 참가하든지, 타국과 새롭게 통화지역을 형성할 때에는 편익과 비용이 뒤따르며, 각국은 그러한 편익과 비용을 비교하면서 기존의 통화지역에 참가할지, 아니면 타국과 새롭게 통화지역을 형성할지의 여부가 결정된다고 생각할 수 있다.

i) 통화 통합의 편익

통화지역에 참가하는 것 또는 통화지역을 새롭게 형성함으로써 얻어지는 편익으로서 (1) 통화의 유용성 증대, (2) 안정적인 금융정책의 수입, (3) 외환투기의 배제, (4) 준비자산의 절약, (5) 재정정책의 협조의 추진 등이 있다.

첫째로, 복수의 국가들이 하나의 통화지역을 구성하고, 엄격한 고정환율제 내지 공통통화를 채택하는 것에 의한 가장 중요한 편익은 통화의 유용성이 높아지는 것이다. 통화란 경제거래에 있어 경제계산을 단순화시키고, 정보비용을 감소시키는 사회적 편의이다. 엄격한 고정환율제 내지 공통통화 하에서, 교환성을 갖는 통화를 역내거래에 이용함으로써 환리스크를 회피하고 국제무역과 분업의 이점(merit)을 향유하며 효율적인 자원배분을 달성할 수 있다. 계산단위, 지불수단, 가치저장수단으로서의 화폐의 기능은 이러한 통화지역의 지리적 범위가 넓어지면 넓어질수록 향상된다.

둘째로, 자국이 밀접한 경제적 관계를 갖는 외국이 안정적인 금융정책을 실행하고 있는 경우에는 후자의 통화지역에 참가하는 것에 의해 안정적인 금융정책을 수입할 수 있다. 실업률이 상대적으로 높고, 재정적자가 큰 나라는 독자적으로 안정적인 금융정책을 채택하기 어렵기 때문에 통화지역에 참가하여 비인플레이션적인 금융정책을 수입할 수 있다.

셋째로, 통화지역을 형성함으로써 역내에 있어 투기적인 자본이동을 배제할 수 있다. 이것은 금융정책을 운영하는 데 있어 투기요인의 하나가 해소됨을 의미한다. 단, 그것이 가능하기 위해서는 역내에 있어 고정환율의 유지에 대해 민간투자가가 충분한 확신을 갖는 경우이다. 투자가가 그와 같은 확신을 갖고 있지 않는 경우에는 역으로 통화투기가 발생하고 교란적인 사태가 발생할 수 있다. 따라서 투기적인 자본이동의 배제라는 편익을 얻기 위해서는 참가국가들이 통화유지에 서약(commit)하여 민간투자가의 신뢰감을 얻을 필요가 있다.

통화지역의 존속에 관한 신뢰감을 강하게 할 수 있는 명확한 방법은 통화와 중앙은행을 하나로 통합하여 공통통화와 단일중앙은행을 도입하는 것이다. 그것은 참가국가들이 통화지역의 유지에 강한 서약을 하고 있음을 나타내기 때문이다.

넷째로, 통화지역을 구성하는 국가들은 대외준비자산을 최대한으로 활용함으로써 외화를 절약할 수 있다. 역외통화에 대한 외환시장이 확대하기 때문에 대 역외환율의 안정화를 기대할 수도 있다.

다섯째로, 통화지역의 운영은 재정정책의 협조를 필요로 하기 때문에 그것을 더 한층 추진하는 효과를 갖는다.

ii) 통화통합의 비용

통화지역에 참가하거나, 새로이 통화지역을 형성할 때의 비용(기회비용을 포함)으로서는, (1) 금융정책의 독립성의 포기, (2) 재정정책의 자유도 제한, (3) 환율이 갖는 경상수지 조정기능의 포기 등을 들 수 있다.

첫째로, 한나라가 타국의 통화지역에 참가할 때 혹은 복수의 국가들이 새로이 하나의 통화지역을 형성할 때의 최대의 비용은 금융정책상의 독립성을 포기하지 않으면 안 된다는 것이다. 역내에서는 하나의 금융정책 밖에 가능하지 않으며 각국은 역내공통의 단일 금융정책을 받아들이지 않으면 안 된다. 그것은 때에 따라서는 그 나라의 국내균형을 희생시킬 수도 있다.

가령, 역내의 한 나라만이 (−)의 실물쇼크가 발생하여 실업이 증대하는 경우라도 그 나라는 쇼크를 상쇄하여 경제안정화를 꾀하기 위해 독자적인 금융정책을 사용할 수 없다.[14)]

혹은 역내의 (공통의)금융정책이 과도하게 인플레이션적 내지 디플레이션적인 경우에는 역내 각국은 '인플레이션의 수입' 내지 '디플레이션의 수입'이 이루어질 수밖에 없다. 이것들은 통화주권을 포기함으로써 생기는 당연한 귀결이다.

두 번째로, 통화지역 내에 있어서는 그 원활한 운영을 위해 재정정책의 면에서도 일정한 협조가 필요하게 된다. 각국은 타국과 크게 다른 재정상태(재정적자의 규모 등), 세제, 사회보장제도를 유지하는 것이 어렵다. 이것은 통화지역을 구성하는 국가들에 있어서 통화주권의 포기만큼은 아니더라도 재정주권(fiscal sovereignty)이 일정정도 제한되는 것을 의미한다. 또, 통화지역의 유지를 용이하게 하기 위해서는 역내국가들 간에서의 재정이전이 원활하게 이루어질 필요가 있지만, 그것은 반드시 용이한 것은 아니다.

셋째로, 통화지역 내에 있어서는 구성국가들간의 수지불균형의 조정을 환율변동에 맡길 수 없다. 그러나 변동환율제의 경험에 비추어보면 환율의 수지조정효과는 J−커브, 환율로부터 가격으로의 낮은 전가(pass−through), 매몰비용(sunk cost)의 존재에 의한 효과 등에 의하여, 적어도 단기적으로는 그다지 크지 않다.

이상과 같은 세 가지 비용 외에도 통화지역 내의 고성장국은 자본과 기술을 끌어올 수 있지만 저성장국에서는 실업문제가 보다 심각해지는 역내격차의 문제가 지적되고 있다. 그러나 그것은 당장은 재정이전의 시스템을 정비 · 활용함으로써 단기적으로 대응할 수 있다. 장기적으로는 역내에 있어 생산요소의 이동성과 기술의 전파는 충분히 높기 때문에 각국의 경제상태는 시간의 경과와 함께 평준화(smoothing)하는 경향을 갖으며, 역내격차는 점차 해소될 것이다.

이상 검토한 통화지역으로의 참가가 가져다주는 편익과 비용은 정태적인

---

14) 단, 인플레이션과 실업의 상충관계(trade-off)가 작을 때에는 가령, 한 나라에 (−)의 실물쇼크가 발생하더라도 독자적인 금융정책을 채택하는 이점(merit)은 거의 없다. 늘 완전고용에 가까운 상태가 실현되기 때문에, 각국이 포기하는 것은 독자적인 인플레이션율을 설정하는 자유뿐이다. 따라서 통화지역 내의 인플레이션이 안정적이며 낮을 때에는 통화지역에 머무는 경우의 비용은 적다.

것이며, 실제로는 통화지역은 동태적인 과정 중에서 형성되고, 그 지리적 범위의 확대가 누적적으로 편익을 높인다는 '외부성'을 갖는다. 통화지역이 시간이 걸려 형성되고 장기에 걸쳐 유지된다고 하면, 그 존속에 관한 신뢰감이 높아지고, 점차로 편익이 상승하고, 비용이 감소한다.

이처럼 편익의 몇 개는 공공재적인 성격을 갖고, 시간의 경과와 함께 편익은 크게 되지만 — 시간이 경과하여 다수의 나라가 참가하면 할수록 편익은 크게 된다 — 비용은 금융정책의 독립성 포기 등 사적인 성격을 갖는다. 각 나라는 자신에 있어서의 사적인 편익과 비용을 비교 고려하여, 통화지역으로의 참가·형성의 시비를 결정한다고 생각할 수 있지만, 그와 같은 결정은 장기적인 관점에서 본 최적성과 일치한다고 말할 수 없다.

제13장

국제정책협조와 게임이론적 접근

1. 정책협조
2. 국제정책협조의 게임 이론적 분석
3. 국제정책협조의 한계와 문제

1973년 2월부터 주요선진국은 변동환율제로 이행했지만, 당초 변동환율제에 기대되었던 격리효과(insulation effect)는 충분히 발휘되지 않고 각국의 거시경제정책의 자립성은 확보되지 않았다.

오히려 현실은 각국 간의 상호의존 관계가 높아지면서 국제적인 파급효과를 생각하지 않고서는 한 나라의 정책결정이나 그 효과를 논의하는 것이 거의 불가능 하게 되었다. 따라서 세계경제의 과제를 해결하는 데는 어떤 형태로서의 국제적인 정책협조가 필요하게 된다. 이하 최근 관심을 모으고 있는 정책협조에 대해 기본적인 내용을 정리해 보자.

1. 정책협조

우선 정책협조란 무엇인가? 다양한 의미로 쓰이지만 일반적으로는 1985년 9월의 플라자(Plaza)합의 이후에 행해진 주요 선진국 간의 거시정책 상호 조정으로 생각하면 된다. 그것은 변동환율제 하에서 각국의 상호 의존관계가 높아지면서 외국으로부터의 교란내지 파급효과가 강하게 되고 그 결과 각국의 거시경제정책의 유효성이 감소한 것으로 생각할 수 있다. 따라서 각국은 협조에 의해 파급효과를 내부화하여 정책효과의 유효성을 높이려는 것이다. 정책협조가 이루어지기 위해서는 몇 가지 조건이 만족되지 않으면 안 된다.

첫째로, 당사국이 상호 의존관계에 있어야 한다. 결국, 정책효과의 국제적인 파급이 존재해야 한다는 것이다. 이것은 정책협조가 이루어지기 위한 전제조건이다. 일반적으로 한 나라의 목표변수가 타국의 정책변수에 의존하는 경우 양국 사이에 상호 의존관계가 있다고 생각할 수 있다.

둘째로, 그와 같은 전제조건 위에 협조할 만한 정책변수, 협조의 규칙 및 협조에 의해 달성될 수 있는 목표변수가 명확해야 한다. 그리고 한 나라의 정책변수가 타국의 목표변수에 미치는 영향의 크기나 방향 등에 대해 상당히 정확한 지식을 필요로 한다. 일반적으로 목표변수에는 환율, 실업률, 인플레이션율 등의 거시지표가, 또 정책변수에는 재정정책이나 금융정책 등을 생각할 수 있다.

세 번째로 당사국 모두에 있어 정책협조를 하지 않은 경우보다도 바람직하지 않으면 안 된다. 그러기 위해서는 정책협조의 해(解)가 비협조 해보다 뛰어나고, 그 이익이 정책협조에 참가한 나라가 보다 더 나은(better off) 형태로 배분되지 않으면 안 된다. 이상, 첫 번째 조건은 상호 의존성이 높아짐에 따라 만족된다고 하더라도 두 번째, 그리고 세 번째 조건은 반드시 만족된다고 말할 수는 없다.

(1) 국제협조에 관한 초기의 연구

경제정책의 목표가 복수(예를 들어 두 개)인 경우에는 적어도 유효한 정책수단은 동수(두 개)가 되지 않으면 안 된다. 한 정책수단이 한 목표를 달성할 때 다른 목표가 달성된다는 것은 우연에 지나지 않기 때문이다. 또 어느 목표에 어떤 수단을 할당할 것인지에 있어 수단이 비교우위를 갖는 목표에 할당해야 한다. 할당을 잘못하면 한 수단으로서 한 목표를 달성하려고 할 때 다른 목표가 멀어져 버린다. 다른 수단으로 되돌릴 수가 없기 때문이다.

정책당국은 경제후생을 고려하여 고용수준 · 물가수준이라든가 경상수지 · 국제수지 등에 대해 목표를 갖고 있다. 해외로부터의 소득이 변하지 않는다면 국민소득수준이 증대하면 실업은 감소하고, 잠재적 생산력을 뛰어넘어 증대하면 인플레이션율이 높게 된다. 통상, 중요한 정책목표의 하나로 실업 · 인플레이션율이 작은 (혹은 바람직한) 국민소득수준이 달성되는 상황을 '국내균형' 혹은 '대내균형'이라 부른다.

한편 경상수지는 한 나라의 대외순자산의 변화를 나타내며 계속되는 적자는 채무의 누적을 가져오며 변제시의 부담을 가중시킨다. 흑자국에서는 국내지출이 억제되고, 필요이상으로 채권이 누적된다. 결국 이시점간(異時點間)의 생활수준의 격차를 줄이고, 국제간의 결제를 원활히 하기 위해서는 경상수지는 적절한 수준에 있어야 한다. 이것이 달성되는 상황을 '국제균형' 혹은 '대외균형'이라 부른다. 이하 복수의 목표를 달성하기 위한 수단의 조합(policy mix)을 생각해 보자.

1) 틴버겐(Tinbergen)의 원칙

국제균형과 국내균형을 동시에 실현하는 것이 정책목표라 하자. 재정지출을 증대시켜 국내균형을 달성하더라도 수입증가에 의해 국제수지가 악화한다. 국제균형을 실현하기 위해서는 적어도 또 하나의 정책수단이 필요하다. 가령 긴축금융정책에 의해 이자율이 상승하면 자본이 유입되고 국제수지가 개선된다. 완전고용과 국제균형을 동시에 달성할 수 있는 가능성이 생긴다. 이처럼 독립된 정책목표의 수와 적어도 동수의 유효하면서(effective) 동시에 서로 독립적인(independent) 정책수단이 필요하게 된다. 이것을 틴버겐의 원칙(Tinbergen's principle) 혹은 틴버겐의 정리라 한다.

2) 먼델(Mundell)의 원칙

국내균형과 국제균형의 동시달성을 위해 국내 균형목표에 화폐공급량, 국제균형목표에 재정지출을 사용하는 할당(assignment)을 해보자. 이러한 재정·금융정책이 서로 독립적이면서 유효하다고는 하더라도, 틴버겐의 원칙만으로서 목표가 동시에 달성되는 것은 아니다. 재정지출의 확대(축소)는 국민소득의 증대(감소)와 국제수지의 악화(개선)를 가져오며, 화폐공급의 증대(감소)는 이자율 하락(상승)을 통해 국민소득의 증대(감소)와 국제수지의 악화(개선)를 가져온다. 이제 국제균형이 이루어졌을 때 재정지출확대(축소)가 행해지면 국제수지는 악화(개선)되버리기 때문에 균형을 회복하기 위해서는 화폐공급을 감소시켜 이자율을 인상시킴으로써 자본유입을 증가시켜야 한다. 즉, 가로축에 재정지출, 세로축에 화폐공급으로 묘사된 [그림 13-1]에 있어서, 국제균형을 유지하는 재정지출과 화폐공급의 조합을 나타내는 곡선 BB는 우하(右下)향 하게 된다. 경제가 국제균형선 BB곡선 상에 있을 때 재정지출을 어느 한 수준에서 그대로 두고 화폐공급을 증가시키면 이자율의 하락으로 자본유출이 생기면서 국제수지는 적자가 된다. 따라서 BB곡선의 우측에서는 국제수지는 적자가 되고, 마찬가지

그림 13-1 policy mix

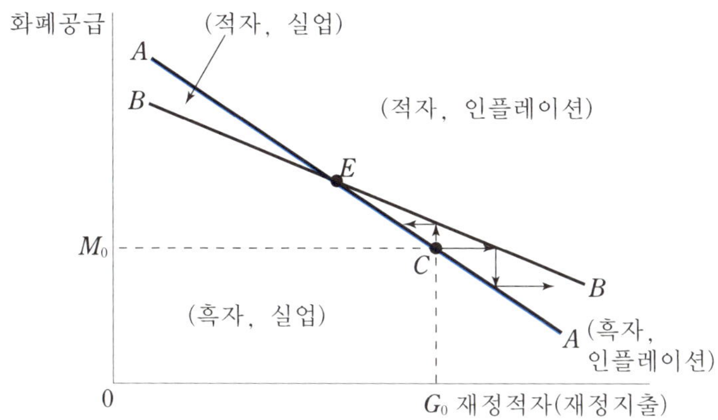

로 좌측에서는 흑자가 된다.

한편, 재정지출의 확대는 상품수요의 증대, 즉 초과수요를 가져오며, 국내균형을 회복하기 위해서는 화폐공급을 감소시켜 이자율을 인상시키고 투자를 감소시켜야 한다. [그림 13-1]에서 *AA*곡선은 국내균형을 가져다주는 재정지출과 화폐공급의 조합을 나타내며 *BB*곡선과 마찬가지로 우하(右下)향하는 곡선이 된다.

경제가 대내균형선 *AA*곡선 상에 있을 때 재정지출을 어느 한 수준에서 그대로 두고 화폐공급을 증가시키면 이것은 이자율의 하락, 유효수요의 증가를 통해 경제에 인플레이션적(inflationary)인 경향이 나타나게 된다. 따라서 *AA*곡선의 우측에서는 인플레이션, 마찬가지로 좌측에서는 실업(deflation)현상이 나타나게 된다.

[그림 13-1]에서 국내균형과 국제균형의 두 개의 목표의 동시에 달성되는 점은 교점 *E*가 된다. 정책당국이 *E*점을 알고 있다면 목적을 동시에 달성하는 것은 용이하겠지만, 재정당국과 금융당국이 서로의 정책수준에 대해 지식이 없는 경우, 혹은 목표가 한 번에 달성되지 않고 시행착오를 거치면서 *E*점으로 접근하려는 경우에는 어느 목표에 어느 수단을 할당할 것인지의 문제가 생긴다.

우선, 재정지출은 G_0, 화폐공급은 M_0라 하고 국내균형은 만족된다고 하자(*C*점). *C*점에서 국제수지는 흑자이므로 재정지출을 확대해야 하지만, 그 경우

인플레이션이 된다. 국내균형을 위해 화폐공급을 감소시키면 다시 국제수지는 흑자가 된다. 이 과정은 되풀이되어도 결코 균형점 E는 달성될 수 없다. 이제 역의 할당을 해보자.

G_0, M_0의 수준에서 존재하는 국제수지의 흑자에 대해서 화폐공급을 증가시켜 이자율을 하락시키면 투자는 증가하며, 자본유출로 인해 국제수지는 균형이 된다. 그러나 투자의 증가로 인플레이션이 생기고, 그 대책으로서 재정지출을 감소시키면 국제수지는 다시 흑자가 된다. 그러나 이번에는 균형점 E로 접근한다. 즉, 재정정책을 국내균형에, 금융정책을 국제균형에 할당(assignment)하는 경우에 균형이 달성된다. 이 할당방법을 먼델의 원칙, 먼델의 정책 할당원리(policy assignment rule), 혹은 유효시장구분의 원칙(principle of effective market classification)이라 부른다.

한편, [그림 13-1]에서 국내균형직선이 국제균형직선보다도 기울기가 가파르게 묘사되어 있는 이유는 다음과 같다. 재정지출을 한 단위 증가시켰다고 가정하자. 국내균형을 유지하는 데에는 투자를 한 단위 감소시키지 않으면 안 되며, 그것은 이자율의 상승(가령 2%), 따라서 화폐공급을 감소(가령 두 단위)시켜야 한다. 한편, 재정지출이 증가할 때 이자율을 2% 상승시키게 되는 화폐공급 두 단위의 감소는 국민소득을 변화시키지 않기 때문에 수입은 변화하지 않지만 이자율 상승에 의해 외국으로부터 자본이 유입된다. 따라서 국제균형을 유지하는 데는 화폐의 감소는 두 단위보다 작게, 이자율의 증가는 2% 이하로 국민소득을 증가시켜야 한다. 그 때문에 국내균형직선의 기울기는 가파르고 국제균형직선의 기울기는 완만해짐을 알 수 있다.

결국은 자본의 이자율탄력성이 높으면 높을수록 국제균형직선은 수평선에 가까워지며, 국내균형직선은 이자율보다는 소득에 더 큰 영향을 받기 때문에 국내균형직선은 국제균형직선보다 상대적으로 가파르게 된다. 따라서 재정정책은 국내균형에 있어서는 상대적으로 강하게, 국제균형에 대해서는 상대적으로 약하게 작용하며, 역으로 금융정책은 국제균형에 대해서는 상대적으로 강하게, 국내균형에 상대적으로 약하게 작용한다. 결국 재정정책이 국내균형에 비교우위를 갖으며, 금융정책이 국제균형에 비교우위를 갖는 경우이며, 정책할당이 비교우위에 따른다면 안정적이지만, 비교열위에 따라 할당되면 불안정하게 됨을 알 수 있다. 정책의 비교우위가 없는 경우에는 균형점은 존재하지 않든지

(직선 *AA*와 *BB*가 평행), 무수히(양직선이 겹치는) 존재하게 된다.

(2) 경제정책의 국제협조

국제간 자본이동이 자유로이 이동하는 환경 하에서는 환율안정과 금융정책의 자립성의 확보라는 두 개의 목표가 양립하지 않는(개방경제하의 trilemma) 것이 국제통화제도 개혁의 문제를 지극히 복잡하게 하는 것이다.

환율의 안정을 목표로 하면 각국은 금융정책을 협조하도록 요구된다. 이런 의미에서 고정환율제는 국제정책협조의 극단적인 형태에 지나지 않는다. 역으로 이야기하면 각국이 독자적으로 정책을 행하는 이상 환율은 필연적으로 불안정하게 될 수밖에 없다. 변동환율제가 당초 예상대로, 만일 각국이 채택한 정책의 결과가 환율의 변동에 의해 흡수되고 환율의 변동이 타국에 영향을 미치지 않는다면, 각국은 정책의 자립성을 유지할 수 있을 것이다. 그러나 실제로는 변동환율제하에서의 한 나라의 금융 · 재정정책은 환율을 통해 타국의 경제변수에도 영향을 미친다. 또 경제정책이 상호 의존의 관계에 있는 상황에서는 각국의 정책이 일종의 '게임 이론적' 상황에 놓이게 되고, 각국이 협조적인 정책운영을 행함으로써 비협조적인 경우보다도 보다 바람직한 성과를 올릴 가능성이 있다.

우선 변동환율제에서 한 나라의 경제정책이 타국의 경제변수에 미치는 영향을 고찰해 보자

1) 재정정책의 영향

[그림 13-2]는 자국이 확장적인 재정정책을 취하는 경우의 영향을 나타내고 있다(외국의 경제변수는 *표시).

초기에 양국의 경제는 *A*점에서 균형 됐다고 하자. 단 양국의 경제규모는 동일한 것으로 한다. 자국의 재정확장은 *IS*곡선을 우측으로 이동시킨다. 이 결과 자국의 소득은 증가하고 자국 금리도 상승한다. 자국의 소득증가는 외국으로부터의 수입도 증대시키기 때문에 외국의 *IS*곡선을 이동시켜 외국의 소득을 증가시킨다. 단, 외국재에 대한 수요는 자국의 소득증가의 결과 발생한 수요이기 때문에, 외국에 있어서 *IS*곡선의 이동은 자국에 있어서 *IS*곡선의 이동보다

그림 13-2 확장재정정책의 영향

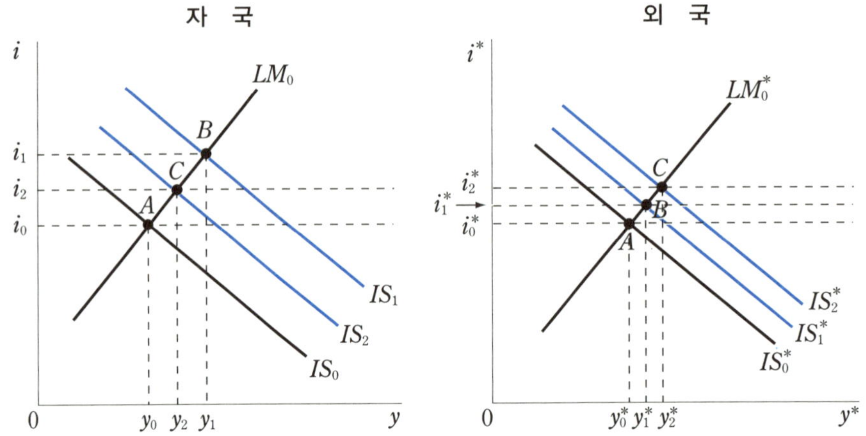

도 작다. 외국의 소득증가는 다시 외국의 수입 즉 자국의 수출을 확대시켜, 자국의 소득을 더욱 증가시킨다. 이와 같은 과정의 결과 자국의 *IS*곡선은 IS_0로부터 IS_1까지, 외국의 *IS*곡선은 IS_0^*에서 IS_1^*까지 각각 이동시켜, 양국의 경제는 *B*점으로 이행한다. 정책을 실시하고 있지 않은 외국의 소득도 증가하지만 이것에 의해 자국의 소득도 더욱 증가하는 것이 된다. 두 나라 사이에서 나타나는 이와 같은 정책효과를 확산효과(spill-over effect)라 부른다.

단, *B*점은 양국에 있어 최종적인 균형이 아니다. 자국 금리에 격차가 존재하는 한, 자본의 이동이 발생하기 때문이다. 상대적으로 금리가 높은 자국에서는 자본이 유입되어 국제수지는 흑자가 된다. 반대로 상대적으로 금리가 낮은 외국에서는 자본이 유출되고 국제수지는 적자가 된다. 국제수지의 흑자는 자국통화의 가치를 상승시키기 때문에 수출재의 상대가격을 상승시켜 자국의 수출재에 대한 수요는 감소한다. 따라서 일단 IS_1까지 이동한 *IS*곡선은, 가령 IS_2까지 이동할 것이다.

한편, 외국의 통화는 가치가 하락하기 때문에 외국의 수출재에 대한 수요는 증가하고 *IS*곡선을 우측이동시킨다. *IS*곡선의 움직임을 양국의 금리수준이 같아질 때($i_2=i_2^*$)까지 계속되기 때문에 양국의 최종적인 균형점은 *C*점이 된다. 원래의 *A*점과 비교하면 *C*점에서는 양국에서 소득이 증가하고 있음에 주의할 것이다. 변동환율제 하의 재정정책은 양국의 소득을 확대시킨다. 이상의 논의는 외국이 재정지출을 확장하는 경우와 같다.

2) 금융정책의 영향

[그림 13-3]은 자국이 화폐공급량을 증가시키는 경우를 나타낸다. 양국의 경제가 원래 A점에서 균형상태에 있다고 하자. 화폐공급량의 증가는 자국의 *LM*곡선을 우측으로 이동시킨다. 이 결과 국내금리는 하락하고 자국의 소득을 증가한다. 자국의 소득 증가는 외국으로부터의 수입도 증대시키기 때문에, 외국의 *IS*곡선도 우측으로 이동시키게 된다. 이와 같은 과정의 결과, 자국의 *LM*곡선이 LM_0로부터 LM_1으로, 외국의 *IS*곡선은 IS_0^*로부터 IS_1^*까지 각각 이동시키고, 양국의 경제는 *B*점으로 이행한다. 그러나 *B*점은 최종적인 균형이 아니다. 양국의 국내금리에 격차가 생기기 때문이다. 상대적으로 금리가 낮은 자국에서는 자본이 유출되고 국제수지는 적자가 된다. 반대로 상대적으로 금리가 높은 외국에서는 자본이 유입되고 국제수지는 흑자가 된다. 국제수지의 적자는 환율을 상승시키기 때문에 자국의 수출재의 상대가격을 하락시켜, 수출재에 대한 외국의 수요를 증가시킨다. 따라서 자국의 *IS*곡선은 우측으로 이동한다. 한편, 외국에서는 통화의 가치가 상승하기 때문에 외국의 수출재에 대한 수요는

그림 13-3 금융완화정책의 영향

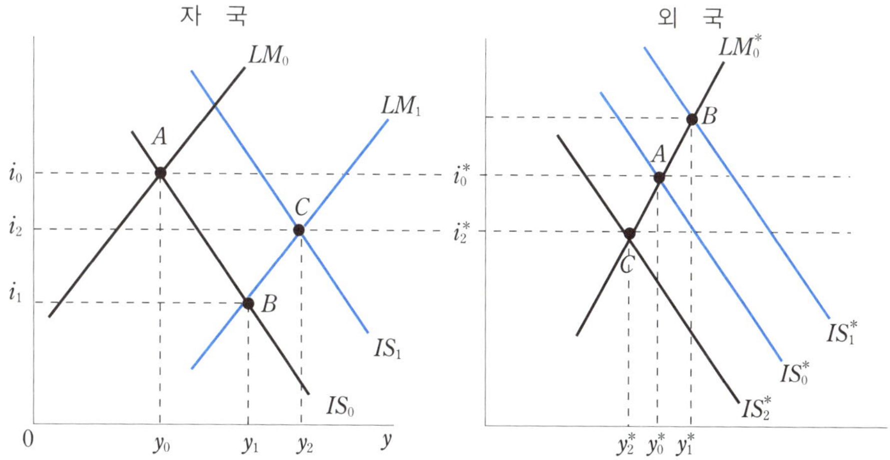

감소하여, 일단 이동한 *IS*곡선을 다시 좌측으로 이동시킨다. 이러한 움직임은 양국의 금리수준이 같게 될 때까지($i_2=i_2^*$) 계속되기 때문에, 양국의 최종적인 균형은 *C*점이 된다. 그런데, 세계적인 금리수준은 원래의 수준보다(i_0^*로부터 i_2^*로) 하락함을 주의해야 한다. 여기에서는 자국의 경제규모가 상대적으로 크다고 가정하고 있기 때문에 자국의 금융완화정책은 세계적인 금리수준을 하락시킨다. 따라서 외국에 있어 최종적인 균형은 원래의 균형인 *A*점보다도 왼쪽으로 위치하게 된다. *C*점에서는 자국의 소득은 y_0로부터 y_2로 증가하지만, 외국의 소득은 y_0^*로부터 y_2^*로 감소한다. 만일, y_2로 이행하여 자국이 완전고용수준을 달성할 수 있다면 자국으로서는 바람직한 결과일 수 있지만, 이러한 결과는 외국에 있어 소득의 축소라는 희생위에서 성립한다. 이런 의미에서 변동환율제하에서의 금융완화정책은 근린궁핍화정책(近隣窮乏化政策, beggar-thy-neighbor policy)이 될 가능성이 있다. 즉 한 나라의 수출(수입)증가는 그 나라에 있어 총수요의 증가(감소)를 의미하기 때문에, 그 나라의 고용량을 증가(감소)시킨다. 한 나라의 수출증가는 다른 나라의 수입증가를 의미하기 때문에, 한 나라가 수출을 증가시켜 고용을 확대하려고 한다면 수출상대국에 실업을 수출하는 것이 되며 이것이 실업의 수출(export of unemployment)이며, 이것을 근린궁핍화정책이라 부른다. 이 때문에 상대국도 같은 정책으로 보복을 하게 되고 국제경제관계가 악화되기 쉽다. 제2차 세계대전 전의 평가절하 경쟁, 수입제한 경쟁은 그 전형이다.

이상의 분석에서는 물가가 변화하지 않는 상황을 설정했다. 물가의 변동을 고려하면, 금융완화정책에 의한 자국통화의 가치하락은 외국으로부터의 수입재가격을 상승시키고, 나아가 국내재가격과 수입재가격의 가중평균인 물가수준도 상승시킨다. 한편, 외국통화의 가치 상승은 외국에서 보면 수입재가격의 하락을 의미하기 때문에, 외국의 국내물가수준을 하락시키는데 공헌한다. 역으로, 자국이 금융긴축정책을 채택하는 경우에는 외국통화는 가치하락(자국통화는 가치상승)하고, 수입재가격의 상승을 통해 외국의 물가수준을 상승시킨다.

환언하면, 금융정책을 긴축의 방향으로 이끌고 가면, 자국통화의 가치상승을 통해 국내 인플레이션의 억제를 꾀할 수 있다. 이와 같은 정책도 외국의 인플레이션율의 상승이라는 희생위에서 자국의 경제후생을 높인다는 일종의 근린궁핍화정책에 다름 아니다.

3) 정책협조의 필요성

상술한 바와 같이, 각국의 거시경제정책이 국제적 파급효과를 갖는 경우에는 각국이 비협조적으로 행동한다면, 결국 상대국의 정책을 주어진 것으로 하여 자국이 최적이 되도록 행동하면, 국제적으로 바람직하지 않은 상황이 생길 수 있으며, 만일 양국 모두 협조적으로 정책을 운영하면 국제적으로 바람직한 파레토(Pareto)최적인 상황에 도달할 수도 있다.

결국 국제적 파급효과가 있는 경우에는 협력해(解)는 비협력해보다 국제적으로 보아 바람직하다고 말할 수 있다. 그러나 각국의 입장에서 보면 비협조해(가령 내쉬균형, Nash equilibrium)가 나을 수도 있지만 그와 같은 경우에는 정책협조가 실현되지 않는다. 한편으로, 정책협조 반대론의 근거가 되는 것이 앞서 설명한 먼델의 '정책할당' 론이다. 한 나라의 정책변수가 그 나라의 목표변수에 미치는 효과(자기효과, own-country effect)에 비해, 그것이 타국의 목표변수에 미치는 효과(교차효과, cross-country effect)는 지극히 작다. 따라서 먼델의 '정책할당' 론으로부터 보면 각국의 정책수단은 그 나라의 정책목표에 할당되고 각국은 비협조적인 정책운영을 하게 된다.

또한 주권국가로서 세계의 파레토최적의 실현을 위해 자국의 정책목표의 달성을 희생시킬 수는 없으며, 따라서 정책협조가 불가능할 수도 있다. 반면에, 협조해가 달성가능하더라도 많은 협조해 중에서 어떤 해(계약 곡선상의 어느 점)를 실현시킬 것인가에 대해 합의를 이루는 것도 반드시 쉬운 일은 아닐 것이다. 이처럼 정책협조에는 한계가 있지만 1985년 이후의 플라자(Plaza)합의 이후 선진국간의 정책협조는 더욱 진전되고 있는 양상이다. 물론 그것은 써미트(Summit)나 G7(Group of Seven) 등을 통한 완만한 형태의 정책협조라고는 하나, 상호 의존관계가 심화되어가는 가운데, 향후 정책협조의 필요성이 더욱 높아질지언정 감소하지는 않을 것이다.

이제, 상호 의존 하에서의 정책협조의 필요성을 간단한 모델로 생각해 보자. 이제 자국과 외국(*를 붙임)이 있으며, 양국의 효용(후생)함수는 물가상승률($\dot{P}$)과 실업률(u)의 함수로 한다. 이 물가상승률과 실업률이 목표변수이고, 그것은 정책변수, 금융(금리)정책(i)의 함수라 하자. 외국의 효용함수 W^*는

$$W^* = W^*(\dot{P}^*,\ u^*) = W^*[\dot{P}^*(i, i^*),\ u^*(i, i^*)]$$

로 나타난다. 여기에서 $\partial\dot{P}^*/\partial i$는 자국의 이자율이 하락하면 외국통화의 가치가 상승되고 외국의 인플레이션율은 하락하기 때문에, 그 부호는 (+)이다. 또 $\partial u^*/\partial i$는 자국의 이자율이 하락하여 자국의 경기가 좋아지면, 외국의 수출이 신장되기 때문에, 외국의 실업률은 하락한다. 따라서 그 부호는 음(−)이다. 다음으로, $\partial W^*/\partial\dot{P}^*$는 외국의 인플레이션율이 하락하면, 외국의 효용은 높아질 것으로 생각할 수 있으므로, 부호는 음(−)이고, $\partial W^*/\partial u^*$는 외국의 실업률이 하락하면, 외국의 효용은 높아질 것으로 생각할 수 있으므로 부호는 음(−)이다. 따라서 i^*가 일정할 때 자국이 i를 인하하는 금융완화 정책을 취하면, 그것은 외국의 효용을 높여준다. 한편, i가 일정할 때 i^*를 인하하면, 외국은 인플레이션이 되고, 수출은 어렵게 되며 실업률은 올라간다. 외국의 인플레이션율과 실업률이 올라가면, 외국의 효용은 감소할 것이다. 따라서 i의 인하에 의한 외국의 효용의 상승은, i^*의 인하에 의해 그 효용을 인하함으로써 비로소 원래의 효용수준으로 돌아올 수 있다. 결국 i를 인하했을 때에 외국의 효용수준을 일정하게 유지하기 위해서는 i^*도 인하하지 않으면 안 된다.

[그림 13-4]에서 가로축(세로축)은 외국(자국)의 이자율로서, 右(上)로 갈수로 이자율이 하락함을 나타낸다. 또 W^*곡선은 외국의 효용수준을 일정하게 유지하는 양국의 금융정책의 조합의 궤적(후생무차별곡선)이다. i^*일정 하에서 i가 하락하면, 외국의 효용은 높아지기 때문에 위쪽으로 위치하는 후생무차별곡선일수록 외국의 경우 보다 높은 효용수준을 나타낸다. 자국의 효용함수도 외국과 마찬가지로 양국의 금융정책에 의존한다면 [그림 13-4]에서 W곡선이 된다. 그것은 우측으로 위치할수록 자국으로서는 보다 높은 효용수준을 가져다준다.

초기에 자국의 이자율이 i_n으로 주어지면, 외국은 이자율을 i_n^*으로 하여 효용수준을 최대로 한다. 마찬가지로 자국도 외국의 이자율이 i_n^*이면, 이자율을 i_n으로 함으로써 효용수준을 최대로 한다. 따라서 양국의 내쉬(Nash)균형은 N점이다. 각국은 각각 상대국의 금융정책을 주어진 것으로 하여 효용수준을 최대화하는 것이다. 이것이 앞서 얘기한 비협조해이며 각각 W와 W^*의 효용수준에 도달할 수 있다. 그러나 양국의 후생무차별곡선이 이와 같은 형상을 취하고 있으면, N점의 우상(右上)방향으로 양국의 효용이 보다 높게 되는 영역이 존재

그림 13-4 확장재정정책의 영향

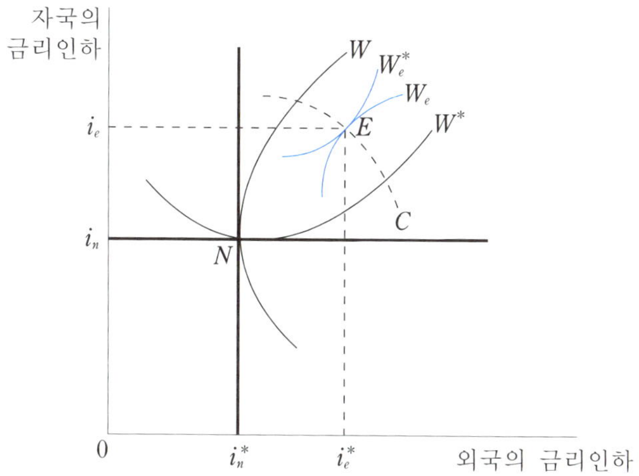

한다. 만일 양국이 협조하여 금리를 i_e와 i_e^*로 인하하면, 각각 W_e와 W_e^*의 효용수준에 도달할 수 있다. 이것은 양국의 금융완화정책이 양(+)의 파급효과를 발휘하는 것에 의해, 서로 효용을 높이기 때문이다. 정책협조를 하지 않으면 W와 W_e^*에 머무르기 때문에 이 경우 협조의 이점(merit)은 분명하다. 이것이 정책협조찬성론의 근거다. 그러나 곡선 C는 협조해의 궤적이며, 문제는 이 협조해 중에서 어느 점을 실현시키느냐에 대한 합의를 도출하는 것은 용이한 일이 아니다. 따라서 협조해가 비협조해보다도 뛰어나지 못하다는 것은 충분히 있을 수 있다. 정책협조가 실제로 성공하기 위해서는 효용함수와 정책효과의 방향이나 크기 등에 대해 많은 정보가 필요함을 알 수 있다.

2. 국제정책협조의 게임이론적 분석

상술한 분석을 보다 상세히 보기 위해 구체적인 개방거시(open macro)경제모델을 이용하여 변동환율제 하에 있어서 금융정책의 결정에 대해 고찰하도록 하자.

(1) 2국모델

우선 아래의 (13.1)식부터 (13.4)식으로 나타난, 실질국민소득 y와 일반물가수준 P에 관한 간단한 유도형 개방거시경제모델을 설정해 보자. 모델은 경제의 규모 및 구조가 같은 대칭적인 자국과 외국의 두 나라로부터 구성되는 세계경제모델이며 내생변수 y 및 P는 장기적으로 바람직한 수준으로부터의 괴리로서 측정이 되고, 명목통화 공급량 m및 외생적 쇼크(shock) v에 의해 결정되는 것으로 한다. 모델은 다음과 같이 나타낼 수 있다.

$$y = a_1 m + a_2 m^* + a_3 v + a_4 v^* \tag{13.1}$$

$$y^* = a_1 m^* + a_2 m + a_3 v^* + a_4 v \tag{13.2}$$

$$P = b_1 m + b_2 m^* + b_3 v + b_4 v^* \tag{13.3}$$

$$P^* = b_1 m^* + b_2 m + b_3 v^* + b_4 v \tag{13.4}$$

위 식에 있어서 (*)가 없는 변수는 자국, (*)가 있는 변수는 외국의 변수를 표시하고 있다. 또한 계수 a_i 및 $b_i (i=1, 2, 3, 4)$는 경제구조로부터 결정되는 정수(定數)이다. 위 식과 같은 모델의 큰 특징은 각국의 실질국민소득 및 물가수준이 자국의 통화 공급량뿐만 아니라 외국의 통화공급량에도 의존하고 있다는 것이다. 결국, 각국의 경제정책은 국제적으로 파급하며, 세계경제에 있어 경제정책의 상호 의존관계가 상정되고 있음을 보여준다. 위의 식과 같은 유도형의 경제모델을 고려하는 이유는 많은 형태(type)의 거시모델을 위 식과 같은 형태로 귀착시킬 수 있기 때문이다. 가령 표준적인 거시경제학의 교과서에서 설명되고 있는 소위 먼델 · 플레밍 모델은 위 식의 형태를 쓸 수 있으며, 그 때의 각 계수의 부호는 a_1 및 b_1이 양(+), a_2 및 b_2가 음(−)이 된다.

(2) 정책당국의 목적과 국제금융정책 개입

각 당국은 (13.1)식으로부터 (13.4)식으로 나타난 경제구조 하에서 스스로의 통화공급량을 선택하는 것에 의해 경제후생의 최대화를 꾀하는 것으로 한다. 자국 및 외국의 경제후생이 각각 다음과 같은 2차식의 사회적 후생함수로 나타내기로 한다.

$$\text{자국}: u = \gamma y^2 - (1-\gamma)P^2 \tag{13.5}$$

$$\text{외국}: u^* = \gamma y^{*2} - (1-\gamma)P^{*2} \tag{13.6}$$

즉, 각국의 경제후생은 실질국민소득과 일반물가수준이 각각 바람직한 수준으로 가깝게 안정화되면 될수록 높아진다고 가정하는 것이다. 한편 γ, $1-\gamma$는 각각 경제후생에 있어서 실질국민소득의 안정화와 일반물가수준의 안정화의 상대적 중요성을 나타내는 가중치(weight)다.

이제, 자국 및 외국에 공급 쇼크(supply shock) 등의 외생적 쇼크(u 및 u^*)가 발생했다고 하자. 이러한 쇼크는 실질국민소득과 일반물가수준을 바람직한 수준으로부터 괴리시키기 때문에 자국 및 외국의 정책당국은 쇼크의 영향을 없애기 위해 금융정책을 사용하여, 위식에서 나타나는 경제후생의 최대화를 꾀하려고 한다. 이 때, 양국의 당국이 설정한 정책에 따라 각국의 경제후생이 결정되지만 국제적인 상호 의존관계가 존재하기 때문에 각국의 경제후생은 자신의 정책만이 아니라 상대국의 정책에도 의존한다. 이와 같은 각국의 경제후생이 양국의 금융정책의 자세에 의존하고 있는 상황을 나타낸 것이 [그림 13-5]다.

[그림 13-5]에서는 가로에 m, 세로축에 m^*를 취한 평면상에 자국 및 외국

그림 13-5 각국의 금융정책과 경제후생의 관계

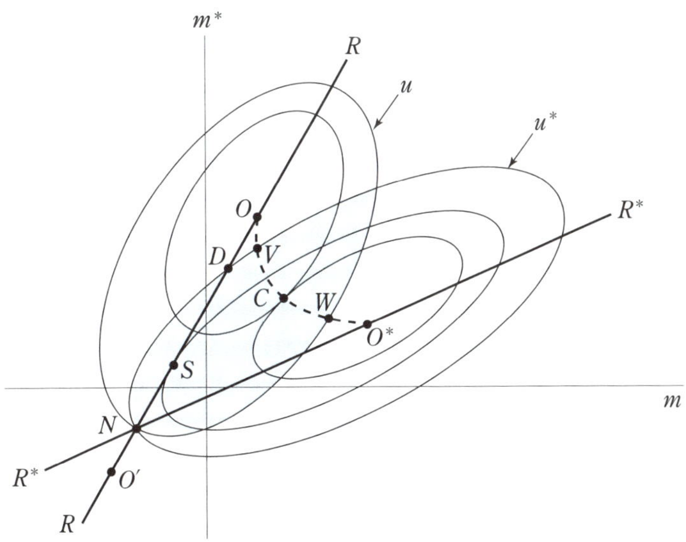

의 경제후생을 O점 및 O^*점을 중심으로 하는 무차별곡선(타원)에 의해 나타나 있다. O점 및 O^*점은 각각 자국 및 외국에 대해 최대의 경제후생을 가져다주는 통화공급량의 조합이다. 또 각국의 경제후생은 O점 및 O^*점으로부터 벗어날수록 낮게 된다. 이하 [그림 13-5]을 이용하여 양국의 정책당국의 정책결정의 방법으로 각국이 스스로의 이익만을 추구하여 통화공급량을 설정하는 비협력게임과 각국이 세계전체의 이익이 최대가 되도록 통화공급량을 설정하는 협력게임을 비교한다. 전자가 국제정책협조가 이루어지지 않는 경우에 해당하고, 후자가 국제정책협조가 이루어지는 경우에 해당된다.

(3) 국제금융정책게임

1) 비협력게임

i) 내쉬게임(Nash game)

비협력게임의 대표적인 내쉬게임이란 게임의 참가자(player)가 상대의 행동이 변하지 않는다는 것을 전제로, 동시에 전략변수를 설정하는 비협력게임이다. 내쉬게임에 있어서는 각국의 정책당국은 상대국의 통화공급량은 주어진 것으로 하고, 스스로의 경제후생을 최대화하도록 통화공급량을 선택하는 것이 된다.

즉, 자국 및 외국의 정책당국은 각각 m 및 m^*을 주어진 것으로 하고, (13.5)식과 (13.6)식으로 나타나는 u, u^*가 최대가 되도록 m 및 m^*을 결정하는 것이 된다. 이처럼 결정되는 각국의 통화공급량은 아래와 같은 관계를 만족시켜야 한다.

$$m = -\frac{c_2}{c_1}m^* - \frac{c_3}{c_1}v - \frac{c_4}{c_1}v^* \tag{13.7}$$

$$m^* = -\frac{c_2}{c_1}m - \frac{c_3}{c_1}v^* - \frac{c_4}{c_1}v \tag{13.8}$$

단, $c_j = \gamma a_1 a_j + (1-\gamma) b_1 b_j, \qquad j = 1, 2, 3, 4$

상기 두 개의 식은 각각, 상대국의 통화공급량에 대해 해당국이 어떤 수준에서 통화공급량을 설정하면, 최대의 경제후생을 얻을 수 있는지의 관계를 나타내며, 각각 자국 및 외국의 반응함수(reaction function)에 다름 아니다(이 반응함수의 기울기의 부호는 일반적으로 명확하지 않다. 과점이론의 표현을 빌리면 반응함수의기울기가 양(+)($-\frac{c_2}{c_1}>0$)인 경우에는 양국의 통화량은 전략적 보완관계(strategic complements), 기울기가 음(−)($-\frac{c_2}{c_1}<0$)인 경우에는 전략적 대체관계(strategic substitutes)이라 한다).

이처럼 유도된 각국의 반응함수는 [그림 13-5]에서 자국의 반응함수 RR과 외국의 반응함수 R^*R^*로 나타난다. 여기에서 양국의 정책의 도달점은, 이 두 개의 반응함수의 교점 N으로 나타난다. 이것은 N점이 서로 상대국이 정책을 변화시키지 않는 한 스스로 자신의 정책을 변화시킬 수 있다는 유인(incentive)이 생기지 않는 통화공급량의 조합이며, 그 의미에서 내쉬게임에 있어 균형정책의 조합(내쉬균형)이다. 내쉬균형에 있어서 각국의 경제후생은 N점을 지나는 자국 및 외국의 무차별곡선으로 나타난다. 균형점 N은 일반적으로는 양국의 무차별곡선의 접점이 아니므로 파레토(Pareto)최적인 해가 아님을 알 수 있다.

ii) 스타켈버그 게임(Stackelberg game)

내쉬게임은 자국과 외국의 통화당국이 동시에 통화량을 설정하는 게임인데 반해 스타켈버그 게임은 한 나라의 통화당국이 우선 통화량을 설정하고, 다음에 타국의 통화당국이 통화량을 결정하는 게임이다. 전자는 스타켈버그 선도자(leader), 후자는 스타켈버그 추종자(follower)이다. 스타켈버그 균형을 구하기 위해 자국이 추종자, 외국이 선도자라 가정하자.

양국의 경제규모가 완전히 대칭적인 가정[1)]으로부터 자국과 외국의 입장을 역전시키더라도, 양국의 해와 효용의 값(범위)이 서로 대체될 뿐이며 본질적인 차이는 없다.

구체적으로 스타켈버그 게임이란 다음과 같은 절차에 따라 진행되는 국제금융정책게임이다. ① 외국의 통화당국이 어느 한 특정수준에서 통화량을 설정한다. ② 자국의 통화당국은 ①의 통화량을 관측한 다음 스스로의 통화량을 설정한다.

외국의 통화당국이 ①에서 통화량을 설정할 때에는 자국당국의 통화량의 결정방식을 충분히 고려한 다음 통화량을 설정하게 된다. 따라서 이 게임의 해

1) 앞서의 가정과 마찬가지로 2국모델에서 경제의 구조 및 규모가 같은 대칭적인 자국과 외국을 가정하였다.

를 구하기 위해서는 절차 ②부터 검토할 필요가 있다. 우선, 추종자인 자국은 극대화 문제 (13.5)식을 풀고 그 결과, 반응함수 (13.7)을 제약조건으로 하여, 효용을 극대화시키는 통화량을 설정한다. [그림 13-5]을 이용하여 스타켈버그 균형을 설명해 보자.

외국의 통화당국은 자국당국의 반응함수(*RR*)의 제약 하에서 효용극대화를 꾀하므로 외국의 무차별곡선과 자국당국의 반응함수(*RR*)이 접하는 점 *S*에서 통화량을 설정한다(절차 ①). 외국의 통화당국이 이 수준에서 통화량을 설정하면 자국당국은 자신의 반응함수 (13.7)에 따라 점 *S*에 대응하는 통화량을 설정한다(절차 ②).

일반적으로는 선도자(외국))에게 있어 스타켈버그 균형(*S*)은 내쉬균형(*N*)보다도 높은 효용을 가져다준다. 그러나 추종자(자국)의 경우 스타켈버그 균형(*S*)이 내쉬균형(*N*)보다 높은 효용을 가져다주는지는 확실하지 않다.

[그림 13-5]에서는 자국의 효용이 *S*점에 있어서 *N*점을 상회하는 경우가 묘사돼 있지만 항상 그렇다고는 말할 수 없다. 가령, [그림 13-5]에서 자국당국의 효용이 극대화 되는 점(bliss point)[2]이 *O*가 아니고 점 O'로 주어진 경우에는 자국 당국의 효용은 스타켈버그 균형에 있어 점 *N*(내쉬균형)보다도 낮게 됨을 알 수 있다. 또한 스타켈버그 균형에 있어서는 자국과 외국의 무차별곡선이 교차하기 때문에 파레토최적성은 만족되지 않는다.

이상을 정리하면, 내쉬균형이나 스타켈버그 균형으로 대표되는 비협력게임의 해는 통상 [그림 13-5]에서 계약곡선 $OVCWO^*$상에 위치하지 않기 때문에 파레토적인 의미에서 결코 효율적이 아니다.

2) 협력게임

양국의 정책당국이 세계전체의 이익이 최대가 되도록 통화량을 설정하는 협력게임의 경우에는 각국의 경제후생이 어느 수준에서 파레토최적성을 만족시키는지 보자. 그것은 자국당국과 외국당국의 무차별곡선의 접점의 집합, 즉 [그림 13-5]의 점선 $OVCWO^*$로 나타난 계약곡선 상의 점을 실현하는 것이다.

---

2) 램지(Ramsey)가 최적저축의 특성을 분석할 때 비교기준으로 사용한 개념으로 정상상태(stationary state) 하에서 달성가능한 효용의 상한(上限)을 의미한다. 효용포화점이 존재하면, 그것이 bliss point다.

계약곡선 상의 점의 집합 $OVCWO^*$는 내쉬균형점 N과 비교해, 한 나라의 경제후생을 개선시킬 수 있다는 의미에서 파레토 우위한 상태에 있기 때문에 협력게임에 있어서 각국이 계약곡선 상의 어느 한 점을 선택하는 것에 관해 합의할 수 있다면 양국의 경제후생은 모두, 비협력게임의 경우와 비교하여 개선될 수 있는 것이다. 즉, 내쉬균형(N)보다도 파레토 우위인 영역이 존재하는 경우에는 국제정책협조를 행함으로써 양국의 효용을 모두 증대시킬 수 있다. 점 N으로부터 파레토 우위인 영역은 두 개의 무차별곡선 u와 u^*로 둘러싸인 렌즈의 부분([그림 13-5]에서 그림자부분)에 해당된다.

이와 같은 협력게임의 해는 자국, 외국이 공동으로 양국의 효용수준(경제후생)의 가중평균 $\mu u+(1-\mu)u^*$가 최대가 되도록 통화량을 결정했을 때의 각국의 통화량의 조합이다. μ, $1-\mu$는 자국과 외국당국의 효용에 첨가된 가중치이며 양국당국의 교섭력의 크기를 반영하는 파라메터이다(단 $0\leq\mu\leq1$).

가령, 자국의 교섭력이 큰 경우에는 계약 곡선상의 점 O에 가까운 점이 선택되고($\mu=1$일 때는 자국의 교섭력이 최대가 되고 점 O가 선택된다). 외국의 교섭력이 큰 경우에는 점 O^*에 가까운 점이 선택된다($\mu=0$일 때 외국의 교섭력이 최대가 되며 점 O^*가 선택된다).

가령 $\mu=0.5$를 선택한다면 [그림 13-5]에서 C와 같은 점이 협력게임의 해로서 얻어질 수 있다(대표적인 교섭게임으로 내쉬 교섭게임(Nash bargaining game)이 있다).

이와 같은 협조의 이익이 발생하는 이유는 말할 것도 없이 각국의 경제정책이 상호 의존관계에 있기 때문이다. 즉, 각국이 상호 의존관계에 있는 경우 각국이 스스로 이익만을 추구하는 비협력게임을 행하면, 세계경제는 비효율적인 균형에 빠지고, 각국은 낮은 수준의 경제후생 밖에 달성할 수 없지만 각국이 협조하여 정책결정을 행할 수 있으면 모든 나라가 동시에 경제후생을 개선시킬 수 있는 것이다.

3. 국제정책협조의 한계와 문제

전절에서는 각국 간에 경제정책에 관한 상호 의존관계가 존재하는 경우,

세계경제가 비효율적인 균형에 빠지는 것을 방지하기 위해 국제정책협조를 행할 필요가 있음을 보았다. 그러나 국제정책협조에 있어 현실적으로도 이론적으로도 몇 가지 한계 내지는 문제가 있음도 지적하지 않을 수 없다.

(1) 국제정책협조의 실현성

국제정책협조는 비협조적 게임과 달리 각국 당국자가 정보의 교환이나 의사의 소통 등, 구속적인 계약에 합의하는 것에 의해서만 실현가능하다. 환언하면, 가령 정책협조의 이익이 잠재적으로 존재하여 협조행동이 바람직하더라도 외적인 강제력 없이 달성되리라는 보증은 없다. 게임 참가자가 각각 사적인 이해득실에 바탕을 둔 판단에만 따라 협조행동을 취하는 유인(incentive)을 가질 때, 그와 같은 협조행동은 자율성을 갖는(self-enforcing)다고 말한다. 한 나라의 통화당국이 협조적인 금융정책을 채택하는 경우, 타국의 통화당국은 협조로부터 일탈함으로써 스스로의 효용을 높일 수 있다. 그 의미에서 정책협조는 자율성을 잃을 가능성이 있다. 앞서의 [그림 13-5]을 이용하여 국제정책협조로부터 일탈하는 유인에 대해 설명해 보자

내쉬균형(N)의 경우 어느 나라도 단독으로 점 N으로부터 벗어나는 유인을 갖고 있지 않기 때문에 자율성을 갖지 않는다. 이제 자국과 외국의 통화당국이 정책협조를 선언했다고 하자. 즉, 각각 통화량을 점 C에 대응하는 값 m^C, m^{*C}로 설정한다고 발표했다고 하자. 외국이 정책협조에 따라 통화량을 m^{*C}로 설정하는 것이 예상될 때 자국으로서 최선의 선택은 무엇일까. 그것은 발표대로 통화량을 m^C의 수준으로 설정하는 것이 아니라 다음과 같은 극대화 문제의 해에 해당하는 통화량을 설정하는 것이다. 즉,

$$\underset{\{m\}}{Max}\, U,\ \text{subject to (13.1)} \sim \text{(13.4) and } m^* = m^{*C}$$

이 극대화문제의 해는 [그림 13-5]에 있어, 외국의 통화량 m^{*C}에 대응하는, 자국의 반응함수 RR상의 점 D(D는 defection(일탈)의 의미로 쓰여짐)로 주어진다. 이 때의 자국의 통화량을 m^D, 효용수준을 u^D라 하면 자국의 효용순위(ranking)는 $u^D > u^C > u^N$이 된다(외국이 m^{*C}를 설정하고, 자국이 m^D를 설정할 때의 외국의 효용을 u^{*F}라 하면 $u^{*C} > u^{*F}$가 성립하지만 반드시 $u^{*N} > u^{*F}$가 되는 것은

아니다. 일반적으로는 $u^{*N} \geq u^{*F}$이다)

따라서 상대국이 협조적인 통화량을 설정한다는 것을 미리 알고 있다면, 각국은 협조적인 통화량을 설정하지 않고 일탈함으로써 효용을 높일 수 있는 유인을 갖게 된다. 이것이 국제정책협조는 자율성을 갖고 있지 않다는 의미이다. 이러한 국제금융정책게임은 1회한(1回限)게임이며, 그 틀에 있어서는 자율성을 갖는 통화량의 조합은 내쉬균형뿐이다.

협력게임 하에서 통화량의 조합은 자율성을 갖지 않는다. 그런데 각국의 통화당국이 계속하여 게임을 행하는 상황에서는 협조적인 통화량을 설정하는 것이 가능하게 된다. 악셀러드(Axelrod)는 컴퓨터 실험을 이용하여, 가령 각 의사결정자가 사적이익만을 추구하는 이기주의자라 하더라도 장래에 걸쳐 계속적으로 게임을 반복할 가능성이 있을 때는 협조가 생기기 쉽다는 것을 보였다. 이처럼 시간의 경과를 통해 반복되는 경우에는 정책협조가 각 참가자에 의해 자발적으로 지키려는 가능성이 생긴다. 구체적으로, 어느 시점에서 한 나라의 당국이 정책협조로부터 벗어난 경우에는 다음 시점 이후 타국의 당국도 정책협조를 중지하고 보복조치를 취할 수 있다. 이 보복조치에 의해 입은 손실을 고려하면 각국은 스스로의 이익에 바탕을 둔 판단 만에 의해 정책협조를 준수하려는 유인을 갖게 된다. 각국 모두 서로 상대국이 협조로부터 벗어날 때에 보복한다는 전략을 사용하는 것에 의해 자율적인 협조메커니즘이 발생할 수 있는 것이다. 이 전략은 게임이론에서 맞대응 전략(trigger strategy)이라 한다. 단, 이러한 메커니즘이 효과적으로 작용하기 위해서는 각국이 장기적인 시야에서 장래의 경제후생을 충분히 높게 평가한다는 조건이 만족되지 않으면 안 된다.

(2) 모델의 불확실성

국제정책협조에 의한 파레토효율성의 개선은 각국 당국 사이에서 게임의 성질에 관한 정확한 정보가 공유되고 있다는 상정 하에서 실현된다. 즉 각국은 경제정세의 현상, 정책수단, 정책목표, 교란 · 정책변화의 국제파급메커니즘(경제모델)에 관해 정확한 '지식'을 공유할 필요가 있다. 예를 들어 한 나라의 거시정책이 타국의 실질소득이나 인플레이션율에 어떤 영향을 미치는가라는 '교차효과'(cross-country effect)의 크기가 국제정책협조의 유효성을 결정하는 하나의 요인이다.

그 의미에서 정책변화의 '자기효과'(own-country effect)만이 아니라 '교차효과'에 관한 정보를 얻는 것이 중요하다.[3)] 물론 정확한 정보와 지식을 공유한다는 가정은 현실적이 아니다. 실제로는 경제의 현상인식, 정책목표, 경제모델, 정책의 유효성, 정책의 파급효과에 대해 정확한 정보 · 지식을 얻는다는 것은 기술적으로 어려울 뿐만 아니라 각국이 그것들을 공유한다는 것은 더욱 어렵다. 이와 같은 경우에는 파레토 효율성의 개선을 가져다주는 협조가 이루어진다는 보증은 없게 된다.

프랑켈과 라킷(Frankel and Rockett)은 10개의 세계경제모델을 이용하여 불확실성이 존재하는 경우의 국제정책협조문제에 대해 시뮬레이션을 하였다(이용된 10개의 모델은 EEC, EPA, LINK, LIVPL, MCM, MINIMOD, MGG, OECD, VAR, WHARTON이다). 그들은 각국 당국이 '참'(眞, true)모델을 모른다는 것을 전제로 국제적인 금융정책협조를 행한 경우, 정책협조는 효용수준을 항상 개선시키는 것은 아니며 오히려 악화시키는 경우가 많다는 것을 보였다.

미국과 ROECD(미국 이외의 OECD국가들)당국은, 각각 10개의 모델 중 하나를 옳다고 믿고 경제정책을 실행하지만, '참'(眞, true)모델은 10개의 모델 중 하나라고 가정한다. 그 경우 미국과 ROECD당국이 옳다고 생각하는 모델의 조합의 수는 $10^2=100$이며, 더욱이 어느 모델이 옳은가에 따라 실현되는 각국 당국의 효용의 조합의 수는 $10^3=1,000$이다. 그들은 이러한 모두의 조합에 대해, 금융정책에 있어 내쉬균형과 내쉬 교섭해 — 금융정책협조는 내쉬 교섭게임의 형태를 취한다 — 를 구하여 각각의 효용을 계산 · 비교했다. 그들의 계산에 의하면, 1,000의 가능한 조합 중, 금융정책협조는 미국 당국의 효용을 546의 경우에 있어서 개선시키고, 321의 경우에 있어 악화시킨다. 그것은 ROECD 당국의 효용을 539의 경우에 있어 개선시키고, 327의 경우에 있어 악화시킨다. 결국, 거의 1/3에 가까운 경우에 있어 미국과 ROECD당국의 효용수준을 감소시키는 것이다. 그들은 금융정책 · 재정정책의 국제협조의 효과도 논했다. 이 경우에는 미국의 효용은 494의 경우에 개선되고, 398의 경우에서 악화한다. ROECD당국의 효용은 497의 경우에서 개선되고 418의 경우에서 악화한다. 그

3) 자국의 정책이 타국의 경제변수에 미치는 영향을 교차효과, 자국의 정책이 자국의 경제변수에 미치는 영향을 자기효과라 한다.

들의 연구는 어느 모델이 세계경제를 올바르게 묘사하고 있는지를 모를 때에 국제정책협조를 행하면 바람직한 결과가 나올 수 없다는 점에서 흥미가 깊다.

이처럼 세계경제를 정확히 묘사하는 거시모델이 분명치 않고 다양한 모델이 병존하고 있는, 즉 경제모델에 있어 불확실성이 존재할 때에는 각국 당국간에 공통의 인식이 생겨나지 않으며 협조는 어렵게 된다. 가령 협조가 이루어지더라도 자국모델 또는 외국모델이 처음부터 '참'(眞)모델이 아니라면, 그것은 사후적으로 파레토개선을 가져오지 않을 가능성도 있다. 바람직한 것은 각국간 정보교환이나, 이론 · 실증면에서의 연구축적을 통해 모델의 불확실성을 줄이도록 노력하는 것이다.

(3) 제3의 참가자의 존재

국제정책게임에 있어 관계 당국자 외에 민간부문이 제3의 참가자로서 중요한 역할을 할 수 있으며, 세계경제에 영향을 미치는 제3국의 통화당국이 독자적인 금융정책을 행하는 경우에는 자국과 외국의 통화당국 만에 의한 금융정책협조는 각국의 경제후생을 악화시킬 가능성도 있다. 로고프(Rogoff)는 정책당국이 경제후생개선(산출량의 증대)을 목표로 확장금융정책을 취하려는 상황에서 민간부문이 당국의 의도를 충분히 인식하여, 명목임금을 설정하려는 행동을 취한다면, 정책협조가 각국의 경제후생을 악화시킬 수 있음을 보였다.

이러한 결과가 나온 이유를 간단히 설명해보자. 우선, 정책협조가 이루어지지 않는 경우에는, 각국의 당국은 상대국의 통화량을 주어진 것으로 하여 스스로의 통화량을 결정한다(내쉬의 비협력게임의 가정). 이 때 각국은 일방적으로 통화량을 확대함으로써 환율이 상승하고 따라서 수입재의 가격이 상승하여 일반물가수준의 상승을 가져온다.

한편 정책협조가 이루어지는 경우에는 양국의 통화 공급량은 공동으로 결정되기 때문에 각국의 당국은 환율의 상승이라는 확장금융정책의 악영향을 고려할 필요가 없다. 따라서 정책협조가 이루어지는 경우에는 정책협조가 이루어지지 않는 경우와 비교하여, 통화량을 공동으로 확대하려는 보다 강한 유인이 생긴다. 따라서 민간부문이 정책당국의 유인을 충분히 인식하여, 정책협조 하에서 보다 높은 일반물가수준의 상승을 예상한다면, 실질임금을 유지하기 위해 명목임금을 높이려 할 것이다. 그 결과 산출량의 증대(경제후생개선)는 기대할 수 없으며, 정책협조가 이루어지는 경우에는 보다 높은 일반물가수준의 상승만을 가져오게 된다.

제14장

새로운 개방거시 경제학과 금융정책

1. 먼델 · 플레밍 모형의 기본형
2. 새로운 개방거시경제학 : OR모델
3. 새로운 케인즈 경제학의 모델 : CGG 2국 모델

거시경제학의 역사를 되돌아보면, 1970년대 초까지는 *IS*-*LM*모델로 대표되는 케인즈 경제학이 주류였다. 그러나 이러한 전통적인 거시경제학은 70년대의 경기후퇴하의 물가수준의 상승(stagflation)을 충분히 설명할 수 없었다. 이러한 실증면에서의 문제점과 더불어 기대의 취급이나 미시적 기초(microfounded)가 결여된 이론면에서의 미비로 급속히 지지를 상실했다. 여기에 대신하여 많은 연구가 이루어진 분야가 일반균형분석의 틀(framework) 하에서 미시적 기초를 갖는 실물적 경기순환론(real business cycle) 등 신고전파거시경제학이다. 그러나 전통적인 거시경제학도, 그 후 가격경직성을 설명하기 위해 독점적 경쟁 등의 사고를 도입하는 등 미시적 기초를 갖춘 새로운 케인지언 경제학(new Keynesian macroeconomics)로 다시 옷을 갈아입으면서, 다시 많은 지지자를 모으고 있다.

국제거시경제학은 거시경제학의 응용분야의 하나이기 때문에 당연히 이러한 거시경제학의 발달과 같은 길을 걸어왔다. 즉 1960년대 이후 국제거시경제학의 주류는 *IS*-*LM*분석을 개방경제체계로 확장한 먼델 · 플레밍 모델(이하 MF 모델)이었다. 그러나 이 모델은 전통적 거시경제학에 대한 비판과 마찬가지로 미시적 기초가 결여되어 있다. 새로운 케인지언 거시경제학의 발전과 마찬가지로 1995년 옵스펠트 · 로그오프(Obstfeld and Rogoff)가 전통적인 케인즈경제학의 특징인 가격의 경직성과 그 이유의 하나로서 생각할 수 있는 독점적 경쟁을 도입하여 동학적 일반균형 모델을 발표한 이래, 동 모델에 바탕을 둔 '새로운 개방거시경제학' (New Open Economy Macroeconomics, NOEM)에 대해 수많은 연구가 진행되고 있으며, 이 분야가 국제 거시경제학의 주류를 형성하고 있다. 옵스펠트 · 로그오프 모델(이제는 OR모델로 통상적으로 불리운다)과 그 모델에 바탕을 둔 NOEM접근은 몇 가지 장점이 있다.

첫째로, *IS-LM*모델에서는 행동방정식의 값이 경제정책에 의해 변화하기 때문에 경제정책의 효과를 엄밀히 분석할 수 없었지만(소위 '루카스 비판'(Lucas critique)), OR모델은 소비자의 효용극대화와 기업의 이윤극대화 등 미시적 기초에 바탕을 두었기 때문에 외적충격이나 정책변경에 의한 경제주체의 행동변화를 엄밀하게, 상세하게 분석하는 것이 가능하게 되었다.

둘째로, 종래 MF모델과 달리 경제후생의 분석이 가능하게 됨으로써, 경제정책(특히 금융정책)의 평가 등이 이루어질 수 있다는 것이다. 본 장에서는 MF모델과 OR모델, 그리고 클라리다 · 갈리 · 거틀러(Clarida, Gali and Gertler)가 고안한 새로운 케인즈 경제학의 2국모델(이하, CGG 2국모델)을 고찰한다.

1. 먼델 · 플레밍 모형의 기본형

변동환율제 하에서의 금융정책의 수단과 효과를 설명할 때에, 표준적인 거시경제학 교과서에서는 오랜 세월 먼델 · 플레밍 모델(MF모델)이 이용되어 왔다. MF모델이란 *IS-LM*분석을 개방경제로 확대한 모델이다. *IS*곡선이란, 상품시장의 균형으로부터 도출되는 금리와 산출량의 관계를 나타내는 우하(右下)곡선이고, *LM*곡선이란, 화폐의 수급균형으로부터 도출되는 금리와 산출량의 관계를 나타내는 우상(右上)곡선을 나타낸다. MF모델은 *IS*곡선, *LM*곡선에 대해 환율의 수급관계도 동시에 고찰한 모델이다. MF모델의 기본형으로서 다음과 같은 4가지 점이 가정된다.

① 외국의 금리가 일정(소국의 가정)

② 물가수준은 경직적(순간적으로는 변화하지 않는다)

③ 국제간의 자본이동은 완전

④ 내외의 경제주체는 리스크 중립적이며, 현재의 환율은 장래에도 계속할 것으로 예상하며 그 예상 변화율은 0

③과 ④의 가정에 의해 자국의 명목금리 i는 외국의 명목금리 i^*와 일치한다. 환율의 예상변화율이 0인 경우, 한 단위의 자국통화로 외국통화를 구입하여 외국채권에 투자하여 외국의 금리를 획득하는 것과, 한 단위의 자국통화를

그림 14-1 MF모델

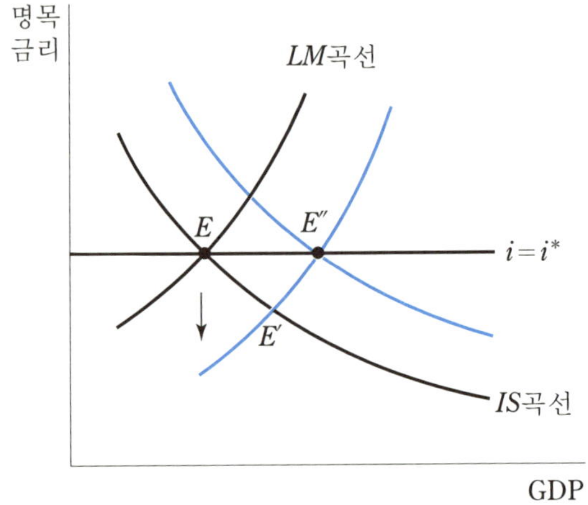

자국채권에 투자하여 자국의 금리를 획득하는 것은 투자가에게 있어 무차별(금리가 높으면 어느 쪽이라도 좋다)하기 때문에, 만일 $i=i^*$이 성립 안하면, 고금리의 채권으로 수요가 집중하면서 시장이 균형되지 않는다.

이처럼 ③과 ④의 가정에 의해, 자국의 GDP가 어떤 수준에 있을지라도 자국과 외국의 금리가 일치하기 때문에 국제자본시장의 균형조건은 $i=i^*$가 되는 직선으로 나타난다. *IS-LM*분석의 균형은, *IS*곡선, *LM*곡선의 교점으로 구해진다. MF모델의 균형은 *IS*곡선, *LM*곡선과 국제자본시장의 균형조건을 나타내는 $i=i^*$가 되는 직선의 교점으로 구해진다([그림 14-1]의 *E*점).

이제 변동환율제 하에서 중앙은행이 확장금융정책을 행할 경우, *LM*곡선이 우측이동하기 때문에 국내금리에 하락 압력이 생긴다([그림 14-1] $E \rightarrow E'$). 여기까지는 폐쇄경제에 있어 *IS-LM*분석 하에서의 금융정책의 효과의 분석과 전혀 다를 바 없다. MF모델에 있어서는 국내금리의 하락 때문에, 자본이 자국으로부터 외국으로 유출하는 압력이 생기며, 외국통화에 대한 수요가 증가하게 된다는 추가적인 효과가 발생한다. 이 외국통화에 대한 수요의 증가는 자국통화의 가치하락으로 연결되며, 다른 사정이 같다면 수출이 증가하여, *IS*곡선도 우측으로 이동한다. 이 때문에 균형에서는 GDP가 증가하게 된다([그림 14-1] $E \rightarrow E''$).

이처럼, MF모델에서는 중앙은행에 의한 확장금융정책이 환율의 상승(가치하락)을 통하여 수출의 증가를 유발하고, 그것에 의해, 경기를 자극할 수 있다. ③과 ④에 가정에 의해, 확장금융정책 후에도 자국의 명목금리 i는 외국의 명목금리 i^*와 동일한 수준 그대로지만 환율의 상승이 GDP를 확대시킨다. 이 성질은 폐쇄경제를 대상으로 한 *IS–LM*분석에서는 얻어지지 않았던 성질이다.

MF모델의 기본형에 있어 ④의 가정은 고정환율제 하에서는 자연스러운 것이지만, 변동환율제 하에서는 당연하다고는 말할 수 없다. 이하, 가정 ④의 환율의 예상부분을 '경제주체는 환율의 변화율을 정확히 예상한다'(가정 ⑤)로 변경하고, 또, 환율의 변화율을 예상하기 위해 환율의 장기적 결정요인으로 구매력평가설을 채용하여 환율은 장기적으로는 양국의 물가수준의 차이를 조정하도록 결정된다(가정 ⑥)라는 경우의 금융정책의 효과를 검토해 보자. 가정 ⑤와 ③에 의해,

$$i = i^* + \text{환율의 예상변화율} = i^* + \text{환율의 실제변화율} \tag{14.1}$$

이라는 관계가 성립한다. 왜냐하면, 한 단위의 자국통화를 이용하여 외국통화를 구입하여, 외국 채권에 투자를 하여 환율의 변화분을 가미한 외국의 금리에 의한 이익을 얻는 것과, 한 단위의 자국통화를 자국채권에 투자하여 자국의 금리분의 이익을 얻는 것은 투자가에게 있어 동일한 이익을 가져다주기 때문에, 투자가는 어느 채권이라도 금리가 높은 쪽을 보유한다. 만일 (14.1)식이 성립하지 않으면, 환율의 변화분을 가미한 결과 고금리의 채권으로 수요가 집중하여 시장이 균형되지 않는다.

(14.1)식으로부터 자국의 금리가 외국의 금리보다 낮을 때, 한 단위의 외국통화를 자국통화표시(원)로 나타낸 경우의 환율의 예상변화율은 (−)가 됨을 알 수 있다. 이처럼, 자국과 외국의 금리차에 주목하여 환율의 변화율을 설명하는 사고를 금리평가설이라 한다.

이제, 확장금융정책에 의해 통화량이 증가했다고 하자. 이 정책은 시장참가자에게는 사전에 예상되지 않았던 것으로 하자. 가정 ②에 의해, 물가수준은 단기적으로는 일정하고 GDP는 순간적으로는 변화하지 않으므로 화폐시장의 균형을 위해서는 곧 바로 자국의 명목금리가 하락할 수밖에 없다. (14.1)식으로부터, 외국의 명목금리가 일정하다면, 금리평가설에 의해 외환시장의 균형을

위해서는 환율의 향후의 예상변화율이 (−), 결국 자국의 통화는 증가하지 않으면, 자국의 명목금리의 하락이 발생하지 않는다. 한편, 중장기적으로 상품시장의 조정이 진전되고, 가격수준도 변경이 가능하게 되는 시점에서는, 물가수준은 통화량이 증가한 것과 같은 비율로 상승하지 않으면 안 된다. 따라서 ⑥에 의해, 장기적으로 환율은 자국의 통화량의 증가에 의한 물가상승률과 동률로 현시점의 환율보다도 상승(원의 가치하락방향)하지 않으면 안 된다. 이 경우, 경제주체는 이상의 점을 정확히 예측한다고 가정하고 있다.

그 결과, 한편에서 화폐시장이 균형이 되기 위해서는, 장래의 환율은 하락(가치가 상승)하지 않으면 안 되며, 또 다른 한편에서 구매력평가가 성립하기 위해서는 통화량이 증가한 것과 같은 비율로 환율은 상승(가치가 하락)하지 않으면 안 된다는 것이다. 이와 같은 '원의 가치상승방향으로의 변화'와 '장래시점에서의 원의 가치하락수준'이라는 예상이 양립하기 위해서는 환율은 어떤 조정과정을 거쳐야 되는지를 보자.

이 문제에 돈부쉬(Dornbusch)가 제안한 해답은 "우선, 통화량이 증가한 것과 같은 비율이상으로 환율이 대폭적으로 감소한다. 환율은 대폭적으로 상승(가치가 하락)한 수준으로부터 출발하여, 통화량이 증가한 것과 같은 비율의 환

그림 14-2 오버슈팅

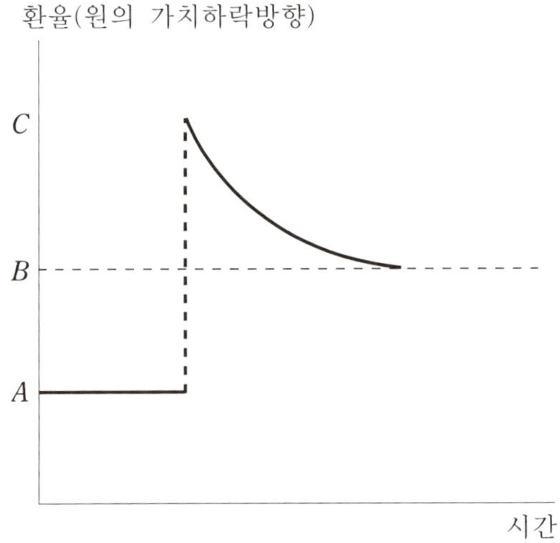

율까지 하락(가치가 상승)한다"라는 것이다. [그림 14-2]는 이 점을 나타낸 돈부쉬의 'overshooting' 모델에 의한 환율의 움직임이다.

[그림 14-2]에서는 최초의 시점의 환율을 A점, 장기적으로 통화량이 증가한 것과 같은 비율까지 환율이 상승(원의 가치하락방향)한 환율을 B점으로 나타내고 있다. 돈부쉬의 해답은, 환율은 현재 통화량이 증가한 것과 같은 비율에 해당하는 B점을 넘어 C점까지 대폭적으로 상승하고, 그 후에는 B점의 수준까지 하락하는 것을 의미한다. 목적지에 도달하기 전의 장기적인 환율의 수준은 현재와 비교하면 원의 가치가 하락하는 방향으로 나타난다. 이와 같은 장기균형을 상회하는 환율의 대폭적인 상승(가치하락)을 '오버슈팅' 현상이라 부른다.

환율은 당초 대폭적으로 가치가 하락한 상태에서는 수출이 증가하고 자국의 GDP가 확대한다. 그 동안 서서히 가격이 상승하기 시작하고, 환율도 서서히 하락(가치가 상승)한다. 환율이 통화량 증가와 같은 비율까지 증가하고, 물가도 상승하면, 자국재에 대한 수요는 감소하고, 자국의 GDP는 확장금융정책을 행하기 전과 같은 수준으로 돌아온다. 결국, 확장금융정책은 일시적으로 환율을 대폭적으로 상승시켜, 경기를 확장하는 효과를 갖지만, 장기적으로 그 효과는 없어지게 된다.

2. 새로운 개방거시경제학: OR모델

(1) 먼델의 주요 가정

MF모델은 편리한 분석도구이지만, 미시경제학적인 기초가 없기 때문에, 정책이 경제주체에 의한 이시점간의 선택에 미치는 영향이 명확하지 않고, 경제후생에 대한 영향이 엄밀하게 측정될 수 없다는 한계를 안고 있다. 새로운 개방거시경제학의 모델은, MF모델에 대한 이러한 비판의 일부에 답하는 형식으로, 1995년에 공표된 옵스펠트와 로그오프(Obstfeld and Rogoff) 논문에서 발표된 모델(OR모델) 이후, 급속도로 발전을 이룬 분석의 틀(framework)이다. 이하 OR모델에 따라 금융정책의 효과를 자국과 외국으로부터 성립하는 2국모델을 이용하여 고찰한다.

2국모델의 이점은 기본형의 MF모델에서 이제까지 이용된 가정 ① '외국의 금리가 일정'을 완화시킬 수 있는 점이다. 가령, 자국의 금리변경 후에 외국에서도 금리가 변경된 경우의 효과는 어떨까라는 상호 의존관계도 분석할 수 있다. OR모델의 특징은 세 가지 면에서 볼 수 있다. OR모델의 제1의 특징은, 상품시장에 있어 각 기업은 '독점적 경쟁'상태에 있으며, 자국·외국의 양 시장의 소비자에게 상품을 제공하는 것이다. 자국과 외국의 소비자는 자국과 외국의 차별화된 상품을 남김없이 소비하는 것으로 가정한다. 독점적 경쟁시장이란, 수많은 기업이 각각 차별화된 상품을 생산하며, 각 기업은 자사제품의 가격을 독자적으로 설정할 수 있으며, 각 상품은 서로 어느 정도는 대체적이기 때문에, 각 기업은 상호간 '경쟁'관계에 있다. 단, 기업의 수는 충분히 많기 때문에, 각 기업은 스스로의 가격설정이 타사의 행동에 영향을 미치지 않는 것으로 상정할 수 있기 때문에, 타기업의 설정가격을 주어진 것으로 하여 행동한다고 가정한다. OR모델에서는 폐쇄경제에 독점적 경쟁시장에 추가하여, 자국의 기업이 수출가격설정을 어떤 통화단위로 행할 것인가라는 점이 중요하게 된다. OR모델에서는 자국기업은 자국의 소비자에 대한 판매가격을 그대로 외국통화로 환산한 가격을 수출가격으로 설정하여 해외의 소비자에게 상품을 제공한다고 가정한다. 이것을 생산자가격설정 방식이라 한다.

OR모델에서 수출기업은 수입국의 소비자에게 직접 상품을 판매하는 것이 가정되어 있고, 수입가격은 소비자가격과 동일하게 된다. 이 점은 수입재의 판매활동에 자국의 생산요소는 사용되지 않는다는 것과 같음을 의미한다. 따라서 자국과 외국에서의 기업의 상품의 판매가격은 자국통화표시로 보면 동일하게 된다. 이것은 일물일가의 법칙이 성립함을 의미한다.

따라서 MF모델에서는 장기에 있어서만 성립되던 구매력평가의 관계가 OR모델에서는 단·장기에 있어 항상 성립하게 된다. 결국, 자국재 i의 국내판매가격 $P(i)$, 외국재 j의 국내판매가격을 $P^*(j)$, 자국통화표시 환율을 S라 하면 자국재의 외국에서의 판매가격은 $P(i)/S$, 외국재의 자국에서의 판매가격은 $SP^*(j)$가 되며, 모든 i와 j에 대해 성립한다.

OR모델의 제2특징은 당기 상품의 가격은 1기전에 결정되고, 당기에는 변경되지 않는다는 가정으로부터 가격경직성을 도입하여 단기적으로는 가격을 변경할 수 없다. OR모델의 제1, 제2의 특징에 의해, MF모델의 가정 ②는 독점적 경쟁시장의 존재로 인해, 단기적으로 상품가격은 경직적이지만 장기적으로는 상품가격이 변화한다 라는 가정으로 치환된다.

OR모델의 제3의 특징은 소비자가 자유로운 국제자본시장으로부터 차입 · 대출을 할 수 있다는 것이다. 이 가정은 MF모델의 가정 ③ '국제간의 자본이동은 완전'을 보다 동학적인 환경에서 가정한 것이라 할 수 있다. 이 가정 하에서는 소비자가 현재부터 장래에 걸쳐 최적인 소비의 경로를 선택할 수 있다. 예를 들어, 일시적인 자국의 생산성이 향상되어 현재의 생산이 증가한 경우를 생각해 보자. 소비자는 현재의 소비와 장래의 소비를 최적의 수준으로 균형화하려고 하기 때문에, 현재의 소비만이 아니고 장래의 소비도 증가한다. 따라서 현재의 소비는 현재의 생산의 증가만큼은 증가하지 않기 때문에, 자국의 순수출은 증가하고, 외국채권이 축적된다. 축적된 외국채권은 생산성의 향상이 종료된 후에도 자국의 소비를 높이는데 이용된다.

이제 OR모델에 있어 자국과 외국이 동일한 경제구조를 갖으며, 초기시점에서 경상수지가 균형상태에 있는 경우, 해석적으로 균형해를 구할 수 있다(closed form solution). 이 균형의 특색은 기업이 독점력을 갖고 있기 때문에 사회적으로 보아 바람직한 수준까지의 생산이 이루어지고 있지 않다는 것이다.

OR모델의 균형에 있어 예상되지 않았던 확장금융정책의 쇼크(shock)가 가해졌을 때, 경제변수는 어떻게 변화할 것인지 살펴보자. 이하의 분석에서는 자국과 외국의 재정당국은, 각각의 중앙은행이 발행하는 화폐발행차익(seignorage)을 일괄하여 자국민에게 이전하는 것으로 가정하여, 재정정책의 역할은 제외된다.

이제, 예기치 않은 영속적(permanent)인 금융완화정책에 의해 영속적인 통화량의 증가가 자국과 외국의 소비 · 생산, 환율, 그리고 경제후생에 어떤 영향을 미치는지 OR모델의 결론을 보자. OR모델의 경우, 그 제2의 특징을 반영하여, 금융완화의 영향은, 기업의 가격변경이 이루어지기 전에 생기는 단기적인 영향과 기업의 가격변경이 이루어진 후에 생기는 장기적인 영향으로 나눌 수 있다. 우선 소비 · 생산에 대한 영향을 보자. 우선 단기에 있어서는 다음과 같은 효과가 생긴다.

(i) 자국의 소비는 증가한다. 이것은 자국통화의 가치하락에 의한 교역조건의 악화의 효과를 실질금리의 하락과 실질소득의 증가(유동성 효과 등)에 의

한 (+)효과가 상회하기 때문이다. 단, 이시점간에서의 소비평준화(consumption smoothing)로부터, 실질소득의 증가만큼 단기의 소비는 증가하지 않기 때문에 경상수지는 개선(흑자화)된다. 기업이 OR모델에서처럼 PCP에 바탕을 둔 가격 설정을 하는 경우, 자국통화기준의 수출가격은 P, 자국통화기준의 수입가격은 SP^*가 되기 때문에(P : 자국재의 국내판매가격, P^* : 외국재의 국내판매가격, S : 자국통화표시 환율) 교역조건은 $\Phi=P/(SP^*)$로 나타난다. 이것을 대수선형화 하면 $\hat{\Phi}=\hat{p}-\hat{p}^*=-\hat{s}$가 되고($P$와 P^*는 1기전에 설정되기 때문에, 단기에서의 변화율은 0이 됨을 이용), 자국통화의 가치하락에 의해 자국의 교역조건은 악화(외국의 교역조건은 호전)한다. 실질금리는 장기적으로는 주관적 할인율에 의해 규정되지만, 단기적으로는 화폐수요함식을 만족시키도록 명목금리가 하락하고, 또 가격 경직성 때문에 실질금리도 하락하게 된다. 자국과 마찬가지로 외국의 실질금리도 하락한다. UIP(uncovered interest parity)에 의해 $(1+i_{t+1})=(1+i^*_{t+1})S_{t+1}/S_t$가 성립한다. 이 금리재정식에 피셔(Fisher)방정식 혹은 재정식 $1+i_{t+1}=(1+r_{t+1})P_{t+1}/P_t$(여기서 r은 실질금리)와 PPP($P=SP^*$)를 대입하면 $r_{t+1}=r^*_{t+1}$이 얻어진다. 이처럼, OR모델에서는 PPP의 성립을 전제로 하기 때문에 내외실질금리는 균등화된다.[1)]

위의 결론(자국의 소비)에 있어 왜 단기에 있어 경상수지가 개선되는지 보자. 금융정책과 환율변동, 경상수지의 관계를 검토한 대표적인 이론으로서 자산접근(asset approach)이 있다. 예를 들어, 완전예견(perfect foresight)을 상정한 가장 단순한 자산접근에서는 자국의 통화량이 증가하면 금융자산시장이 균형되도록 자국통화의 가치가 하락하여, 자국통화에 대한 수요가 증가한다. 이것은, 한편으로, 자국의 경상수지의 개선에 의해 자국에 있어서 외화표시 금융자산의 공급을 증가시킨다. 그러나 금융자산시장이 균형되기 위해서는 자국통화의 가치가 상승하여 외화표시 금융자산에 대한 수요가 증가하지 않으면 안 된다. 이 때문에 자국의 환율이 서서히 하락하고, 경상수지는 원래의 균형상태로 돌아오게 된다. 이처럼 자국의 금융완화는 일시적으로 경상수지의 개선을 가져오고, 그 후 균형수준으로 회귀하는 것이 된다.

(ii) 외국의 소비는 실질금리의 하락과 자국통화의 가치 하락에 따르는 교역조건의 개선으로부터 증가한다.

---

1) 물론 PPP가 성립하지 않을 때는 내외실질금리는 균등화되지 않는다.

(iii) 자국의 생산은 자국과 외국 소비의 증가에 더해, 자국재의 상대가격의 하락에 따라 증가한다(수요의 외국재로부터의 이동에 의하여).

(iv) 외국의 생산은 외국제품의 상대가격 상승에 의한 (−)효과가 세계전체에서의 수요의 증가에 의한 (+)효과를 상회하여 감소한다.[2)]

한편, 장기에 있어서의 영향에 대해서는 OR모델의 경우 '화폐의 중립성'이 성립하지 않으며, 금융정책은 명목변수만이 아니고, 소비나 생산처럼 실질변수에도 영향을 미치게 된다. 즉 단기에 자국의 통화량 증가에 의해 자국의 경상수지가 개선(외국의 경상수지 악화)되기 때문에, 장기에서는 그 이자수입 증대로부터 자국의 소비는 증가하는 한편, 외국의 소비는 감소한다. 게다가 생산의 경우 자국에서는 노동으로부터 여가에 대한 대체가 높아지면서, 즉 노동의 불효용(disutility)이 높아지면서 감소하는 한편, 외국에서는 역으로 증가하는 것이 된다.

자국의 영속적인 금융완화의 영향이 장기에 있어서도 소비와 생산이라는 실질변수에도 영향을 미친다는 결과는 돈부쉬의 오버슈팅을 포함하는 MF모델에 있어서 금융정책의 영향이 장기에 있어서는 소멸한다는 것과는 크게 다르다. 이제 환율에 대한 영향을 알아보자.

OR모델에서는 돈부쉬의 오버슈팅모델과 달리 가격이 단기적으로 경직적임에도 불구하고 환율은 단기적으로 오버슈팅한다는 결론은 얻어지지 않는다. 앞서의 [그림 14-2]에서처럼, 환율은 최초의 시점 A로부터 장기적으로 통화량이 증가한 것과 같은 비율까지 환율이 상승하는 B점까지 단숨에 변화하고, C점과 같은 환율을 경험하지 않는다. 이 결과는, OR모델의 제1의 특징에서 설명했듯이, 일물일가의 법칙이 성립하고, 내외의 실질금리가 균등화하기 때문에, 명목환율의 단기적인 변화율의 예측과 장기적인 변화율의 예측이 일치하고 있음을 반영하고 있다. 결국 단기의 환율의 변화율은 장기의 변화율과 같게 된다. 실제의 환율변동은 무척 크지만, OR모델에서는 어느 정도의 환율변동을 발생시킬 수 있는가. 이 모델에서는 환율의 변화율은 장기에서의 통화량과 소비의 내외변화율격차에 의해 결정된다. 전술한 바와 같이 화폐의 장기에서의 중립성은 성립하지 않으며 자국의 통화량증가는 장기에 있어 소비를 증가시키는 한

2) 이러한 결론은 효용함수의 형태에 의존하며 일반적인 효용함수를 사용한 경우에는 (+)와 (−)의 경우가 모두 가능하다.

편, 외국의 소비를 감소시키기 때문에, 환율의 변화율은 통화량의 변화율보다도 작게 된다.

마지막으로 경제후생에 대한 영향을 보자. OR모델에서는 자국의 영속적인 금융완화는 세계전체의 수요를 확대하고, 독점적 경쟁기업의 생산을 기업의 가격변경이 이루어지기 전에 일시적으로 증가시켜, 자국과 외국의 경제후생을 동시에 높인다는 결론을 얻는다. 이 때문에 OR모델에서는 가령 자국통화의 가치가 하락하여 경상수지의 흑자를 발생시키더라도 금융완화에 의한 '근린궁핍화'(beggar-thy-neighbor)효과는 나타나지 않는다. 따라서 절하경쟁을 발생시키는 유인이 통화당국에는 없으며, 아울러 금융정책의 국제협조도 필요 없게 된다. 이러한 결론이 얻어지는 원인은 OR모델에서는 독점적 경쟁이 상정되기 때문에, 사회적으로 바람직한 수준이하의 생산밖에 이루어지고 있지 않다는 것이다. 이런 가운데 자국의 금융완화에 의해 세계전체에서 수요가 확대하고, 그것이 만족되도록 생산도 확대하면, 독점적 경쟁에 따른 자원배분상의 왜곡(distortion)이 시정된다. 이 결과 어느 쪽 나라에서(자국이든 외국이든) 금융완화가 행해지더라도, 자국, 외국 모두 경제후생이 높아지게 된다. 한편, 자국의 금융완화는 자국통화의 가치하락을 통해 외국재로부터 자국재로의 이동에 따른 노동투입의 변화와 교역조건의 변화를 통한 소비의 변화를 가져오지만, 각 경제주체는 항상 추가적인 노동투입에 따르는 불효용(disutility)과 추가적 수입을 소비하는 것으로부터 얻어지는 효용과 같게 되도록 노동투입과 소비를 결정하고 있다. 이 때문에 이들 변화는 2차적인 효과(second order effect)밖에 가져오지 못하며 오로지 수요증가에 따르는 생산증가를 배경으로 한 독점적 경쟁의 왜곡(distortion)시정에 의해 경제후생이 개선되게 된다.

(2) OR모델의 분석에 있어 유의점

이하 OR모델을 분석하는 데 있어 중요한 유의점을 두 가지 지적한다. 첫째로, OR모델의 PCP가정은 자국의 가격에 경직성이 있기 때문에 환율의 변동분 만큼 전부 외국의 소비자가 직면하는 가격이 변화하는 것을 의미한다. 즉 수입물가에 대한 환율의 전가(pass-through)는 항상 완전(100%)하다. 몇 개의 실증연구에 있어서는 소비자물가로 측정한 실질환율과 명목환율은, 인플레이션율이 안정되어 있는 환경 하에서는 밀접한 (+)의 상관관계가 있음을 보여주고 있다. 환언하면, 자국과 외국간의 상품 · 서비스의 상대가격은 명목환율과 밀접한 관계가 있다.

이것은 OR모델의 일물일가의 가정은 실증적으로 지지되고 있지 못하다는 것, 따라서 구매력평가(PPP)도 성립하지 않음을 의미한다. 무역재의 일물일가 불성립 이유로서는, (ⅰ) 수송비용이나 관세의 존재, (ⅱ) 현지통화표시가격의 경직성이 종래부터 지적되어 왔다. 가격의 경직성이 있는 경우에는 쇼크발생에 의해 환율이 변동하는 한편, 가격은 반영되지 않기 때문에 일물일가가 성립하지 않게 된다. 이러한 PPP의 불성립은 무역재의 일물일가의 불성립이 원인인지 아니면 발라사 · 사무엘슨(Balassa · Samuelson)이론에서처럼 비무역재의 존재가 원인인지 확실하지 않다.

실증결과로부터는 기업이 해외의 소비자에게 상품을 제공하는 데 있어서는 자국의 소비자에 대한 판매가격을 외국통화표시로 환산한 가격으로 기계적으로 제공한다는 의미가 아니고 환율변동의 일부분을 흡수해 버리기 때문에, 일물일가의 가정이 성립되지 않음을 시사하고 있다. 독점적 경쟁 하에서의 기업이 가격지배력을 배경으로 자국과 외국에서 다른 가격을 제시하고, 환율이 변화하더라도 외화표시판매가격에 환율변동을 100% 전가하지 않는다는 기업의 가격설정 행동은 '시장별 가격형성'(pricing-to-market, PTM)에 의해 설명될 수 있다.[3)]

OR모델에서 가정되고 있는 PCP의 경우 자국에서의 판매가격을 외화로 환산한 가격을 수출가격으로 설정하는 반면에, PTM기업은 자국에서의 판매가격은 자국통화를 바탕으로 수출가격은 외국통화를 바탕으로 설정하여, 자국소비자와 외국소비자에 대해 차별적인 가격을 제시한다. 자국의 PTM기업 h의 해당국통화표시 판매가격을 $P_t(h)$, 외국통화표시 판매가격을 $q_t(h)$라 했을 때, 자국의 PCP기업의 해당국통화표시 가격도 $P_t(h)$가 된다. 이 결과는 자국기업인 한, PTM기업과 PCP기업의 자국에 있어서 판매가격은 같다는 성질을 이용하고 있다. 더욱이, 외국통화의 자국통화표시 명목환율을 S_t라 하면, 자국의 PCP기업의 외국에서의 판매가격은 $P_t(h)/S_t$가 된다. 마찬가지로, 외국의 PTM기업 h^*의 자국통화표시 판매가격은 $P_t^*(h^*)$, 해당국통화표시 판매가격을 $q_t^*(h^*)$로 하면, 외국의 PCP기업의 해당국통화표시 판매가격은 $q_t^*(h^*)$이며, 외국의

3) PTM과 관련하여 3장에서 자세히 논의한 바 있다.

[표 14-1] PCP기업과 PTM기업의 가격설정

		자국기업(h)	외국기업(h^*)
PCP	국내판매가격	$P_t(h)$	$q_t^*(h^*)$
	수출가격	$P_t(h)/S_t$	$S_t q_t^*(h^*)$
PTM	국내판매가격	$P_t(h)$	$q_t^*(h^*)$
	수출가격	$q_t(h)$	$P_t^*(h^*)$

PCP기업의 자국에서의 판매가격은 $S_t q_t^*(h^*)$가 된다. 이러한 기업의 설정가격에 대해서는 [표 14-1]에 정리되어 있다.

PTM하에서 자국기업이 외국통화표시 가격을 안정시키려는 것을 목표로 하고 있는 경우, 아무리 환율이 변동하더라도 자국기업이 생산하는 상품의 가격이 외국통화표시로 고정되어 있는 기간은 외국의 소비자가 직면하는 자국의 상품가격은 변화하지 않는다. 즉 환율의 변화에 의해서도 기업의 현지통화표시 수출가격은 변하지 않는다. 이 경우 환율전가율은 0이 된다.

따라서 환율의 변동에 의해 경제의 자원재분배를 촉진하는 효과가 없어져 버린다. 이러한 상황 하에서는 PCP를 가정한 OR모델과 달리, 고정환율제를 도입하는 쪽이 자국의 자원배분의 효율화를 달성시키는 것이 아닌가 하는 추측이 성립한다. 즉, 외국기업이 자국통화표시로 수출가격을 설정하는 경우, PTM하에서의 변동환율제보다도 고정환율제가 바람직할 수 있다는 것이다.

두 번째로, OR모델은 자국과 외국의 통화량의 변화율의 차이와 소비의 변화율의 차이가 환율변동의 장기적인 폭과 꼭 같게 된다는 성질을 갖고 있다(전술한 바와 같이). 따라서 모델의 예측에 따르면 환율의 변화율이 통화량의 변화율보다 작게 된다. 이 성질은 실제의 명목환율이 단기적인 예측불가능한 확률적인 변동(volatility)을 생각한다면 설득력이 떨어지며, OR모델은 금융정책의 변경에 따르는 환율의 변동에 관해서는 높은 설명력을 갖고 있지 못하다고 해석될 수 있다.

이 문제를 해결하는 데 있어 PTM을 OR모델에 도입하는 경우에 환율변동에 관한 설명력이 어떻게 개선되는지를 검토해 보자. 자국기업과 외국기업의 각각에 대해 k라는 비율의 기업이 PTM에 근거하여 수출가격을 설정한 경우[4)]

4) 결국, 자국기업과 외국기업은 대칭적인 가격설정을 하는 것으로 가정하고 있다.

k가 높아짐에 따라 환율의 변동성(volatility)이 높아질 수 있다. 이것은 PTM가격설정을 하는 기업이 증가함에 따라 환율의 변화가 수출물가의 변동을 가져옴에 따라, 어느 한 쇼크에 의해 경상수지의 불균형이 생긴 경우, 대폭적으로 환율이 변동하지 않는 한 자국재와 외국재간에 수요의 이동이 생기지 않으며, 경상수지의 불균형이 시정되지 않기 때문이다. 결국, 이 때에는 환율이 변화하더라도, 단기적으로는 기업의 상대국통화표시 수출가격은 변화하지 않기 때문에 자국재와 외국재간에 수요의 이동은 생기지 않는다. 이러한 사실은 PCP에 바탕을 둔 가격설정이 행해지는 경우에 환율의 변화가 수요의 이동을 가져온다는 OR모델과는 대칭적이 된다. OR모델에서는 리스크 없는 종류의 채권 밖에 존재하지 않는다. 결국 국제금융시장은 불완비한 것으로 가정되고 있다. 금융시장이 불완비한 경우에는 완전히 리스크 분산이 이루어지지 않기 때문에, 완비된 시장에 비하면 "금융쇼크(monetary shock)에 의해, 대폭적인 부의 분배가 일어나고, 그 결과 환율이 크게 변화한다"라는 추론이 성립할 수 있다.

이상의 논의를 요약하면, PTM을 채택하는 기업이 증가할수록($k \to 1$), 환율의 변화율이 경제에 미치는 영향이 OR모델의 경우보다도 작게 되기 때문에, 경제에 발생한 쇼크로 인해 경상수지에 불균형이 생긴 경우, 필요로 하는 환율의 변동은 PTM의 경우가 OR모넬보다도 크게 된다.

세 번째로, OR모델에서는 금융완화에 의한 '근린궁핍화' 효과는 나타나지 않으며, 따라서 금융정책의 국제협조도 필요 없게 된다는 결론이 유도되었다. 그러나 PTM기업의 수가 증가하면($k \to 1$) '근린궁핍화' 효과가 나타날 수 있으며, 따라서 금융정책의 국제적 협조도 필요할 수 있게 된다. 이 점에 대해 논의해 보자.

우선, 자국의 금융완화가 단기에서의 자국 · 외국의 소비 · 생산에 미치는 영향을 보면, PTM기업이 증가하면 자국통화의 가치하락에 의해 교역조건이 악화되는 정도가 감소 내지는 교역조건이 호전되기 때문에 OR이 예상하는 것보다도, 자국의 실질소득이 증가하고 자국의 소비의 증가가 높아진다. 어떻게 교역조건이 호전될 수 있는가.

모든 기업이 PTM가격설정을 하는 경우의 자국의 교역조건을 검토해보자. 이제 자국기업의 외화표시 수출가격을 W, 외국기업의 자국통화표시 수출가격을 P^*라 하면, 자국의 교역조건은 $\phi = SW/P^*$가 된다. 이것을 대수선형화하고,

가격은 1기전에 설정된다고 하면, 환율변동에 의한 교역조건의 변화는 단기적으로는 $\hat{\phi}=\hat{s}+\hat{w}-\hat{p}^*=\hat{s}$가 된다. 이것은 PCP경우의 자국의 교역조건의 변화 $(-\hat{s})$와는 정반대의 결론이다.

또한, 모든 기업이 PCP의 가격설정을 하는 경우에는 외국의 실질금리와 자국의 실질금리는 같게 되지만, PTM의 경우에는 PPP가 성립하지 않기 때문에 자국과 외국의 실질금리는 균등화되지 않고 외국의 실질금리의 하락의 정도는 작아지게 된다. 이러한 외국의 실질금리의 하락과 교역조건의 호전의 정도가 축소하기 때문에 외국의 소비에 미치는 영향은 감소한다. 가장 극단적인 $k=1$인 경우에는, 자국의 금융완화는 자국의 소비에만 영향을 미치고 외국의 소비에는 전혀 영향을 미치지 않게 된다. 이처럼 자국의 금융완화가 소비에 미치는 국제적인 (+)파급효과는 PTM기업수의 증가에 따라 감소하게 된다. 생산의 경우, PTM기업의 증가에 따라 자국통화의 가치하락에도 불구하고 외국재로부터 자국재로 수요의 이동이 생기기 어렵기 때문에 자국과 외국의 생산 모두, 세계전체에서의 소비의 확대에 맞추어 증가한다. 가장 극단적인 $k=1$의 경우에는 자국의 금융완화에 의해 자국과 외국의 생산은 같은 만큼 증가한다. 이처럼 PTM기업의 증가는 자국과 외국의 소비의 상관을 감소시키는 한편, 생산의 상관을 높이는 등, 국제간 경기순환의 특징인 국가간 생산의 높은 상관관계와 소비의 낮은 상관관계을 잘 설명할 수 있다.

다음으로 경상수지에 대한 영향을 보면 OR모델에서는 자국의 금융완화에 의해 경상수지는 흑자가 된다. 그러나 가령 $k=1$인 경우에는 실질소득의 증가는 금융완화에도 불구하고 경상수지는 항상 균형이 된다. 그 이유로서 자국의 대표적 개인은 단기에서의 실질소득의 증가를 장래의 소비에 사용하고자 하는 유인(incentive)을 가지고 있어 경상수지를 개선시킬 수 있다. 그러나 실제로는 외국의 실질금리는 그만큼 하락하지 않기 때문에, 외국의 대표적 개인은 자국으로부터 자금을 차입하여 소비를 증가시키려 하지 않는다. 이 때문에 경상수지 흑자폭은 OR모델에서 보다도 작아지게 된다. 이 결과, 장기에서의 자국·외국의 소비·생산의 변화율은 PTM기업의 수가 증가함에 따라 작게 된다. PTM기업의 증가에 의해 자국의 금융정책은 자국의 소비의 신장률을 높이는 한편, 외국의 소비의 신장률을 둔화시키고,[5] 생산의 경우 자국과 외국 모두 증

5) $k=1$인 경우에 외국의 소비는 일정하다.

가한다. 이 때문에 OR모델과 달리, 자국의 경제후생을 높이는 한편, 외국의 경제후생을 감소시키는 경우도 있을 수 있고, 따라서 금융정책은 '근린궁핍화' 효과를 갖는 경우도 있으며, 금융정책의 국제협조가 유효할 수도 있다.

3. 새로운 케인즈 경제학의 모델: CGG 2국 모델

MF모델과 OR모델에서의 금융정책의 분석에 있어서 다음과 같은 두 가지 한계가 있었다. 첫째로, OR모델에서는 당기의 상품의 가격은 1기전에 결정되고, 1기간만 변경할 수 없다는 것으로 가정되고 있는 점이다. 이러한 가정 하에서는 다음기가 되면 가격을 자유롭게 변경 할 수 있기 때문에 GDP갭(GDP gap)이 장기간 0으로부터 괴리한다는 상황을 기술한다는 것이 쉬운 일이 아니다. 둘째로, MF모델과 OR모델에 있어서는 중앙은행이 금융정책을 본원통화의 조절(control)을 통해 실행되는 것으로 상정되어 있지만, 실제로는 금리조작이 정책운영의 주류라 볼 수 있다.

이러한 두 가지 한계를 벗어나고자 하는 시도가 최근에 이루어지고 있다. 가령, 클라리다 · 갈리 · 거틀러(Clarida, Gali and Gertler)가 고안한 새로운 케인즈 경제학의 2국모델(이하 CGG 2국모델)에서는 소비자의 수만큼만 다르고, 그 외의 경제구조는 완전히 동일한 2국간의 금융정책의 효과에 대해 검토하고 있다. CGG 2국모델이 OR모델과 크게 다른 점은 다음과 같다.

우선 가계가 차별화 된 기능을 가지고 있으며, 노동시장도 독점적 경쟁시장으로 간주할 수 있다. 이 때문에 시장에서 성립하는 임금은 경쟁시장에서 결정되는 임금보다 높게 된다. 또한, 자국과 외국의 기업부문은 중간재기업과 최종재 생산기업으로 나누고, 중간재기업은 수많은 독점기업으로부터 이루어지며, 국내의 노동자를 고용하여 각각 차별화된 중간재를 생산한다. 각 독점기업은 자사제품의 가격을 설정할 수 있다. 최종재생산기업은 중간재를 조합하여 최종재를 만들고, 시장가격을 주어진 것으로 하여 자국과 외국의 가계에 판매한다.

CGG 2국모델에 의한 OR모델의 개선(improvement)은 다음과 같이 설명될 수 있다. 우선, OR모델의 첫 번째 한계를 해소하기 위해, 중간재의 설정에 관해서는 다음과 같은 칼보(Calvo)형의 가격조정이 가정되고 있다. 칼보형 모델에서는 가격개정의 기회가 일정한 확률로 무작위(random)하게 찾아온다. 기업은 이 기회를 놓치면 가격개정이 이루어지지 않고, 전기의 가격을 그대로 계속 설정하지 않으면 안 된다. 단, 한 시점을 취하면, 어느 기업이라도 가격을 개정할 수 있는 확률은 같으며, 전회의 가격개정으로부터 어느 정도 시간이 경과했는가는 가격개정의 확률에 일체 영향을 미치지 않는다. 가령, 3개월 전에 가격을 개정한 기업이나, 1년 전에 가격을 개정한 기업이나, 금기에 가격개정을 할 수 있는 확률은 같다. 이 가정은 현실을 묘사하고 있다고 보기보다는, 모델의 계산을 간단하게 하기 위한 것이다.

OR모델의 두 번째 한계를 해소하기 위해, 금융정책의 운영에 대해서는, 폐쇄경제 모델과 마찬가지로 *IS*곡선, 필립스곡선을 제약조건으로, 사회후생을 최대화하도록 정책금리를 조정하는 것으로 상정하고 있다. 폐쇄경제모델과의 차이는, 중앙은행이 사회후생을 최대화하기 위한 안정된 물가지수의 선택에 있어 폐쇄경제의 소비자물가가 아니고, 소비자물가에서 수입품을 공제한 '국내품'의 가격의 안정이 선택된다.

폐쇄경제 하에서는 국내의 생산요소를 이용하여 생산되는 '국내품'만이 존재하지만, 개방경제 하에서는 해외의 생산요소를 이용하여 생산되는 '수입품'도 국내에서 소비된다. 개방경제에 있어, 중앙은행이 안정화시키려는 물가는 국내품가격인지 아니면, 국내품과 수입품 모두를 고려한 일반물가인지를 고려해야 한다.

중앙은행이 타국의 경제후생이 주어진 것으로 보고, 자국의 경제후생의 최대화에 초점을 맞추는 한, 중요한 것은 국내의 생산요소의 효율적 배분이다. 그리고 그것을 실현하기 위해서는 국내생산요소를 이용하여 산출한 국내품의 가격안정이 필요하게 된다. 한편, 수입품의 산출에는 국내의 생산요소가 투입되지 않기 때문에 수입품가격이 변화하더라도 국내의 자원배분에 왜곡(distortion)은 생기지 않으며, 이 점에서는 국내의 경제후생의 손실로 연결되지는 않는다. 이 때, 수입품의 국내유통 때문에 국내의 생산요소가 어느 정도 사용되는 것은 사실이지만 한 나라 전체의 노동비율을 고려하면 매우 한정적이라 생각할 수 있다.

따라서 개방경제 하에서는 중앙은행은 국내품가격의 안정을 목표로 하는 것이 바람직하다고 말할 수 있다. 소비자물가는 수입품가격을 포함하고 있기

그림 14-3 CGG 2국 모델

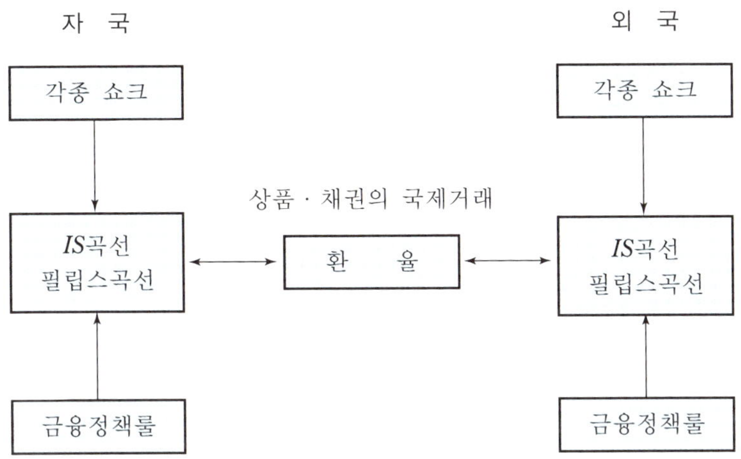

때문에, 개념적으로는, 수입품을 제외한 소비자물가의 안정이 바람직할 것이다. 현실의 세계에서는 소비재 외에, 최종수요재로서 투자재 등뿐만 아니라 중간투입재도 있다. 이러한 상품들이 국내의 생산요소를 이용하여 생산되고 있다면, 역시 물가안정의 대상이 된다.

이와 같은 가정 하에서는 금융정책룰(monetary policy rule), *IS*곡선, 필립스곡선에 의한 폐쇄경제의 분석으로부터 얻어진 것과 같은 성질을 갖는 바람직한 금융정책룰이 CGG 2국 모델 하에서도 얻어질 수 있다. 이와 같은 CGG 2국 모델의 특징을 정리하면 [그림 14-3]로 나타난다.

즉, CGG 2국 모델에 있어 바람직한 금융정책룰은 폐쇄경제와 마찬가지로 정책금리를 국내물가로 계측한 인플레이션율에 한 단위 이상의 변화로 반응시킨다는 성질을 가지고 있다. CGG모델을 이해하기 위해 우선 무엇보다도 폐쇄경제하에서 테일러(Taylor)가 제안한 금융정책룰을 이해할 필요가 있다. 그 내용은 다음과 같다.

$$\begin{aligned}\text{정책금리} &= \text{균형실질금리} + \text{목표인플레이션율} \\ &\quad + \alpha \times (\text{인플레이션율} - \text{목표인플레이션율}) \\ &\quad + \beta \times \text{수급갭}\end{aligned}$$

위 식의 우변은 정책금리를 세 개의 부분에 의해 표현하고 있다. 우선 첫 번째 부분은 균형실질금리와 목표인플레이션율의 합이다. 이 부분은 경기와 물가 모두 목표수준에서 안정돼 있는 경우의 '균형명목금리'이다. 역으로, 경기나 물가가 목표로 하는 상태로부터 괴리되고 있을 때는 정책금리를 균형명목금리로부터 상하(上下)로 조정시킴으로써 경제를 조정(control)한다. 우변의 두 번째 부분은 인플레이션율이 목표로부터 얼마만큼 높은(낮은)가에 따라, 세 번째 부분은 수급갭으로 본 경기가 바람직한 상태로부터 얼마만큼 확대(후퇴)하고 있는지에 따라, 각각 정책금리를 인상한다(인하한다)라는 의미에서 정책금리의 조타수에 상당하는 부분이다.

α와 β는, 정책반응 파라메터로서 (+)의 정수이고, 이 값이 클수록 경제상태에 대해서 적극적으로 금리를 상하로 조정시키는 금융정책을 나타낸다. 또한 위식을 변형시켜 정책금리를 실질기준(정책금리－인플레이션율)으로 표현하면 다음과 같이 된다.

$$\begin{aligned}\text{실질기준의 정책금리} &= \text{균형실질금리}\\ &\quad +(\alpha-1)\times(\text{인플레이션율}-\text{목표인플레이션율})\\ &\quad +\beta\times\text{수급갭}\end{aligned}$$

이 식의 우변에 있어 각 부분의 해석은 명목기준으로 표현된 앞서의 경우와 마찬가지이다. 이처럼 나타내는 파라메터 등을 구체적으로 어떻게 설정하는가는 분석의 대상이 되는 나라의 경제구조 등에 의해 다르게 된다. 테일러가 최초로 이것을 제안한 때는, 미국의 경제와 금융정책을 대상으로 다음과 같은 설정이 이루어졌다. 우선, 균형실질금리는 — 이것은 가격이 신축적인 세계에서 실현하는 실질금리이며, 대략 경제의 잠재성장률에 대응한다 — 2%로 설정됐다. 목표인플레이션율에 대해서는 당시의 미국에 있어 인플레이션율의 평균적인 수준을 참고로 하여 2%로 설정됐다. 또, 정책반응 파라메터에 대해서는 α가 1.5, β가 0.5로 설정됐다. 이러한 설정은, 1987～92년경의 FRB의 금융정책을 기술할 수 있는 파라메터로서 테일러가 제안한 것이다.

가령 인플레이션율이 1.0% 상승했다고 하면, 명목금리는 1.5% 인상되고, 그 결과 실질금리가 0.5% 정도 상승한다. 이러한 긴축효과로부터 수급갭이 감소하고, 인플레이션율이 하락하여 경제를 안정화시키는 힘이 작용한다. 이것에 대해, 가령 정책반응 파라메터 α가 0.8이었다고 하자. 이 경우 인플레이션율이 1.0% 상승했다고 하면, 명목금리는 0.8% 인상되지만, 실질금리는 0.2% 하락된다. 이 때문에 확장내지 완화효과가 발생하여 수급갭이 상승하고 인플레이션율의 상승을 억제할 수 없다. 이 예에서 알 수 있듯이 경제에 쇼크가 발생했을 때에 금융정책에 의해 그 영향을 상쇄시켜 바람직한 경제로 되돌리기 위해서는 인플레이션율의 변화 이상으로 명목금리를 움직일 필요가 있다(앞서의 식에서, $\alpha>1$).

이 조건을 '테일러 원리'(Taylor principle)라 부른다. 이상과 같은 폐쇄경제하에서 금융정책룰이 구체적으로 어떻게 금융정책을 표현하는가에 대해 테일러가 제안한 금융정책룰의 성질을 이용하여 CGG 2국 모델은 다음과 같은 최적인 금융정책을 실시하는 정책룰을 제시하고 있다.

명목금리=a · 자국의 자연산출량기대치
+b · 외국의 자연산출량기대치
+c · 자국의 기대인플레이션율

이 되며, c>1이 된다.

CGG모델이 폐쇄경제의 정책룰과 다른 점은 다음과 같다. 우선 인플레이션율에 대한 정책금리의 반응정도가 다르다. 가령 소비자가 금리 1%의 변화에 대해 1% 이상 소비를 변경시키는 경우는, 폐쇄경제의 정책룰에 비해 인플레이션에 대한 정책금리의 반응정도는 크게 된다. 다음으로, 자국의 정책금리는 자국의 자연산출량만이 아니고, 외국의 자연산출량에도 의존한다. 자국의 소비자가 외국재를 소비하는 비중이 높을수록, 자국의 중앙은행은 외국의 생산상황에도 주의할 필요가 있기 때문에 외국의 자연산출량에 대한 정책금리의 반응정도는 높게 된다. 마지막으로, 실질환율의 영향은 직접적으로는 나타나지 않지만, 자국의 균형실질금리의 변동을 통해 전달된다. 이처럼 몇 가지 전제하에서는 폐쇄경제에 있어서 설명된 바람직한 정책운영의 이론적인 함축(implication)은, 개방경제에 있어서도 통용된다는 매우 강한 결과가 CGG 2국 모델로부터 유도되고 있다.

CGG 2국 모델의 결과와 OR모델의 결과의 차이 중 중요한 점은 다음과 같다. CGG 2국 모델에 있어서는 명목환율의 변화가 생산성쇼크뿐만 아니라 가격쇼크에도 의존하기 때문에 복잡한 환율의 경로가 나타나게 된다. 가령 가격쇼크가 매우 크게 발생한다면, 인플레이션압력을 억제하기 위해 처음에는 환율이 하락(가치상승)하지만, 중장기적으로는 자국의 물가가 상승하는 효과가 커져 환율이 상승(통화가치하락)하게 되는 환율의 경로가 얻어지게 된다. 이 점은 환율이 즉각적으로 장기의 균형수준으로 점프한다는 OR모델과는 다르다.

OR모델과 CGG 2국 모델은 다음과 같은 두 가지 점에서 MF모델보다 뛰어난 모델이라 생각할 수 있다. 우선, MF모델은 자의적 내지 특정(ad hoc)한 가정에 따라 분석이 이루어지고 있기 때문에, 정책변경에 따라 모델의 구조가 변화해 버리는 위험성이 있으며, 장래의 정책제언에 있어 유익하지 않을 가능성이 있다.

반면에 OR모델과 CGG 2국 모델에서는 경제주체의 최적화행동의 가정 하에서 정책변경이 소비자의 노동, 여가, 소비의 선택이나, 기업의 이익에 미치는 영향에 대해, 미시적 기초를 갖는 모델을 이용하여 분석할 수 있다. 아울러 OR모델과 CGG모델의 경우, 이러한 영향을 경제후생이라는 기준에서 평가함으로서, 경제정책의 효과를 분석할 수 있다. 이러한 특색으로부터 OR모델과 CGG 2국 모델의 확장은 환율제도의 선택이나 불확실성 하에서의 금융정책의 국제적 연관 등에 대해 유익한 이론적 시사를 던져준다. 단, OR모델과 CGG모델의 실제 거시데이터에 대한 설명력에 대해서는 PTM의 도입 등에 의해 앞으로 개선될 여지가 크다고 생각할 수 있다.[6)]

---

6) 본 장과 관련된 주요 논문들은 다음과 같다.
Dornbusch, Rudiger, "Expectations and Exchange Rate Dynamics," *Journal of Political Economy* 84(6), 1976, 1161–1176
Obstfeld, Maurice and Kenneth Rogoff, "Exchange Rate Dynamics Redux," *Journal of Political Economy* 103(3), 1995, 624–660
Obstfeld, Maurice and Kenneth Rogoff, *Foundations of International macroeconomics*, The MIT Press, 1996, ch.10.
Devereux, Michael and Charles Engel, "Monetary Policy in the Open Economy Revisited : Price Setting and Exchange-Rate Flexibility," *Review of Economic Studies* 70, 2003, 765–783.
Devereux, Michae land Charles Engel, "Exchange Rate Dynamics in a Model of Pricing-to-Market," Journal of International Economics 50, 2000, 215–244
Clarida, Richard, Jordi Gali, and Market Gertler, "A Simple Framework for International Policy Analysis," *Journal of Monetary Economics* 49, 2002, 879–904. 본장의 내용에 대해서는
Walsh, Carl, *Monetary Theory and Policy*, 2nd. ed. the MIT Press, 2003, 6.5절도 참조.

국문색인

다

라

마

바

사

차

카

타

파

하

영문색인

M

N

O

P

저자약력

1969년 高麗大學校 政經大學 經濟學科 卒業
現在 高麗大學校 政經大學 經濟學科 敎授

국제금융

2007년 3월 10일 초판발행
2008년 3월 10일 중판발행

저 자 오 정 훈
발행인 안 종 만
발행처 (株) 博 英 社
서울特別市 鍾路區 平洞 13-31番地
電話 (733)6771 FAX (736)4818
登錄 1959. 3. 11. 제300-1959-1호(倫)

www.pakyoungsa.co.kr e-mail: pys@pakyoungsa.co.kr

定 價 25,000원 ISBN 978-89-7189-533-7